U0032557

現代名著譯叢

個人主義論集

Essais sur l'individualisme

路易・杜蒙(Louis Dumont) ◎ 著

黃柏棋 ◎ 譯

前言

　　本書可說是研究只進行到一半便結集出版的著作，我對近代意識形態已經做了二十年左右的研究，陸續發表了跟此一主題相關的單篇作品，其中論到了個人主義的不同層面與不同階段的發展情形，我的朋友保羅・提波(Paul Thiband)，是《精神》(*Esprit*)這一刊物的總監，他提議說不妨把這一方面的作品跟其他少數幾篇比較具有人類學特色的文章集成一書。他認為放在後面而具有人類學視野的文章，有助於讀者對放在前面近代意識形態的作品之了解，如此一來他們便能得出一個整體性的觀點來。我是不採取整體性研究觀點來論近代所代表的意義，即使不至於變成像一位英國的評論者所給我戴上的帽子「厚顏無恥的巴黎人」，也可能會在論證方面顯得過於武斷。

　　我認為保羅・提波的建議不錯，而也該是我把對近代意識形態所作的研究，來提出其中概括性觀點的時候了，因為我在最近這幾年恐怕還是會做這一方面的研究的。至於社會——人類學背景方面的相關性，我在從《孟德維爾到馬克思》

(From Mandeville to Marx)一書的導論裡面已經把我從印度人類學轉到目前研究的種種做了一番敘述了。但在其中，我卻未能把我對人類學的看法稍作說明，因為我所持的人類學之概念，絕非是這一門專業裡邊所常見到的那種觀點，而一般大眾對其更不熟悉了。

因此，在接下來的導論部分，我得再回到我的經驗裡邊，回到人類學這個觀念的源頭所在。這件事對我而言並不難，因為裡面的大原則並沒有什麼變化。不過，此乃意味著要來細數四十年的心路歷程。而在人類學這個領域上面，個人與專業的關懷是難以分開的，這麼多年來一直在我身邊的伴侶，是我心路歷程的見證人。她在1978年離我而去，而這正是我為什麼把本書拿來紀念她的原由。

我要感謝過去這幾年來以各種不同的方式鼓勵過我的人，由於他們的鼓勵，我乃得以堅持下去。要不然這一切恐怕就注定要變成徒然的努力了。他們幫著我來撐下去，而到現在他們還一直支持著我，這種種我是無法道盡的。不過他們的思想已紀錄在這冊書裡了。

路易‧杜蒙

目次

前言 ……………………………………………………………………… i

導論 ……………………………………………………………………… 1

第一部分　論近代意識型態 ………………………………… 31

第一章　源起之一，從出世的個人到入世的個人 …………… 33

第二章　源起之二，十三世紀以降的政治範疇與國家 …… 91

第三章　源起之三，經濟範疇之崛起 ………………………… 157

第四章　國別不同的變異情形之一 …………………………… 171

第五章　國別不同的變異情形之二 …………………………… 203

第六章　極權主義之病——論希特勒的個人主義與
　　　　種族優劣論 ……………………………………………… 227

第二部分　根本而徹底的比較：人類學如何看待
　　　　　　普遍原則 ………………………………………… 275

第七章　馬歇・牟斯 …………………………………………… 277

第八章　人類學這一行與意識型態 ………………………… 309

第九章　論價值，近代的與非近代的 ……………………… 365

詞彙一覽表 ……………………………………………………423

參考書目 ………………………………………………………427

索引 …………………………………………………………447

譯後記——記緣起 ………………………………………459

導論

　　這篇導論有二個目的，其一是想把書裡的兩大部分給連結起來，以跨越出在學院裡邊，社會人類學——其當爲社會科學的一門專業，與觀念史——或說是西方近代文明的思想史，兩者之間的差距。在此必須指出的是：從社會人類學的觀點來看，對於近代性(modernité)特有的思想與價值組合所作的研究，不但是可行的，甚至是該加推許的。然而，假如我對已在前言裡所提過的，保羅・提波所期許我之事了解不錯的話，則這些還是不夠的，因爲研究意識形態，其觀點或定位，我們或可說是其眞正精神——不應看來像是強加上去的東西，而該是人類學視野開展出來的自然結果。

　　如此說來，則在這本書所論及的一切，特別是第二部分，就得針對以上的要求來作答，這篇導論是要來讓讀者直接去注意到一些根本原則，也把不同章節裡面的綱要大意給勾劃出來，並將在這一切之背後的精神資源拾回。這項工作並不難，因爲從一開始，此一精神資源便有譜有姓，此人即是馬色爾・牟斯(Marcel Mauss)。正如同我所受教於他的是我

努力的源頭所在，此一導論也得從他的種種觀點談起。

　　然而，在未論到牟斯本人之前，我們得先提出：因其出發點和整體研究觀點的差異，乃存在著兩種不同的社會學。第一種社會學被近代學者認其爲自然之事，是先斷定個人的存在性，其次再將其視爲一社會性的生靈。有人甚或想把社會解釋成是由個體的互動所促成之事。另外一種社會學則是從人是社會性的生靈這個事實出發，也就是說，把社會看成是無法化約成其中組成部分，而是一個整體的事實──在此所說的社會並非是一樣抽象的東西，而總是就某個特殊而具體的社會而言，有其種種特有制度與展現風貌的。把第一種情形說是方法學上的個人主義的話，則第二種可說是方法學上的整體論了。事實上，每次在我們碰到一個陌生的社會時，整體研究觀點便得派上用場，民族誌學者或人類學家不能無此工具：只有在掌握了共通的語言後，他們才有辦法跟想要加以研究的人們溝通，因爲語言是人們觀念與價值之媒介，也是意識形態(人們藉此來思想一切，包括他們自己)之媒介。基本上，這也正是爲什麼英美的人類學家們，因爲傾向於源自其文化裡面的個人主義與唯名論，便不能完全沒有涂爾幹(Durkheim)及其外甥牟斯的社會學之原因了。

　　牟斯的學說裡面，有一點對剛剛所提過的論題而言是最爲根本的，此即對於相異之處(différence)的強調。首先要談的是一般性的相異之處。對牟斯而言，只把自己侷限在不同社會的共通之處而忽略掉其相異之處，如同佛拉哲(Frazer)與

第一代英國人類學派所作之事，是不可能的 [1]。他所偏好的論題《整體的社會事實》(fait social total)，就其定義而言，是指某一特定社會(或某一類型的社會)的特有複合體。而這種東西不能將其搞得跟其他什麼都一致似的。稍作解釋：不提及其所涉及的整體社會，何有社會學之事實可言。

　　第二點假如辦得到的話，甚至要比第一點來得重要，此即：在種種相異之處當中，有一點是凌駕於所有其他各點之上的。這也就是把觀察者——其身為近代觀念與價值的傳承者——與被觀察者之間，彼此相隔了開來的相異點。牟斯所想到的主要是部落社會，但他所說的基本上也可適用到傳統類型的重要社會。每一個人類學家都會碰到這種存在於我們與他們之間的差異情形。這點在他做實地研究時無處不在。若說他已熟悉了其所研究的文化，接下來的問題則為伊凡司普利查(Evans-Pritchard)以前所常提到的，把他種文化「翻譯」成我們自己的文化語言和為其中之部分的人類學。我則加上一句話，這種過程是要比翻譯來得複雜多了。牟斯一再地提到在這上面我們可能隨時會碰到的種種陷阱，和因為由根本的差異性所產生出來的艱辛與戒慎之處。其中尤其重要的一點是，我們視為尋常可見的一般性慣用東西，諸如倫理學、政治學與經濟學是無法輕易地用之於其他社會的。這些東西只能審慎地暫時加以借用。總括說來，若要求得真正的

1　《階序人：種姓制度及其意涵》(*Homo hierachicus: le Systéme des castes et ses implications*), Paris Gallimard "tel" edition p. 324, n.2.

理解，我們便得有辦法適時地把這種彼此分隔的情形放在一邊，而來研究，就整個領域而言，我們所認定的東西在他們那邊有什麼可以相對得起來的情形，以及他們所認定的在我們這邊又有什麼可以相對得起來的呢。換言之，我們努力地來築出雙方可以來做比較之事實。

我們不妨把以上所談到的情形大致上來作個說明。從跟作研究最爲直接關聯到的情形來看，也就是說，若考慮到研究者所介入於其所研究的種種社會風貌展現情形來看，則「觀察者」無可避免地是會顯現在「被觀察者」之事裡面的。也就是說，觀察者所扮演的角色在觀察之過程裡面，成了一個不可或缺的部分了。他所送達出來的圖像並非是其中沒有了主體之屬的客觀描述，而是某個人對某樣事的一種看法。從科學的哲學之觀點來看，則這是相當要緊的一種情形。因爲科學的哲學始之於「客觀」的描述關聯到作出描述的主體之際。我們在此所作考慮的那種人類學（如同在核子物理學裡頭之情形）從一開始時，觀察者在根本上便不能加以抽離出的。誠然，這點在牟斯的著作裡面並非十分明白地表達出。在有關宗教的研究上面，牟斯要我們注意到「是那些人有這樣的一種信仰」的問題時，他並沒有再加上一句話說「與我們相比較的話，是誰有著這樣不同的信仰」，這點倒是我們把它給加上去的，因爲我們可以在牟斯的好多文章裡面，看到他對於西方近代種種觀念本身多少是具有其特殊性

的強調[2]。這樣的一個研究觀點自有其不容忽視的價值，因爲
若各方加以考慮的話，則它在基本上已經包括了社會或文化
人類學所曾做過的一切努力。不錯，這種研究觀點生出了更
爲繁複而令人生畏的種種限制。大概也就因爲如此，所以這
種研究法並不廣爲流傳。在此我們提出兩點來作說明：(1)因
爲如此一來，則既成的社會學的那一套行話要被切除了。(2)
想求得普遍性的遠景退回地平線上：只有在兩種不同形式的
人之心思都被包容進去在一個公式裡面，只有在兩種彼此殊
異的意識形態成了一個面度較廣的意識形態裡面的兩種變體
時，我們才能談「人的心思」這一回事。在這包加的過程時
時都需要加以換新，這便把人的心思當爲其原則以及其受限
之處給標指了出來。

除開上面這段題外話，我在此是盡可能地把源自於牟斯
學說裡面的此一重大原則不加以表列化，而此一原則也一直
左右著我所有的研究工作。若我們需要對此一原則從外面來
作印證工作的話，則卡爾・波蘭尼(Karl Polanyi)所提說的，
我們近代經濟學的觀念在本質上乃爲一特例情形，可視爲一
迴響之證。因爲在其他各地，我們所稱的經濟事實都藏於社
會組織裡頭，而只有我們近代人才將其挑出，另構築出一套
特有的系統來。不過，在牟斯與波蘭尼之間卻存有細緻的不
同之處。對波蘭尼而言，以經濟自由主義方式表現出來的近
代性，剛好是走到其他一切東西的相反一端上面去了，但對

2   見Mauss, 1968-69, 3: 178-79, 202-4。

牟斯而言，有時卻好像是其他一切都被帶到了近代性這邊來
了，儘管間或會有某一演化思想上的遺跡會伴隨著而藏在種
種不連續的情形裡邊，而這些不連續的情形則爲我們所牢牢
掌握。這點在他提到「有關於人之心思這件事上面的各種不
同範疇之社會史」的涂爾幹式大企劃案時，更讓人聯想到單
一線式的人類發展和社會學上的因果主義來了，而牟斯本人
也無法全然地放棄這些觀點。波蘭尼對於經濟自由主義以及
經濟層面主導論所作的徹底批判，顯示出在牟斯那一代與我
們這一代之間，已經有了相當的差距存在了。但這種差距並
不危及牟斯所遺留下來給我們的，在比較研究上以及人類學
上的基本觀念。再則，牟斯本人已經小心翼翼地來避開在涂
爾幹裡邊的科學主義以及那種對於社會學的過度自信之態度
了。除此之外，若廣而言之，則「有關於人的心思這件事上
面的各種不同範疇之社會史」，到了今天還是排在我們議事
日程裡面的，只是這種事情現在比起世紀之初的那些涂爾幹
的熱切追隨者所作的，要來得不知繁複和費勁多少倍。不
過，若我們仔細地研讀牟斯在1938年所談到的他們的研究成
果時，會發現他所提出的論點還是十分持平的 [3]。

我在1952年對牟斯所作的側寫（見本書第七章），只是提
了個根本重點的說明，而這決非是今天大家所期盼的那種批
判性的評價。在早先那個時候，我的用意只不過是要把他介

3　見"La notion de personne"（人之概念）這一演講稿的開頭，現收錄於
　　Mauss, 1950: 333-34.

紹給英國的同行與學術界,他們對牟斯所知極少,可能會被精彩但卻過度抽象的闡述所誤導,甚至會對其產生反感。今天的情況則完全兩樣,因為牟斯於全球性的人類學界裡享有崇高的地位,甚至可說是受到相當罕有的禮遇。這或許只是過渡情形,但對認識他的人而言,卻難免有份驚喜之情。不管其工作是如何地艱鉅,對牟斯的各種理論性的觀點,以及各家對這些觀點所作的種種闡述,來作個細密的討論已正是時候了。然而,這點並非我們目前的談論主題,我們在此只談最為根本的一些論點。

　　無論在實際上或方法學上,牟斯教我們一直要保持著一種兩面式的關照,即一方面要關照到整體的社會,另一方面則是觀察者與被觀察者之間的一種比較上的相互參照。在本書的各篇文章裡,我已經把存在於觀察者與被觀察者之間的那種對立情形予以表列化或客觀化成:近代與傳統,或者廣義上的近代與非近代之間的對立之事了。誠然,這樣的一種區分在今天是難以受到歡迎的。有人可能會帶點諷刺的來提說,這樣的一種兩元對立情形倒有點十九世紀的味道了,或則以瑪麗·道格拉斯(Mary Douglas)的話來說則是:「二元區分只是一種分析過程上的權宜之計而已,這種區分雖然好用,卻不能保證事情的存在情形真的區分成這個樣子。若任何人想來斷言,有兩種不一樣的人,或有兩種不同的實體或過程,我們對其不免持之以疑。」(Douglas, 1978: 161)

　　關於此點,我們則平靜地答說:對於任何一樣的知識是有著二種不同的看法的。膚淺的一種把知之主體略而不論,

比較深刻的一種則將其包括進去。嚴格說來，這點已足夠用來辨明我們所作的區分了。

　　然而，非此專業的讀者們在此可能會感到相當錯愕，因為我們所談的跟一般見識所認定鼓勵的社會科學之形象可能差得太遠了。在此我就把特別是在最近幾十年來，人類學是如何偏離此一形象的情形直說不諱地講明出來。一旦我們把像「某一部分的社會生活是受其他部分所決定」（下層結構與上層結構）等幼稚觀念，以及我在前面所提說的各種具破壞性的分隔情形棄而不用的話，我們便沒有興趣再去為社會系統或社會次級系統發展出那一套諸如自然物種的分類學了。以前李屈爵士(Sir Ednund Leach)曾嘲弄過這種「蝴蝶標本式的採集法」(Leach, 1961: 5)。我們愈是想跨出社會組織這一樣東西之外，來強調涂爾幹所稱的「群體性的展示現象」(représentations c ollectives)諸如意識、觀念與價值等事實——也就是說，我們愈是努力地想來追求一種「廣泛而周延」的人類學的話，則在比較不同社會時會備覺艱辛不易 4。若說，我們僅有的幾個理論(假如這麼講不太過分的話)只能適用於某一類型的社會，或這世界的某個區域和某個文化領域，則這樣的一種事實可能會令人扼腕不已，然而這點在顯示出一種苦役的情形之同時，卻把人類學的高貴尊嚴也給標明出來了。我們自己所關注的那些不同社會的不同之人，會迫使我

4　克羅孔(Clyde Kluckhohn)及其工作同伴在這一方面所作的努力可參閱本書第九章。

們去感覺出其無限以及不能加以化約的複雜性，他們是我們
的兄弟，而非僅是探討之對象而已。

事實上我論牟斯一文的標題至今還不失去時效性。我們
人類學是一門「處於轉變成形過程當中的一門科學」（Une
science en devenir），我們手上能加以動用的思想裝備遠不敷眞
正社會人類學之所需。對我們而言，所謂進步乃在於：有必
要的話，一點一滴地把觀念加以適切地更新，換上一些越來
越能免於近代淵源的觀念，同時更有辦法地來掌握那些早先
被我們扭曲掉的資料。我相信即使到了今天，我們所擁有的
觀念架構不但是不敷使用，停在初步階段，而且常常只是虛
幻假象的東西而已。對於特定社會所作的各種分析描述和民
族學乃是人類學最爲寶貴的部分。這些專論著作之間的相互
比較常常是極其困難的一件事。所幸的是：每一專論作品本
身多少就已帶有比較的成份了——這點也就是指最爲根本的
那種「我們」與「他們」之間的比較（此處的我們乃是談到他
們的人）——會把我們的觀念架構作某種程度上的修正。這種
比較是徹底而根本的，因爲觀察者自己的種種觀念也在裡面
起了一定的作用。在我看來，這點最具關鍵性。就此一觀點
來看的話，則我們把自身想成怎麼一回事的問題顯然不是不
相干的。這樣說來，則對近代意識形態所作的比較研究並非
離開了人類學所當關注的主題之外。

※　　　　※　　　　※

　　我得把所直接得之於牟斯的一項原則或說是一個重點再加上去，這樣一切才算完整。此一原則或重點是我們在作研究過程中出現的，它若跟我們在上面所論析過的各方原則結合在一起，便能夠作更進一步的發揮。若我們把不同類型社會裡的觀念、價值系統來加考慮的話，便可以把不同類型的社會看成是在所有可能的選擇情形當中，我們所作出的各種不同選擇之結果。然而，光是這麼講並不足以讓比較研究立於堅實的基礎上，也分毫沒辦法讓比較研究得以具體成型。這，我們得把每一個社會或文化，其對經濟與思想之不同層次所認定的相對重要性，列入考慮才辦得到。也就是說，我們對各種價值所作的考慮，要比以往所作的來得更有系統才行。說我們的價值系統決定了我們的心像，這點可由下面再簡單不過的例子來加以了解。設若我們自己的社會，與我們所加以研究的社會，在其觀念系統裡都出現了同樣的甲與乙兩項要素。不過其中一個社會的甲項要素隸屬於乙項要素之下，而另外一個社會的情形是剛好顛倒過來的話，則這樣便足夠看出存在於兩個社會裡的所有觀念乃出現了重大的歧異情形了。換言之，一個文化所出現的階層系統(hiérarchie)是作比較研究的根本所在 [5]。

　　我們得注意到此一原則跟前面所討論過的，對於不同之處——也就是每一種情形的特殊性——加以強調的原則，兩者之間密切關聯成一體的情形。而在所有的不同之處當中，

5　對此一比較研究所提的概括性理念，見《階序人》，第118頁。

把「我們」跟「他們」分開，也就是近代與非近代之隔，乃
為認識論問題上面的根本要點。最後必須注意到的是：每一
個文化對其所顯示出來的階層系統在不同層面上所作的不同
強調。這也就是說，對不同價值所作的不同強調乃是彼此在
差異上以及比較研究上的根本要點。這些東西彼此都連了起
來。不錯，是我在作印度社會的研究時才發現到階層系統的
觀念，然而回顧起來，假如我沒這一方面的概念，比較研究
是沒辦法做得更為深入的。這碰巧也是一個研究某個社會的
專論作品是如何地促成普遍性理論架構的例子。我確信把階
層系統引進之後，更可以讓我們發揮牟斯的一些根本洞識。
相形之下，則涂爾幹主義者因為疏忽了這一點而大為失色。
這個觀念可能看來有點笨拙，而我所論說可能還不夠清楚，
然而它卻是不可或缺，因為這裡面把一個雖已遭到忽略但卻
還相當重要的面向給復原了。

　　果真如此的話，有人便會問，為何階層系統姍姍來遲
呢？原因如下。第一，人類學的研究實在是既困難而又麻
煩，所以這門專業事實上還處於草創階段而已。這點在上面
已經提示過了。第二點「階層系統」這種字眼在我們的社會
乃招來深刻的反感。第三點，我們注意到，只有在做比較研
究碰到兩種不同階層系統之間有一致的情形發生時，我們才
不得不承認是有階層系統上面的原則這一回事，我們知道在
不同現象所展現出來的各種系統當中，有好多是隱而未宣之
屬的情形，既是隱而未宣則對我們當事人而言乃是相當不言
而喻的東西。所以我們乃是站在比較研究一方的論點上面，

這個事實對於整個比較研究工作在組合上所做的釐清工作，不無其用處。或許這也就是我們的重點所在；在此我們回到了前此所稱根本而徹底的比較研究上面來了，而做這樣的一種比較我們本身也牽涉進去了。

※　　　※　　　※

　　本書的最後二章把我在前面所勾劃出來的人類學觀念清楚地做了說明。兩篇文章皆是近作，這是因爲只有在對近代意識形態的研究有了長足的進展之後，才有可能寫成。第一篇「人類學這一行與意識形態」（第八章）最初只想作爲人類學的專業之用：我在文章裡邊針對這門專業目前的狀況，以及它在今日世界所佔有的地位上，從理論的定位上來歸結出一些結果來。同時，我也想把牟斯式的觀點更爲深刻地加以運用，準此而言，這篇文章當然值得在此刊出。

　　書裡的最後一篇文章（第九章）是藉機以人類學家所比較熟悉的字眼「價值」，來把「階層系統」的觀念給提出。在文章中，我單刀直入地把近代與非近代兩者作了對比，而爲近代之屬的人類學提出了一種圖解說明。如此一來，這篇文章乃爲這本論文集的結語之作。而這意味著，我所從事的研究本身在目前這個階段僅能作出暫時告一段落的結論而已。

※　　　※　　　※

　　從前面所提到的種種，我們不難看出，假如人類學被想成我們在此所作的這麼一回事的話，那為我們近代人所熟知的那些近代觀念與價值，其實人類學對其並不陌生，而它反而是人類學所構成的一個部分。我們有辦法來對近代思想與價值知道的愈多的話，則人類學受益愈深。這點不只是指其所研究的對象而已，也同時包括其實際的運作情形及其理論體系。不過，我們還得來證明或至少能夠應付下面屬於補充性質的論題：人類學的研究觀念，可以反過來讓我們更能了解自以為已知怎麼一回事的近代思想與價值系統（只因為思想和生活於其中）。這麼講實在是相當地自負，對此，我乃藉著本書的前面六章努力地來加辨白。

　　我把在某個社會環境下所流布的那一套理念及價值系統稱之為一種意識形態。而近代社會所特有的那一套理念及價值系統，我稱其為近代意識形態（後者表列出來的情形跟前者有所不同，這點在結論時我會再談到。）

　　首先要提到的是，人類學或比較研究觀點有著一項無法加以估算的有利之處：它讓我們看到了近代文化之一統性。只要我們還在這個文化裡面的一天，就被判定要跟著其豐富性與特殊形式來行事，而按著專業化與分殊化的配置情形來將文化切割開來，然後把自己擺入分隔好的其中某一格子裡（見第九章）。取得了一個從外邊來的有利觀點，而反過頭來回看自己的文化——而可能唯有這樣的一個研究觀點——乃可以讓我們有個整體性的看法。這樣的一種觀點並非武斷之見，而是根本之要。

　　我對近代意識形態的研究始之於1964年。此一研究的思
想路線很自然地是跟對印度作社會學上的理解研究所需之事
倒了過來。我們必須走出近代個人主義式的觀念之外，才能
對印度方面的材料來作分析，而得以掌握住整體之屬的情況
與整體社會（Dumont, 1975a: 25）。若將此觀點反轉過來，我們
便可以一般非近代社會爲背景來看近代社會。雖然這當中是
有一些相當重要的界定、限制和複雜性之情形，但它還是我
在此所採取的主要觀點。近代意識形態是個人主義式的——
這種個人主義是以其跟整體價值的關係來作的社會學上之定
義[6]。然而，我們在此所處理的並非是某一孤離的特點（不管
其有多重要），而是不同特點所展示出來的一種風貌
（configuration）。個體當爲一價值，乃有著某些特點——比方
像平等——以及其他某些意涵和種種伴隨情形。比較研究會使
得研究者來注意到上述諸點。

　　我們不妨舉個例子來看看我們平常所論說的，跟我們心
目中的社會學上所論說之事，到底有什麼不一樣。有人不加
說明，就把個人主義跟民族主義對立了起來。他在此可能是
指說，民族主義所引起的群體性情緒反應這一件事，通常是

6　有關「個人主義」、「整體論」以及其他書裡所用的專有名詞之定
　　義，見書末「詞彙一覽表」。
　　我的同行凱南姆‧布瑞奇(Kenelm Burridge)在其傑作《某人，無人：
　　個體論》(Someone, No one: An Essay in Individuality)(Princeton, 1979)
　　裡，對以個體性在不同社會裡邊有所限制但有時是居「規定好的」地
　　位之情形做了討論。他的研究觀點跟我們在此的論點略有出入（比方
　　見其書中第30頁）。

跟個人主義式的情緒反應是相互對立的。然而根本上的社會
事實則是這樣子的：國家，就其字眼在近代的意義而言，以
及民族主義（不同於愛國主義），兩者在歷史上是跟個人主義
結合而成的一種價值的。國家剛好就屬於是把個人視為至高
無上的一種價值的那種整體社會。不僅兩者在歷史上是相互
伴隨在一起的，而且其中相互依靠的情形也清晰可見。因而
我們可以這麼說，國家是由認為自己是一個個體的人所來組
成的整體社會（《階序人》，附錄 D，第379頁）。因為有一串
諸如此類的關聯，乃得以讓我們把近代意識形態的風貌以
「個人主義」這個字眼來加以標出。這也就是說，比較研究
——講得更確切些，應該是指從印度轉回我們自己的這種變
動——是如何地來提供了一個可以應用於資料上面的有利觀
點或思想脈絡了（參見書末，詞彙一覽表，「個人主義」名
下）。

　　什麼資料呢？至少主要還得靠書本，其理由有二，第一
求方便。我們的文明可說是一個前所未有的書寫文明，而我
們實在想不出還有什麼其他辦法可以來把能夠用做比較的大
量資料給拿來放在一起的。第二，因為歷史面向有其根本的
重要性。我們所熟知的個人主義式的觀念與價值之風貌並非
是一直都在那裡的，也不是一朝一夕就形成的。以前的作者
們，因為按著他們自己所給的觀點和所給的定義，對「個人
主義」的起源問題，在時間上乃有著遠近不同的看法。然
而，假如我們能夠小心加以留意的話，便可以從歷史的角度
上面來點出個人主義在其風貌之源起上的一些主要關鍵之

處。這方面所需要的是把從不同專業所集到的最佳研究成果
來作個廣泛而詳盡的研究，並能不囿於專業上的門戶之見。
這樣子一來，我們便可以容易地看出(舉例來說)，像洛克
(Locke)的「政治」論著表面上已讓私有財產制受洗了，而黑
格爾(Hegel)的「政治」哲學所給的國家之形式並非是(公民)
社會，而是一個共同體。

　　像這樣的一項工作是會惹起各式各樣的反對之聲的。首
先，研究範圍之廣大無邊以及研究對象之錯綜複雜都可以讓
人來提出異議。針對這一點，我想花點時間來把事情加以澄
清好消除大家的一些誤解。坦白講，這是一件吃力不討好的
工作，需要花上很多的心思和嚴謹與戒慎之處，如此一來，
則所求於讀者之處甚多，因為我們無法提出照著在此所想要
來完成給讀者看到的那樣廣泛而具全面性的看法，好讓讀者
能見到一個連成一體而無接縫的報告。甚至，我們得承認
說，由於其範圍太廣了，所以投入其中的研究者，其能力是
跟這項工作不成比例的。

　　這一切困難我們都坦承不諱。不過，在我們看來，我們
到目前為止所獲致的成果已經足以平息那些認為我們在原則
上是辦不到的激烈反對意見。反對的意見主要是認為，我們
事實上不可能把握住像觀念與價值風貌這樣一種既複雜而又
模糊的東西。這種東西事實上並不存在，它只不過是一種任
憑一己心思所好建構出來的東西。就像事實上並沒有所謂的
民族心靈或民族精神一樣。除開說在個人、社會環境、各種
時期、思想派別、語言和民族文化上有所謂相互不同的情形

之外，是沒什麼「一種共有的觀念與價值之風貌」這一回事
的。然而，經驗所告訴我們的卻不是這麼一回事。當然，在
一方面是有歷史的連續性和互動性這種情形的。而在另一方
面，誠如牟斯，而特別是波蘭尼所觀察到的，近代文明跟其
他文明和文化是有著根本上的不同的。事實上是這樣的：我
們的文化為唯名論（nominalisme）所充斥。這種唯名論只承認
個體之存在，而不承認關係之存在，只承認個別要素，而不
承認要素組群。事實上唯名論可說是個人主義的另一個名
字，或說是個人主義的一個面。我們想對其加以分析，但它
卻不讓我們去作分析。在這種彼此不合的情形之下便產生不
出解決之道。唯名論只知道有張三、李四、王五的個別存
在，然而張三等之所以被當成某個人是因為彼此之間所存在
的關係來源出的。講過這些之後，我們再回到自己的問題上
面來：於某一經典上，或某位作者當中，各種思想是藉著彼
此之間的關係所聯繫出來的東西，這其中的關係沒有了，裡
面的思想也就不存在了。在每一種情形裡，彼此的關係乃形
成了一種風貌。不同的經典、作者、環境會出現不同的風
貌。然而風貌變異的情形並沒有大到形同風牛馬之別，彼此
截然不一樣的地步。我們可以在每一個總論性質的層次上，
來看看種種風貌之間的共有之處。

　　就一般的社會科學之情況而言，通常所說的，特質、要
素或個體要比組群或整體來得好把握乃是不實之論。在此我
們就反過來談如何能把握住像觀念與價值之整體風貌這樣複
雜之事。這點必須透過跟其他不同情形的對照比較，而且只

能限定在某些層面上，才有辦法來加以理解。所謂跟其他不同情形的對照比較：印度，或說得不那麼嚴格的話，則一般的傳統社會，可拿來當為凸顯出近代所革新之處的基本背景。而只限定在某些層面上，這話是不是又說得過於武斷些呢？一點也不。我前面已說過，近代觀念或思想範疇放在其他社會裡邊實在是格格不入。因此對這些範疇的源起，地位或功用加以研究是饒富興味的。以經濟這個範疇來說，它是在近代人當中才首度出現的東西。我們可以像我在《從孟德維爾到馬克思》一書所做的那樣，來追溯其來龍去脈。上面這本著作對經濟這個範疇跟整體意識形態風貌上的其他要素（個體、政治學和道德倫理）可能有的關係竭盡所能地列出了最為完整的清單來，讓我們得以看出，經濟這個範疇是如何地分殊化出來，以及它最後在整體意識形態的形成上是扮演著何等的角色。總括起來，我們發現，這個風貌是由各種必要的連鎖情形所組成的，而其中經濟方面的論點乃是個人主義的徹底表現。在這種對相互關係的探討上面，可能我們只發現了其中的部分情形，而其他部分則遭遺漏掉了。果真如此的話，這也是無心之過，而不是有意加以排拒的結果。不管怎麼說，我們所點出的種種關係是相當合理確定之事。

　　我剛剛所說的好像是有一點悖論存在：本來想作出整體考慮卻又承認說，結果還是不夠完全，只能算是片面所見。事實上所有的論說皆屬片面性的東西，唯名論也是一樣，然而這種片面所得的東西有時跟整體關聯不上，有時卻可以跟整體關聯起來。我們在此所作的即屬後者。可能我們所談的

東西常常大部分還是不全的，但它卻可與某個已知的整體連
了起來。相反的論說則在求其完備的目標下，而處理一些武
斷擬出、選定的對象 7。若因為看到研究對象牽連甚廣而下結
論，研究者的雄心也未免太過大了。則此誠非論。因為其所
想發揮一己雄心的地方再怎麼說還是屬於敘述性的範圍，而
這一定得關聯上某個已知的東西的。談到自負、驕傲這件
事，我覺得應該放在其他一些作者的身上，這些人想來造出
一個封閉的系統，或者對已知之事歸結不出意義來，而只一
味地加以批判。

我們可以稍微地來談到如何避開錯誤以確保研究之嚴謹
性的一些辦法。嚴格說來，我們現在已經遠離人類學上面的
調查研究了，然而我仍想保留住一些人類學之特色。我們此
時是在研究文獻，而非活生生的人群了。如此一來，則我們
便不能在意識的層面上再增補上從外邊往裡頭看的層面，在
「意識形態」的層面上添上「行為表現」的層面。於此情況
下，整個研究從人類學或社會學上的意義上面來講是不夠完
整的。這點我在其他的地方已經說明過了（《從孟德維爾到馬
克思》，第27-29頁），不過這方面的缺如情形，因為有系統地
引進了一種比較研究的面向而或多或少作了彌補了。再說，
人類學也顯示出其永不止息地對於要素組群(ensembles)的專

7　在為本書第一章原先刊出時所舉行的討論會上，羅蘭羅伯森(Roland
Robertson)要我以韋伯(M. Weber)社會學的觀點來回答所有的問題
(*Religion*, 12. 1982. pp.86-88)，事實上這篇研究完全是在韋伯式的典
範之外。

注研究，這再結合上對所有細節之處不厭其詳地加以注意之事。因此人類學乃偏好對一定範圍的組群作專論式、密集式的研究，而對於任何突入之事或預設前提以及現成的觀念和淺薄空洞的詞彙、草率的摘要和個人式的斷章取義乃小心翼翼地加以避開。準此諸事而言，則觀念更顯然是一塊沃土，雖說這上面難免讓作者自己的意見居於上風而勢將掩蓋住某些問題。所以我們常常是盡可能地轉而作一些小篇的專論研究。以我的《從孟德維爾到馬克思》一書來說，裡面論孟德維爾蜜蜂寓言的那一章，或者是對亞當·史密斯(Adam Smith)有關價值的勞動理論的文章逐字註解之事皆可爲例。當然這種辦法並不一定就行得通或者夠用，在這種情形下，則我們得作一些妥協。而我們也不能完全免掉做綜論之事，但其中的用字則必須嚴格地加以審核。不經心的讀者或許只注意其中所花心思之部分，而比較用心或相當專注地來研讀的話，就會發現裡面的種種努力之處了。不管怎麼講，這點大概就夠讓讀者了解，我們所能幫讀者的忙只到某個程度，而讀者想打如意算盤走捷徑來認識事情的種種，通常我們都加以避開了。

※　　　※　　　※

　　我還是得把書裡前六篇(一至六章)文章作一簡短的引論。談到各篇文章在形式方面的問題，讀者毫無疑問地會希望見到更佳的行文方式，因爲在此他所見到的是一系列彼此

沒有連續性的文章，完成的日期不一，而每一篇文章最初完成時皆只作獨立成篇的打算。因為這個原故，所以其中不免有重複的情形，這特別是在有關基本定義的方面。我對文章的標題或予以更動或予以加長，好來標示出其在全部文章當中所占的地位。但對文章的內容我則沒有變動（只有在極少數情形裡才做了文字上面的更動，而這些更動都在註解上提到）；這一方面是我沒有能力另謀他策，但同時也是原則問題。這裡頭的每一篇文章事實上都是多方研究之後的濃縮作品，所以這本集子代表著研究工作的凝聚或報告，而作者是要為這些作品的表現方式負全責的。或者，重複的情形本身並非一無用處：為大家所不熟悉的觀念與定義，我們如在文章中屢加提及的話，讀者們是會另有所得的。

至於談到文章的內容，我現在就將這些作品放在目前在進行的研究裡面來加以定位。從一開始，我就想分別以不同的層面或方向上來把研究方法加以試煉。而這在一開始的時候，是有一整體架構的，也就是用比較人類學的角度來看近代特性，和把個人主義之意識形態定位於階層系統的觀點裡邊。這也就是本書第七章（前面已提到）的重點所在。再來，則以年代次序為準的研究軸心是逃不掉的，這也就是從歷史上面來追蹤近代意識形態的源起及其發展情形。在這方面我已完成了三篇研究報告，其中二篇刊於本書。各篇的內容則針對不同時期而發，彼此之間不無重疊之處，而主要的用心之處則為意識形態的不同層面，第一篇（本書第一章）是有關基督教會最初幾個世紀的研究，最後還推延至宗教改革時期

之事。這裡面是想要讓讀者看出，基督教上面的個人是如何
地從這個世界的陌生客身分，慢慢地發現到自己是愈來愈介
入其中的種種。第二篇（本書第二章）則把個人主義是如何地
從十三世紀以降，透過政治這個範疇的解放和國家這種制度
化東西的誕生，而逐步來取得進展的情形給作了說明。（就日
期而言，這反而是第一篇作成的研究，因此若以最近各方面
的發展情形來看，這篇文章是非常概括性的闡述，又看來不
免略顯老舊）。而第三篇研究則追溯十七世紀以來，經濟這個
範疇的解放情形。這裡面又代表著個人主義在關係到宗教與
政治、教會與國家問題上面的一些進展情形。這項研究已成
書出版，即《從孟德維爾到馬克思》一書，因而也就無法再
刊於此處。不過，我們卻從書裡面選了一小部分主要的章節
刊登於此（本書第三章），好讓這一部分的研究計畫得以跟其
他部分並列出來。總的說起來，我們所提供出的，假如不是
一幅完整的圖像的話，也至少是近代意識形態所源出的三個
主要層面了。

　　第二個軸心是從一開始做研究就選定好的，這是有關於
歐洲各國文化之比較。事實上，近代意識形態因不同的語言
與國家而有其顯著不同的形式表現，說得更確切些，這些在
不同的個別文化圈裡面所表現出來的不同形式，或多或少是
跟其不同語言或所屬不同國度相配合的。若把這些多少是屬
國家意識形態的東西看成是近代意識形態的不同變體的話，
則我們便有辦法首度有系統的在比較研究上面來起個頭，而
求得對其中的各種變異情形的一個眞正相互理解——不管是

法、德、英都好——因爲到目前爲止相互之間還是猜不透對
方的。事實上，此一研究工作主要是有關德國這一個變異體
的情形，於其中則或明說或暗示性地跟法國的情形做了比
較。雖說在這方面的研究成果大半尚未出版，但此一研究卻
進展順利；在此我們刊出其中兩篇文章（第四及第五章）[8]。第
一篇作品，赫德（Herder）與費希特（Fichte）的民族（Volk）與國
家觀，文章雖短，但其論題則爲德國唯心論之社會哲學的核
心關鍵所在，而這更代表著近代國家現在具體成形上面的一
個重大旅程碑，第二篇作品在此是首度發表的，以特勒爾屈
（Troeltsch）「論德國人的自由概念」這篇文章爲準，來點出德
國意識形態的另一個基本層面，Bildung（修身、教化）或自我
教育的觀念。此一觀念支配了十九世紀以及二十世紀之初的
德國思想界。與此相對應之事可見之於其對於國家與社會政
治問題所持的態度上面，這點包括外交政策在內。

　　第三個軸心，或說是第三個研究觀點大致可說是前面兩
種的結合。近代意識形態實際運作起來又是怎麼一回事呢？
採用比較研究的觀點，有沒有辦法讓我們來把過去兩個世紀
以來，在政治史上所呈現出的一些問題，特別是極權主義這
種近代社會之瘤給闡明呢？第六章是對國家社會主義的研究
論稿。裡面所探討之事可分爲兩個層次：當世之時的一般或
說是文化交流的層次以及德國意識形態之層次。納粹主義跟

8　有關於摩里茲（K.P. Moritz）以及從虔信主義過渡到美學的文章
　　（Dumont, 1982）並沒有刊於此。

德國意識形態連了起來，而使得其所加利用的德國意識形態
在歷史上遭逢了一次危機。希特勒(Hitler)在《我的奮鬥》
(*Mein Kampf*)一書中把他個人反猶主義的觀點做了整體的陳
述，我在此則把排猶主義在其中所佔的地位加以放大來看。

在這特別敏感的極權主義問題上面，我想加進一段簡短
的討論。凡松‧德恭貝(Vincent Descombes)在他一篇評論
《從孟德維爾到馬克思》的大部分持贊成意見而又精闢的長
文裡(Descombes, 1977)裡，談到了涂爾幹和牟斯的社會學跟
極權主義之間的關係。他問到了在涂爾幹學派的整體論
(holisme)和極權主義(totalitarisme)之間，到底其關聯何在。
涂爾幹在1912年所作的期許，希望我們的社會會有「創造性
沸騰起來的時刻」(heures d effervescence cr atrice)時，是不是
就在不知不覺當中把將要來到的納粹主義給理想化了？而牟
斯不是在事到臨頭時坦承其尷尬下不了台的局面嗎(同前文，
第1023-26頁)？除此之外，德恭貝似要提說，這回輪到我在碰
到極權主義時又重蹈涂爾幹的「不幸遭遇」、「涂爾幹學派
的悲慘結局」了。然而，在我所認為的極權主義本身裡面就
有矛盾存在這一件事(評論者曾加引用，見第1026頁)，和一
般人所以為極權主義乃直接退回到原始或中世紀的宗教性結
社組織的看法(德恭貝所引用的牟斯那封信上有著這方面的含
意)，兩者之間有著極大的差異。看來這裡面是有誤解之處
了。因為在最關鍵之處，我注意到說，涂爾幹所論說之事在
我的著作中已經加以超越了。於《階序人》一書的開頭裡，
我在對有關個人這個字的兩種意義作區別時(一為特定的、經

驗上面的個人，另一種則把人視爲價值之擁有者；參見詞彙
一覽表），便於註解3A之處引了一段牟斯自己的話爲例，來說
明這種區別的必要性。一旦這種區別建立出來了，德恭貝所
認爲涂爾幹學派的混淆不清之處便不會出現了。這個地方是
評論者未能詳加考慮之處。當然，涂爾幹是相當清楚地是把
個人主義視爲一種價值的(Lukes, 1973: 338ff)，但卻未能讓人
印象深刻地將之用成自己的字彙：涂爾幹並未能適切地強調
出因爲個人主義這種價值所造成的，存在於近代人和所有其
他人之間的差異情形[9]；也就是因爲未能做到這點，他才會在
德恭貝所特別提出來討論的，在《基本形式》(*The Elementary
Forms*)一書中的那一段文字裡面，想像說近代社會可能會經
歷類似於澳洲部落那種集體式的「沸騰激盪」(effervescence)
的時刻。

　　兩種不同意義的「個人主義」一旦區分清楚，則情況便
不一樣了，以此爲基礎，則個人主義與整體論之間的不相容
情形便得以確立(《階序人》，第3頁)。這點把握住後，則在
現代國家層次上任何所謂要回到整體論的舉動，都可以看得
出是一種虛假和壓迫之事，而納粹主義拆穿了乃不過是騙人
的把戲罷了。個人主義是近代社會的首要價值，希特勒也跟
別人一樣，沒辦法來加以迴避。在本書討論希特勒的文章
裡，我正想指明，在其對排猶主義所作出的種族優劣說裡面

9　我們在前面已經提到過，爲什麼與牟斯相比較，波蘭尼的著作裡面這
　　種距離表現得相當清楚的原由了。

是有著相當深遠的個人主義之立論基礎的。

※　　　※　　　※

　　的確，極權主義所表現出來令人爲之側目的景象是我們
當代世界所一再撞見的東西：個人主義有其威力無比的一
面，但它在另一方面卻也永劫不復地爲極權主義的出沒所
苦。

　　以上所論說之事還是太過於混含了，然而這事情在對其
做一般性的說明時，卻難以更明確地來加表達出。不過，在
目前這個研究階段中，個人主義及其反面在當代意識形態中
彼此共存的情形，要比以前來得更具力量。準此而言，個人
主義式的觀念與價值之風貌雖爲近代性所特有之屬，但它決
非跟近代性具有同等範圍的。

　　不過，在當代意識形態與社會裡面一般可以見到的非個
人主義式的因素、層面與成分又是從何而來的呢？這些情形
主要拜近代之前那些多少具有普遍性之屬的成分長久延續下
來或「殘存下來」之賜，比方像家庭這種東西。但也有的是
源自於個人主義式的各種價值本身運轉當中產生出來的結
果，因爲在這裡面乃開展出一種複雜的辯證過程來，而在紛
紜不一的領域裡邊乃可見到這些價值乃跟其反面之事巧妙地
混在一起的各種結合情形。而其中有些結合情形甚至可追溯

到十八世紀之末和十九世紀之初[10]。

　　這個問題比較簡單些，而多虧波蘭尼的闡明，我們得以清楚地見其展現在社會經濟層面上的情形。於其中，由於個人主義原則(即「自由主義」)之應用，使得我們不得不引進保護社會的各種措施，這從而在最後引導至目前這個我們可稱之爲「後自由主義」(postliberalism)的時代。

　　然而有一個更爲複雜且相當重要的過程，雖然到目前爲止幾乎沒人去加以查明，卻見之於不同文化的領域範圍，及其相互交流的結果當中，隨著由個人主義觀念的價值所主導的文化在全球傳佈開來的結果，這些價值和觀念也在不同的地域經過了種種變革，而產生出一些新的形式來。現在，這些新而經過變革的各種形式也可回來當爲主導文化，而順理成章地以近代之要素在運轉著(這點卻沒被注意到)。這樣子的話，則每一個別文化對近代性的涵化(acculturation)情形，便會在整個近代之屬的遺產上面留下一種不可磨滅的蛛絲馬跡來。此外，若這些蛛絲馬跡又可以在繼起的涵化情形當中被加以轉化的話，則這種過程便是有積累性。

　　但我們不要馬上就以爲說，經由這些適應的情形，近代意識形態乃被衝淡或削弱──。恰恰相反，我們所見到的卻是下面相當醒目而令人不得不注意的事實：各種異質成份之相互結合，以及由個人主義所吸收的那些多少是彼此相斥的

10　我在爲法文版的《鉅變》(*The Great Transformation*)一書所作的導論結尾部分，從波蘭尼對經濟自由主義的歷史批判談起，而記述了其中的概略情形，(見Dumont, 1983c)。

各種外來因素，卻產生出一種增強的效果來，而促成了意識形態的力量在相關方面的展現情形。極權主義便在個人主義與整體論這種不由自主、不知不覺與張力過大的結合之基礎下成長開來。

對希特勒所作的簡短研究乃促成了以上這一大段題外話，在此我亦將之拿來當成結語之用。我們可以這麼說，當代意識形態世界至少乃是十八世紀以來的各種文化持續交流所產生出的編織物，裡面包括了個人主義及其反面情形的各種行動與反應之事，不過此時此地若想將整個觀點給加以披露出來還稍嫌過早。我們所能提出來的只是到目前為止研究上所得出的概括性結論。或者我們該這麼說：這是我們時下所能開展出的眼界。新的視野則有待努力再作探勘了。跟一開始的情形來作比較，則我在此的觀點已有了一些轉變。這種情形甚至還包括了我在詞彙表達上面所感到的侷促，這點算是過路費吧！一開始的時候，我試著要把近代性所特有之屬的情形加以隔離出來，將其跟前此之事以及目前還跟它並存的東西都拿來加以對照，再把我們目前在此稱為個人主義的特有之事其起源做了一番敘述。以此一階段當中，我則相當概括地將個人主義和現代性看成是同樣的東西。不過現在卻出現了一項不容忽視的具體事實，即，在當代的世界裡，我們發覺到，除了我們可將其界定為近代性的各種不同情形外，另有他類情形存在。而這種現象甚至見之於最「進步」最「開發」最「現代」的那一部分世界裡邊，也發生在意識形態本身之層次上。此外，若我們仔細加以檢查的話，有一

些我們可能會將之視爲最具近代性的觀念或價值——我則稱
其爲觀念——價值的東西——是某一種歷史過程的結果。在
此過程當中,則近代性與非近代性,或說得更確切些,個人
主義的價值——觀念及其反面之事,已經是密不可分地結合
在一起了(參閱Dumont, 1985 a)。

　　所以我們可以把當前的世界稱之爲「後現代」了。不過
我們的工作乃要來分析這個多少是混合而成雜染體之展現情
形,具體地來追蹤其所源出的各種互動情形,以及繼之而起
的歸向問題。簡而言之,以文化交流的觀點來研究過去兩個
世紀以來意識形態之歷史。

第一部分
論近代意識形態

第一章
源起之一，從出世的個人到入世的個人 ☆

　　這篇研究包括了二個部分。主要的部分所牽涉到的是基督教最初幾個世紀的思想發展過程，我們可由其中看出個人主義在最初階段的演變情形，其後的補充說明部分，或說是說場白，可以讓我們看出說，此一思想演變最後到了卡爾文（Calvin）手中而終告落幕☆☆。

☆　本文初刊於*Le Débat*（《論辯》）第15期（1981年9月-10月號），其標題為：「有關我們源起的一個修正觀點：論近代個人主義在基督教上面的源頭」（*La genése chretienne de l'individualisme moderne, une vue modifiée de nos origines*）。英文稿本則見之於*Religion*（《宗教》）第12期（1982年）第1-27頁（亦請參閱對此文所作的專題討論，刊於同期的《宗教》第83-91頁）。

☆☆這篇文章的第一部分是1980年5月以法文原稿為本，而發表於牛津大學瑪格利特女士講廳（Lady Margaret Hall）的丹內克講座（Deneke Lecture）之講稿（請參閱前此的《高等實踐研究院報》Annuaire de l'Ecole pratique des haute études, 6ée section 1973-74年份）。裡面所提出的概括性論點是受到我所參加的，由美國藝術與科學學會（Daedalus）為「紀元前一千年」這個論題舉辦的一個研討會來激勵促成的。我要特別感謝與會者——特別是阿諾多‧默米果亞諾（Arnaldo Momigliano）、

個人主義在基督教上面的源頭

在過去幾十年來，我們當中有些人愈來愈注意到，以這個世界的其他偉大文明為背景來看的話，則近代的個人主義可說是一個例外的現象。而假如把個人視為一種價值這種觀念是由某一方的特有傾向所導致而成之事的話，那我們便無法對其源起的種種取得一致的看法。對某些研究者而言（特別是在唯名論盛行的國度），這乃是一直都可以見到的東西。有些論者則以為源於文藝復興，或者乃是跟中產階級的興起而產生的。然而就傳統而言，則最為常見的恐怕是如下的觀點：此一觀念源於西方古典時期的思想和猶太——基督教之遺產裡，兩方所佔的比率不一而足。而有些古典學家則以為在希臘時代所發現的「推理嚴密的論說」（discours cohérent）

沙利・漢弗瑞(Sally Humphreys)和彼德・布朗(Peter Brown)的批評與指教(參閱Daedalus, 1975年春季號。裡面所刊出的是第一次提出的在觀點上比較有所偏限的論說，與會者的批判得以讓我將文章加以修正與擴充)。

有關卡爾文的補充說明部分是在一次有關「人之範疇」("La catégorie de personne")的討論會(Oxford, Wolfson College, 1980年5月)上提出的。

有關聖・奧古斯丁(Saint Augustine)部分，法文本略掉了，而在英文刊本上(《宗教》，第12期)加了進去。

這篇文章貝拉(R. Bellah)、布瑞奇(K. Burridge)和羅伯森(R. Robertson)曾簡短地作過論評(前引同期《宗教》，第83-91頁)，埃森史塔德(S. N. Eisenstadt)後來刊出的文章〈超越的凝視、出世性及其轉變、對杜蒙更進一步地評論〉(Transcendental Visions, Otherworldliness and its Transformations, Some More Comments on L. Dumont)(《宗教》13[1983]: 1-17)事實上是一篇具原創性的作品，值得加以討論，但在此我們卻無法做到(不過在本文注13處我倒提了一點)。

乃是人視其本身爲一個體之表現。在雅典陽光之普照下，混
沌不清的思想頃刻雲消霧散，神話馬上臣服於理性之下。此
一重大事件乃把眞正歷史之源頭給標了出來。當然，這種說
法不無其眞實性，然而從我們今天的世界來看，卻不免偏於
一方之見，而需要作一些修正。在這方面，社會學家會先給
宗教，而非哲學，一個優先權。因爲宗教涵蓋了社會整體，
也直接關係到行爲表現。韋伯的研究便給了我們一個例子。

　　且讓我們把所有有關因果的考慮撇在一邊不談，而只對
對觀念與價值的各種風貌以及意識形態網絡來作考慮，努力
地把它們之間所建立起來的關係給探討出來。若概括性地將
論題點出的話，則我以爲近代個人主義這一回事，在最初期
的基督徒身上以及周遭的世界裡就已經出現了。然而嚴格地
講，這裡面的情形還不能算是我們所知道的那種個人主義。
事實上，新舊個人主義之間還隔著一個既徹底而又複雜的轉
化過程，而這中間至少花了十七個世紀的基督教歷史才加以
完成的，而或許這種轉化過程今天還繼續在進行著呢！宗教
首先對個人主義在類型的通則化，後來在其繼起的演化上，
都扮演著首要的角色。就年代上面的限定而論，近代個人主
義的系譜有其兩面性，一類事關源起或其中增附的部分，另
一類則牽涉到其慢慢轉化成型之事。在這篇文章裡，我僅就
其源起之事來加以刻畫，指出其在轉化上最初階段的發展情
形。在此，我先爲裡面文辭精簡的抽象思考向讀者致歉。

　　若想知道西方文化本身的一統性與特異性的話，我們必
須拿其他文化來加以對照才能看出。也唯有如此，我們才會

對自認爲再明白不過的東西加以注意，因爲其乃是我們在日常論說裡所熟悉但卻隱而未宣的種種事實根據。就拿我們在談到人爲一個體這件事爲例。事實上這裡頭存在著兩方之見。一方面是有關於客觀存在的概念，另外一個則是把人視爲一價值之事。比較研究責成我們在作分析時，對這兩種不同的層面來加以區別。其中的一種是指語言、思想和意志之經驗主體。是見之於所有社會的人類抽象個體之事。而另一種則爲獨立、自主而在基本上是非社會性的道德存在體，我們至高無上的一些價值乃由其一肩扛下。此一觀念主要見之於我們近代有關人和社會的意識形態上面。如此看來，我們這裡就出現了兩種不同的社會之事了。個人被視爲至高無上的一種價值之處，我稱之爲個人主義，而在相反的例子裡，則最高價值放在社會整體上面，這我稱之爲整體論。

有關個人主義源起之事，我們大體上可以這麼來發問：原本在整體論式社會裡邊是一般類型之屬的東西，爲什麼會產生跟其在根本上是相衝突的新類型出來呢？這樣的一種轉換過程是怎麼來著呢？我們如何來把握住這兩個互相對立的思想宇宙，互不相容的意識形態之過渡情形呢？

以印度的情形來作比較可提供給我們一些線索。二千多年以來，印度社會一直存在著二種互賴互存的特有徵象：此世的社會給每個人都加上了緊密的互相依存關係，這就等於對我們所知道的個人作了種種關係上面的限制。然而在另一方面，則棄世制度（institution du renoncement au monde）的存

在，卻讓作這方面選擇的人保有完全之獨立情形[1]。巧的是，
這棄世獨立的人也一肩挑起印度宗教史上所有的創新之事。
此外，我們可以清楚地在早期的文獻裡看到這種制度的源
起，而我們也很容易來加以理解：棄世者是為了追求最終極
的真理而離絕了社會生活及其中的各種束縛，全心全意地來
求取自我之奮進與命運之掌握。棄世者回頭看紅塵世界時，
人已在彼岸，紅塵世界成了虛妄不實的東西。然而自我的發
現對他而言並非基督教上面的得救意義，而是從這個世界所
常令人經歷到的生命桎梏中解放出來。

　　棄世者是自足的，也只關心他自己。由此看來，他在思
想上倒是接近於近代的個人，但這中間有一個根本的不同之
處：我們活在紅塵世界裡，而棄世者則活在紅塵世界外。因
此，我把印度的棄世者稱之為一種在塵世之外的個人
(individu-hors-du-monde)，比較之外，我們是為在塵世的個人
(individus-dans-le-monde)，是入世的個人，而棄世者則為出
世的個人。在這篇文章裡面我會廣泛地來使用出世的個人這
個觀念，也求大家聚精會神地來注意這個怪物，以及他跟社
會的特有關係。棄世者可能會離群索居當起隱者來，也可以
加入棄世者的團隊裡，大家歸於某位棄世者大師之門下，大
師乃傳授某一套特有的解脫之學。這點跟西方世界的隱遁傳
統彼此類似的地方，若我們拿佛教的僧院和基督教的修道院

1　見我的 "Le renoncement dans les religions de l'Inde"（印度宗教的棄世
　　觀）(1959)，現見於《階序人》一書附錄B。

來相比的話，便可以深遠地直追下去。舉例來說，兩個宗教
的修會團體都獨立地發展出我們所謂的多數統治的觀念。

　　在此，我們所要注意的根本之處乃是存在於絕紅塵而去
的棄世者與入世者之間的那個鴻溝。首先，到解脫之路只爲
離棄塵世的人而開。與塵世相隔乃是個人精神得以開展之條
件。一旦棄絕紅塵則馬上將此世的生活予以相對化。在這方
面，只有西方人才會搞錯情形，認爲某些派別的棄世者想來
改變社會秩序。棄世者是以其他的方式來跟這個社會互通有
無的。首先，棄世者需要這個社會來供養他，而他則來教誨
世人。從歷史的發展來看，這裡頭存在一個屬於印度社會所
特有的整體性辯證關係。對於這點我們在此存而不論。但我
們必須記住的一點是，這種原始關係還可見之於佛教裡邊：
由於沒有入於佛門僧團，在家眾所受的僅是相對性的倫理
觀：諸如，對於僧人要慷慨奉獻，本人則要避免作出一些傷
天害理之事等等。

　　對我們而言，這裡頭最彌足珍貴之處乃是：在印度所發
展的情形不但容易加以理解，而且看來眞的像是「自然發
生」的樣子。準此，則我們可以來作出如下的推斷：若個人
主義是出現在傳統式、整體類型的社會的話，那麼它是站在
社會的反對面沒錯，但卻像是來補充社會的不足之處，也就
是說，它是以出世的個人之形式來出現的。但我們能夠說，
個人主義在西方源起的方式也是一樣的嗎？

　　這點也只是我所要講明之處，即，不管彼此之間所表現
出來的實質內容有什麼差異，我們於印度社會所發現到的那

種社會學上的個人類型——出世的個人——不能否認地也在
耶穌紀年之始便出現於基督教裡頭了。

※　　　　※　　　　※

　　來自於基督的訓誨當中有關於人的基本概念之事是無庸
置疑的：如同特勒爾屈所說，在跟神的關係上，人是一個個
體(homme est un individu-en-relation-à-Dieu)，用我們的話來
講，人在基本上是一出世的個體。在未對此一要點加以申論
之前，我想來做個更具概括性的論述，我們可以這麼來說：
希臘化時期的知識界裡已充斥著跟基督教一樣的看法，而若
基督教所給的是不一樣類型的個人主義的話，則終究不能在
當時的環境裡功成事就的。這樣一個強力的論點，乍看之下
好像跟業已廣被接受的觀念相左。其實，這跟時下的看法不
一樣的地方乃是：我們在此僅作了立論之修止，而比較能夠
把分散於各處的證據集在一起。一般都公認說，在哲學思想
方面，從柏拉圖(Plato)和亞里斯多德(Aristotle)過渡到希臘化
時期的新學派過程當中，出現了一種不連續，存在著「一大
差距」(Sabine, 1963: 143)的現象——此乃突然湧現出來的個人
主義。自足性原來是柏拉圖和亞里斯多德所認為的一種城邦之
屬的特色，現在它卻成了個人的一項特質了(同前書第125
頁)。而這種自足性被伊比鳩魯學派(épicuriens)，犬儒學派
(cyniques)和斯多噶學派(stoiciens)等或認為是一項事實，或
認定為一種理想。這些我在此不多說，只直截了當地把我的

觀點講出。很顯然地，希臘化時期思想所踏出的第一步便是把塵世給遺落了。這點，我可以長篇大論地引用沙班（Sabine）那本標準的教科書《政治思想史》（*History of Political Thought*）來作舉例說明，而事實上我已轉述其中的一些論說了。沙班在書中把前面三個學派的特徵區分成三種不一樣的「棄絕塵世」之類型（書中第137頁）。這些學派傳授眾生智慧，而一個人必先棄世才能成聖成哲。在此我們見到這個時期一直所存在的一個以不同形式表現出來而具關鍵性的特徵，即：智慧與塵世的截然分立。智者與尚爲俗世生息所苦的蒙然眾生之間乃判若雲泥。迪格奈（Diogènes）把聖者與愚人對立起來，克里斯伯（Chrysippe）則認爲聖人死後的靈魂要活得比營營眾生的來得久些。這種情形就跟在印度一樣，唯有棄世者方能求得智慧。所以按照芝諾（Zénon）的說法，唯有聖者才知道善是怎麼一回事。而俗世之所爲，即使表現在聖者身上，也不能稱之爲善，這只是要比其他人更爲可取而已：透過價值之相對化之後才能對這個世界採取順應的態度，而這也是我在印度的例子裡所特別強調出來的那種相對化。

對世界採取順應的態度，乃是斯多噶學派在一開始所表現出來的特點，這種態度到了中期漸漸增強，而一直持續到後期，後人的解釋當中則認爲這種順應的態度把他們學說裡面的出世之歸向給搞模糊了。羅馬時期的斯多噶學派人物在世上負有重責。中世紀的作者和盧梭（Rousseau）都把像辛諾卡（Seneca）這樣的人視從己出。盧梭甚至火引其文。但我們不難查出斯多噶學派的人永遠把握得非常清楚的分際之要。即使

他們活躍於塵世，但保持著自足性的個人態度還是原則之要。不執著爲斯多噶學派的人所必須，即使在解憂時，他還是得保持一顆寂然不動之心。所以艾畢德屈(Epictetus)說：「假如其嘆息並非從心中所發出的話，他是可以(跟受苦的人一樣)來悲鳴的 [2]。」

　　對於此一特徵，我們不免會感到奇怪。不過這裡面乃顯示出：即使斯多噶學派的人返回塵世之舉是印度棄世者所感到陌生之事，但回到塵世來對斯多噶學派的人而言，卻只代表著一種次要的應世態度，在骨子裡，他還是把自己當成是此世的一個陌生過客。

　　我們如何才能來了解此一哲學上的個人主義之源起呢？在上面的例子裡，大家不用再費勁便可以看出其時已完全被認定接受的個人主義，是希臘城邦的毀滅而西方世界統一的結果——無論是希臘人、異邦人或說是野蠻人，大家都在亞歷山大之下，混在一起了。無疑的，這個不尋常的重大事件是可以來解釋其中諸多的特點的，但至少對我而言，它卻無法解釋出把個人視爲一種價值之事，這種從無到有的產生(création ex nihilo)過程。我們還是得先看看哲學本身的情形。希臘化時期的教師們有時就把蘇格拉底前期學派的一些

2　這一段引自Bevan, 1927：63。這位作者也注意到了印度的棄世態度在這方面的相似地方，他引了不少薄伽梵歌(Bhagavad Gita)裡面的文字來顯示出其跟斯多噶學派不執著之準則有異曲同工之妙。事實上薄伽梵歌所透露出來的訊息是一種順應世界的棄世態度。見本文注1所提到的文章之第四節。

基本觀念據爲己用，他們可說是詭辯學派和當時其他思潮的
傳承人（在我們看來，這些思潮在西方古典時期時是被淹沒於
其下的）。而這些世代的思想秉持運用之理性探討，這樣的一
種哲學活動本身必然就培育出了個人主義。因爲理性在原則
上既然有其普世性，在實際上便能透過將其加以運用的人來
發揮出作用的，而這至少蘊含著理性優於其他一切的前提。
在蘇格拉底之後柏拉圖與亞里斯多德所認識到的是：人在基
本上是一種社會性的存在體。而那些希臘化時期的後繼者在
基本上所做的，是要來確立出更上一層樓之事，也就是不爲
俗世生活所執的智者之理想。思想淵源的遞變，巨大的政治
更動，普世帝國之興起所促成的各方關係交往之頻繁，這些
無疑地都有利於此一思想運動。在這樣一個環境之下，直接
或間接來自於印度棄世者那一類思想的影響並非是完全不可
能之事，只是我們的資料卻還不足以來加以印證。

　　若要來證明彼世現在基督時代已深入於當時有教養人士
的思想裡邊的話，則亞歷山大的懷羅(Philon d'Alexandrie)可
爲一例。懷羅替後來的基督教護教者指出了一條如何讓有教
養的異教徒來接受其宗教信息的大道。他以興奮的語調道出
個人對索居靜思日子的偏好，這也是他所渴望的歸宿，雖說
他個人在猶太社會所擔任的政治職務——這項職務他幹得有
聲有色——把他的這種生活給打斷了。古登諾(Goodenough)
極其準確地指出來說，這兩種生活模式，以及猶太信仰和異
教哲學，其在階層系統上所顯示出來的意義，是如何地反應
在懷羅對政治之事所做的雙重判斷上：一方面是護教式、公

開的外顯之事，另一方面則是奧秘、希伯來式的內斂省思之
事（見Goodenough, 1940）。

　　我們現在就轉到基督教上面去。不過我首先要說的是，
我主要的論點根據來自於教會社會學的史學家特勒爾屈。在
其旁徵博引的著作《基督教會與團體的社會教義》（*Die
Soziallehren der christlichen Kirchen und Gruppen*，此書出版於
1911年，我認為這是一部大作）裡，特勒爾屈提出了一個多少
已經是整體性的看法了。這用他的話來說，則是對基督教會
史的全面探討（書中第8頁）。特勒爾屈所論述的固然在某些要
點上面可能需要加以補全或作修正，但我在此的努力所在，
主要是把前面已經提綱契領所論之事，利用比較研究觀點的
有利之處，來提出一個更具一統性和簡單性的整體觀念，即
使說我們在目前所考慮到的只能算是其中的部分而已[3]。

　　這其中的主題為大家所熟知，而我則挑出少數幾個具關
鍵性的特點概略地來加以說明。從基督以及聖保羅（Saint
Paul）的訓誨當中，我們得知基督徒在跟神的關係上乃為一個
體。特勒爾屈說過，基督徒跟神的關係裡頭存在著一種「絕
對的個人主義與普世主義」。藉著一己跟神之間的信實關係

3　特勒爾屈書中的大意跟本文的旨趣差距甚小。班傑明·尼爾森
　　（Benjamin Nelson），這位相當具洞察力的社會學家則注意到，包括特
　　勒爾屈在內，從黑格爾以降的十九、二十世紀之主要德國思想家們，
　　都把他們所關注的「原始基督教的制度化」這個問題，以某種方式來
　　陳述出，即「使徒式教會的神賜般情誼是如何地被官僚制度化了」或
　　者「原本是一個出世的宗派是怎麼變成羅馬教會來著」。見Nelson,
　　1975: 232 n.

之建立，個體之靈魂乃能領受到永恆之價值。而跟神之間的
這種關係則又來源出人際關係上面的情誼來，基督徒藉著基
督這個共同的交會點來成為教會的一員。這樣一種卓絕的肯
定精神其所立足的層次超越了塵世以及塵世制度，雖說這二
者也都源於上帝。然而這中間個人所具有的無限價值卻同時
也是對俗世價值的一種不屑一顧的淡漠態度。二元化的情形
便呈現出了，而相互之間則成了一種緊張關係。這種關係便
成了基督教的一部分，而一直存在於整個基督教會史裡面。

　　在此，我們得暫停一下。對近代人而言，這種存在於真
理與現實之間的緊張情形是極難加以接受，或難以正面來作
為評價的一件事。我們有時會提說「改變世界」這回事，而
從其最早期的著作當中，我們可以清楚地看出年輕的黑格爾
毋寧是要基督來跟現實世界宣戰的。然而在事後看來，假如
基督以人的身分來作這種事情的話，其結果比起他的訓悔在
紀元以來所產生的影響，於相形之下一定黯然失色的。在其
思想成熟時，黑格爾把他年輕時代的這種焦躁情形給改了過
來，而完全承認基督徒的主觀論所具有的豐饒意義，這也就
是指基督徒所與生俱來的緊張之事[4]。事實上，從比較的觀點
來看的話，則「改變世界」一事變得相當荒謬，而這讓我們
了解到，這種觀念只會出現在一個擺出一副不想息事寧人的
姿態而強調著，神所應允之世與人實際所居之塵世絕對是兩

4　參閱黑格爾1907：327ff, 221-30；年輕的黑格爾一直醉心於革命之
　　事，並且為理想的城邦（polis）所迷（同書163-164, 297-302, 355）其成熟
　　的見解，則見Theunissen, 1970: 10-11，以及其他各處。

回事，已經有一段時日的文明裡。這一近代的蠢事乃源於：
十字架的荒謬性：（譯註：指耶穌被釘在十字架上，不能救
人，反而被殺之事。）我還記得克瑞（Alexendre Koyré）在一次
談話中，把基督的蠢事跟佛陀的慧識對立了起來。然而他們
之間卻有共通之處，即，對個人所作獨一無上的關注，仍是
接在，或該說是立足於對此世所加的貶抑而來的[5]。也因為如
此，所以這兩種宗教才具有真正的普世性，也是要來傳播福
音的宣教宗派。它們並得以傳佈開而一直流傳下來，它們之
所以能給了眾生慰藉與依恃，之所以稱得上是真理之所在（假
如我能夠這麼說的話），特別從普世主義者的觀點來看的話，
乃是：要讓人世之種種為得以承受下來之事的話，則價值之
種種必須好好地高懸於人事所不能企及之處。

　　而在任何印度宗教所無法完全達成，但卻一開始就見之
於基督教的是：透過基督本人而來的四海皆兄弟般的博愛精
神，以及由其所產生出的人人皆平等的觀念。特勒爾屈強調
說，「這純粹是由於上帝的出現而存在的一種平等」。就社
會學上的意義而言，個體透過自身的超越而獲得解脫，以及
出世個人團結在一個共同體名下，雖腳踏現世，卻心繫天
國，這種描述對基督教而言，可說是雖不中，亦不遠矣！

5　對此世貶抑之情形，在基督教只是相對性，而在佛教則是根本而徹底
　　的，乃是另外一回事。愛德華孔茲（Edward Conze）所提在（大乘）佛教
　　與諾斯替教派（Gnosis）之間比較有限定性的背行不悖情形，很清楚地
　　是就兩方面背後所呈現出來的出世個人觀而論的（這點特別見Conze,
　　1967: 665ff文裡的結論部分和最後一個注釋）。

特勒爾屈特別強調如此一來所產生出的急進主義與保守
主義奇特地相結合在一起的情形。這個問題我們若用階層系
統上面的字眼來看的話，會更有所得。這裡頭有著一系列彼
此類似的相互對立之事，如此世與彼世，肉體與靈魂，國家
與教會，新約與舊約等。卡斯帕利(Caspary)把早期教會之父
所利用的這樣一種基本架構稱為「保羅式的組合」(Pauline
pairs)(見其傑作〔Caspary, 1979〕裡對奧利根(Origen)所作的
聖經註解之分析)。即使在這種兩端對立的情形當中，階層系
統上面的排列情形在表面上並不明顯，但的確是可以來看出
的，在基督講道「凱撒的事歸凱撒管，上帝的事歸上帝管」
時，裡面的對稱情形只是表面性的，讓人看來好像是說，為
了上帝的原故，我們得遵從凱撒的合法之求。不過，說這樣
要比起斷然否定凱撒所求，其在塵世與絕對價值之間所造成
的距離要大得多了。因為塵世秩序已被相對化而臣屬於絕對
價值之下。這裡面有一種區分得相當清楚的先後秩序存在：
出世的個人主義將所加認可和遵從的俗世權力之事包攝於其
中了。假如我們能用圖來表示的話，則這裡面出現兩個同心
圓，大的圓圈代表著人跟神的關係，而在裡面的小圓圈則代
表著對俗世的各種必然需求、職責與忠誠的接受。這也就是
說，對於社會——先是異教徒，後為基督教社會——所採取
的態度，一直都是整體論式的看法。這個圖解，把對比的俗
世生活包攝在涵蓋一切的首要參照之事和基本定義裡面，而
把日常社會生活的整體意義臣屬於出世個人主義之下，可以
說是把特勒爾屈對基督教後來所有各種主要演變情形，所作

的系統論述扼要地加以歸結出了；而在歷史上後來所發生的
是：至高無上的出世價值會把包在裡面，跟其對比的塵世因
素施加壓力，漸漸地，塵世生涯會被彼世因素所染，一直到
存在於世上的雜質成份完全消失爲止。如此一來，則整個領
域便統合爲一，整體觀則從意識形態當中消失不見，此世的
生活則被想成是跟至高無上的出世價值完全一致的：出世的
個人乃變成了近代入世的個人。這是我們從歷史來證明出在
基督教的最初特性傾向裡面所具有的不尋常之潛在力。

　　我在此要對基督教開始時所相信的千福年之事加段評
語。最早的那些基督徒是活在基督馬上就要再來到人間建立
起「神的國度」的期許等待之中。此一信仰在作用上可能要
幫著人們至少暫時未接受因爲奉持著一種跟他們在現實處境
上無直接關係之事，所帶來的不舒服情況。巧的是，我們最
近也知道有一種常被稱爲「貨物崇拜」（Cargo Cuets）的千福
年運動極度增長的情形。它跟在羅馬帝國統治下所廣爲盛傳
於巴勒斯坦一帶的情形相當類似。兩者在社會學上的主要不
同之處，可能就在於耶穌那個時代濃厚的出世氣息這點，就
中尤以基督教團體因出世的傾向占了上風，而壓倒了走極端
路子的其他種種思潮，像是起來反抗的猶大人，聖經啓示文學
的作者們，諾斯教徒（Gnosticism），或摩尼教徒（Manicheism）。
從這個角度來看，早期基督教徒所特有之處似爲千福年與出
世觀兩種信仰的結合，而後者要比前者來得更具分量[6]。

6　李屈爵士已經注意到千福年層面上的問題，但他卻只見其片面，而有

　　雖然以上所作的概要說明不足以涵蓋全貌，但我希望大家無論如何已經看出，最早期的那些基督徒終究還是比較像印度的棄世者，而不像我們這些近代人。近代人多多少少乃安居於一個被認為是來適應我們的世界，但事實上，我們也反過來在適應這個世界呢！有關適應之事是我所要談到的第二點，而我現在就來探討這種適應情形早期的一些發展過程。

　　首先，山上寶訓(Sermon sur la montagne)裡面的出世信息是如何來跟入世的生活產生關聯呢？教會制度在這裡面搭起了線，或可被視為神在世上的立足點或橋頭堡，而教會本身的擴張、統一以及所發揮的影響力則是慢慢累積進展出來的。不過這中間還得在思想上有可加利用的工具來把出世的真理關聯上俗世的制度才行。特勒爾屈一再強調了早期的教會之父是如何地從斯多噶學派裡面，借來自然法的概念，而將其用來當為適應世界所不可或缺之工具了。此一異教徒的「自然倫理規範」到底是怎麼一回事呢！我在此引了一段特勒爾屈的文章：

　　　　其(斯多噶學派)主導觀念乃是把神之事視為一種普世性的，在精神上與物質上之自然法。自然法一視同仁地統理著萬事萬物，是為自然秩序的普世之法，卻也

　　點不加區別地將之歸為一種「顛覆」模式。(Leach, 1973: 5-14，又見其後注14)。

造出了個人在自然與在社會上不同的情形來。自然法
在人身上成了承認上帝存在，而與其合而一的理性之
法……如此一來，則自然法一方面責成人順從於自然
的和諧過程，扮好其在社會系統上所被派定的角色，
另外一方面則是指個人內在對以上一切的超越提升，
還有倫理─宗教之自由以及理性之尊嚴，此乃與神合
而為一的部分，因而是不受到外在或感官事因的干擾
的（Troeltsch, 1922: 52）。

　　談到跟斯多噶學派的特別關係，有人可能會提出異議
說，到了基督紀元時代上面這些觀念已經廣為流布了。而懷
羅以及兩百年後的護教派人士，他們所借助於其他思想流派
的地方不會比斯多噶來得少。對於這一點特勒爾屈早就回答
在先了：「從自然倫理法觀念來衍生出所有的司法規章和社
會制度，這一切乃是斯多噶哲學所創」（1925a: 173-74）。而教
會也就在倫理秩序的層次上構築出中世紀基督教的社會教
義：「此一教義雖然從科學觀點看來不夠周全而且混淆不
清，但實際上卻最具文化和社會意義，而真的是成了像教會
文明的教規之類的東西」（1922: 173）。這點，一旦我們承
認，斯多噶學派與基督教兩者都具有出世的特性，也同時把
入世之事加以相對化，則這種轉價便是十分自然之事了。畢
竟，佛陀所普度眾生的信息本身也是同一性質的，即：一方
面主觀的倫理道德把俗世生活和相關之社會誡令緊密地連在
一起，而在另一方面則為真理以絕對價值之種種。

我們且回到紀元前三世紀斯多噶學派的創立者芝諾的身上。在他的學說裡面我們發現到後來整個發展之原則。對芝諾而言〔貝文（E. Bevan）[7]認爲芝諾比較像是一位先知，而非哲學家〕，所謂善者乃是讓人獨立於所有外在環境之事，而唯一之善乃內在於人之屬的東西。個人之意志乃是其尊嚴及完整性的源頭所在。假如人有辦法用其意志來面對任何命運之挑戰的話，便能安然地免於外在世界的所有各種打擊。世界是由上帝或說是自然法，或理性來加統理的——因爲自然在人裡面則成了理性——此一律令乃是特勒爾屈所說的絕對自然法。在此，雖然聖人對於外在事物與行動寂然無動於衷，他卻有辦法按其遵照自然或理性的大小程度來作區分，認定某些行動本身是比較值得稱道，而某些則不然。世界便如其應然被相對化了，不過俗世價值，即相對化了的價值因而可以依附上去。此乃後來廣爲教會所用的相對自然法的根源所在。而自然法的兩個層面，也就等於對人間的理想與實存狀態之兩幅寫照。前一種爲自然狀態，或芝諾理想中的世界城邦，或後來的烏托邦（utopie d e J ambulos，見Bidez, 1982: 244ff.），這基督教徒視爲人在未墮落之前的情形。

有關人間實存狀態的部分，辛諾卡辯解說，制度之種種乃是針對人之劣根性所採行的補救之道，這點跟基督教相類似的看法。彼此之間極其接近的情形已爲人所熟知。而特勒爾屈認爲根本之處乃是其中的理性層面；不管以目前人的道

7　見前面注2部分。

德情況之觀點來爲種種制度加以辯護，或者是指斥制度違反
自然之處，抑或藉理性之助來調整或改進制度，這裡面理性
都可以運用到實際的種種制度上面去。

　　因此奧利根持著跟塞色斯(Celsus)相反對的意見，認爲若
成文法牴觸自然法的話，不管我們怎麼講，都絕非是法律
(Caspary, 1979: 130)，職是之故，基督徒可以於法有據地不去
崇拜皇帝或不執行其殺人之命令。

　　有一點我們得對特勒爾屈來作個補述。他本人未能注意
到聖君(royaut sacrale)觀念在希臘化時期及其以後的重要性。
自然法，因爲是「未成文」或「賦予生命」(empsychos)的法
律，乃體現於統治者的身上，這點對寫說「爲理性諸法的賦
身者」之懷羅以及教會諸文是相當清楚的。照懷羅的說法
「古史上面的那一些智者，我們族裡的那些元老與祖先，他
們的生命本身就是不成文諸法的典型，這後來摩西(Moses)才
把它寫出來。因爲上述諸人的緣故，律法才得以完全體現出
來而變成人身之事」〔Troeltsch, 1922，注69，此爲引魯道夫希
勒塞爾(Rudorf Hivzel)之文〕。而亞力山大的克萊門(Clement
of Alexandria)提到摩西時，說他是「受法所感召，因而是一
位王者之尊」(Ehrhardt, 1959-69, 2: 189)。這點自有其重要
性，因爲在此我們遇見了原始的主權神聖論了，也就是聖君
或祭司兼國王的概念。此一概念在希臘化時期的世界以及其
後的拜占庭帝國當中廣爲流布(見Dvornik, 1966)。這我們在後
面還會碰到。

　　早期教會諸父對於社會問題的態度——比方像國家與統

治者，奴隸以及私人財產等事——大多被近代人以入世的觀
點孤立了起來。我們若注意其中出世的特性的話，便可以更
清楚地了解問題。我們當記得前面提到的，一切事情都是藉
個人跟神的關係以及隨之而來的教會博愛來作衡量考慮的。
這點乍看之下，好像終極的目的跟此世的生活之間存在著一
種模稜兩可的關係，因為基督徒此生旅程所必須經的塵世，
對其得救與否，雖是一種阻礙，卻也是一個條件。於此，我
們最好以階層系統的觀點來考慮這個問題的整體風貌，因為
塵世的生活並非直截了當地被加以排斥或否定，而只是在人
命定是要跟神以及出世的眞福結合在一起的關係上被相對化
了。對最後超越性目標之歸向，就好像靠向一塊磁石似的，
而這就引出了一種階層系統場，於其中，我們可預見塵世萬
物都有其定位。

　　然而，這種階層系統上的相對化情形，其第一個可告確
知的結果乃是：大部分的俗世事務自有其相當程度的伸縮餘
地。這是因為這些事情本身並不重要，而只關聯到最後的目
的而已。職是之故，不同性情的牧師和作者可能會對俗事作
出變異性相當大的解釋來，而這裡面場合的不同關係比較重
大。在此，我們要找的不是受那些一成不變的規定，而是要
確定，在每一種情形裡，到底所能加以容忍的變異情形，其
上限為何。下面這些在原則上是相當清楚的。第一，不應像
諾斯替教派的那一些異端份子所做的那樣，不分青紅皂白地
對此世加以定罪。第二，切勿僭取只屬於上帝的尊榮。再
者，我們可以預見，在比較重要的事情上面，其所能加以容

忍的尺度，要比其他那些不那麼重要的事情來得窄些。

卡斯帕利最近對我所論及的那種可加容忍的伸縮餘地情形加以強調了。他在對奧利根所作的聖經註解之研究專著上，令人激賞地把在我看來是根本對立的情形，卻如何地在種種不同的層次上以變化不一的形式出現，因而構成了一種精神意義綱，或彼此相對應之事的一個階層系統之情形，給點了出來[8]。而在聖經闡釋學上為真的東西，也可以用在對經驗素材的解釋上。我剛剛才說過，我們可以按照其在得救的相對份量上，來看塵世事務在階層系統上所佔的地位。於我們的資料上，這點並沒有被有系統地加以整理出來。但在這裡，至少有相當重要的一點是在作不同評價時必須加以考量的。我在他處已經指出：近代世界已經把傳統上人與人所具有的優先關係給反了過來，而變成人與物的關係是首要之事了。在這點上面，最早期的基督徒所持的態度是毋庸置疑的，因為物充其量只能算是到神的國度之路的手段，而有時甚至是其阻礙。而人與人之間的關係卻牽涉到照神的形象所造出，而注定要跟神合在一起的主體之事，這點可能是跟近代情形在對比之下最為明顯不同之處。

因此，我們可以猜想到並加以證實，有關人在社會上的隸屬問題，不管是在國家裡面，或當奴隸也好，這一方面的

8　事實上卡斯帕利區分出四種對比之面向，或四種對比之參數：(paramètres)，而其中只有一種他認為是階層系統式的(1979: 113-14)。然而，我們可以清楚地看到說，階層系統是遍及於這所有的情形的。

問題對早期的基督徒而言，是要比到底什麼東西能歸個人所有，即私有財產的問題，來得更爲切身的。在耶穌的訓示裡面，財富是得救的阻礙，而貧窮則爲得救的資產。這點是針對個人來講的。就社會層次而言，則教會在這方面不變的教規已爲大家所熟知，即：這不是個財產不財產的問題，而是如何來加以使用之事。假如是用來謀眾人之福祉的話，則財產的歸屬問題已是無關緊要了，而那些最需要幫忙的人是要將之擺在第一位的，就如同拉克坦流士(Lactanitus)所說(《神聖制度》*Divinae institutianes*, 3.21)的，公道與否是有關靈魂之事，而非種種外在情況上面的問題(這跟柏拉圖的共產思想相反)。特勒爾屈津津樂道地指出，基督教的四海兄弟情之博愛精神是如何地讓大家把財產視爲身外之物的(Troeltsch, 1922, n.57; 1960: 115ff., 133ff.)。就我們所知道的情形而言則可以這麼來說：這個問題在教理上沒有特別強調出的情形下，早期規模小而本身多半爲自主性的教會，可能對財產的真正處理態度變化不一，有些教會可能在某些時候把財產視爲共同，而唯有幫忙貧困的教會弟兄這種基本規定才是大家一致的地方。

人人皆平等一事已由斯多噶及其他學派所揭櫫，這是因爲人皆秉賦理性的原故，基督教的平等觀可能更深植於人心，但它也同樣是一種出世的平等概念。保羅說：「這裡不分猶太人、希臘人，爲奴的，自主的，或男或女，因爲你們**在耶穌基督裡全都爲一**。」而拉克坦流士也提到：「**在神看來**，沒有人是奴隸，也沒有人是主子……我們都是……其子

民。」奴隸是塵世的問題，而這點便清楚地道出存在於我們時代跟他們之間的鴻溝，因爲被我們視爲人性尊嚴與獨立的根本之事，卻被他們視爲塵世生活與生俱來的一種矛盾所在，基督本人也將此事加以認定，進而求對對人類之救贖，謙卑因而成了所有基督教徒的首要美德。而一切求圓善的努力則轉向裡面，即內在化，這便使基督徒成了出世的個人。這點是顯而易見的，以奧利根爲例，他把聖經上面所記載的事情在「借喻的」(tropo logique)層次上都解釋成發生在基督徒內心生活之事了(見Caspary, 1979)。

而關於政治上面的服從之事，特勒爾屈所論述的或可稍加補正，他是照著卡萊爾(A. J.Carlyle)的觀點來講的；對於法律的態度完全是自然法的觀念所駕馭，而對頒布法律的權力本身則以全然不同的神聖之事來視之[9]。事實上，自然法和聖君並非完全陌生之事。在這個問題上，我們由階層系統上的觀點可以來看得更清楚些。這裡頭最重要的根本論點見之於保羅的：一切權力皆來自上帝。但在這個大原則卻有其限制性或矛盾之餘地。這點可由偉大的奧利根在 *Contra Celsum*(《駁塞色斯》)中對保羅的話所作的註解上面：

> 保羅説：「一切權力皆源於上帝。」這，有人可能就
> 會説：此話當眞？那些迫害上帝僕人的權力……也來

9　在他那部從各方看來皆屬經典之作的書裡，卡萊爾(1903)分別在兩章裡面討論了「自然的平等與政府」以及「統治者的神聖權威」。

自上帝嗎？這點我們扼要地回答如下。上帝的恩賜，
法律，是要來用它，而非加以濫用。對於那些不照聖
法，而以其之大不敬來掌理所接受下來權力的人，上
帝當然會作出反對之判定的……在此他〔聖保羅(Saint
Paul)〕所談並非是迫害信徒的那些權力，因為這樣的
話，我們就得說：「我們有必要只從神，而不從
人。」保羅在此所說的是一般的權力。(Troeltsch,
1922, n.73)。」

在此，我們不難看出說，相對性的權力機構已經逾越出
其界限而與絕對花瓶性的價值起了衝突。

因為政治上面的服從是跟基督徒的終極價值背道而行
的，所以便將之歸咎於人的原罪。因此聖依倫諾斯(Irenaeus)
就說了：「人自己墮落離開了上帝〔而〕上帝則加給人限
制，讓他對別人懷有恐懼戒慎，若不如此，則人便會像魚一
樣地自相殘殺。」稍後安布羅斯(Ambrose)也把同樣的觀點用
在對奴隸的看法上，這可能是因為奴隸問題看來是屬個人之
事，而國家卻對整個教會構成威脅的原故〔值得一提的是，
除了聖約翰·克利索斯頓(Saint John Chrysostom)這位特殊的
人物之外，同樣的看法並不見之於對私有財產的解釋上。〕
然而這地方還是有著通融的餘地。因為就某方面而言，國家
及其統治者跟地球上的萬事萬物一樣，都是照上帝的意旨來
存在的。就另一方面而言，則國家跟教會的關係就好像人世
與天國的關係一樣，而壞的統治者可能是上帝所差遣下來對

人間的一種懲罰。我們不該忘記，就大致的情形而從解經的
觀點視之，基督以降的塵世生活是一種混合存在的情形。祂
已經打開了新舊交替的大門了。於其中，在舊約之下人間所
尚未被救贖的情況依然存在，而彌賽亞再返回人間，將一切
允諾之事全加實現的日子又只有等待。（見Caspary, 1979: 1 76-
77)此時此刻，唯有在一己之內才見神的國度。

　　到此為止，我們已一覽了早期教會諸父對社會及政治問
題的看法，而獨缺聖・奧古斯丁[10]。我們必須把他作個別討
論。因為他不僅把我們領入了此時已是基督教帝國的第五世
紀，他憑其所具原創思想家的才華把本身所傳承的觀念架構
賦予新義[11]。大家都熟知，奧古斯丁以一種新的思想和感情之
熱切深度將基督教展現出來。有了他，保羅所說過的基督教
信息才得以展露出其整體的深奧和詭論上面的堂皇特色來。
奧古斯丁將其宗教提升至一種前所未有的哲學層次，在如此
作為上，他更預示了未來，好像他個人的靈感啟示是跟基督
教後來發展的推動力量和主要原則相一致似的。他所說的更
直接關係到我們時代，歷史要我們向這位天才致敬。可能我
們會對整個事情感慨良多，因為我們從其著作當中知道了人
的種種限制、痛楚，以及躍昇至像他那樣的高位所作的種種

10　以下這一節論奧古斯丁的文章僅見之於英文本。

11　雖然我們所引的主要是特勒爾屈提到有關奧古斯丁的文章部分，但卻
　　稍稍偏離了特勒爾屈的論題，至於他所倚賴的卡萊爾著作，我們更是
　　與他相差甚遠，我並未能參考特勒爾屈為奧古斯丁所寫的專書《奧古
　　斯丁：基督教之舊世與中世》（*Augustin: Die christliche Antike und das
　　Mittelalter*, Munich, 1915)而另外參考了Gilson, 1969; Broun, 1967.

努力。

這種種直教我們難將奧古斯丁給加以定位，也難將其思想的全貌和深度理出一個恰如其分的概念來。儘管我們在此處所作的是一個簡短的研究，還是該為他立起一處壁龕，甚或一座祭壇，唯有以如此的盛禮來榮耀他，我們才有望來分享他的見識。

奧古斯丁雖跟他的時代息息相關，但他卻預示了甚至可說是一點不差地指出了在他之後所要發生之事。這點只要我們看看他在整個中世紀甚至遠至中世紀之後的影響力便可知道了。路德（Luther）、覺信教派（janséniste）甚至一直到存在主義都可看到這種影響力呢！可能也就因為以上的原因他才容易遭到誤解。我在此處所要提出的看法應該有助於我們來將奧古斯丁定位，也更能來把握他的思想。

奧古斯丁不僅將自然法所適用的範圍加以限制，更將聖恩或神意的範圍擴大。這便帶來了更為根本而徹底的改變。在政治問題上面，對聖王的認可支持已被國家絕對要服從教會的觀念所取代。在這樣一個新架構上，自然法存在的價值已經有限了。

職是之故，在《上帝之城》（*City of God*）一書裡，有關國家所具有的兩面發展情形是相當清楚的。奧古斯丁同意西塞羅（Cicero）說，國家是立基於正義上面的存在體。他首度有力地提出說：所謂的國家假如未能替上帝將正義給把關好，也沒辦法搞好人跟上帝所應有之關係的話，則根本不知正義為何物，也因而不能算是一個國家。這也就是說 ，假如正義所

具有的超越性之面向被拿掉的話，便無正義之事可言。這是
一個原則上的問題，一種規範性的聲明，他在後來又再度談
到這個問題：既然把原則給說了，我們怎麼還有辦法來知
道，雖然羅馬帝國的子民在規範性的意義上面已經不能算是
一國之民了，但還算有幾分是經驗實體呢？我們可以這麼來
說它：羅馬帝國人民(Roman people)是靠某種東西來結合在一
起的，雖說這已經不是本來所該有的正義這種東西了，由經
驗上來講，一國之人民是透過彼此對某種東西的共同之好，
或是說透過對共有的各種價值來合成一體的，不管這共有的
價值是好是壞，照這麼說，我們便不能苟同卡萊爾所說的，
在奧古斯丁對國家的定義裡，正義已遭廢除（卡萊爾所論的奧
古斯丁幾近於對整個系統的不能了解，見其1903: 164-170）。

　　我們不妨把問題看得更仔細些。在他之前，基督教徒一
般都把國家、塵世看成在先天上就跟教會以及人神關係領域
對立而彼此互相獨立的東西，奧古斯丁所做的，則是進一步
要求，我們必須以人神關係超越塵世的觀點（這也是教會之
見）來評判國家。這點在實際上是往後來將出世價值加在入世
情況的路子上前進了一大步，不啻是神權政治的入侵了。在
這裡奧古斯丁預示了其後幾個世紀的主要發展情形，以格列
格里大帝(Gregory the great)的話來說，則是「讓地上的國度
爲天上的國度服務，或當其奴隸吧！」。

　　這點值得我們加以玩味，因爲在此處所出現的正是奧古
斯丁個人在一貫態度以及急進且富革命性的論調上面的特
色，一旦正義這樣子地被基督教化的話，理性不但得屈從於

信仰之下，而且得在信仰裡面辨認出跟自己具同樣性質的東西來，如此一來，好像理性本身被提升到高高在上的一種力量了。此處不啻是把新的思想形式跟神的內在性兼超越面給等同在一起了。這在事實上也就是奧古斯丁顯而易見的一種奢望高論。從信仰來談哲學，把信仰，也就是對於神的經驗，定為理性思想。這對一個古代思想家來講，可能顯得有點太過自負了。但我們也可以來論說，所有的哲學家也是在做同樣的事情，任何哲學都是從個人的經驗和個人特有的傾向或表徵出發的。這裡的事實乃是：在基督教上帝的庇護下乃開啓了近代紀元，而人們越來越想要努力來作出掙扎，在理性上面來體現個人經驗，這也就是說，要把原本隔開理性與經驗的那道鴻溝給縮小（我個人得承認，此一浩瀚的現象已超出我尋常的理解之外，實在無法在言語上置喙一辭）。奧古斯丁點燃了理性與經驗之間千年的，變化多端的存在性爭鬥。此一爭鬥不斷地推陳出新，從某一層次繁衍到其他層次，而到後來修定了理想與實存之間的關係。就某些方面而言，我們就是這種關係之產物。

這種巨大的奧古斯丁式突變所產生出來的影響，在我們所論的有限範圍裡可以清楚地見出。首先是對平等之事的愈來愈加強調，神「只立意讓照祂形象所造的理性生靈來支配非理性之生靈，人不能支配人，只能支配野獸（牲口），那些最先出現的義人因此只讓他們來當牧羊者，而非眾人之王。」這幾乎是一套斯多噶式的說辭，然而用句和語氣卻讓人想到洛克。緊接著下來的就是對於罪的論定，將其視為是

跟自然秩序具同等力量的東西，因為「理所當然的，奴隸的
狀態是公平合理地加在有罪的人之身上」，犯了罪所受的懲
罰也是從同一個自然法產生出的（《上帝之城》，19.15）。人
變成罪的奴隸的話也就恰如其理地成了人的奴隸了。雖然這
上面關聯到政治支配以及奴隸問題，值得一提的是，其所談
到的結果情形，相當明確而費神地是專就奴隸問題而論的。
無疑的這是因為置身於奴隸之中，人受制於他人的情形是再
明顯不過了。而跟上帝所決意的自然平等是最直接發生衝突
的。這種正反對照的結構是奧古斯丁所特有的論證。於此，
身為主人身分的被提醒說，驕傲對他有害，就好像謙卑是對
僕人有益是一樣的（看來服從在大原則上並沒有被否定。）

　　奧古斯丁對於財產問題的興趣不大。他只在跟和納實斯
派（Donatistes）的爭辯當中才無意中談到這個問題，和納實斯
派在其教會遭帝國政府沒收時，力陳其財產乃是勞動所得來
的，這點誠如卡萊爾所注意到的，後來洛克的論證是跟其如
出一轍的。而我們可以清楚地看到，對奧古斯丁而言，私有
財產一事完全是屬於「人和成文法」上面的問題（Carlyle,
1903: 140-41）。

　　我個人以為，不論是卡萊爾或者是繼他之後的特勒爾
屈，都未能對奧古斯丁的思想在這些問題上面所表現出來的
原創性，恰如其分地來對待之。而我想對一段他們都加引用
而為大家熟知的文章說幾句話。我們先要記得說，和大部分
古代的羅馬人或希臘人一樣，奧古斯丁認為人是一種社會性
的動物。奧古斯丁本人在個性上是出了名的喜歡交際。而他

對階層系統的概念是一點也不陌生。靈魂與肉體呈現出一種
階層系統。這點值得一提的是：肉體在奧古斯丁的論說裡，
有著在他人的思想裡(比方說奧利根)所沒有的價值與尊嚴[12]。
是透過靈魂才把我們跟我們跟上帝關聯了起來，所以這裡頭
有一種從上帝到靈魂，從靈魂到肉體的從屬鏈存在。如此一
來，在討論正義跟國家的關係時，奧古斯丁便寫道：「一旦
某人不為神服務，我們還能期望在這個人的身上找到正義的
存在嗎？因為一個不能服侍上帝的靈魂，是沒辦法用任何一
種形式的正義來指揮肉體的，而其理性也不能在靈魂裡來控
制那些邪惡的因素」(《上帝之城》，19.21; 19.23)。

　　但我同時也相信，我們可以從一些蛛絲馬跡當中來查出
個人主義的一些微妙進展情形。國家乃是一群人透過對各種
價值以及共同之利的同意之結合。這種定義可說是西塞羅式
的，但西塞羅所說的並不像在這裡作了改變之後那麼的個人
主義。奧古斯丁第一次提到此一主題所引用的一段西塞羅文
章(同前書2.21)，裡面是談到群眾在國家裡面的協合(concors)
情形乃是由高、中、低等不同階層的人所來配合出的，這就
好像在音樂裡邊的和音情形一樣。但裡面提到整體的部分並
沒有為奧古斯丁所引用，這不免讓人想到，國家對他而言只
是由個人來組成之事，而唯有教會才是一個整體。

　　奧古斯丁在*Contra Faustum*(《駁佛斯頓》22.7; Troeltsch

12　奧古斯丁對於肉體所持的態度也不同於異教哲學家，這點可見達拉奇
　　(Maria Daraki)的一篇佳作(Daraki, 1981)特別是99頁以下。

1922, n.69)一書裡被一般人稱爲是自然法所下之定義，是接近西塞羅所談之事，而拉克坦流士認爲可賀可喜(特勒爾屆，前引處)的一段文字，事實上是跟西塞羅之間存在著微妙差別的「永恆之法乃是聖理或是神的意志，此法責全我們保存自然秩序，而禁止對其加以干擾。」這一段是西塞羅的文字沒錯，但裡面的「意志」和「自然秩序」都是多出來的。假如我沒搞錯的話，則上面所加進來的文字其結果乃是把自然法分而爲二：一種是上帝所給的秩序，另一種則爲法律，這雖然也源於上帝，但卻只掌握在人的手上，我們若說上帝的超越性以及人自己所屬的範圍，其界限在此被給的更爲分明了，實不爲過。

　　而有關秩序與正義之事也發生類似的情形。這兩方面都是以分配性正義的觀點來加以界定的。秩序乃是(《上帝之城》，19.13)「相同和不相同的東西皆得其所之安排」，而正義乃是「每人皆得其所宜之德」(同前書19.21)。而在另外一本著作(De div. quest 31; Troeltsch, 1922, n.73)，奧古斯丁又談到說：「正義乃是心之所用，若公共之利得以保全(conservata)，它便會讓每人得其尊嚴。」值得注意的是，這裡正義所發揮之處雖然是在一種秩序或一個整體(公共之利)裡來關係到個人，但卻跟整體拆了開(也就是沒有把它說成：透過其所發揮之處，正義得以爲全體所用)。

　　我以爲透過以上三段不同的文字，便足夠讓我們感受到說，這裡頭多少指出了一個爲我們近代人所熟知的方向，也就是：自然跟人之間的距離越來越大，而在上帝之意旨所決

定出來的秩序之庇護下，人乃走向孤獨之路。在此一世界之下的人，基本上是被視爲個體的存在，其跟秩序只存在著一種間接的關係。

　　讀吉布森（Gilson）論奧古斯丁的書（Gilson, 1969）的讀者也常會發現到類似的情形。我們可以看到，在普洛提尼（Plotinus）跟奧古斯丁的神學之間，已經發生一種從階層系統結構微妙地轉移到另一個有點成了實體化的階層系統之事了。吉布森也注意到，在普洛提尼裡面由一（Un）所產生出來的彼此連著下去之實體，後面的實體在地位上要比前一個稍微來得低些，如此一來便形成一種有規律而往下降的階級排列，一開始爲智慧，再來是靈魂，如此等等。而在奧古斯丁的系統裡人子與聖靈的地位跟天父平等，又跟其合而爲一。如此一來在衍生與創造之間便出現一道鴻溝（Gilson, 1969: 143-44）。

　　我們再來談談國家乃居從屬地位的一些蘊含：在塵世上的善事，比方像和平，是不能獨立於更高的善事之外而眞能獲得之事。和平並非如一些統治者所想像的那樣，是經由戰爭和勝利來達成的（《上帝之城》15.4）。這種冷眼旁觀的態度使得奧古斯丁對於歷史的恐怖事情採取了令人生寒的觀點：國家大都源於罪行和暴力，羅馬門神（Romalus）和該隱（Cain）一樣，都弒殺了其兄弟（前引書18.2）——這裡不由得讓我們想到休謨（Hume）。

　　同時，聖奧古斯丁也對基督教其實尙未兌現出來的各種可能性和本身所具有的前所未見之發展潛力深具信心。他反

對和納實斯派的靜思論而力陳動態看法和大膽言行的必要
性，在羅馬陷入蠻族的那些黑暗歲月裡，他還是懷著滿腔的
知識熱忱，把普洛提尼的看法用之於歷史逐步開展的秩序觀
上面；他本人深受一種完全可以稱得上是把年代搞錯而頗為
荒誕的進步觀所感召，他寫道：「我想成為那些在進步中寫
作，而在寫作中求進步當中的一員。」（Brown, 1971: 419頁及
其他各處）吾人感覺到說，由於奧古斯丁的原故，早期教會諸
父所戮力的末世論開始變成了像近代進一步一類的東西了（同
前書，第473頁）。

由於奧古斯丁的原故，西羅馬教會走向一個越來越跟東
羅馬教會不同的世界，而它本身也在帝國的庇護下，安心舒
適地居於受大家讚頌和禮拜如神的地位了。

奧古斯丁大致把在人裡面靈魂與肉體結合之事，比喻成
馬術師腳下人與馬之間密切配合的情形（《上帝之城》，19.3,
Gilson, 1969: 58）。靈魂本身被認為是活生生的真理，吉布森
因此提到了奧古斯丁的幸福論（58-59, 66）。在此，奧古斯丁把
理性之事與生活視為一體，而兩者在神的保證之下，一定可
以和諧相處。這點可能就是基督教主要的信息了，而它跟佛
教剛好完全地對比了起來。總的說來，一旦信仰與感覺如此
地闖入理性的領域，一旦歷史得其類型，而人類的將來點燃
著希望之火時，我們便會感覺出自己目擊了人世生活之獲得
平反，好像透過出世之燈的傾照自己一步一步地來獲得救贖
似的。

把關係到我們論題的基督教會諸文的思想部分做了一番

論評之後，現在我們把重心放在截至紀元八百年查里曼大帝（Charlemagne）受教皇加冕爲止，教會與國家彼此在關係上的演變情形（這可說是整個世界之縮影）。我要抽離出所存在於此一關係上面的一套不尋常公式，並把其後所遭修正的情形加以指明。

首先要談的是，君士坦丁大帝（Constantine）在四世紀之初皈依基督教，除了迫使教會進入嶄新的統一局面外，卻也產生出一個棘手的問題來：究竟怎麼樣才算是一個基督徒國度？不管本身的意願爲何，基督教會此時與國家已經是面面相對了。教會欣然樂見迫害時代的結束，而它也變成了正式而充分受到資助的機構了。教會再也不能像從前一樣地一味地貶低國家的存在了[13]。

如此一來，則國家乃從這個世界裡往外向著教會跨出一大步，而教會也因而比以前都要來得入世，但國家在結構上所居的較爲低下地位依舊被維持著，雖說這種情形極爲微妙。國家跟教會在關係上轉圜的空間是增大了，也就是說，按著不同的環境與傾向，國家可能會多少給予正面的評價，

13　埃森史塔德在前面我所提到的一篇文章裡（見本章開頭未標明數目的引註）認爲我把基督教從出世到入世歸向的轉變情形，歸於「康士坦丁文字改宗的此一歷史『意外事件』而不是它一開始本身就具有的一些傾向所致」（文中第1頁）。此處不無誤解之處。而我在上面這一段裡邊的遣辭用字可能要負部分責任。事實上，我的用意是要來對歷史事件加以敘述，而非對某種傾向作因果解釋。

就整體而言，我所關注之處乃是要指出說，這裡頭有一種轉化情形，而不是要對此事加以解釋，所以我在文章的開頭便說「所有有關因果的考慮，在基本層次上是明確地被排除在外的。

彼此之間的衝突並非是沒有，但這無論對教會或對帝國而言都成了自家的事了。不過，無可避免地，希臘化時代所遺留下來的聖王觀有時也會因為跟教會爭主導地位而起衝突。後來發生在皇帝與教會——特別是第一主教，也就是羅馬主教——之間的衝突情形，大半是環繞著對教義的不同觀點上面：一方面皇帝大都為了統一政治體的原故，堅持要教會方面來作妥協，而教會，其大公會議，特別是教皇本人，則為了其教統的一體性而斤斤計較於教義之界定，而對統治者保有教會事務上面的職權深表不滿，教義的分歧性，其延展的情形迫使教會苦思對策，謀求教義之一統解釋，值得一提的是：大部分在經過辯論後被判為邪教的（如亞里安教義☆（arianisme; Arianism）；基督單一本質教義（monophysisme; Monophysitism）；基督一義教義（monothélisme; Monothelism），主要是集中在東羅馬教會亞歷山大安提約一帶的古老教區，而問題的癥結所在，主要是難以認定並正確地論說出神與人結合於基督之身的情形。這點我們若從其全面性的歷史發展來看，也正是基督教的核心、奧秘處；我們如以抽象的字眼來說的話，也就是一種能安然過度於出世和入世之間的論斷，即價值化或肉身之事。這中間的困難所在也反映在後來反偶像崇拜的運動裡邊。這種運動可能是受到伊斯蘭教裡邊清教徒式的因素（之所以為神聖是不能被「想像」的）所影響

☆　譯注：此為阿里斯（Arias）所提出的教義，在尼西亞（Nicaea）的大公會議裡被判為邪教。其主要論點為：基督跟天父的本質並不一致，他只是由天父所撫養，而最後具有神子尊嚴的一個生靈。

而催化促成的。同時，在亞里安教義和反偶像教義當中很清
楚地可以見到對政治帝國的興趣的。而艾力克派特生(Erik
Peterson)已經說明出，教會採用三位一體(the Holy Trinity)的
教理之決定(381年的康士坦提諾波大公會議)已經敲響了政治
一神主義的喪鐘了(Peterson, 1951)[14]。

　　紀元五百年左右，也就是教會已經在帝國裡正式獲承認
約有二世紀之久時，教皇格拉秀斯(Gélase, Gelasius)對教會與
皇帝之間的關係作了一個值得注意的理論說明。這番說明其
後在基督教的傳統裡被奉爲圭臬而多所倚賴，不過看來近代
人在做解釋時，卻未能將格拉秀斯的說明完全處理得當。他
清楚而高人一等的見解大多被認爲是指說：兩種權力，或者
是我所說的兩個單位或兩方的職權，彼此是齊驅並行而相互
合作的。裡面所含階層系統的因素是被大家所認定沒錯，不
過近代人對此一面向感到侷促不安，所以他們不是做了錯誤
的解釋，便是無法看到整體的涵義。相形之下，我們目前的
比較研究觀點，便可以讓我們把格拉秀斯理論所應有的重要
地位與邏輯架構來加以扶正。

　　格拉秀斯所作的說明分別記載在兩份相互補證的文獻當
中。在給皇帝的一封信中，格拉秀斯說：

　　　　高貴的皇帝，這個世界主要是由兩樣東西來統理的：
　　　　教皇的神聖權威以及皇帝的權力。在這兩樣東西當

14　李屈把亞里亞教義與千禧年主義連了起來(見前面注6)。

　　中，司鐸們則專管比較重大之事，這是因為他們必須
　　對主負責的原故，而即使皇帝也必須面對神的審
　　判……〔再説〕你也必須在掌理神事的聖職人員面前
　　恭謹俯首，而……你也必須從聖職人員那裡才有辦法
　　獲救[15]。

　　引文中提到得救一事，這點便清楚地指出，格拉秀斯在
此所處理的是有關最高或終極層次上面所考慮之事。我們可
以注意到司鐸具有權威（Auctoritas）而皇帝是有權力
（Potestas），兩者在階層結構上面的區別。格拉秀斯接著又
説：

　　在有關公共紀律的事情上面，宗教領袖們已經體認到
　　説，帝國的權力是由神所賦予的，而他們本身也會遵守你的
　　法律，因為怕説他們會在俗世之事上面來衝撞你的決意。

　　這也就是説，在有關公共秩序方面的塵事上，司鐸是要
聽國王的。近代的評註者之所以無法全盤加以斟酌的原因乃
是：他們所做考慮的層面已經從得救的高處轉移到卑賤的俗
事了。司鐸們還是高高在上的，因為只在屬於低下的層次之
事上他們才居下位。在此我們所處理的不單單是「關聯呼

───────────────

15　格拉秀斯的文章是由卡萊爾書中來引出（Carlyle, 1903: 190-91，不過
　　另參閱注17）。譯文主要從迪弗尼克（Dvornik, 1966, 2: 804-5）。

應」之事(Morrison, 1969: 101-5),也不是國王純粹只服從於司鐸的問題(Ullmann, 1955: 20ff.),而是階層系統上的互補之事。

於此,我發現同樣的風貌也完全見之於吠陀時代的印度。其時,印度的祭司也認爲自己在宗教上或絕對之事上要高於國王,而在世俗層次上從於國王[16]。因此,除了在用辭上有些不同之外,其在風貌上正好跟格拉秀斯所講之事是一模一樣的。若想想彼此在背景上面的巨大差異,則有這樣的一個事實存在不免令人錯愕了。在印度方面並沒有信徒結成的宗教團體之統一情形,也沒有祭司之職上面的一體組織,而最要緊的是,並沒有把個體性著重強調出來(我前面所說的棄世者此時尚未出現)。因此我膽敢來作個論斷,這裡頭的風貌純粹是兩種職權在關係上的邏輯定規。

格拉秀斯另一篇大作則見之於一本論集《逐出教門論》(De anathematis vinculo)上面。我們對此文獻感興趣的地方主要在於,他對由基督首然的兩種職權之分殊化的解釋上面。我現在且摘錄幾段文字。在基督之前「的確存在著,雖說只爲原型探本上面的意義而已———一人身兼國王與祭司之職的情形,比方像麥基喜德(Melchisédech)(譯注:《聖經》〈創世紀〉第14章18-19節中祝福亞伯蘭(Abrahem)的那位撒冷王,其爲至高者上帝的祭司),後來基督降世,祂才是眞正的

16　參見我的〈古代印度的王權觀〉(1962,特別見裡面第三節)。此文現收錄於《階序人》,附錄C。

國王兼祭司」而「基督，因為留意到人性的脆弱情形，所以便藉著特有而區分開來的職權與頭銜來把兩種不同權力之掌理[17]隔開……好讓祂自己的〔子民〕可藉著有益己身的謙卑而得救。」格拉秀斯又提到說，只有惡魔才會來模仿基督教之前總攬兩權之事「所以，唯有異教徒的皇帝才會讓人稱其為神聖教皇。」這裡頭很有可能是暗指其時尚存於拜占庭的神聖王權之事。而我們也在格拉秀斯的文章中看到他對制度演變上所作相當敏銳的論斷。因此我們若來講說，最初的神聖君權（可見之於古代埃及或中國）可能在某些文化當中已分殊化成為兩種職權，印度就是一個例子。

　　這個問題假如我們對一些評註者所遭逢的困難之處詳加討論的話，便可以看出一些端倪。我在此來挑選出個例子來，最近有一位作者，康格（Congar）神父，論說權威對權力在階層系統上所表現出來的公式化情形是偶發之事（Congar, 1968）。事實上，我們已經知悉格拉秀斯在論到分殊化的情形時，僅僅提說「兩種權力」然而這種區別不就對格拉秀斯自始至終所說之事做了最好的表白嗎？康格（前引書，第256頁）說，教會並不想「在現世創造出一個上帝之城」，這點是對的。就好像在印度的情形一樣，階層系統在邏輯上是與權力相對立的：它本身並非是後人所說的那樣，要把自己登錄在權力簿子裡。然而康格（同前書，第255-56頁）卻也論到說，格

17　此處不同的作者所給的版本在文字方面可能有（不等的）訛誤之處，我們從史華慈（Schwartz）的拉丁原文officia potestatis utriusque（Schwartz, 1934: 14）。

拉秀斯並沒有把帝國權力屈居於祭司的權力之下，只是在聖
事(res divinae)上，皇帝必須聽主教的，所以他作出結論：雖
然皇帝身爲一個教徒是在教會之內，教會本身則是在帝國之
內(他特別標出)。事實上，我們若來談職權及其職司者之間
的區別的話，會壞了格拉秀斯的論證，這樣做是相當不適切
的。這點卡萊爾(1903: 169)也以他的一套講法加以承認了，
而在我們所見的這一方面著作卻常未能注意到此點。不錯，
在帝國裡皇帝當然是高高在上的，而我們是要這麼來了解格
拉秀斯的話的：假如事關塵世的話，教會是在帝國的管轄之
內，而有關神聖之事的話，則帝國是在教會的管轄之內。整
體而言，後來的闡釋者似乎是把在紀元五百年的一番話套用
在其後相當不同的思想模式裡了。他們把基本對立情形(這點
卡斯帕利注意到了)所具有的豐富、融通的結構上面之用化約
其單一面向實體化了的非此即彼，或黑白分明的區別情形
了。以卡斯帕利的話來說，這種情形只會出現在下面的因緣
際會裡：「由於〔敘爵〕爭論而產生出對於政治職位的凍結
情形，而更重要的是，由於士林哲學和法學思想模式的慢慢
成長，十二世紀後半葉漸漸失去了原有的那種融通性……不
強調互相依賴的關係而強調明晰性和區別性」(1979：190)。

　　至此，我們已經對此一重要意識形態的公式做了研究。
然而我們千萬不要想說，格拉秀斯的權威式論斷已經把兩個
主角之間的所有衝突都加以化解了，或者說，不管其持久性
爲何，其說法在當時已得到有關各方的同意了。格拉秀斯本
人之所以來做出這番宣告，乃是其時所存在的一個極其嚴重的

危機所來促成的。因為其時的皇帝為了要調停其基督單性論者
(Monphysite☆)，而宣布一項協合法令(Henotikon)作為解決方
案，一般說來，東羅馬教會的主教並非一味聽從教皇，而特
別是皇帝本人對這些事情有他自己的一套看法。在拜占庭帝
國內我們總可以見到聖王的蛛絲馬跡，因為這方面至少可以
皇帝來作發揮，而帝國皇宮也算是其中的一種代表(Dvornik,
1966)。尤有進者，某些皇帝覬覦著現世與精神上的最高權力
之攬於一手，而這有時也讓其得逞了。這方面在格拉秀斯之
前就已經有了查士丁尼(Justinian)之例，而在他之後，羅馬教
會裡邊的查里曼和鄂圖一世(Otto I)也以不同的方式僭取了最
高的宗教職權來當成其統治權裡面的一個部分了。

　　令人難以想像的是：從八世紀中期以來所發展出的羅馬
教廷的政策竟然跟格拉秀斯的主張大相逕庭。在紀元753至
754年之際，教皇史提芳二世(Pope Stephen II)採取了前所未有
的作風：他本人離開羅馬，穿過阿爾卑斯山，拜訪了其時法
蘭克王國的國王丕平(Pépin; Pippin)，就他登基王位一事，對
他施堅信禮，授與他「羅馬貴族」的頭銜，以及羅馬教會的
保護者和同盟等身份。過了五十年之後，在紀元八百年的耶
誕節時，教皇李奧三世(Leo III)在羅馬的聖彼得教堂加冕查里
曼為帝。

　　為什麼教皇會在行為上會作出如此急遽的改變呢？對

☆　譯注：此一教派認為基督這個人所具有的人性與神性只為一種本性，
　　而人性與神性在基督身上或者是完全合而為一了，或者乃是一種混合
　　體之情形。

此，我們可以從他們所碰到的大難題來加以了解。卡萊爾在
這點上面的意見也幾乎是我們的看法。他說，是各種環境
「迫使教皇出此下策的」。若以其中最爲相關的層次來講，
則事情的原委可以用以下兩點來概括：第一，由於教皇不再
理會拜占庭這個比較遙遠而文明但卻以保護者自居的對手，
而跟一個比較接近而有效率，但卻不那麼文明，因而可能會
是比較聽話的對手來打交道，這最後總算結束了前此所遭到
的屈辱、壓迫和危險的處境了。同時，教廷也藉著做出改變
的有利情況下，極力提出他們在義大利某部分地區的政治主
權之要求。不過，後來的情形卻顯示出西羅馬帝國的那些皇
帝並非如預期的那麼聽話，而查里曼大帝可能把所保證要給
教皇的政治權利，看作是在他最高主權之下所能加容許的自
治權而已，因爲他曾表明自己對教會負有保護和指導的雙重
責任。

　　基本上我們所要知道的是，從一開始就很明顯的教廷僭
取政治職權之事，以索爾頓(Southern)教授(1970: 60)對教廷
與丕平之間的協約所作的評語來說：「這是歷史上教皇首度
扮演著最高的政治權威來對法蘭克王國的權力轉移之事加以
授權，而他也藉著自己對在義大利王畿的支配權，來強調身
爲皇帝繼位者所具有的政治地位。」不過教廷在義大利所據
爲己有的王畿之事並非是十分明白而確定的。教皇是從丕平
和後來的查理士得到了他們所認可的「各種權利」以及「羅
馬共和國」的各方土地，但這中間並沒有對私有和公共的權
利與權力來區分清楚，不過卻包括了對拉維那(Ravenne)總督

職區的管轄權。雖然這裡頭有一個羅馬的政治實體之存在，但我們還不能談說羅馬教皇國這一回事。有一份可能是比較晚出的偽造文書，通常被稱爲「君士坦丁捐贈書」（donation de Constantin），裡面便很清楚地道出了教皇的意圖，在這份文件中，第一位基督教國的皇帝於紀元315年說要把在羅馬的拉特蘭「宮」（"palais" du Latran; the Lateran Palace），大筆的世襲產業以及其他所有主教轄區的宗教「侯國」都轉讓給羅馬教會管轄範圍之內，讓教皇成爲「普世的教皇」，這另外也包括了羅馬教會在義大利轄區的宗主統治權，以及帝國的王權和各國特權（見Southern, 1970: 60; Partner, 1972: 21-23）。

　　就我們的觀點而言，最重要的一件事乃是：從這裡開始而後完全發展出來的意識形態上面之改變是獨立於教皇在事實上所作之主張的。由於教皇宣稱本身原來便理所當然地具有政治權力，所以神聖與俗世之間的關係便產生了變化：神聖之域現在聲言要透過教會來統理世界，而教會乃經歷前所未有的介入此世之變。

　　教皇們便這麼透過一項歷史性的抉擇，把格拉秀斯所推出的那一套宗教與政治職權之間關係的公式加以取消，另作其他打算。格拉秀斯階層系統上雙方分而治之的情形便被一種前所未見的所謂精神王朝加以取代；於其中，兩方的活動領域或說是職權統合在一起，而彼此之間的區別則從第一線退到第二線去，好像兩者之間只剩下程度上面的不同，而已經沒有本質上面的差別了。如此一來，情形便只剩下我們所知道的精神與現世之別，範圍既然已經統一起來了，那我們

便只能談說精神與現世「權力」之事了。而這裡面的一項特色乃是精神層次是在現世層次本身上面,被視爲是比現世之事高一等的,好像是比較高層次的現世之事;或者我們可以說,現世已經升至更高權力之屬的地位了。也就是這麼一種發展,後來的教皇會被人認爲說是把現世的權力「委任」給皇帝這位他的「代理人」了。

跟格拉秀斯的理論相比的話,則此處所強調的何方居上的情形已經把彼此的不同處給犧牲掉了,而我膽敢把這種傾向稱爲「階層系統的倒錯」。新的統合情形代表著舊的協合情形之轉化,若我們記得聖君的原始範型的話,則此處我們可將調換的情形稱之爲儼若君王的祭司了。

這種新的傾向饒富意義,也對後來的歷史發展極具重要性。總的說來,再明顯不過的是:基督教的個人其涉世情形愈趨強烈了。而此一運動爲了要維持其在制度層面的運作,乃跟前此的種種運動一樣,出現了兩刃化的情形;假如教會越來越入世的話,則反過來政治領域便涉入種種絕對而具普世得救意義的價值裡面了。這也就是說,以一種嶄新的方式來奉它爲神聖之事了。因此我們可以瞥見後來會被實現化的一種潛在情形,即,特定的政治統一體會適時地以絕對價值的承擔者身分出現。這也就是近代的國家之形式。近代國家跟其他的政治形式體之間並不存在著連續性,它本身是一個轉化了的教會,這點由下面的事實即可見之:它並非是由不同的職權或秩序所構成的,而是由個人組合而成的。這點甚

至黑格爾也未能體認到[18]。

我在此無法將這一後續發展的情形逐述其概略，而只說出其中一點：我剛剛所著重說明出的變動情形，會被其他也是朝同一方面的各種變動跟上來，而這樣一種長的變動鏈最後會通告此世的完全合法性，而個人也在其中被轉移到此世來了。我們可以把這種變動鏈想成基督之化爲肉身(Incarnation du Seigneur)的形象，於其中基督教原先只預留給出世的個人及其教會的那些價值逐漸地在此世裡邊一一被體現出來了。

總而言之，我所要講的是：我們應該盡量避免把所熟悉的有關個人的觀念投射到最早時候的基督徒及其文化環境上面，而應該認清在彼此觀念上值得注意的不同之處。早期把個人當成價值是跟既有的社會和政治組織分開來說的，這種個人不但在俗世組織之外，更位於其上，是一種出世的個人，而不是跟其成對比的我們自身情況的入世個人。得印度例子之助，我在文中論說，從傳統整體論衍生出來的個人主義是不可能以他種形式出現，或另作他方發展的，而最初幾個世紀的教會史乃顯示出此一怪物適應塵世的一些重要特徵

---

18 參閱黑格爾的《法哲學》(Philosophy of Right)(1942)第三部分第三節，以及他在1831年因看到革命勢將重新再爆發出來的難耐之情(見於其《政治論文集》(Political writings)(1964)中的〈英國改革法案〉(The English Reform Bill)一文的最後和信札部分)。也請參閱哈伯瑪斯(Habermas)在德文版的黑格爾政治論文集中的「結語」(Hegel, 1966: 364-65)，以及他所注意到在《法哲學》中的相關之處(事實上爲書中的第258節：假使國家跟公民社會混爲一談的話……)。

來。我在文章的開頭特別強調其把斯多噶學派的自然法用來
當成順應出世價值之入世倫理的一種理性工具。接下來我把
箭頭轉向一個意義相當重大的層面——即政治面。一開始的
時候，國家與教會的關係就好像塵世跟上帝的關係一樣，因
此，在有關教會的觀念史上面，其跟國家的關係是在價值的
承擔者，出世的個人以及塵世，三者之間的關係演化當中扮
演著一個核心的地位。接下來，在皇帝皈依基督教之後，這
樣的基督教王國便迫使教會跟國家之間建立起更為密切的關
係。而其中的邏輯乃是由格拉秀斯所加申論出的真正階層系
統式的一套公式，這種情形我們可稱其為階層系統上的雙方
分治之事。但此一公式上面的真理與價值不應該把其真正的
事實給蒙蔽住——在這上面印度也有類似的發展情形——即，
這其中無論如何是關聯不上個人主義的。這到了第八世紀我
們才見到一個戲劇性的變革。由於一項歷史抉擇，教皇們乃
切斷跟拜占庭的關係，而僭取西羅馬諸國至高的現世權力。
這個極具重要性的一大步雖然是當時因所碰到的艱困情況來
促進的，但卻不能光由其時的情勢來作解釋。然而這裡卻代
表著在意識形態上面微妙而具根本性的改變。教會如今覬覦
著要來直接或間接地統治此世，此乃意味著基督教的個人現
在介入此世達到一種前所未有的程度。在這方面還有其他後
續的發展情形，但總的來說，而特別是關係到前後政治發展
的話，則這一改變是相當具關鍵性的。至此，我們已經看到
了從出世的個人變成入世的個人所發生的一些轉化過程了。

　　這中間值得我們省思的一課或許如下：將此世作了最為

有效的人性化之事，到頭來還是由那個極其嚴格地將此世制於一種超越性價值之下的宗教所發出的。

卡爾文

　　這篇研究假如就停在第八世紀，則將不無缺憾。我想，假如能夠一直探討到宗教改革（事實上應該如此），則本文將會增色不少。目前這點我沒辦法做到。但爲了彌補其美中不足之處，我在此則針對由卡爾文所代表的此一過程的最後階段來作一個簡短的討論[19]。於接受特勒爾屈在這上面所作的解釋之際，我以爲最好還是以前此所使用的語言來將其重整出來[20]。

　　我們是怎麼把卡爾文看成是站在此一過程之終結人物的呢？總的看來，整個過程在他之後是還繼續下去的。個人的入世性在不同的新教派裡面，在啓蒙運動上面，以及後來的種種情況當中，都有所進展。但從我所想要來加以挑明的觀點來看——也就是個人、教會和世界上的互動關係——則卡

19　我希望以後可以完整地將整個的過程加以說明出。
20　這個收場白因此只不過是由特勒爾屈文章所衍生出的一篇習作而已。假如說我之所以沒有來參考一大堆的相關資料需要個藉口的話，那是因爲從稍稍涉獵的一些著作中，像特勒爾屈所提到的喬依斯(Choisy)之作品，或卡爾文自己的《基督教教規》(*Institutes*)，我們發現到待解決的問題只能有一個答案：這裡頭沒有暗晦之處，沒有什麼需要另作其他看法或借助他方才能看清楚的地帶，整個輪廓已經畫得一清二楚，而其中絕無能出差錯之處。的確，卡爾文的自信與決斷總令人覺得有點怪誕。無論從那一方面來看，卡爾文都十足的具近代性，原來豐富而波動不斷的世界結構已經完全停擺了。

爾文劃出了休止符：他的教會是基督教會可以來加採用而不
致消失不見的最後形式。再者，在我提到卡爾文時，我的意
思是說，從我們的觀點來看，宗教改革運動在卡爾文身上達
於最高點，卡爾文建立於路德的基礎之上，他所意識到的只
是如何把路德的立場弄得更明確更清楚，且將其邏輯上的各
種結論全部攤出來。為了節省篇幅，我們乃不考慮路德主義
本身，而只討論路德所留在卡爾文論說裡面的觀點，而把其
中已被卡爾文自己思想所取代的其他路德觀點省略不提。

　　我所要提出的論點相當簡單：隨著卡爾文的出現，我們
所考慮的主題範圍在階層系統上二分的特有情況乃宣告終
結，個人主義前此所必須加以調適的唱反調之入世因素完全
消失於卡爾文的神秘政治國度裡。整個範圍已經絕對地被一
統化了：個人如今已在此世裡，個人主義式的價值在無所限
制或約束的情況下當家作主起來了。呈現在我們前面的乃是
入世的個人。

　　事實上，這樣的一個見解了無新義，因為其可見之於特
勒爾屈論卡爾文章節的每一頁裡，雖說其中的遣辭用句可能
並非完全一樣。早在特勒爾屈書中論保羅的那一章的結論上
面，他便先點出這種一統化的情形了「把既存的種種情況以
及理想化了的各方聲言併行排列在一起的原則，也就是保守
主義與急進主義混在一起的情形，是卡爾文所最先加以打破
的。」（1922: 81-82; 1960: 88）。如此一來的結果便只能容有兩
種互換性的觀點：由於一統化的結果，則不是跟著卡爾文，
即精神面充塞於生命整體，則便是反過來的物質生活統領精

神生活。階層系統的二元主義被非此即彼的原則所來駕馭的平面連續體取而代之了。

　　卡爾文自認只是跟著路德走而已，但他卻造出了一套不同的教義。我們就從他特有的性格和氣質來談起吧。特勒爾屈說卡爾文對於上帝有個相當奇特的觀點。說來，這種觀念正跟卡爾文本人的癖性相符。一般說來，他把個人深深感受到的靈感啓示投射到了每一個地方。卡爾文並非是沉思型氣質的人，而是一個思想歸向行動的嚴峻思想家。他統理日內瓦就像是個圓熟的政治家一樣。此外，他本人有著法律學家之傾向，喜歡頒布規定，訓練自己和別人嚴守紀律。卡爾文一心一意地想在此世行動開來，而藉著細密的論證，把那些會擋到他路已為人所接受的觀念加以排除。

　　他個人這樣的一種性情可以幫著我們來了解在其學說當中三個互相關聯的基本因素：上帝為一意志論，上帝預選說，以及基督教之城乃是把個人意志銘刻出來之客體。

　　對卡爾文而言，上帝在基本上是個決斷意志，威嚴無比，這意味著距離之拉開：上帝比起以前都要來得更遙不可及了。路德把居調停制度化了的天主教會加以摒棄，而把神從此世移開了。在天主教會裡，神由當斡旋者的那些神之代理人（教會的顯要，能來主持聖事的祭司，奉獻及較高層次生活的僧侶）之身上呈現出來[21]。但到了路德之後，我們只能透

21　此一特點在觀念史裡看來大多被忽略掉了。而此一形態的超越後來為德國哲學家們所不能忍受。柯林斯‧莫里斯（Collis Morris）恰如其份地將卡爾‧巴瑟（Karl Barth）所論的上帝跟人之間沒有接觸點之事，

過信、愛和程度有限的理性，才能在個人意識上接近上帝。
到了卡爾文之手，愛乃退居次要地位，而理性只能援用於此
世。同時，卡爾文的上帝乃是決斷意志之原型，或者是被人
這個代理者所加肯定爲意志的東西。或者更有甚者，成爲與
理性相對立，或位居其上一種對個人之最爲強硬的肯定。當
然，從基督教文明史整體來看，對於意志之強調一直是重心
所在（從奧古斯丁到近代德國哲學），對此，我們甚至不用提
一般所說的自由，或者扯上唯名論（Ockham）了。

　　這種意志至高無上的情形在卡爾文的上帝預選說裡表現
得極其惹人注目，其源頭爲路德對靠事功才能得救的觀念之
排斥。如此一來，乃意味著天主教會，其所講求的那一套儀
式，以及其在個人靈魂上面所建立起來的支配權完全遭毀。
路德已經把因事功得以釋罪之事以藉信仰而獲赦罪的觀念取
而代之了。但他就此打住，而留給個人一些自由的餘地。卡
爾文則走得更遠，他斬釘截鐵地來論說人在全能上帝面前是
全然無恃的。乍看之下，這點好像是對個人主義的一種限制
而非其助。因此特勒爾屈以爲卡爾文主義是一種特殊類別的
個人主義，而非是個人主義的一種強化情形（1922, n.320）。我
則要來指出說，若考慮到個人與世界的關係的話，則這實在
是增強了個人主義。

　　上帝不可測知的意志會讓某些人蒙遭受選的恩寵，而其

　　跟上帝在聖伯納（Saint Bernard）身上貼切地表現出來，以及白僧派
　　（cistercien）修道會員努力要「在人身上和透過眾人來發現上帝」做了
　　一番對比（1972: 163）。

他人則被判定永遠不能得救。當選民的乃是爲上帝在此世的
榮耀來工作。對此一工作的奉持不渝將是獲選的標記和唯一
的證明。因此，選民絲毫都不放鬆地在行動上發揮其意志
力。這麼做，一方面是絕對服從上帝的表現，另一方面則等
於是個人在事實上參與於上帝之事，來爲祂所推動的計畫略
盡棉薄之力。在這裡，我自知表達的還不夠完整，但我是想
把見之於卡爾文的各種概念和價值之風貌上，自我的卑屬與
昂揚之連鎖關係來作個總結。在這個層次上，也就是選民的
意識裡邊，我們又再度發現了所熟知的那種階層系統上面的
二分情形。特勒爾屈提醒我們說，不能以不受限制之原子論
式的個人主義的觀點來對卡爾文加以解釋。事實上，聖恩，
即選民所蒙受的恩寵乃是其學說之重心，而卡爾文跟人的自
由一事是不相干的。卡爾文認爲「不管人服從上帝是自由的
或被逼的，在他臣屬於祂的律法之下時，上帝之榮光即得以
顧全。」（特勒爾屈引喬依斯文，見其注330）。然而，假如我
們在此看到入世個人主義的興起，以及若我們想到這個態度
內在所具有的困難性的話，則我們也會同時把個別選民臣屬
於神恩之下的情況，看成是對此一具決定性的轉變加以合法
化的必要條件。

　　事實上，在卡爾文之前，個人還得意識到，此世乃是扮
演著反面角色的要素，一種無法加以化約的第三者，無法加
以壓制，只能讓其居次要地位或對其加以包攝。這種限制隨
著卡爾文的出現而遭解除，而我們發現到，這種情形被一種
極爲奇特的個人服從於上帝意志之事所取代了。假如這就是

特勒爾屈和韋伯所稱的「入世的禁欲主義」之所源出，則我
們最好稱其爲禁欲式的，或受約制的入世態度[22]。

我們也可以來把卡爾文主動參與於上帝裡邊之事，跟還
存在於路德的那種傳統式的冥思參與情形來作個對比：我們
不再於這個不完美的世界之外，另找他處避難所，好能安身
立命，而決定說，我們應該從對此世的決斷行動當中，將它
世給體現出來。這裡面最重要的一點是：我們從其中首創了
通稱爲近代人爲主義之模式，也就是把外來的，強加上去的
一種價值有系統地援用在此世的事情上面。沒有一樣價值是
從我們乃歸屬於此世的情形當中得出的，這比方說我們跟這
個世界的和睦相處，而是從我們跟這個世界關係上面的異質
化情形來求取價值：這便把我們的意志視同上帝的意志了
〔笛卡兒（Descarte）：人會讓他自己變成「自然的主宰與占有
者」〕。援用到此世的意志，所追求的目標，意志的動機和
內在資源都是外來的，而它們在基本上，一言以蔽之，都是

---

22 1910年韋伯在特勒爾屈論自然法的演講之後所舉行的討論會上，提出
了大致跟我一樣的論點。他把「棄世宗教情操的形式」拿來跟「卡爾
文式的宗教情操」做了對比。「卡爾文式的宗教情操乃是：人在既定
而已經秩序化了的世界裡，在見到了即將達成，證明自己值得被接受
（Bewährung）的時候，乃能確信自己爲上帝之子了」，再則，他將東
方正教和俄羅斯國教所具有的超越宇宙式的愛之「共同體」特色，拿
來跟卡爾文教派的「社會」或「社會結構的形成是以自我爲中心爲基
礎」做了對比（Nelson, 1973: 148）。
尼爾森在他處也提到我們有必要來超越韋伯和特勒爾屈所作的，而更
爲明確地來承認卡爾文教派中的入世神秘主義（Nelson, 1975: 236，見
前面注3），這點似乎跟我用入世態度而非禁欲主義來作強調之事是相
印證的。

出世性的東西。出世性現在集中在個人的意志上面了。這點
剛好跟托尼斯(Toennies)對自發意志(Naturwille)和武斷意志
(Kürwille)區別相符合，也顯示出之所以爲武斷性(Willkür)的
根據所在，而我認爲這同時亦爲韋伯所稱的近代理性之基
礎。

　　我們對卡爾文的觀點能夠來改正並深化前此我們所加利
用的典範。出世性現在已經凝集於個人的意志上面了。這種
認識乃讓我們思考到，近代人爲主義之所以爲一特有的現
象，是只能以基督教出世個人主義長遠的歷史結果而加以理
解的，而我們所稱的近代入世的個人本身在其所藏了起來的
內在構造裡邊，有著一項沒被查覺出但在基本上爲出世性的
因素。因此，在這兩類個人主義之間存有比我們最初所以爲
的還要多的連續性。如此一來，則從傳統整體論直接過度到
近代個人主義的這種設定，現在看來不僅是不太可能，簡直
就是不可能之事[23]。

　　改宗到入世態度也在卡爾文裡面伴隨著一些值得注意的
特徵來。我便注意到其中神秘與感情層面的衰退現象。這些

23　我們原先典範的兩個部分或多或少是獨立發展出來的，因此彼此之間
　　可能有最後不一致的地方。我在此把問題簡短說明：整體論／個人主
　　義之間的區別預設有入世個人主義的存在，而在入世／出世的區別當
　　中，出世這一端豈不跟整體論相對立(或至少是跟入世這一端一樣情
　　形的)。出世個人主義在階層系統上則是跟整體論對立的，出世個人
　　位居社會之上而讓社會就擱在那裡，而入世個人主義則對整體論式的
　　社會加以否定摧殘而更換之(或說想這麼做)。我們現在所說的存在於
　　兩種類型之間的連續性，則是特別透過卡爾文的例子，而加強了其一
　　統性並界定出其不同之處，這因此跟最先的典範相印證。

層面在卡爾文的著作裡邊並非是全都不見了，不過在其教理上面這方面的缺如特別明顯。即使贖罪也是以一種生硬的法學家式的論調表達出來，好像要來對上帝已遭冒犯的尊榮賠罪似的。基督成了教會的統治者（即教皇的位子），基督徒生活之典範，舊約真實性的確認者。而基督自己的那一套教誨並不適合來當基督徒的俗世國度之規章，因此山上寶訓在十誠之後大都消失不見了。以前是上帝和古代以色列的盟約，現在則是上帝與教會之間的盟約。喬依斯特別強調了從路德的「基督政體」到卡爾文的「律法政體」或「聖經政體」（logocratie）的改變情形。

同樣的，與出世性相稱的大部分特徵也都因為失去其作用而也就消失掉了。彌賽亞再度降臨這件事，其失去大部分的急迫性已有一段相當時日了。而神的國度在基本上我們可以說是要透過選民的努力，一點一滴地在地球上建立起來的。對那些事實上真的是毫不鬆懈地在與人和制度相格鬥的人，強調自然或純真狀態，以及絕對和相對自然法之間的區別，看來只是白費勁的瞎猜而已。

但我們能確定說，現在個人主義的價值已經統理一切，而沒有任何矛盾或限制的餘地了嗎？初看之下，事情好像不是這個樣子。卡爾文保留了中古時代教會應該來統轄國家（或者是城邦之政治體）的觀念，而主要的一點是他還以教會跟整體社會視同一體的觀點來作思考。在這上面，特勒爾屈則小心翼翼地強調出以下的事實：雖然卡爾文主義諸多特徵傾向於派別之事，而不管其後來是朝同一方向或「自由教會」發

展，卡爾文還是謹守著教會乃是要來管理整個社群之內所有
活動的觀念。誠然，他在日內瓦就實施了這麼一套嚴格的管
理。這樣子的話，有人可能會想說，所有整體論的蹤影不可
能完全銷聲匿跡的。卡爾文出現之後，社會生活所必然之事
會產生出一些對個人的抵銷力量，但特勒爾屈明快地告訴我
們事情並不是這樣子的：「〔卡爾文〕的共同體觀念並不是
像路德式的教會概念那樣，是從教會和恩寵的觀念當中演化
出來的，相反地，其所源出之處看來是跟給個人獨立自主同
樣的一個原則，也就是從保護並讓選民概念有效開展出來的
倫理責任和以抽象的聖經學而來的(1922: 625-26; 1960: 590-
92)。特勒爾屈引用了施奈肯伯格(Schneckenburqer)的一段話
說：「教會並沒有讓信徒變成如其所然的信徒，而是信徒讓
教會變成如其所然的教會」，又說「教會的觀念是被定位在
上帝預選說的背景裡面的」(1922, n. 520)。透過上帝預選
說，個人乃位居教會之上風。這當然是一個根本的改變。對
此，假如我們注意到說，路德自以為還是把教會的觀念保持
不變，而在實際上卻已將其中的生命力抽乾時，更可來加以
理解。不過教會還是一個受恩寵或蒙得救的場所
(Heilsantstalt)。然而卡爾文的上帝預選說，若說不在原則上
的話，卻在事實上把上面的教會尊嚴處都給剝奪掉了。如今
教會所剩之事乃是施之於個人(選民和罪民都一樣，因為他們
在實際上是分辨不出的)，和政治體的規範工具：講得更確切
一點的話，則教會如今變成了聖化院(Heilrgungsanstalt)了。
有效地來把城邦生活予以基督教化。整個的生活——不管在教

會、家庭、國家、社會、經濟、所有私人的和公共的關係上面
──都必須照著教會執事所通告的(最後還需得到宗教會議的
確認,於其中除了執事外,尚包括有在俗教徒)以聖靈和聖經
上面的規範爲準來行事。事實上,教會現在成了一個機關團
體,經由此選民得以來治理罪民,並且執行榮耀神之工作。這
其中是保留了一些老教會的特點,讓它本身不至於淪爲一個小
宗派,但這同時,教會在實際上已經變成個人之組合了。

總之,卡爾文並不承認,在教會或社會,或者說是日內
瓦共和國或城邦這個團體裡(若以所屬成員而論,事實上教會
與社會是疊合在一起的),有任何整體論式方面的原則會來對
個人主義價值之應用加以限制。他只承認,是有各方的缺
失、抗拒或阻礙情形需要適當地來加以處置;同時,也需要
有一個已經統一了的場地來供選民的活動作操練之用,也就
是如何來榮耀上帝。

※　　　※　　　※

儘管這裡面仍有一大段年代上面的中斷情形,我還是想
暫時作個結論:由於卡爾文的原故,教會這個本身是一整體
論上面的組織,因爲把國家包攝於其中,便被瓦解掉了。

然而,由卡爾文所促成的改革(我想或可稱之爲革命)──
領域的一統化以及個人皈依此世之事──,是只有借助於教會
的世俗活動才能辦成的。很清楚的一點是:在此之前,我們
所加研究的教會一直都是轉化的巨大原動力,像是在出世個

人和此世（社會的通稱，而特別是指帝國或國家）之間一位主
動的調停者一樣。

　　如此一來，在原則上，我們便可以用一個比較精確的模
式來取代我們原先所用的模式。不過在此我僅止於做個提要
說明。在將他事包攝於其中的價值，即出世的個人和俗世的
各種必要之事與效忠情形當中，我們得來把教會給擺在那
兒。我們看到多少世紀以來，教會一直忙著在往兩頭跑──
為自己辯護而跟政治組織打對台，而這也就是在跟個人打對
台。換言之，教會是在兩方面來作出長成的笱至少在原則上
將帝國制於其下。透過格列哥里式的改革，而特別是有關聖
事的教理（告解之聖事），本身乃取得一些職權和本領，並藉
此來為眾人鋪平到得救之路，不過這方面的權力到了宗教改
革時，個人卻想收回己有。路德和卡爾文劈頭便對天主教會
乃為救世院之事大加撻伐，而藉個人跟上帝的關係乃是一己
可以綽綽有餘來加應付之名，把教會在宗教事務上所操勞代
管的那個部門給取消掉了。同時，他們卻接受了（或者說卡爾
文最為清楚地接受了）教會在政治方面所得來的一統化情形。

　　由於這一兩面態度的結果，教會所促成而大部分已經一
統化的領域，在卡爾文入世個人主義的一擊之下，完全淪陷
了。宗教改革坐收了在天主教會裡已經成熟了的果實。

　　從整體的後續過程看來，宗教改革乃是由下面這個層次
之倒轉所顯示出的一項危機：本來一直是出世橋頭堡的組
織，而且也已經征服這個世界，本身卻被定下說在過程中已
經變得入世了的罪名。

第二章
源起之二，十三世紀以降的政治範疇與國家☆

1. 引論

　　雖然本文關聯到近代的個人觀及其所衍生的一些情形，不過其研究範圍則比韋伯在世紀之初所建議的要來得侷限多了[1]。本文在其出發點及其目標上都具有比較的性質。一些用語，像「個人主義」、「原子論」、「世俗主義」等通常都是被拿來把近代社會跟傳統類型的社會相對立的地方。而種姓社會及近代社會的對比情形更已經是老生常談了。兩者最

☆　這篇文章是在此所作一系列研究的首篇作品，因此原來的標題相當地具總括性：近代的個人觀：記其源起及隨之而來的各種制度之源起 (The Modern Conception of the Individual. Notes on its genesis and that of concomitant institutions.) 最先發表於《印度學論叢》(Contrbutions to Indian Sociology)，第八期(1968年10月號)第13-61頁。法文稿見1978年2月號的 *Esprit*(《精神》)。

1　「『個人主義』一詞所表達出來的，乃包括了我們可以想像得到的彼此性質最為不一的各種東西在內……將這些觀念以歷史的觀點來做個透徹的分析，此時極具科學價值」(Weber, 1920：95, n. 3)。

受人注意的地方爲：一方是自由與平等，另一方則相互依恃和階層系統。永久性對流動性，分配歸屬對成就取向，可說是對兩個類型的社會之特性適切的一種對照。我們不妨來問說，實際社會之間的不同情形，是否像是那麼多(明說或暗指)的不同社會理論一樣呢？我則要來指出說，西方社會對於種姓社會所持的各種態度甚至各種觀念，應該是不陌生的。然而，就整體而言，我們在此只考慮到觀念的問題，而以傳統的印度社會爲比較之例，努力地將西方意識形態的格局與特性更爲嚴謹地加以表達出來。

　　同樣的對比情形也可見之於政治理論上。在古代(以及一些近代)的理論裡面，(社會或)政治整體被列爲首要之事，而近代的理論當中，則個人權利被列爲最優先考慮的對象，而這點同時也決定了合理健全的政治制度之本質所在，我們若用韋爾登(Weldon)(1946)[2]的用詞來講，則「有機體式」的理

2　類似的情形也可見之於波柏(Karl Popper)對「開放」和「封閉」的社會所作的對比。雖然在此我們所走的方向有點不同，但卻也立足於古典社會學的基礎上托尼斯的 Gemeinschaft(共同體、社群)和 Gesellschaft(社會)，涂爾幹的機械體式的分工與有機體式的分工(dicisions méchanique et organique du travail)，涂爾幹和韋爾登使用同樣的字眼而作了不同的表達方向，這假如我們把它們對照來看的話，其中並無不相稱之處，因爲他們所用的字眼關聯到了不同的社會層面，而在表面上彼此互相反用措辭是因爲所指的情形具有互補關係的原故，近代社會已經發展出前所未有的有機體式分工，以及人與人之間彼此相互依賴的情形了，但這同時，近代社會卻又論定個人在道德與政治層面上的自足性，而這方面主要是跟機械體式的(個人主義式的)國家理論結合在一起了。我們可以這麼說，儘管有些人在行爲表現方面是屬「機械體式的」，卻作一種「有機體式」的思考方式，而另外有些人則在行爲表

論，可以柏拉圖的共和國為代表——而這不免讓人想到印度的種姓(varna)之事，或黑格爾所論的國家了——，而「機械體式」的理論可以洛克的社會契約說和政治託負論為代表。兩種理論相互對立，而我們假如要來對其來作一個區別的話，則可以來問說：這裡面價值的強調之處歸於何方呢？是在整個(社會)或政治體呢？還是在個人的組成因素上呢？上面的情形我們可以說是個人主義對整體論之事。而我們在近代社會所見到個人是價值的主要肩負者的情形，就等於秩序在傳統社會或法(dharma)在古代印度教一樣。這個觀點能夠讓我們把最初看來是彼此無法溝通的情形先掌握到一個比較的媒介，然後把近代人所用的「個人」一詞，其在比較上的根本意義為何給點出來。「個人」這個字眼，其所指的意義大致可區分為兩種情形。

　　1. 語言、思想和意志的經驗主體，人這種屬類無法加以分割化的樣本，這種情形可見之於所有的社會裡邊。

　　2. 獨立的、自主的，因此(在基本上)是非社會性的道德存有體。這主要見之於近代對人和社會的意識形態上。

現上為「有機體式的」，思想上卻為「機械體式的」。這大概是一個最為接近事實的論式了。傳統社會，以印度為例，卻顯示出其中應付不了的問題，因為種姓社會無論在分工方面及其社會理論上均屬「有機體式的」。不容否認的，在意識形態上對於個人所作的肯定，其在經驗上卻伴隨而來了一種前所未有的相互依賴性。我們可以來這麼說：這種在不同層面交錯配列的情形，總會在同時產生出意識形態的分殊化之事。也就是說，涂爾幹的觀點必須由托尼斯(和韋爾登)的觀點來看，而不是反過來的情形。

　　我們在此所要做的是想來把握個人在第二義之形成上和發展上的一些變化過程。我們先從中世紀的社會談起。初看之下，中世紀一定會讓人覺得是跟傳統類型整體論式的社會比較接近，而不像近代類型的個人主義式社會的。

　　然而，這樣一個範圍廣大的研究切實可行嗎，本文作者是不是甘冒著能力不足和自以為是的風險與批評呢！我個人發現一些權威學者，像費基斯(Figgis)、季爾科(Gierke)和阿列維(Halévy)等人已經將在歷史發展的不同階段和層面當中，我們所要加以探討的一些問題給提出答案了。將他們的中心論題做摘要解釋，並將彼此關聯起來，而間或做個補充說明，如此我們便可以來提出一個即使不能算完整，但也可以說是具有概括性的圖要說明，而暫時可以交差了。

2. 多瑪斯‧阿奎那與奧卡姆的威廉
(Thomas d'Aquin et Guillaunre d'Occam)

　　若想來追溯人為一個體，也就是近代對於人的主導觀念之源起，則我們有必要來探索不同的思想層次和各種組織制度交互作用之事，諸如：宗教與哲學，教會與國家，政治哲學和法律等相關情形。在這方面，就讓我們從阿奎那談起。在他身上我們發現基督教的啓示觀和亞里斯多德式的哲學被密切地結合了起來，雖然如此，我們還是可以將兩方面的因素加以區別如下：在宗教、信仰和恩寵上，每一個人都是整體(tout; whole)的存有，是一個直接關係到造物者和祂所塑造的範型之獨有個體(individu privé)，而在俗世制度的層次上，

他是整個共同體的一員，是社會組體的部分。在此，我們注意到，就一方面而言，人在這裡面的自足情況是根據啓示所宣露出的終極價值而來，也源自他跟上帝的密不可分之關係。這點剛好跟人的俗世關係對立了起來，而在另一方面，藉亞里斯多德之助，俗世之共同體得到其合法地位，而成了次要的一種價值和一個理性組織體，而這正好跟早期教會的教義成了鮮明的對比。早期教會在教義裡邊貶低了俗世生活，而將其視爲治療人的原罪之必要歷練[3]。

universitas的觀念，也就是社會爲一整體，而生活於其中的人爲一部分，這點跟印度教裡「法」的概念，和不同社會地位的人在階層系統上面相互依賴的情形尤其類似。在後來的發展階段裡面，演化的過程會慢慢地把這個觀念侵蝕掉，而被另外一個觀念取而代之——這也就是societas的觀念，組合或合夥之事。對此一過程，我只個別地抽出一些例子和部分的發展階段來談。

我們在此得談到奧卡姆的威廉這位十四世紀前半葉方濟修會的偉大士林哲學家。之所以非提他不可是因爲他是我們轉進到近代心靈的前驅者。乍看之下，好像他又把時光給倒轉回去了，因爲他在某些部分代表著對我剛剛所稱的俗世秩序之合法化的一種反抗。他本人想要回到教會諸父以及他們所專一強調的啓示上面（路德在後來也同樣地來重振了聖奧古

3　一般說來，這點已是老生常談了。這點在卡西勒（Ernst Cassirer, 1946第9章）裡面有詳細的說明，又見Villey, 1963; S abine, 1963，第13章："Universitas hominum"。

斯丁而貶低亞里斯多德)。更有甚者,奧卡姆也反對阿奎那的
唯實論,而他本人則對唯名論做了有系統的闡釋。此外,他
更是法律實證主義及主觀主義的開山祖。這種種在文章後面
的討論裡邊,我們可以清楚地看出其所代表著的個人主義之
大舉入侵的意義[4]。

　　對阿奎那而言,特定的存在體像張三或李四是爲初級的
實體,也就是第一類例,自給自足的實體,但是「共項」
(univeroaux)上面的情形,像類屬或種(espèce),或說是存有
體的範疇或類別,也被認爲是本身能獨立存在的東西,因此
被稱作「次級的實體[5]」。奧卡姆對於此說加以抨責。而他所
　　提出的責問要比前此的史考特斯(Duns Scotus)來得更爲
系統化。對奧卡姆這位自認是繼承亞里斯多德的邏輯學專家
而言,事物(res)是爲一類東西,而記號、用語和共項則爲另
外一類。兩者之間一個定得做個嚴格的區別。「事物」只能
是「簡單」、「孤立」、「分離」的東西。而存在(être)在定
義上則爲「獨一」和「特有」之事。張三這個人沒有什麼張
三以外之屬這種東西,「實體之存在」也就是「形式之存
在」,兩者並無區別。而「動物」或「人」(更不用再提到什

4　　以下是對威利(Villey)一書的簡單摘要(Villey, 1963: 147-245)。

5　　Villey, 1963: 204「外在世界並非只是雜亂無章的原子塵或是不同個體
　　而已,而是包括了一個秩序,不同種別(形式因)和各種自然(最後因)
　　的。於其中每一特定的存有東西皆有所屬,而一個整體的關係系統存
　　在於不同特定存有物裡邊,也存在於其外,所有這一切都客觀地存在
　　著,獨立於將其識出的心靈之外。」

麼動物性或人性了)並非是眞正存在的東西[6]。換句話說，阿
奎那所說的「次級的實體」是不存在的。這種情形就好像我
們今天所說的，決不把類屬或觀念來加以物化。奧卡姆甚至
詰難教士說，事實上根本沒有所謂的「方濟修會」這一回
事，有的只是散見於歐洲各處的芳濟會修士[7]：「通稱」在經
驗實體裡是有一些根據沒錯，但它本身卻不具任何意義，只
是對眞正存在的實體，或我們今天稱其爲個別實體，的一種
不盡周延和不夠周全的知識。

　　這裡面最爲重要的一點爲：我們可能無法從所用的通稱
裡邊來推衍出任何規範性的結論來。特別是，從理想的事物
秩序當中演繹不出任何自然法來：在這裡面除了上帝或經由
上帝應允而爲人所設置的實在法，也就是人爲法律之外，並

6　我們在此所見到的奧卡姆，是不是看起來像是近代英國心靈之鼻祖
　　呢？
7　這點，好多近代的英國政治科學家可以爲例。典型的例子可見之於季
　　爾科及其作品出色的翻譯者巴克(Barker)的爭執上面。
　　季爾科：「眼睛分辨出『實體』卻拒不承認說，就某個民族而言，它
　　裡面是具有活生生而永恆存在的一統性的，認爲這只是沒有實質意義
　　的一種影子而已，並且『法學上面的無稽之談』。」
　　巴克(在附注裡)說：「讀者或許會來同情『眼睛分辨出實體』的說
　　法，而懷疑季爾科所說的Daseinheit eines Volkes(某個民族的存在
　　性)，是不是就像某樣東西或某個人所具有的意義一樣，眞的是爲一
　　種實體。在某個民族當中所見到的極具一統性的存在情形，我們可以
　　將其視爲好多不同心靈共有之事的統一情形，也就是說，有個共同的
　　目的，但決非是某個團隊存在體或某個團體人的一統想像。」
　　(Gierke, 1957: 47)。在同一書上，又見「團體的人格」部分，特別是
　　pp.lxxxiff., 巴克在此處所持的保留態度，可能受到當時所發生的一些
　　事情而增強了，因爲他的譯作出版於1934年。

無他物。這其中最重要的一點乃是：說上帝會受到除了祂本身之外任何其他東西的限制，這點跟說上帝擁有絕對權力（plenitudo potestatis）是相互牴觸的，如此一來，我們便可以預期到，這裡所提的上帝權力一事也會反映在人間的組織上面。法律，它在比較基本的層面上所表現出來的秩序，乃是由人的心靈在自然裡來加以識別出，而就其整體而言，法乃是立法者的「權力」或「意志」的表現。尤有進者，雖然權利被視為社會生靈彼此之間的一種正當關係，卻也同時變成了社會對個人權力（potestas）的一種承認。因此奧卡姆乃為權利的「主觀理論」也就是近代法律理論的締造者 [8]。

8　這點當然跟奧卡姆的唯名論和法學實證論是合在一起的，但其中的經過卻是繞道遠路而來，相當奇特，也極富教訓。奧卡姆本人並非是法學家，而是一位邏輯學家，他在教皇和方濟修會的論戰當中，得有系統地來處理其中法律方面的問題。方濟修會的創立者亞西西的聖方濟（Saint Francis d'Assise; Saint Francis of Assisi）要其修會常保貧窮，但後來其修會卻變得富有起來了。因此教皇最後決定要強迫修會來接受本身在事實上已經享有的產業之所有權。就是為了要來攻擊教皇這種政策，而不讓方濟修道士捲入俗事，違反其創始者的誓願，奧卡姆才發表了他對法律和權利的新見解。

「他將個人對基督教方濟修會團體生活的摯愛搬到法學所有權之理論上面去了，所以給了所有權一幅蓄意造出的窮困和輕蔑之像，他以和尚的觀點來論事，而其目的是要來為修道士得遠離所有權一事做辯護」（Villey, 1963: 257）。

奧卡姆本來的用意是想來限制司法的範圍，但結果卻讓其獨立了起來。而他的個人主義和實證主義扮演著一種比以前更要來得具絕對性和強制性的角色，奧卡姆反對權利就是有權來使用某樣東西的說法，而認為權利的主要特點是在對於東西的認可一事，也就是說，在法庭之前有機會來加確認的說法。「所謂權利乃是由人為法來加承認的權力」。經他這麼一說，則鼓吹貧窮者卻領向了一個私有財產的紀元。

　　即使我們不能把奧卡姆看成是直接影響到近代法律發展
的人——因為他在這方面的著作一般以為並非是為人所熟知
的——他的整個作品還是具有相當的意義。我們從前面所一
筆帶過的，有關唯名論以及法學和權利理論上面的實證論和
主觀論等論說裡面，乃目擊到了個人在哲學和法理學上的誕
生。一旦說，除了特定存在的東西之外，本體上再也沒有其
他可稱得上是真實的東西了；一旦「權利」的觀念所依附的
不再是自然和社會秩序，而是特定的某一個人，那麼這樣的
一個人乃變成了近代意義上的個人了。值得一提的是，這樣
一個轉化所直接推衍出的結果乃是對「權力」這個字的強
調。因而從一開始，權力在近代所具有的在功能上面的意義
就如同傳統的秩序和階層系統觀一樣。而值得注意的是，這
樣一個在近代政治科學扮演著相當吃重但卻隱晦不清角色的
觀念，乃是在近代紀元一開始時就出現了，若說奧卡姆並沒
有長篇大論地來處理過政治問題，他卻預示出主權在民以及
政治契約的觀念[9]了。

　　有人可能會反對，以為近代的財產觀念得自於羅馬法。但極有可能這
　　是近代的闡釋者把它讀到羅馬法裡面去了。我所參閱的這位作者，他
　　在此事發展上所作的論說，假如不完全為羅馬法學家們所同意的話，
　　卻對社會學家有著高度的啟示意義（見前書，第230頁之後）。

9　我們可以預見的是在這段期間會提到Lex Regia(政府的法律)之事，比
　　較Figgis, 1960: 10-11及注釋以及奧卡姆所説的"Quod principi placuit
　　legis habet vigoren, cum lege regia que de imperio ejus lata est, populus ei
　　et in eum omme suum imperium et postestatem concessit"(Breviloquium 4,
　　3引自Villey, 1963: 223)：讓國王高興之事就有著法律的力量，而透過
　　政府的法律……人們把他們所有的支配管理之事和權力都讓給了國

　　總而言之，專就社會層面而言，則相當清楚的一點是：
共同體已經無容身之地，而這部分的空缺則由個人的自由所
來填補之。奧卡姆將個人自由從奧秘的宗教生活延伸到了社
會生活面。言外之意，則我們已離開共同的社群到社會上來
了。在這個最先而且具有決定性的個人主義之發展階段上
面，其宗教根源是相當清楚的。

3. 從教會至上論到政治主權論（14-16 世紀）

　　有關近代國家源起的問題上，費基斯在1900年所發表的
系列演講，我個人深信其主要論點是別人無法來加以取代
的。更為可貴的一點是，得這本演講著作之助，我們得以順
利地來跟印度的例子作比較。費基斯發現到說：神聖王權論
乃源於神聖教皇權利論。接著在，《從Gerson到Grotius（1414-
1625）的政治思想研究》（Studies in Political Thought from
Gerson to Grotius, 1414-1625）一書裡，他跟著來凸顯出於中世
紀後期所來源出的政治理念，並將這些思想獲得解放所造成
的革命，也就是近代國家理論的誕生，作了一番討論[10]。
　　基本上，這本書是從1414年的康士坦斯（Constance）主教

　　　王。」同樣地，立法權是從權力之託付而來，而最後一點則是：所有
　　　的權利和法律是由個人的權力所組成的（前引Villey書，第258頁）。
10　Figgis, 1960（最初出版於1907年），費基斯過人之處，以及他的著作之
　　　所以具有比較價值，乃是：身為虔誠的教徒，他努力地想來：進入中
　　　世紀世界的心靈當中，而不是獲知中世紀世界的外在事實。（見他的
　　　第一個演講接近結尾處，第35-36頁，此處他離開正題談到其研究方
　　　法。）

會議開始談起的，但是費基斯在導論裡卻對十四世紀的一些
作者先作了一番巡禮，並描繪出中世紀處境的大致情形，他
特別強調指出其論題上面的二個層面：教會在中世紀至高無
上之主權，把國家帶上最高主權地位的革命，以及這種轉化
過程裡面所藏而不見的思想連續性。我在這裡，基本上只作
前面兩個層面之探討。

假如我們想看出中世紀基督教所處的情況和傳統印度教
彼此之間相類似的發展情形的話，則我們首先便遭逢到下面
的難題：在印度，婆羅門階層僅止於其在精神層次上的至高
優勢，西方的教會卻同時也發揮其在現世的權力，這特別是
在教會的領導者——教皇身上。大略來看的話，則西方的中
世紀像是有著雙重之現世權威。更有甚者，精神上的決策機
構對於本身同時具有現世權威之事並沒有感到任何的不快，
這不禁令人懷疑，事實上是不是現世之事也佔有其一席之地
呢？在跟上述這種種猜測相對比之下，則費基斯的中心論點
便描繪出一幅比較接近印度的畫像(1960: 5)：

> 在中世紀，教會並非只是一個國家而已，它本身即代
> 表著國家，國家或說是世界的權力機構（因為其時並不
> 認為有分開了的另一個社會之存在）僅是教會的治安部
> 門而已。教會從羅馬帝國的手中接下了絕對而普遍的
> 最高權威管轄權之事，而發展出教皇絕對權力
> (plenitado potestatis)的教義，教皇本身是至高無上的法
> 律發號施令者，榮耀之源泉（王室之榮耀亦來自於

此),獨一無二的合法俗世權力之來源,宗教各修會團
體和大學學位在法律上的締造者(假如不是在實際上的
話),各國之間至高無上的「裁判與分配者」,國際法
的監督者,基督教血脈的復仇者。

　　我所特地劃下橫線的第一個例子,意指兩事:第一,教
會,或說是普世的基督教國度,把所有個別的社會組織都納
入其中,而成了唯一的社會或近代意義上的整體社會了。基
督徒的普世天下自己在其精神階層系統上並負有另外可稱其
為「政治」的這種權力,雖說教會本身將這種權力,或其中
的部分權力派任給了現世的代理人,在第一項特徵裡面,終
極的價值決定了整體社會的各種界域,而這種情形亦見之於
印度教的例子裡邊,而第二項特徵則為雙方不同之處,雖說
我們還可以見到在階層系統上現世權力從屬於精神權威的一
些相類似情形。

　　然而以上所說的話看來好像需要做一些保留。因為從一
開始的幾個世紀以來,教會至上論並非是恆久不變之事,也
不是絕對沒有遭到對抗情形的。在以上所引費基斯的文章裡
邊,他說教會至上論已經「發展」出來了。而在其《論神聖
王權》 (Figgis, 1914, chap. 3)裡邊則把情形說得更為明確了。
教皇的絕對權力一事是英諾森三世(Innocent III, 1 198-1216)所
正式宣布的。而這樣的教皇權力論當然是格列格里七世
(Grégoire VII)在位期間,於1080年左右,跟亨利四世(Henri
IV)皇帝相互鬥爭時所發展出的,後來波尼菲斯八世(Boniface

VIII)於1302年的教皇諭旨(Unam Sanctam)上面將其作成絕對的論斷。有些作者說，存在於兩大原則或兩大權力——即教會或教皇以及俗世或帝國——之間的關係，要一直到十一世紀的最後二、三十年間才真正的具體展現出來(Rivière, 1962：導言)。針對這點，則現代心靈可能會忍不住會來提出如下的一個看法：教皇宣稱權力屬己這種越來越絕對和專斷的主張；乃是教皇與國王之間彼此越來越敵對的一種表現，或甚至可能是在教皇想來包辦一切的情況下，國王這一方面所流露出愈來愈不耐煩而造成的結果。在這段期間，教皇的論說並非通行無阻，國王也有他們的一套說法。然而總的來說，就其時思想的一般傾向，就神學家們的影響力(這些人都站在教會主義這一邊)，以及反方所提出來的一致論點看來，教皇所作的這種世俗論並不怎麼令人印象深刻。只有一部分的法律學家贊成向俗世權力進軍的。這一切在季爾科的經典之作[11]裡邊已經說得很清楚了。這點我們在後面談到十四世紀帝國論的作者像奧卡姆和馬西流(Marsile de Padoue)在這上面所作出堅決捍衛的情形時，特別可以看出來。國家論的幫夥們並否認在基本上教會所具有的優越性，也不否認教會在其自身領域裡面所擁有的獨立性與主權；但他們卻也提到了早期教會的教義，於其中神聖之事(sacerdotium)和帝國之事(cimperium)乃是由上帝本人所來立出的兩個獨立範圍，是需

11　Otto Gierke, *Political Theories of the Middle Age*《中世紀政治理論》(Cambridge, 1900)第7頁之後、第16-18頁、第20-21頁。此書英譯者為麥特蘭(F. W. Maitland).

要彼此來協調配合的兩種權力。他們對教會來跟現世權力作
對的種種說詞加以斥責：教會一定得把本身侷限於精神事務
上。法學家們想把兩種權力統合在一起，實現其時所廣爲流
布的一種ordinatio ad unum（一體的秩序）之理想，乃顯示出他
們這方面相對薄弱之處。然而他們有些卻也提出一種讓人想
到在印度教方面所存在的關係：在精神事務上國家必須聽命
於教會，而有關現世之事，則教會得服從國家☆。我們因此可
以放心地來作出結論說，費基斯所論的教皇之事，不管其發
展有多遲，實在還是中世紀時具主導性而且比較一致性的教
理。誠然，從一般所承認的教會是居上位的情形，以及在實
際命令權上面教會所表現出來的優勢來看，以上所說的情形
是必然隨之而來的。在這點上面，季爾科實質上是跟費基斯
有同樣的看法。因爲，假如說季爾科看出這裡面有兩種不同
教理存在，他卻又馬上加上一句話說，其實那只是中世紀心
靈的兩個不同變異體。而事實上的對立情形一方面存在於兩
者之間，而另一方面則存在於季爾科所說的「古代—近代」
的趨勢裡頭，也就是看法所根據的是古代的東西，但其精神
卻爲近代性的，照季爾科的看法，其最主要所顯示出來的情
形爲：透過羅馬法之研究所得出的，教皇絕對主義帝國論的
傾向。

　　至於說把國家安置在原先所具有的地位上，而成了西歐

☆　1984年第一章所提到格拉秀斯之處以及後來教皇的政策，應該可以讓
　　我們以新的角度來看整個「敘爵爭論」（investiture controversy）的問
　　題。

主權組織和整體社會的這種革命，本身乃是一個長遠而複雜的過程，我們在此只按著費基斯所講的來標出其中的一些交替層面與階段，但相當地予以簡化了。

在十四世紀之初，皇帝的權力受阻，唯獨法蘭西國王對教皇的各種意圖加以抗拒，並將教皇本人置於其掌握之中。其時，有位從諾曼第拓洞蛇（Coutances）地方而來叫作杜布瓦（Pierre Dubois）的律師（本人可能跟法蘭西王室有著密切關係），在一本自稱是要來探討征服聖地之事的冊子《論收復聖城》（De Recuperatione Terrae Sanctae）裡邊，除了提出一些令人驚訝而頗具近代思想的建議之外，還想要把所有教會的財產加以沒收，以受益國王。他並且反對把補助金用在一些受惠人的身上；這中間並包括教皇在內。後來在約翰二十二世（John XXII）和巴伐利亞的路易（Louis de Bavière）的衝突當中，馬西流在其和平的保衛（Defensor Pacis）一書裡面提出了下列的看法「(1)俗世權方的完整職權和宗教組織純粹自發性的本質……；(2)因此，由教會來的迫害乃是極為不義之事；(3)主權在民論，這意含著對代議政府制度之需求[12]。」最後一點讓我們想起中世紀後期的作者常提到的政府的法律（Lex Regia）一事（Gierke, 1900, n.142.）。從十一世紀以來，羅馬法

12　Figgis, 1960: 31-33（亦見但丁（Dante）所著De Monarchia等書）。關於杜布瓦，參閱Rivière, 1962.費基斯認為就馬西流所討論的內容來看，是要比奧卡姆更具近代性（包括站在巴伐利亞的路易這邊講話等），相反地，威利由於對方法所作的強調，認為馬西流比較是屬於士林哲學派，而奧卡姆則比較具近代性。

一直在基督教神學與哲學的庇護之下，不斷地受到研究與重視。然而馬西流所提出的第一點，其中所具有的近代主義之意義還是令人為之側目的。

我們於十五世紀所見到的乃是宗教評議會運動的興起，而這等於是把主權在民的學說援用到教會上面來了。教會乃面臨著一個重大的危機，而教皇則處於岌岌不保的地位有數十年之久，而同時有三個人自以為在掌理職權。1414年的康斯坦司宗教評議會上面，奧克姆主義派的學者表現出眾，而他們首要的目標便是要將教會的宿疾治癒，而這點讓他們辦到了。宗教評議會把教會看成是一種有限的或「混合式」的王朝制政體，而宗教評議會本身則為基督教國協裡的代議體，跟教皇共同來掌理政務。而為了要治好教會的沉疴乃有必要來論定說，宗教評議會的權威是要位居教皇之上的。教皇的權威被認為是源自人民的，而一旦教皇仍忠於職守，盡到教化(ad aedification)之責，則便算是合法的教皇，但假如教皇被發現說，其所作所為具有破壞性的話，則不啻是他自毀長城的片刻了。

宗教評議會於是成了幫忙和控制教皇的常設性組織，然而一旦王朝的權威性復位時，它便變得比以前都要來得專斷，而宗教評議會則便挫敗了下來，只能苟延殘喘而不能發揮作用。如此乃為後來對主權在民的再肯定鋪下了路，但在教會與大部分的西歐國家裡，則有相當長的一段時間是受制於專斷與獨裁的。

得吉爾森(E. Gilson)[13]的著作之助,我們得以把宗教改革
與文藝復興此一孿生現象,視爲是隨著兩種關懷而來的分殊
化之形式表現。而這兩種關懷總的來講是跟中世紀的心靈平
和地共同生活在一起的:宗教上面的關懷到了路德的手上,
乃變成了對介入俗世的一種不耐煩,和對古人俗世智慧之認
定;而在對古代的關懷上面,則以新的人文主義來肯定自
己,而獨立於宗教的桎梏之外。像這樣的一件大事一定會在
精神與俗世權威的關係上造出革命性的衝擊的。

在人文主義者這一方面,馬基維利(Machiavelli)在里維
(Livy)書上發現他心目中的共和城邦之模式,而藉古代羅馬例
子之助,使得他不但得以完全擺脫基督宗教以及任何規範性
模式的限制,甚至也擺脫了(個人)道德之事來作政治考量,
把政治科學的實踐從所有外在的束縛來解放出來,而朝其所
認定的唯一目標前進:以國家利益爲名的理由(raison
d'État)。照費基斯的說法,則新的專制主義——其在後來的
幾個世紀當中,對從事實務的政客與政治家發揮了深遠的影
響力,只能如下地來作考量:因爲教會以及某些教團裡邊已
經發展出類似的情形,也因爲在當時實際的情形裡,「權
力」是行動的眞正目標,而馬基維利想冷眼來旁觀其實情爲
何。我們或許可以這麼來說,第一個將本身從整體論式的目
標網絡中解放出來的實用科學,乃是馬基維利的政治學[14]。

---

13 Etienne Gilson, Héloïse et Abélard, 1938(特別是pp.187ff., 217-24)。
14 如此簡短地來談馬基維里是不夠拿他來跟印度的考提耶(Kautilya)(譯
   注:《利論》artha'sastra之作者,可說是印度政治學之父)。兩個作者

　　馬基維利對其時主導的種種價值所採取的激烈排拒的態
度，使得他跟同代的思想主流彼此在時間上有一段相當的差
距，因為俗世力量的興起主要是透過宗教執行機構之手來加
以實現的。由路德所開始的宗教改革給殘存的中世紀秩序和
神聖羅馬帝國一個致命的打擊。整體的社會變成了個別的國
度，而宗教的核心所在更成了銘記於每一個基督徒良心裡面
的東西了。拜神聖王權論，俗世權力成了至上的東西，提升
到聖事一般的地位。這種種把宗教在一之內一致化的預設給
粉碎掉了。統治者與被統治者都有著同一個信念：cujas regio
ejus religio（參閱英國的信奉國教法案〔Acts of Uniformity〕）
到此為止，不管其意圖為何，則路德已將馬西流的部分理
論，甚至宗教評議派的一些傾向都化成實際的行動了。

　　然而，除了德國之外，各國本身並非是均一化的情形，
這便又產生出新的變化來了。在同一國度之內因為同時存在
著不同的信仰，因而發生宗教之戰。雖然在政治考慮上，為
了國家的利益，對異端分子採取寬容態度的作法乃為必要的
權宜之計（馬基維利）。然而紛戰不已的信仰問題，卻一反其
至不妥協爭上風的傾向。因為信仰者本身發現有可能成為少
數之虞時，乃採取不同的主張了。一開始對暴君之迫害有權
來加以抵抗之事，演變成統治者與被統治者之間的契約論。
而後來的信仰之爭乃發展出對個人良知的自由權之聲明——

之間的相似點所直接提示給我們的，乃是存在於政治學與宗教的一種
必然關係（參閱《階層人》，附錄C，注17）。

此乃政治自由所有層面之始，也有所有其他一切的根基。論
自然法的耶穌會作者們則根據社會與政治契約論來發展出近
代的國家理論，此一理論把教會與國家看成是兩個分開而獨
立的社會，彼此互不相干。到了最後：所有這一切或幾乎所
有這些觀念在對抗西班牙的菲利浦（Philip of Spain）時，發揮
了實際的作用，而在荷蘭則產生出其思想家，其大學，這樣
的一個中心乃是十七世紀政治教育所主要進行的地方（Figgis,
1960: 38）。

4. 近代自然法

　　自然法與社會理論是巴克對他所翻譯的季爾科的作品
《德國合作社法論》（*Genossenschaftsrecht*）（Gierke, 1957）裡
邊第四冊相關部分所給的標題。即使我們只是扼要地來概述
其內容，也能讓我們來注意到近代人與社會觀念在源起上的
一個重要層面之最佳辦法。自然法的學說支配了這個時期
（A.D. 1500-1800）的政治理論和社會思想的領域。而在促成法
國大革命及其「人權宣言」的思想發展過程中，法理學家和
哲學家都扮演著極其重要的根本角色。自然法的觀念是其時
盛行而重要的一種對法律在系統和演繹理論化工作上面，所
作的哲學辯解之背書。其理論可往上溯至遠古和阿奎那的身
上，不過到了近代其本身卻經歷了深遠的變革，所以古代和
近代的這兩種自然法理論之間有時難免相互對立了起來。我
們必須要認清這個事實，而各別地來談傳統與近代的不同觀
點。對於古人而言——斯多噶學派除外——人是一種社會性

的存有體，自然爲一秩序。而在個別城邦的不同風俗習慣之
外，我們總可以見到，存在以法律之理想或其自然的理論基
礎上面，一種跟自然秩序（自然秩序包括人之秉性在內）相一
致的社會秩序。而到了近代，則在基督教和斯多噶式的個人
主義之影響下，自然法變成了跟人爲法律相對立的東西，其
本身所指涉到的對象並非是社會性的存有體，而是個人，這
種個人是自足的，是照著上帝的形象被造了出來而本身爲理
性之受託人。這其中最重要的是，在法學家的觀念裡邊，有
關於國家（或社會）之體制的一些首要原則，必須從人之秉性
爲一獨立於社會或政治環境之外的自主體來抽離或推衍出。
所謂自然狀態乃是在邏輯上先於社會和政治生活的一種狀
態。這裡面所加考慮到的只是個人，而這種邏輯上的優先性
又跟其在歷史上的先行性合了起來：自然狀態乃是人在社會
或國家建立之前所生活的一種狀態。從這種邏輯程序或假定
的自然狀態來得出一些社會和政治生活的原則，看來是一種
忘恩負義式的悖論作爲。這正是近代自然法理論家所從事的
工作，而在這麼做的當中，他們已經立下了近代民主國家的
基礎。正如同季爾科所說的（1957, §14, I. 4, p. 40）：

> 國家不再是從上帝所冊命的普世整體的和諧裡面來得
> 出，不再被解釋爲：本身是整體的部分，得自並受護
> 於更大的存有體。它本身的存在就足以來解釋一切
> 了。思考的出發點不再是一般的人性；國家變成了個
> 別而自足的主權國度了，而這樣的個別國家乃被視爲

是由個人的結合而成的東西，在聽命於自然法的情況下，國家乃成了一個擁有至高權力的社會。

簡言之，階層系統化了的基督教共同體如此一來，已經在兩個層次上面被原子化了！共同體被一大堆個別的國家所加取代，而國家則爲個人所組成。有關社會—國家所存在的兩個觀念在其時所使用的字彙裡邊乃對立了起來：

> 我們在此必須區別出universitas，或說是共同體，和societas，或說是合夥關係體。在合夥關係體裡面，成員是被結合了起來，但彼此之間還是相互區別開的，所以這種結成一體的方式是「集體式的」，而不是團體式的(Gierke, 1957: 45; Barker之注解)。

societas以及類似的字眼：組合體，Consociatio——在此有其合夥關係情形上面的嚴格意義，這種意義讓人想起在社會裡面個人藉契約所約定之事彼此結合在一起之事。其思想潮流跟近代政治科學裡面所流布的傾向一致，認爲社會由個人來組成的情形，是先於多少是按著他們自己的意願，所形成出的團體或關係，或者其所結合「造出」的團體或關係的[15]。

---

15 這正如邊沁(Benthan)所提近代個人主義的捍衛門士一樣：「洛克忘掉說，在他來到這個世界時是尚未成年的，照他的說法，人來到這個世界時已經長大成人了，而且好像凱德摩斯(Cadmus)在黃瓜田裡所種下的蛇牙已經完全長好，全副武裝起來了」(Halévy 1900-1904

舊的士林哲學家用來稱社會或法人的字眼，universitas「整體」可能更適合來表達另外一種的觀點，而這也是我個人的看法：社會與其各種組織、價值、觀念和語言在社會學上是先於其特定成員的。社會的成員只有在經過社會的陶冶與教育之後，才能長大成人的。然而，令人遺憾的是，我們沒有用universitas而用societas或「社會」這個字眼來指稱社會整體。但這一事實卻也顯示出近代自然法的遺產及其成果展現。季爾科詳細地錄下了越來越是一面倒的採用societas而非universitas的觀點來看社會的情形。同時，他一再指出相反的觀點一直並沒有完全絕跡過：「古典時期和中世紀思想所賜的國家乃爲有機或整體的看法並沒有完全斷絕過。」誠然，一旦社會或政治體被視爲是統合在一起的情形的話，我們就很難來將整體的觀點給除去：

　　因此，對人民的人格採取純粹「集體式」的解釋，是真的支配了對國家所作自然法理論之解釋了。人民是跟其所來構成的單位總體相重合的。而在這同時，一旦有需要視人民爲權利的肩負者(Trager)時，基本上就將其本身視爲一個單位，而整個有關共同體的一體性和多樣性之間的區別就被化約成觀點的不同，如此一來omnes(全部)便被解釋爲omnes ut universi(全部與整體)或omnes ut singul i (全部的與個別的)。眼睛分辨

出……(下接本文註7所引部分(Gierke, 1957: 46-47.)

　　不光是教會的作者像莫里納(Molina)和蘇厄茲(Suarez)，連一些自然法最偉大的闡釋者都發現到對整體論式的觀念之需要，奧修索斯(Athusius)以一系列彼此相續的層面之組合(consociatio)情形，來建立出聯邦主義者的秩序觀，他稱這種組合情形是複雜而公開的(compex et publica)，是一個共同體或政治組合(consociatio politica)(同前書70頁)，格老秀斯(Grotius)則因爲把統治之事拿來跟眼睛相比較，說這是一個「團體共有的器官」而受到讚喻。霍布斯把國家說成是「巨人的身體」，但，「到了最後卻將原本所認爲的有機體轉化成了機械體……，這是經過一番有技巧的設計而靈巧建造出來的自動機」(同前書第52頁)，而在普芬多夫(Pufendorf)引進了persona moralis simplex和composita(可說是像法人觀念上面的唯一體和集合體之間之區別)的字眼，以便在同一個法理層次上面把團體或集體的單位視爲有形的個人之後，同樣的問題以最爲尖銳的形式出現在盧梭的書裡。他把法理學家所建立起來的那一套東西介紹到知識界的作爲，超過前此任何一人。而不管是如何地不經意，他已經把專業化的思辨和革命性的行動之間的鴻溝給塡補了起來。

　　所有這些努力所要傳達出的乃是：社會和政治團體是一體性的東西。而這裡面則對自然法理論的主要問題做了回答：一方面要建立起一理想的社會或國家，而在另一方面則從自然狀態的孤離個人來做開始，針對此一目標所作出的主

要設計乃是契約論。1600年之後的過渡情形至少需要有兩個
接連在一起的契約論。第一個是「社會」契約論，這引進了
一種具有平等或同夥(Genossenschaft)關係特色的契約論；另
一個是政治契約論，引進了服從及某一統治者或統治機構
(Herrschaft)之事。而哲學家們則把繁多的契約論化簡爲一：
霍布斯(Hobbes)把服從的契約論變成一般社會生活的出發
點。洛克則把第二種契約以託付(Trust)論來取而代之，而盧
梭則把統治者完全加以壓制，這些是大家所熟知之事，我在
此提出來的目的只是爲了要談到「社會」與「政治」之間的
關係，以及兩者在這個問題所具有意義爲何。「社會」契約
是一種合夥關係的契約，於其中人進入社會的情況大致就像
人進到某個自由結社的組織團體情形。在此所述及的合夥關
係(而可能社會也是一樣的情形)乃是由一些行爲主義學派的
社會科學家所下定義的那種情形。但是一般的社會的情形，
即一個整體(univesrsitas)，人生於其中，而不管他願不願意都
已成了其中的一員，這個社會教他學會語言，也至少在他的
心靈播下了觀念素材的種子——卻不見了。在此所論的「社
會」頂多是經濟學家和哲學家筆下的「公民社會」，而不是
社會學嚴格意義上的社會。爲了要防止經常出現的混淆情
形，這點必須加以堅持，我們在此可以拿一位接近社會學家
觀點的古典學家之意見來作個說明：

> 社會從來就不是在契約的基礎上來組成的，社會是一
> 個可做各種不同用途的組合情形——「在所有的科學

> 上……於所有的藝術裡面……在每一種善行與所有求
> 盡善盡美的事情上面」——它超越了法律的觀念，本
> 身已經成長和存在了。就「社會」這個字的嚴格意義
> 而言，其中就不曾有過社會契約這種事情的存在[16]。

事實上，有關社會比較深刻的概念以及universitas這個
字，在這段期間以及思想潮流裡邊遭到部分被隱沒住的厄
運。在跟整體論相對立的個人主義當道的情況下，我們所知
道的社會所具有的意義已被司法上、政治上和後來經濟上面
的概念來加取代了。

5. 個人主義之意含：平等與所有權

在尚未來探討個人主義在其平等主義層面上最早表現出
來的一些情形之前，我們得先注意到這裡面所存在而為大家
所熟知的區別情形。個人主義意含平等與自由，因此把平等
的「自由」論——此一理論所主張的是在跟每一個人最大自
由相容的情況下的一種理想式之平等，一種權利與機會之平
等——以及「社會主義者」之理論，這種理論希望平等之事
能在事實上被實現出來，這比方說私有財產之廢除（Lakoff,
1964）。從邏輯上，甚或從歷史上來看，可能從權利過渡到事

16　巴克對《社會契約》一書所寫的導論部分第15頁。他在此的引文部分
　　取自伯克（Burke）《對法國革命的反思》一書面（1968：194）。伯克在
　　裡面用了「合夥關係」這個字眼，但補充說，這種關係包括了在生、
　　已死和未出世的人在內。

實之事，只是代表著一種對其所主張之事所採取的更為強硬
之態度而已：僅是原則上的自由是不夠的，其所要求的乃是
「真正的」平等。然而從這裡面所採取的觀點來看，其中的
過渡情形卻出現了不連貫的地方，也就是在定位上有了重大
的改變。比方，若稱說大家並不能擁有一樣的財產時，我們
便剝奪了個人的屬性之一，私有財產了，而這同時意味著對
其自由在某種程度上作了限制，並且又交給了社會整體與此
相應的一些新職權了。

　　為了更能看清楚自由主義與社會主義之間在這上面的關
係，我們不妨比較研究觀點。種姓制度可說是針對著每一個
人所需而來的一種階層系統，自由的社會卻把這其中的兩大
特徵都給加以否定掉了：在一方面它是唯平等是尚的，而在
另一方面它則有賴於市場上面的交易法以及「利益的自然趨
於一致」來確保秩序和一般人的滿足需求。而在社會主義社
會裡，階層系統亦遭否定——至少在一開始和原則上是如此
——但卻再引進了對社會整體的一種特有關切的情形。因此
這中間便結合有個人主義和整體論的成分在內，成了一種新
的混合體。有一般社會主義和共產主義的運動和教義裡，整
體而言，平等已經退居到第二位，不再為個人的一種屬性，
而可以說變成了社會正義的特性了。因為我們在此完全只考
慮到個人主義之興起，所以可以瞭解到的是：我們把表現出
反其道而行的一些平等是尚主義的極端形式略而不提了（見下
面注17）。

　　我們在前面一節所討論到的有關於 Genossenschaft 與

Herrschaft 之間的區別時，已經觸及到了平等問題。Genossenschaft，「同夥關係」，是平等的個人之組合，而Herrschaft則包括有「掌握權」成分在內的一種組合關係或團體，這種掌握權則為居上位或權威之屬的東西。季爾科要我們注意到與此相關的對立情形，即「集體方式的一體性」（相等於同夥關係）和「代表方式的一體性」（因為身居代表，所以乃位居於其所代表的團體之上），以及societas aequalis和societas inaequalis(平等的社會與不平等的社會)之間的區別（Gierke, 1957，見索引部分）。在自然法的理論家把國家的源起設定在兩個相續著的契約——組合關係的契約與從屬關係的契約——上面時，這便顯示出近代心靈無法來對一種屬於階層系統的團體模式來作綜合思考，而必然地將其以兩種要素來加以分析——一方面是唯平等是尚的組合情形，另一方面則將這個組合的群體來臣屬於某個人或某個實體之下。換言之，一旦所想的真正存在體不是團體而在個人時，則階層系統便消失掉了。隨之而來的，便是把權威歸屬到某個統治代理機關上面。如此所留下的情形乃是一大堆的個人之存在，而要來替在個人之上所建立起來的權力這個問題加以辯解的話，只能以合夥成員大家一致同意這麼做的論點來作回答。這樣子雖然在意識及內在化上面有所得，卻在實際的情況上面敗陣下來了，因為人的團體的確有獨立於形式同意之上的頭子之存在，而這上面的結構乃是其以一個整體來存在的必要條件。政治哲學和社會學便在此處分了開來。

　　我們若把十七與十八世紀時三大契約論的哲學家拿來比

較的話，便可以印證我們所論存在於 Genossenschaft 和
Herrschaft之間的對比之事這個重大的課題。我們便可以更爲
確切地來看出說：霍布斯是如何地將個人主義式和機械體式
的觀點，緊繃到一個斷裂點好引進Herrschaft的合成模式。洛
克則避開其中的困難，而從私人法裡面接收過來有關「託
付」的觀念，盧梭則拒絕走出Genossenschaft之外，而點鐵成
金地借來「公眾意志」將其轉化成某種Herrschaft。這二位作
者所共有的地方乃是：他們都體認到如何將個人主義跟權威
結合在一起，以及如何調解在社會或國家裡面（假如不是必要
的情形的話），平等與權力之間所必然會永久存在的差異性的
困難之處。

在近代發展過程中一直都活躍著的一股在心理上具有重
大主導力量乃是：對於社會裡面在分配歸屬上面所存在的差
異——包括分配歸屬的權威、特權、不具資格等事——以及
在極端的運動或後來的發展上面可見到的——財富——所作
憤憤不平的抗議。再一次地，此一運動乃是由路德在教會裡
開始的。我在下面要把拉科夫（Lakoff）（1964: 25ff.）所提出的
一些相關聯到路德教義的特點作個概述。首先，「精神」與
「現世」之間已經沒有區別了。在有關精神上面的事務，每
個信仰者都具有同等的權威性。每個人生來便有著一樣的尊
嚴，不管他是牧師或農夫。天主教會的階層系統式教義只不
過是教皇的工具罷了。靈魂與肉體的二元情形乃是每一個基
督徒的問題，但這不能被用來當成教會與共同體在組織上面
的模式（以便指出了不願以結構的觀點來思考問題）。如此一

來，我們乃首度看到平等並不止於是一種內在的情況，而變
成了生存上的絕對必要事了。任何的權威或特定的職權只能
以委任或代表之名來發出。牧師是「在我們裡面選出的神職
人員，而以我們的名義來做所有的事」如此等等。相當清楚
的一點是：所有這些特徵是連在一起的；我們面臨到整體論
觀點遭到了推翻，以及從階層系統式的宇宙急遽過渡到個人
主義式的宇宙之情形，非常類似的心理傾向也可見之於盧梭
身上的另外一端的發展情況。尼采(Nietzsche)說「憤恨不
滿」乃是一個基督徒之感受，我們也可以說，嫉妒乃是作出
唯平等是尚的主張者在心理上必然伴隨而來之事。這裡頭更
有著一個基本的觀念：身為基督徒在本質上就使得每個人都
是平等的，也就是說，每個人裡面都已具備了所有人的特質
了。因此他們在職責上有著充份的理由來反對任何不是從他
們自己內在所得出對於人性所加的論定。這點對於路德而
言，至少在宗教和教會之層次上是為真的。至於在社會和國
家的層次上，路德還是持中世紀的整體論，拉科夫說：「他
眼中的社會是有機體式和功能論式的，而不是原子論式和獲
取論式的[17]。」

17　與路德同時，而為其死對頭的農民戰爭之革命領袖托瑪斯穆撒
　　(Thomas Müntzer)，以最為極端的形式來論是平等在社會的地位，照
　　拉科夫的說法(1964: 54)，則：「穆撒一下子就把宗派性的共產主義
　　的一些傾向都給歸結出了，儼然讓我們看到後來好戰的世俗社會主義
　　的雛形。這種運動想藉助於激烈的手段來推翻統治支配的力量。」當
　　然穆撒可以是我們研究宗教意識入侵塵世極端情形上面的一個例子。
　　我在前面已經解釋過為什麼像這些共產主義運動（像十七世紀在英國

　　這種唯平等是尚的主張在英國大革命時（1640-1660），已經從宗教領域延伸到政治領域上面了。其情形特別可以平等黨（Levellers）爲例。雖然他們很快就被擊敗了，但卻仍舊有時間來把基督徒的平等觀點完全地援用在政治層面上，而光榮革命本身就是一個超自然的眞理被援用到俗世組織的運動之例。在此我們可以引用一位歷史學家的話來作說明，而不用苛責說，他在裡面把宗教所扮演的角色給加以誇大了：

　　　　清教徒主義之所以在本質上是爲一革命信條，乃在於其中所信仰的：上帝要來對人在此世的生活加以改善，而人可以來了解上帝的目的並跟祂合作而將此事給加以實現。如此一來，別人內心深處的期許，假如是熱切地來感受到的話，便會被以爲是上帝的意旨。按照事情在本質上的辯論來看，那些深信是效命是上帝戰場的人乃是最爲拚鬥的戰士[18]。

　　若專門就平等黨[19]而論，則其中有三個特點對於我們的研

────────────

　　的迪格斯（Diggers）和法國大革命時的巴包夫（Babeuf）我們在此沒有加以列入考慮的原因。廣而言之，他們所佔的地位應該是在殘存於傳統普世社會（universitas）觀念中，隱沒不見了的非個人主義思潮部分的旁邊。以穆撒的例子來看，這個運動在本質上不是唯平等是尚的事實，可見之於其中必須依賴長老來對一些暴烈行動加以聖化的舉動上面。

18　克里斯多福希爾（Christopher Hill）（1961）有關於清教徒主義的定義見Lakoff, 1964: 249, n. 1。

19　有關平等黨的著作，除了上面所提過的以及下面要論到的作品之外，

究是具有重大意義的。第一是其宗教信條之意識形態和自然
法理論之間的相互作用情形，假如從其主要的領導人物里伯
納(Lilburne)的生平和讀本來看的話，便可以顯示出個人的宗
教意識是如何被用來當成了俗世發展的基礎。第二點，藉著
對普遍人權所作的肯定，宗教意識的入侵取代了以先例和優
先權爲著眼點的英國權利法規：「從相信所有的基督徒是爲
自由和平等而再生的，平等黨的人接下來首先便論說所有的
英國人是生而平等自由的，到最後則是：所有的人皆生而平
等自由的」(Haller, 1956)。第三，這便產生了完全迴異一切
英國傳統的結果來：應該制定在平常法所達不到的一個明文
憲法。而這其中所提議的憲法其在形式上爲：人民同意書。
英國在克倫威爾攝政期間的「政府文書」上面，的確有一段
時間出現過這樣的一個憲法。

　　平等黨雖然一方面提議解除對財產的限制以擴大選舉參
政權，一方面又把僕人、薪水階級和乞丐等等排除於選舉人
冊之外，認爲上面這些人在事實上是沒辦法自由地來行使其

亦請參閱Sabine, 1963和 Lakoff, 1964(參考書目見其書中第250-251的
註釋)。拉科夫已經指出在路德、平等黨和洛克之間(這方面間或可看
到卡爾文主義之影響)，以及卡爾文和霍布斯之間，其在精神上所存
在的一種連續性(同前書第47-48頁以及第62頁之後)。平等黨在英國
史上所佔的地位可能相當地微不足道，雖說法律之前人人平等之事他
們貢獻良多，然而整體而言，他們在近代史上卻有著重要的地位(見
其下第八節)。我們在此把非常複雜而且還在爭論不已的有關卡爾文
的間接影響方面略而不談。長老教會的組織，其用多少是代表著教會
社群的各式宗教會議來取代主教的情形，是典型的階層組織原則跟唯
平等是尚主義之結合。

權利的，因為他們必須看人家的臉色來維生。不管如何，這
種限制在參政權被嚴肅加以考慮，即在普特尼(Putney)的軍隊
合議之辯論時時，就已經出現了(1647) [20]。馬克弗森
(Macpherson) 認為在平等黨的論題跟洛克比較系統化的學說
(特別是二論政府)(1690)之間有著相類似的地方。雖說馬克
弗森可能是有點誇張了其中的相似之處；但有一點不成問題
的是：在這些貧窮的革命黨工匠、商人與軍人與四十年之後
從其寄居數載的荷蘭回到英國的富有哲學家之間，乃共同地
標出了個人主義已經如火如荼地開展出來了。洛克因為提出
了託付說，乃獨能避開政治從屬的問題，而提出一個經同意
後才能行使統治權的平等人之社會觀點。私有財產不再是一
個社會制度，而是個人的自主性在邏輯上所必然的意含了。
不管平等黨是如何地來看待事情，反正他們已經肯定了人是
「平等……生而具有一樣的財產與自由」。洛克將私有財產
論搬到自然狀態上面來了，但將其以各種原先就具有的限制
情形來圍住，這點就如同馬克弗森所提出的，洛克小心翼翼
地在走下一步[21]。

20　見馬克弗森在《占有式個人主義的政治理論：從霍布斯到洛克》(The
　　Political Theory of Possessive Individualism, Hoblses to Locke, 1962)一書
　　中所作的詳細討論。

21　馬克弗森(1962)用了占有性(possessive)這個字來稱洛克式的個人主
　　義。洛克有關所有權方面的論說，見我的《從孟德維爾到馬克思》一
　　書第51-54頁。值得一提的是，黑格爾所給所有權之地位非常類似於
　　洛克，在黑格爾的法哲學第一部分的開頭便論到所有權之事，這裡面
　　所處理到的東西是「抽象的權利」──相當像洛克的自然狀態，因為
　　有關家庭、公民社會與國家只見於書中的第三部分，這理由不難找

6. 霍布斯的巨靈

　　我們只要查看霍布斯跟其前人與跟其後繼者之間的關係的話，便馬上可以知道其著作在政治思想史上所具有之重大意義。就一方面而言，他跟宗教以及傳統哲學完全決裂開來了（人在本質上並非爲一社會政治性的動物），而透過這一點，他對自然狀態和自然法所作的思辨乃提升到前所未有絕對性與強烈性，而這又結合了馬基維里式研究觀點所特有的豐富性和系統性；另外一方面，由於對於人這種動物採取了相當弔詭的機械體式之看法，他乃能強而有力地來證明出主權與服從的必要性。他站在一個純粹經驗上的，原子論式和唯平常是尙的基礎上振振有辭地來說明Herrschaft模式的必要性。而如此一來便把個人和主權給認在一起，這一點也正是盧梭和黑格爾理論之核心所在。以此觀之，把霍布斯說成是保守派不但立論不足，而且搞錯方向。誠然，他稱頌Herrschaft，而當時政治發展的主流則走向Genossenschaft，就此意義而言，他眞的是一位保守分子。但假如拿這種論斷來跟誰對誰錯的問題相比較的話，其意義便極其有限。我希望在下面可以將爲什麼霍布斯是對的這一件事給說個清楚。這個問題必須環繞著政治哲學之本質來作思考。政治之事可以被當成社會生活的某一個特定的層次來加以研究，而比較具

　　出：「人必須將其自由轉移到外在的範圍之上才能以一種觀念來存在」（Hegel, 1942: 41）。

一般性的社會背景在這種情形下便被認為是既存的事實，在這上面，可能霍布斯的基本論題是錯了。不過，跟著古人腳步走來的近代政治哲學在事實上所用的思考模式是把社會當成一個整體看待的。在這種情形下，則霍布斯所講的比起那些唯平等是尚的各派人馬來說，是比較對的[22]。

　　我在此並非在自稱說已經將論點給說明清楚了。我希望這個問題在下一節論到盧梭的時候會比較明確些，因為他對人的社會性本質之了解要比霍布斯掌握的更具全面性。儘管如此，霍布斯對於人的從屬性之體認，意味著他對人的社會性本質之了解，雖說他本人所有的抗議也是對此而發的：儘管他只談及「人」及「國家共同體」（Commonwealth），但霍布斯在事實上是以社會為其著眼點的。我在此只能扼要地作歸結，但求讀者能對下面我所說的話之真實性來加以求證。

　　首先要問的是：在《巨靈》（Leviathan）一書裡面是否有「自然狀態」的存在？若是有的話，事實上又是怎麼一回事？看來《巨靈》裡面幾乎整個第一部分「論人」之章節裡可說是對上述情況之寫照。這裡面沒有正義之存在，因為這是一個社會問題，而非自然問題。然而，「權力」、「榮譽」等事卻都在那裡，甚至不止於此呢！語言，以及據此而

22　很湊巧地，第二種觀點有助於我們來對研究霍布斯的著作當中所出現的好多悖論情形加以解釋，為什麼這些認為他錯而對他發出憎惡之情的人，無法來掩蓋住他的偉大和影響力呢！一般都公認為他的論辯邏輯是無法加以動搖的，但這不是一種遁詞嗎？於此我所主要用到的是巨靈一書，但也參考了波林（Polin）的書（Polin, 1953）。

來理性亦在其中呢！因此很明顯的，這裡頭所描繪出的是減
掉了個某樣東西的社會狀態[23]。（霍布斯明確地告訴我們說，
所謂推理基本上乃是加、減之事）。在對「人」本身加以敘述
時，其所從社會情況中被減掉的那種東西就是「服從」這回
事。一旦締約完成引領我們進入服從階段，我們便從「人」
過渡到「國家」上面來了。另外一個層面乃是：人在自然狀
態中彼此的關係，很明顯地是跟國家之間彼此的真正關係相
符的，因為國與國之間的關係應該一直都處在自然狀態中。
在此，霍布斯從另外一個層次來接續了馬基維利：利益之戰
把任何超越性的規範或價值給排除在外了。自然狀態的第三
個重要層面乃是其中包括了人可以用一種機械體論式的語言
來加以形容的一切東西：人的動物性，人為一行動、欲望和
熱情之系統，並具有所有語言和思想所引進的變化性和複雜

23　馬克弗森(1962)也持此論點，不過對他而言，霍布斯所從中抽離出的
　　有關於「人」之存在圖像，包括內戰在內，並非是政治情境而是經濟
　　情境。這種揣測似乎不太可能，因為在《巨靈》第十章論「權力、價
　　值、尊嚴、榮譽和價值性」裡面有一段話可以拿來作說明：霍布斯所
　　想到的權力，其意義非常廣泛，就中更包括了財富。而價值也跟其他
　　東西一樣，被霍布斯界定為有形，相對，而有賴於他人來加以判斷的
　　東西：「價值，或說人值不值得這件事，是跟所有其他東西一樣，是
　　一個人的『身價所在』，這也就是說，是他能藉此來運用權力的一種
　　東西」。從這段文章的內容當中，我們可以清楚地看出這上面所說的
　　僅是借用經濟上面的隱喻而已。在霍布斯論到經濟時，他所採取的是
　　完全不同的一種觀點(見書裡第24章〈國家的繁榮滋長〉(the Nutrition
　　and Procreation of the Commonwealth))。稱霍布斯的哲學為「占有性
　　的個人主義」並非得當。就我們的觀點(這同時也是季爾科的看法，
　　見下一個注釋)，整體而論，他的哲學並沒有特別的「占有性」上面
　　的意義，同時也不是個人主義式的。

性，這三個層面跟看起來可能跟有利於霍布斯其把人真正在
社會裡所觀察到的兩個不同層次給分開來的原則是相符的。
對我們而言這二個層次比較是屬於政治前期和政治上面的層
次，而不是社會前期和社會上面的情形。就有關狹義的社會
層面而言，則盧梭所探討的更向前進了一步，如此一來，則
在霍布斯理論當中所可見到的人在兩個階段之間所呈現出來
的不連續情形，在盧梭裡面變得更突出了。

假如我們想來理解霍布斯學說的核心，歸結出他所描繪
出的那一幅有關於「人」的畫像，並查看其跟國家之形成的
關係何在的話，便難免會發現裡面所存在的熱情與理性(一為
動物性層面，一為理性層面)之間的二元論情形。的確，也就
是因為這兩個層面彼此之間的衝突，才有必要讓人跨到政治
情況裡面來，進入服從的階段。在國家這個巨靈裡面，人跟
禽獸之間的區別處乃在語言上面，理性建立在語言之上，而
真理與虛假為語言之屬性。有了這個但書，二元論的情形便
成立了：人所賦予的理性是不純粹的，混雜有獸性在內，這
只有借助於一個人為政治體的建立，才能綻放出純粹之理性
來。若我們承認亞里斯多德所說的，人在本性上面是社會性
和／或政治性的動物的話，便把通往純粹理性之門給關閉
了。

霍布斯到底是個人主義者或整體論者呢？兩者皆非。他
把我們所作的區分給弄垮掉了，不過這件事卻非常有意義，
而十足地刻劃出霍布斯這個人的獨特地方。無庸置疑的，他
的出發點是特定的人，即個人(individuum humain)，但他在政

治之前的那一段生活所受到的評價是相當負面的「孤獨、貪窮、骯髒，如野獸般而又短小」。這之後，在聽了理性所出的主意和本身想求安保的欲望下，人才進到了政治階段裡面，而把其部分的權力給交了出去。這個人如此才有辦法安定下來而覺得舒適愉快，並求得心智之發展；不過其中所花的代價則爲個人必須服從於他人。他已經不再是先前那種在自然狀態中自得其樂的個人了，所以我們說，透過一種看來極端「個人主義式」的研究觀點，個人主義乃被困在其中了[24]。人不應當以某個個人生活著，而應該緊緊地依附於國家之下，把自己認成是國家這個主權體的一部分。假如霍布斯不准我們說，人在本質上爲一政治存有體的話，我們卻可以說，透過人爲的辦法他必然會成了政治人：個人並非是全副武裝地進到政治生活的，這點是霍布斯跟好多近代政治理論家所不同的主要關鍵點。不過這卻是他跟盧梭接近的地方。

　　同時，霍布斯也不能說是一位整體論者，這特別可見於社會體中的階層系統上面的排列情形付之闕如之事，因爲國家並沒有朝一個可以超越自己的目的靠過去，而只臣屬於一

24　因爲季爾科一直急切地想找出對社會體的共有性所作的一種論定，所以我們可以看到他對霍布斯所給的嘉許：「霍布斯自己根據了所武斷預設的各種前提作開始，但卻動用了一個無惻隱之心的邏輯，他以自然法當中個人主義式的哲學來搏鬥出一個獨一無二的國家人格來……他選出一個全能的個人來，卻又馬上又另一樣東西迫使他來自我毀滅掉」(Gierke, 1957: 61)。波林也指出，《巨靈》第16章所體現出來的，乃是在1642到1651年間，霍布斯的「人」之概念之進展情形(1953, chap. 10)。

己。歸到最後，則Herrschaft模式本身所具有的階層組織之價值已經蕩然無存，而之所以被採行只是權力上所不能加以割捨掉的部署而已。也就是說外殼，而不是裡面所住的居民，是為價值之所在。雖說如此，他還是認識到，平等之事不能高居上位而無所限制，而人是一社會性的存有體，若以政治層次來看的話，人並非是一個個體。以此觀之，則霍布斯正好跟洛克成了強烈的對比，可將其視為社會學的一個先驅者，雖說他所處理到的只是政治學，而不是universitas意義上面的社會。也就是因為這一特點，那些只對政治層面有興趣的人，便認定霍布斯是一位保守分子。不過就社會學家而言，霍布斯所論的假能說雖是不夠完全，整體看來卻還相當堅實。他對社會是有他的一些看法的，而那些不妥協的平等論者卻一點看法也沒有。

但是，我們也得承認，對霍布斯而言，社會只限定在政治面而已。最後，因為他是以政治的觀點來看社會整體，所以一定要把服從的觀念引進，而這既非嚴格的階層系統之意義，也不是純粹單一的平等意義，在此，我們得出了一個我個人以為是要了解那一類比較深刻的政治理論之根本要點了（特別是我們來看其跟社會的關係時）。其中這種理論當中，社會之事大致被化約成了政治之事，為什麼呢？這理由在霍布斯裡面相當清楚：若從個人來作開始，而以意識和力量（或是權力）的觀點來作出考慮的話，則社會生活是有其必要性的。因為，第一，人從個體過渡到團體只能以「締約」的觀點來視之，這也就是指有意識的交易之事或是人為之設計。

而這變成了「力量」問題了，因為力量是一個人能夠拿來跟別人討價還價的東西：跟「力量」相反的乃是階層系統，社會秩序的觀念，權威的原則，而這正是締約的個人多少是在不知覺的情況下，從其共同的力量或意志漕裡所綜合出的。若拿一枚硬幣來作說明，則階層組織乃是屬於社會性的那一個正面，而力量則是原子論式的那個反面。這也正是為什麼對意識或同意所作的強調，馬上就會變成對力量或權力來加以強調的原因。近代的政治理論，儘管在其最好的情況下，也只能用一種個人主義的方式來處理社會，可是這就等於間接地承認了人的社會性之本質，我們若想要來清楚地掌握住後來盧梭和黑格爾的悖論的話，這點必須謹記在心。

7. 盧梭的社會契約論

就其表面的特徵而言，盧梭的政治學可被拿來當為跟霍布斯成正反對照之例。霍布斯的理論是代議式，絕對論的，並且堅持服從的原則，而盧梭的理論則是集體式，法治論的，而堅持著自由之事。但這種明顯的不同點並未能掩蓋住彼此比較不那麼明顯，但卻見之於兩個理論字裡行間的十分相似之處。在兩種理論裡面，自然人與政治人之間都可見到不連續的情形。所以，對兩個人而言「社會契約」乃確切地標出了人性真正之誕生處(因此兩者在不少細節上相類似)。兩者都以看來非常「個人主義式」的前提開始，而這是跟他們對於時間或環境的概念相一致的——然後藉著一絲不苟的邏輯得出一個：反個人主義式的結論來。在關係到子民時，

兩個人都對如何確保主權(一爲統治者,一爲公眾意志)的超越性寄予最高度的關懷,而在同時,兩者乃強調著主權與子民之間的認同性。總之,兩個人都想澆鑄出人們視其本身爲一個體的社會體或政治體。這點可以來解釋,爲什麼他們的理論看來同樣都那麼的極端與悖論。同樣的情形假如稍作改變的話,也可以援用到黑格爾的國家理論上面。在此,我們所碰到的是在政治思想上值得加以一探,而頗爲令人側目的一種連續性。

我們常常把法國大革命的帳算在盧梭的身上,甚至到了今天,他還被指說要來對激進民主主義(jocabinisme),以及一般所謂的「極權主義式民主」負起責任[25]。當然,盧梭與法國大革命屬於同樣一個個人主義之極端發展。這種發展在事後看來大有可能是一必然的歷史事實,而有些人不免會來定下罪名。不過,革命的浪潮眞的刷掉了盧梭政治學說裡面的一些根本要點。不管說這裡面他具有著多麼大的影響。近代民主運動的極權主義層面,並非是盧梭理論的結果,而是個人主義之人爲規劃在面對經驗時所產生的結果,誠然,極權主

---

25 這一類的指控,最近的例子可見泰蒙(Talmon)(1952),第三章,這位作者對盧梭的了解,可能就像1793年法國大革命時期山岳派(Monta-gnard)對他所作的瞭解一樣。泰蒙譴責了革命的「預設前提,認爲軟弱的人有辦法來道出絕對而具有最終極意義的大事來」(第一章低)。然而這麼極端的個人主義從何而來?難道這不是從泰蒙爲了一己之用,聰明但卻沒有系統地來讓其不加發展出的個人主義之必然結果?至於盧梭本人的思想,泰蒙以下的描述手法也未免太過低劣了:盧梭是一位精神病患者,其道德關懷乃讓他踏上了極權主義的政治學。

義層面的預兆見之於盧梭裡面，但這點也正是因為他深切地
意識到純粹個人主義之不足以應事，而努力地想藉對個人主
義之超越來將其加以拯救之。弗漢(Vaughan)所認為的，《社
會契約》(Contrat Social)一書的主旨乃是「反個人主義」，雖
說只道出了部分的真理，卻有其相當的真實性[26]。盧梭自己在
社會契約的初版上面說道：

> 完全的獨立和不受規制的自由，即使不曾斷了跟原始
> 的純真攜手在一起的關係，總還是有其根本的瑕疵之
> 處，而此一瑕疵對於我們最高心智能力的發展是有害
> 的，此即：缺少了構成整體的那種各部門之間的黏合
> 情形[27]。

26　令人感到欣慰的是，我們在這個世紀看到一些英美學者把盧梭的政治
理論從今能不能被理解的情況中給救活了過來。我在此簡單地舉出幾
本讀者可以參閱的書。包森奎特(B. Bosanquet)的《國家的哲學理
論》(*The Philosophical Theories of the State, 1910*)(雖說作者主要是在
討論黑格爾，但他卻發展出跟我相類似的論點，偶爾他會用涂爾幹來
闡明盧梭與黑格爾的國體論，特別見pp.88ff和xxviiff., 82, 110, 150)弗
漢在其《盧梭政治論集》(*Political Writings of Jean-Jacquen
Rousseau,1962*)的導論以及裡面對盧梭著作的註解部分裡面，堅持說
《社會契約》一書在基本上的論點為非個人主義的；巴克所譯季爾科
的著作(Gierke, 1957)的導論以及巴克(1947)。沙班(1963)論盧梭那一
章，其標題相當貼切「共同體之再發現」。我所引盧梭著作是1964年
由巴黎Gallimard出版社所出版他的作品全集(「七星詩社」(La
Pleiado)版)，也請參閱(Derathé, 1950)。
27　盧梭全集，第三冊第283頁。我們所引出處的那一章是對狄德羅
(Diderot)來作回答的，本來的標題為「自然權利與一般社會」盧梭認
為視人類為「一般社會」是一種抽象觀點，而接著說：「只有從那已

　　從上面這段文字看來，盧梭比霍布斯更往哲學的「減
法」上面走了一步。把哲學減法援用在我們在社會上所看到
的人的話，則成了自然人，盧梭在論不平等的起源上對於自
然人作了一番描述，他可說是自由，平等而富有同情心的一
個人，但它的心智能力尚未完全開展分化出來，這種未受過
教化的人因此可說既非善亦非惡。他對以下的事實慨嘆不
已：在經過某個文化發展的階段後，文明的進步同時帶來了
不平等和不道德的成長，而「光明和邪惡的發展總是以同樣
的比率成長在眾人而那個人的的身上」《致Ch.. de Beaumont
書》（Letter to Ch.. de Beaumont），1763)在《社會契約》一書
裡，盧梭想來將社會秩序予以合法化並除去其中的缺失之
處。這項努力無庸置疑的相當大膽的，不過盧梭卻也作了相
當嚴格的限定：他的理想是小國寡民，面對面的民主，若說
這項工作並非是全然不可行，其理由乃如他在 納西塞斯
（Narcisse）（1752)一書的前言所說的：「所有的惡習屬於人
自己的部分比較少，屬於他們被統治壞的部分比較多。」[28]

　　建立在我們之中的社會秩序裡面，我們才能描繪出我們所加想像的觀
　　念……而只有在我們身為公民之後，才真正開始變成了人，」（同前
　　書第287頁），亦請參閱Considerations sur le gouvernement de Pologue:
　　ubi patria, ibi bene(同前書第963，960頁以及註解)。

[28]　上面兩段引用文是從德拉瑟（Derathé)論《社會契約》一書的導論部
　　分沿用過來的(Rousseau, 1964: vol. 3, p. 1004)，有關盧梭論不平等的
　　經驗以及他對任何要依仗他人之事的不耐煩，可見史塔羅賓斯基
　　(Jean Starobirski)為《論不平等的起源》第二版所作的精闢而細緻的
　　導論(見此書第13頁之後，Rousseau, 1964)，盧梭說：「當然，所有
　　的權力來自上帝，不過，所有的缺失弊病亦從祂而來」（《社會契

　　自由派人士指責盧梭，說他在民主的軀幹上接植了極權主義的新梢了。可能他們已經見出，在對自由做絕對的肯定時，問題已置身於烏托邦式的情況當中了！

> 我們得找出某種組合關係的形式，於其中，我們可動用整個共同體的力量來保護每一個成員的生命與財產。這樣的話，每一位成員才會跟他人結合起來，而我們才有可能完全只遵照自己的意志行事，跟他以前的自由情況無二（《社會契約》，第一卷，第六章）。

　　然而，自由派人士一定會被盧梭所接著提出來的解決所攝住而戰慄不已的：

> 但我們得清楚了解到，上面的句子到最後也可以將之化簡如下：每一位成員將其主權完全讓與整個共同體。

　　人民乃主權所在。然而，一旦其成員集在一起，就會發生一種奇怪的煉金術上面的情況來；從所有的個人意志裡面乃發出公眾意志（volonté generale）來。這種東西跟所有人的意志在性質上是不一樣的，具有其相當特別的屬性。就一方面而言，公眾意志跟普芬多夫和persona moralis composita（法人之集合體）相去不遠，而不同於其組成因素personne morales

---

約》，第1卷第3章）。

simplices(法人之唯一體)之總合。就另一方面而言，則公眾意志乃是主權所在，本身是超越於子民個人的意志之外的，這種情形嚴格講來就跟霍布斯的統治者是高居被統治者之上之事一樣。在這裡，一開始的合夥關係或societas，事實上到後來變成了一種共同體或universitas了。就如同Weldon所說的，開始是一種「機械體式」的系統到頭來成了「有機體式」的系統，或用波柏所說的，「開放」社會已變成了「封閉」的社會了。誠然，盧梭認爲公眾意志乃完全跟其組成意志脫離關係的。我在此摘錄一段常被加以引用的句子：

> 在人民議會裡所提出的某項法案，人民所問的並非是大家對於所提的案子同意或不同意，而要問，這個案是不是跟公眾意志，也就是大家的意志是一致的……因此，假如跟我看法相左的意見在當天佔優勢，這只能證明我搞錯了，自以爲採取的是公眾意志之見，事實上並不是，假如我的意見占優勢了，那麼我便做了跟我原意相當不一樣的事情了，在這種情形下，則我並沒有自由過(《社會契約》，第四卷第二章)。[29]

29　這裡所說的跟霍布斯相似之處十分明顯。至於黑格爾，雖然他相當明確地排拒了法律需要靠公民集會投票來通過的說法，卻在個別公民的意志和國家法律的關係上，持著跟盧梭大致相同的意見，黑格爾認爲法律在定義上，乃是體現出公民眞正的意志與自由，所以爲自由而觸犯法律，就等於是冒犯自己的意志(Hegel, 1942，見本章注45)。

　　我們不難在這段文字裡邊看到雅各賓黨(jacobine)的專政獨裁，莫斯科的審判，或甚至納粹(Nazi)民族靈魂(Volkseele)等等預兆來。但是真正的問題乃在於：盧梭說公眾意志是在沒有用多數通過表決這樣的字眼來加以表達出之前就已經存在的東西，到底意指何事[30]？我個人的看法是，一旦我們把問題限定在純粹的政治面上面的話，便無法了解其中意義。最近有一位論者把盧梭的公眾意志跟另外一個神秘體，涂爾幹的集體意識等同視之，而將兩者打入民主政治的地獄裡[31]。事實上，涂爾幹對此問題的看法如下：

　　　　因爲公眾意志主要學由其對象來加界定，所以並非由集體意志這種事所單獨來組成，或主要由其來組成的……盧梭的原則因此是跟那些想將之拿來對多數的專制作辯解的情形是不一樣的。若說必須遵守共同體之事，這並非其在做命令支配之事，而是它掌握傳達出共同之好……換句話說，公眾意志並非是由那種在表決通過之際集體意識找到自我表達機會的東西，這只是其中現象最爲浮面的部分。若想求得真正的了解，我們必須深入底下那些比較沒有被意識到的領

30　在一個彼此休戚相關的結社裡邊，多數表決通過的原則是不能輕易地援用在一些真正重大的問題上面的，而盧梭可能沒有察覺到，他所關懷之事，亦可見之於 Corpus Juris(判例彙編)和教會法(Droit Canou; Canon Law)，見 Gierke, 1913: 3;153 及 3: 522 以後。

31　Marcel Brésard, 《Simone Weil論公眾意志》(*La volante générale selon Simone Weil*)le *Contract social* VII-6, 1962 p.358-362.

域，到達習慣、傾向和風俗裡頭才行。風俗是「國家
真正所構成的東西」（《社會契約》卷二，第十二
章）。公眾意志因此是心智和活動在一個決定好的方向
裡頭之固定而永恆的歸向，是公眾利益之傾向[32]。

因此，對涂爾幹而言，只有在政治層次浮現出來，而民
主觀點上的社會之一體性先於其成員來存在，已呈現在每個
人的思想與行動裡面時，盧梭的公眾意志才可能加以理解，
換句話說，盧梭的societas看似突然轉化成universitas一事，事
實上早就存藏於其過程裡面了。這點有些晦澀，因為盧梭是
從抽象的個別自然人來談起的，而好像是無中生有的(ex
nihilo)似的，就來個理想化過渡到政治的階段，創造出了
universitas。這點可從下面這段文字來見出：

那些要來為人們立出制度的人，一定要注意到說，他

32　Durkheim, 1953: 106-7. 雖然這篇研究是涂爾幹的遺作(最先刊於Revue
　　de Metaphysique de Morale, 25〔1918〕), *Montesquien et Rousseau*
　　précusurs de la sociologie(《社會學的前驅者：孟德斯鳩與盧梭》)，
　　但裡面他對《社會契約》所作的研究，卻屬早期的作品。不過他在文
　　中卻未能對初版的《社會契約》多加利用，而《社會契約》一書裡面
　　的個人主義有時也被誇大了（比方說第163頁處），《社會契約》第二
　　卷第十二章總令人聯想起孟德斯鳩(Montesquieu)來，但原文應為：
　　「我所論的是風俗、習慣，而尤其是輿論。這是一個為政界人物所不
　　知的領域，然而其他所有一切的成敗與否則全繫於這些事情。」亦參
　　見「世俗宗教」之必然性(《社會契約》，第四卷第八章)以及盧梭具
　　體地論科西嘉與波蘭的作品，並見他對愛國主義、宗教、遊戲和娛樂
　　等相關作品。

這麼做是在改變人性，是把每一位本身爲一完整而孤
獨的個體轉爲比他大的東西當中的一部分，而使他領
受到生命和存有的意義，這樣地來改變人的構造是爲
了要強固增援他，把我們從自然所接受下來有形的和
獨立來的存在以一種局部的和道德上之存有來取代
之，一言以蔽之，他得把自己的力量給拿掉，好另外
能再給新而爲其所陌生的東西，而這種東西假如沒有
別人幫助的話，是無法來加以利用的(《社會契約》，
第二卷第七章)。

　　在這一段《社會契約》裡面典型的既宏偉但卻常令人搞
錯的人爲主義式的語言當中，我們可以看到了最爲清楚的一
種社會學上面的認識，也就是人乃爲一社會性存有體之事是
跟抽象的自然個人相對立的[33]。誠然，若我們能設想到自己乃
置身於盧梭那個時代的思想氣候的話，便難以再想出比以上
所引的文字更具定論性的說法了。那些指責盧梭乃開啓了專
制獨裁之門的人，事實上也就等於是在怪他說已認識到社會
學的根本眞理了，但他們對此事偏要加以漠視，此一眞理在

---

[33]　因爲篇幅所限，我在此無法引用其他相關文獻來指證說，此乃爲盧梭
的中心思想所在。讀者可參閱《社會契約》初版卷一第二章。《愛彌
兒》(*Émile*)卷一(全集第一冊第249頁，自然人與公民)、《書論德與
福》(Lettres sur la vertu et le bonheur)，見其作品與未刊行的信函
(Œuvres et Correspondance inédites, Rousseau, 1861, Leeter No. 1, pp.
135-36)，以及〈致 d'Alembert書〉(*Lettre* à d'Alembert) (Rousseau,
1856, 1: 257)。

我們這個為個人主義表現方式所支配的社會，可能會顯得有點奧秘或者神秘化的東西——就好像在黑格爾或涂爾幹的著作所發生的情形一樣；可能看來具有其危險性或害處，不過事情恐怕不止於此呢！可能真的有一天在其中的真理被確認之後情形會更加糟糕，而如此一來所呈現出的問題乃無法藉鴕鳥式的危機反應來加以解決。

有些人毋寧是希望看到，盧梭把抽象的個人以及專斷的契約概念給拿掉，而直接就以「集體論式」的觀點來論其國家。但這種一廂情願式的看法卻忽略掉了自由乃為盧梭的中心關懷之所在：他把自己看成是一個道德理想體，和一種無法加以抑制的政治聲音體，而他把此種理想跟其真正對的起來的東西——人乃為一社會存有體——給合在一起了。巴克把盧梭看成是羅馬的雙面門神(Janus)，一面是往後看(近代)的自然法，另一面則向前看德國歷史學派以及浪漫派理想化的民族國家(État national)，或者換個說法，始於洛克而止於柏拉圖的理想國[34]。盧梭努力地在調停近代與古代的自然法，要把法國的哲學家們在真實的社會裡一一加以復位。巴克做了相當清楚的批判，解釋了盧梭的失敗所在，但這點並不損及到盧梭的偉大性：

> 假如盧梭不做有關社會與國家之區分的話，他是可以
> 來避開一團混亂的情形，避開從原始和愚昧的情況進

到文明啓蒙之光芒裡面沒有得到説明的契約突然湧現
出來的奇蹟。國家這個社會是歷史演化的一個既成事
實，並非是由任何的社會契約來創造出的，它就是這
麼來著的。據此社會而來的國家可能是在某個時刻（像
法國在1789年所尋求的）由社會的一些成員所演出的創
造行動之結果（Barker 1947：Xliii-iv）。

約翰—傑克‧盧梭想來從事如下雖壯麗但卻辦不到的工
作：他不僅想用意識和自由的觀點來論政治，也想以此觀點
來處理社會整體，更想把理想的和抽象的societas，與他所能
來對孕育了所有思想生靈的universitas加以搶救的辦法給結合
在一起。可能在他突然把個人主義與整體視同一體而被當成
政治秘方時，有其危險性，但這其中最重要的一點乃是：在
社會整體遭到漠視而屈從在人爲主義式的政治時，盧梭對其
中必然會發生的事情做了一項巧妙的診斷工作。因此，盧梭
不僅是嚴格定義上的社會學之先驅者，更提出了近代人之問
題，因爲近代人雖已變成了政治上的個體了，卻一直都還是一
個社會性的存有體，而這個問題在我們這個時代依然存在。

8. 人權宣言

1789年夏天法國制憲議會所通過的「人權宣言」對於個
人倍加頌揚，在這之前，美國好幾個地方已有類似的宣言，
但在法國則是首次將此變成了一個大國家之憲法基礎；此乃
受到民眾的抗議示威後強加在一個遲遲不決的王朝身上的，

但這卻對歐洲以及全世界立下了一個典範。雖然從一開始有人便對這個宣言所揭櫫的原則提出了中肯的批評（特別是邊沁），它所提供出來的範例卻在十九、二十世紀裡，強而有力而勢不可當地發揮其影響力。

人權宣言並非源於盧梭乃是相當清楚的，盧梭在其《社會契約》所思考的是「每一個成員把其個人所有權利完全交付出來給共同體」（第一卷第六章）這跟下面所要列出的人權宣言裡面的第二條是相互衝突的。

第一條、人的權利從生下來一直都是自由平等的，在社會上人跟人之間的區別情形只能建立在公眾利益之上。

第二條、任何政治結社的目的在於保護人之自然而不可侵犯之權利。這些權利為：自由、財產、安全以及對於壓迫之抗拒權。我們若說人權宣言乃是近代，個人主義式自然法學說影響所致是還不夠的。因為，誠如耶林（Jellinek）所觀察到的，其中我們所必須來加以把握住的重點乃是從自然法的箴令和假想過渡到人為法層次之事：人權宣言被視為是俱文規定出來的憲法之基礎與莊重的導言。憲法被視為是人為理性的必然需求之事，其目的乃是要來建立起一個完全只以一致意見為基礎的新國家，並將其置於政治權威本身所構不到的地方。人權宣言乃為憲法之精髓所在，是憲法所要來執行的普世原則之嚴正聲明，然而宣言裡面的觀念則是在一種相當自覺的情況下從美國接過來的。1789年7月27日官方對制憲會議所提的報告裡邊，稱揚了「此一在另外一個半球上所想出的高貴理念」，而這點的證據十足。

　　不過耶林所提的卻不是1766年的獨立宣言，而是由數州所採行的人權法案，特別是在1789年之前爲法國方面所熟悉的1776年維吉尼亞州的人權法案[35]。

35　參閱Jellinek, La Déclaration des droits de l' homme et du Citoyen(公民權與人權宣言)(1902, p.14ff, 29ff)，另外在一本收錄有相關文獻而亦加標題爲公民權與人權宣言的集子裡(paris, 1900)，也將一些美國方面的資料給譯成了法文(1789年7月27日的官方報告見34頁處)，亦見Halévy, 1900-1904, 2:50處所引杜蒙(E. Dumont)的話說，「此〔人權宣言〕爲一美國人之觀念」寇諾特(Cournot)和包喬 (Borgeaud)提出了概括性的看法，並指說平等黨的人民協議書自有其重要性(見Henry Michel, 1895: 31)。盧梭所發揮出來的影響力並非全部都沒有，跟《愛彌兒》相反的情形是，社會契約一直到大革命之前不容否認的是，甚少爲人所研讀，不過在大革命期間卻被「所有的公民所研讀，謹記於心，並作思考」(Sébastien Mercier, 1791)。1789年8月17日，米拉賓(Mirabeam)用一個特別任命的委員會之名，提出了一個宣言草案，其中的第二款具有相當鮮明的盧梭主義色彩，不過這個草案卻遭否決了。誠然米拉賓的助理杜蒙爲一邊沁之信徒，他自己稱說曾勸其同僚：自然人權是一「幼稚假想的事」(Halévy, 1900-1904, 2：50及註釋98)，有關於邊沁對於「原始契約」的觀念以及維吉尼亞州人權宣言之批判，見Halévy, 1900-1904 vol: 1. app.iii及第二冊第一章，邊沁說：法國的人權宣言爲一「無政府論式的謬誤」，絕對平等與獨立的制度在實際上是不可能的，「人在自然狀態中是服從，而非獨立」，我們在此不想來對1789年人權宣言，其隨後的情形，還有在採用人權宣言過程當中所作的論辯，這種種方面所發揮出來的影響逐一加以探討。馬加基(Marcaggi)(1904)，已經指出說，在很多要點上面(包括了私有財產等)，重農主義者的信條和制憲議會成員所揭櫫與所欲圖之事，頗有一致之處，不過他卻低估了美國在這方面之影響，而論題偏向單一方面，因爲重農主義是從整體，而非個別因素來談問題的(《從孟德維爾到馬克思》，第41-43頁)。法國大革命進行期間一共採用了四種宣言，其中有二個在某一段時間跟其相應的憲法是施行過的，第一個宣言延命一年，1793年的宣言只有幾個月的壽命，而1795年8月5日的權利與責任宣言(Thermidor An Ⅲ)，則施行了五年之久。

在美國建立起移民據點的清教徒給了一個眞正以契約爲基礎而來成立起國家的例子，1620年建立起新普里茅斯這個僑居地之前，便自己先擬出了一份移民據點成立公約[36]，而其他方面的人也來跟進，我們在前面已經看到平等黨的人更向前走了一步，1647年時，他們在其人民公約裡，強調了人當爲人的自然權利，特別有關於人一切的宗教自由權，而這種權利很早便爲美國幾個移民據點的人所享有：羅德島在1663年由查理士二世（Charles II）發給了特許狀，而北卡羅萊納州則在1669年由洛克擬出其他的憲章。我們可以從其中看出，良心的自由乃爲基本權利，再以此爲中心而將其他的自由加以整合，整個人權的形式已是呼之欲出了，而從宗教改革以及其後各種抗爭所得來的宗教自由之事，乃是讓對自然法所作的思辨得以變成一政治實體的動力所在，法國人只能對有關個人乃高居於國家之上的抽象論說加以背書，然而此一論

36　「以上帝之名，阿門，我們這些署名於下的人，詹姆士聖上的忠順子民，藉上帝之慈悲，大不列顛、法蘭西和愛爾蘭等國王，信仰的保衛者，既已榮耀上帝，普宣基督信仰，禮敬吾王與吾土，乃漂洋渡海到維吉尼亞的北部成立第一個移民據點。我們彼此愼重其事地在上帝面前締約，共同成立一個公民政治體，以尋求更好的秩序與保障，並發揚前述諸目的，因爲不時地要滿足移民據地公眾的利益與需求，故乃設計，訂定並施行公平的法律、秩序、行動與憲法並選出執事人員來，對此我們一定敬謹地加以遵從……」（*Choronicles of the Pilgrim Fathers*, New York: Dutton n.d. p.23），我們可以看到說，在公約裡面所提到的上帝，也可見之於法國人權宣言的序文當中，但在清教徒公約裡面是更具有其中心地位的，托克維爾（Tocqueville）引用了1620年的公約（Tocqueville, 1961, 1：34），而特其乃爲清教徒們的宗教結合著政治理論的看法（同前書，第一冊，導言部分以及第二冊第五章）。

述卻是最先由清教徒們所來講出的。

　　從美國到法國的人權宣言，這裡面我們所可看到的過渡情形，乃活生生地體現在潘因(Thomas Paine)的身上。潘因原本是英國教友派的小商人，移民到美國後開始嶄露頭角，後來參加了法國大革命，當上了「國家議會」的一員代表，並跟康多色(Condorcet)等人負責起草1793年新的共和憲法。潘因寫了兩冊辯護英國人權的書，但其中的思想並不一致，這點已被阿列維所指出來。在書裡的第一部分，潘因為制憲議會在政治上面的合理性與單一性辯護（跟伯克相反）。在這裡面，他所流露出來的個人主義是唯靈論式之態度：「這經他的居中協調，在美國立足的英國革命派基督新教精神跟在法國無套褲漢(Sans-culottes)之無神論式的革命精神接合在一起」，第二部分則為如何把原則援用在實際情形之論，裡面則充分流露出功利主義之特色來。潘因以利益的自然趨同性為準，而據此將「亞當・史密斯的概念援用在政治問題上面[37]」。這上面所發生的過渡情形，在思想觀念的演化上具有其代表性，因為後來在十九世紀初葉時，功利主義乃獨霸英國。

　　潘恩的第二冊著作於1792年問世。而康多色則跟他於1793年合作起草新憲法。我們從康多色的著作中，可看到潘因對美國憲法之特色所作的反思，已遭到康多色的非難，身為數學家兼哲學家的康多色，在制憲議會裡所扮演的角色相當顯要。在法國大革命的恐怖時代期間，康多色遭到通緝，

37　Halévy, 1900-1904, vol.2. chap. 2, pp.66, 69.

而在亡命之時（過了不久，他便被處死了），他寫下了一本言
簡意賅的最後登峰造極之作：《人類精神進展之歷史概論》
(Historical Sketch of the Progress of the Human Spirit)。在這本
書裡面，康多色暢談了人在思想精神層次上可臻於至善的理
想，描繪出人類未來的前景（他所說的「第十紀元」(Tenth
Epoch)），而在文章的最後段落裡，這位生命受到威脅的革命
份子依然不改其對進步的信心[38]。

　　歷史已經印證了好多康多色的預言了。但在此我們所感
到興趣的乃是康多色所作的，在美國與法國之間有關於憲法
上面的區別情形，康多色是位溫和的平等論者。他預測說，
不但存在於國與國之間的不平等（包括了歐洲殖民地）都將消
逝，在同一個民族裡面的不平等情況也將逐漸式微，而個人
因天生秉賦不同所帶來的影響會減低，然而卻不可能完全消
失，因為這違反了公眾利益之所在。然而康多色卻看出了法
國憲法的特色所在，而找出其之所以優於美國憲法之理由
來：因為法國憲法把權利之平等視為其獨一無上的最高原則
了。他對人的自然權利加以肯定（同時對盧梭讚譽有加）。他
責備美國人，說他們還在國家裡邊找尋權力如何平衡之事，

38　Condorcet, *Esquisse d'un tableau historique des progrés de l'espirit
humain.* (1795), 1933.在這本書的法語部分，他自己說：「由於對此
一史綱之構思，他個人所努力之事乃得到回報……只有在之後，他才
跟其同胞是真正地生活在一起，共同在一個極樂世界裡邊，於其中他
的理性可以為自己來做創造，此一人為主義式的構思與草擬之事，已
經變成超越個人命運與時代的戰慄之外的信心了。這裡離孔德
(Auguste Comte)已經不遠了。

更對美國人所堅持的不同利益的趨同性之原則，比權利的平
等還來得重要一事加以抨擊[39]。顯然地，在這裡康多色所想到
的是他一直參與制定工作的新的共和憲法，和對其加以增補
的1793年山岳派（Montaqnards）憲法，而非1789年之憲法，因
其仍是忠於王室的。不過1789年的人權宣言是比較接近美國
各州的人權法案的。1789年宣言的第一條便揭出平等的原則
及反對既存的「社會上人跟人之間的區別情形」，但在第二
條裡面並沒有把實質的各項權利給列出來。而在接下來的所
有宣言條款裡，平等則跟自由並列於各項權利當中[40]。很明顯
地，在《概論》（Esquisse）一書裡面，康多色所關心的不單是
形式上的平等，也包括了能顯示出其實際利益的實質上之平
等，因為他寫說，革命做了「很多禮讚人的事，也做了一些
爲人爭自由的事，但卻一點都沒有爲人的快樂幸福做任何
事」，他爲「眾多的家庭」感到不平，因其並沒有在歷史上

39　康多色：1933：169。維吉尼亞人權法案第三條提到了「公眾之利
　　益」而接著說「最好的政府乃是那些有辦法讓人民獲得最大的快樂與
　　安全的政府」，至於平等，第一條只提說：「人生來是一樣的自由與
　　獨立的！……」（耶林同前書第29頁）。

40　憲法起草委員會在1793年2月15日所送達到制憲議會的宣言草案中
　　有：第一條，公民與政治人的自然權利爲「自由、安全、財產、社會
　　擔保以及對於壓迫的抵抗權。」除了所加上去的「社會擔保」之外，
　　裡面所表達出來的信息似乎是指出「自然權利」一事受到了抨擊。這
　　點我們可以從這個字眼在其後諸宣言當中消失不見了的情況來加以印
　　證（在此可能是盧梭影響力的表徵？）因此，1793年5月29日所用的宣
　　言（不過在一個月後因爲採用了山岳派的憲法，這個宣言乃有所修改）
　　一開頭則是：第一條：人在社會裡的權利爲平等、自由……」（其他
　　則跟1793年2月15日宣言的內容一樣），平等已拔得頭籌。

佔一席之地，而主張大家不但要研究規範之事，也要對各種
事實，以及「每個社會眾多的不同部分的作用」，各種變遷
以法令頒定等事來加研究，而其中所根據的則是為人類進步
而努力的方針。

　　然而，康多色是一位自由主義者，一位吉倫特派
（Girondin，法國大革命時期代表大工商業利益的政治集團）人
士。吉倫特派並沒有把平等的理想擺在一切之上。不過平等
高於一切的情形終將發生，這特別可見於巴包夫所策反的共
產主義之運動，不過這卻在我們的論題之外了，其所作出的
訴求乃是：「要成立一個平等人共和國的時機已到，而這個
大家庭是為所有的人而開著，回歸的日子已到，哭泣的家庭
啊！起來坐在自然為她們所有的孩子所做的公用桌子上
吧！」

　　巴包夫終遭處決，不過法國人的民主觀裡面所關心平等
的程度可說是前所未有的，這點被托克維爾所注意到了，而
他也看出，法國大革命在根本上是一種宗教現象，此一運動
本身完全由自己來強作意決，想來重新塑造出整個人性之新
存有來，這點剛好跟美國革命成了鮮明之對比。在美國的革
命例子裡邊，民主的政治理論嚴格地被限定在自我領域之
內，並且受到所謹守的基督教信仰的支援與補全。我們於此
見到了相當有意思的一點，法國方面視人為一個體的觀念，
乃得助於美國對人的抽象權利所作的論述，基督教又再一次
地把個人向前推進了。

9. 革命之反響：Universitas 的再生

　　社會學起源於法國一件事常被蒙上污點，說是一種政治上面的「反動」。孔德雖自己稱說是個道地的康多色的門徒，卻又毫不避諱地承認所得力於麥斯特(de Maistre)及彭德(de Bonald)等擁護神權政治者的地方，孔德之實證主義被當代思想家馬庫色(H. Marcuse)藉黑格爾的馬克思(Marx)的基本批判哲學之名，斥為保守主義(Marcuse, 1960: 340ff.)。我在下面要來舉證說出這乃為一浮面看法之理由所在。首先要提到的是，社會學的誕生跟另一位可能是孔德最為親近的導師——即富有才氣卻激奮不已的聖西門(Saint-Simon)及其門徒們的社會主義有著密切的關係。馬庫色對社會主義這股思潮的解釋如下：

> 早期的法國社會主義者發現到其學說中最具決定性的主題在階級鬥爭裡，而這點支配了法國大革命後來的歷史。工業向前突飛猛進，最早的社會主義者的心弦悸動了起來，無產階級開始鞏固起來了（前引書，第328頁及第355頁）

　　十八世紀的手工業和輕工業世界常常被拿來跟十九世紀的重工業世界相對照，但不管這種對比情形究竟有幾分的真實性——我們在此不談這個問題——這裡面是有其疏漏之處的。工業世界的轉變固然可以來解釋在英國和歐陸所可見到

的，從亞當・史密斯的樂觀態度轉爲馬爾薩斯(Malthus)和李嘉圖 (Ricardo) 以及瑞士史學家與經濟學家西斯蒙提 (Sismondi)和後來的馬克思的悲觀態度，不過經濟學家在這方面的轉變情形卻沒辦法來解釋社會上所關懷之主題和其時思想家的思想取向——有人已經相當貼切地道出，這種取向是「反個人主義的反動」(Michel, 1895)[41]。

　　從1815年到1830年之間(甚至其後)的法國文獻著作看來，法國大革命以及拿破崙王朝乃留下其時思想菁英所想來加以填補的眞空狀態。若說法國大革命代表著個人主義的勝利，則革命的受挫，或可說是一種失敗，不但帶來了長期的失望之情，更產生出對和革命所頌揚的是相反的觀念與價值之強調。革命的理想甚少全盤地被加以批鬥(神權政治論者對於傳統和企望論則斷然再加肯定，並得到各方相當的支持)，而是部分遭到駁斥，或者被接受了但卻被認爲有所缺失，而想來加以補全。革命份子對於societas所作的前所未有而絕對的肯定已經成了過去，而個別的浪漫派人士——他們可說是革命之嗣——發現到本身對於universitas之需求比任何前此都要來得強烈。這點可以來爲價值回轉的情形提供個解釋，因

41　亨利・米薛(Henry Michel) 《國家之概念》(*L'Idée de l'Etat*, 1895)在米可這本完成於上個世紀末的精心著作裡邊，他想來爲「個人主義」(他的定義跟我們的稍有不同)於十九世紀(主要是在法國)所遭受到的各方攻擊情形來做申辯。他認爲將個人主義視爲一種目的的話，其價值可保有原有的完整性，不過若先驗式地來將個人主義看成是一種手段的話，則是犯了錯誤。我在這一節裡面也利用了雷奧里(Leroy)(1946-62)所提出的一般性看法。

為樂觀主義已轉為悲觀主義了，理性主義轉為實證主義，從抽象的民主轉成對「組織」之探求，從政治層面轉向經濟與社會層次，從無神論或含糊的有神論轉到了對真正宗教之追求，從理性到感性，從獨立到團體共有(communion)[42]。而對聖西門以及其門徒而言，革命、人權和自由主義只單單具有負面性與破壞性的價值。該是來把社會加以組織與更新的時刻了。國家為一企業組合，需要加以階層系統化；排在科學家之下的為銀行家，他們負責銀行信託的管理事宜。大家的報酬不一，看其工作的表現而定，不過財產繼承得加以廢止。再者，對於聖西門之門徒而言，新的基督教精神之宗教必須藉由「情份」(sentiment)來把人連結成一體。而只強調個體和理性的批判紀元得讓路給新的有機體之紀元。如此一來，則人的心靈必恢復其平衡與統一，這點就誠如聖西門所說的：「所謂神的概念只不過是人的聰明才智所歸納出來的概念罷了。」在這同時，則人跟人之間大逆不道的剝削情形便會消失不見了[43]。

　　聖西門主義者因此便像神權政治擁護者一樣，提供了一個跟法國大革命的理想完全成對比的例子，不過他們所代表的卻是比較近代性的東西。基本上，蘭米奈斯(Lamennais)和托克維爾兩個相當不一樣的人也關懷著同樣的問題。

42　普魯東(Proudlon)寫道：「自由人就是跟其同胞有著甚多互通關係之處的人(Leroy, 1964, 2: 50)。

43　這一段一覽式的綜論取材自 Bouglé and Haléy 1931; Michel, 1985; Leroy, 1946.

蘭米奈斯在其《論冷漠》(*Essai sur l'indifférence*, 1817)一書裡邊藉著他所稱的「常識」，也就是視所有已知的社會之傳統爲眞理的源頭與表徵一事，在社會本身裡邊來尋找眞理。而在另外一處他則寫道：「孤獨人不過是存有的部分；不死的集體存有，人類，才是眞正的存有」[44]。

至於托克維爾這位忠心支持民主的自由主義者之貴族，乃對民主在法國所遭受到的厄運銘記於心，而到美國去做第一手的比較研究，探討美國民主得以和平而幸運延續下來的種種條件，而爲自己國家歸結出其中的論意所在。

若從上面的情形來看，則黑格爾本人跟同一時期的法國思想家是可以搭上關係的，儘管彼此之間存在著相當明顯的差別，而我們也承認黑格爾的政治學裡頭還有著其他的層面，我們卻可以從歷史的觀點來說，黑格爾在其《法哲學的基準》(*Grundlinen der Philosophie des Reches*)一書所想完成的工作，是跟孔德或托克維爾所面臨到的課題是一樣的：即如何將法國大革命的種種理想，從其在眞正展現出來時，歷史所給定的罪刑裡面來營救出來，或者說是如何來建立出一個把各方理想重新賦予生命的政治或社會理論。若把黑格爾納入馬克思的社會「批判」哲學家的行列中，則是未能從把握住其法哲學的基本意義所在。在其法哲學裡面，黑格爾想來把所有對立的東西加以調停，得出一個爲數眾多的正反合辯

---

44 Leroy, 1946, 2: 437ff.跟孔德的情形一樣，這裡提到了人類整體之存有，盧梭則論到了具體社會的種種，我們可以從中看到啓蒙運動的精神遺產。

證情形，並同時顯示出這種辯證的情形是存在於像普魯士這樣的近代國家當中的。黑格爾哲學裡面的近代國家觀看起來好像前此已經發生過的一切事物之完結篇。因此，黑格爾的政治哲學裡頭有很重要的實證主義層面。他所界定出來的法哲學是實證主義式的：法律即是命令，「意志」（以及「自由」），是跟我們在奧卡姆裡邊所見到的情形相類似的。誠然，他批判了德國法學歷史學派薩維尼（Savigny）的實證主義，不過，他也以類似的方式來批判法國大革命參與份子所提出來的完全只具有負面、武斷和破壞性的自由觀念，因為作這樣的兩面批判使得他把正反兩面給融合在一起。法律是為反對個人自由而來的，但卻也是人的自由最為深刻表現的理性所在。在這種正反辯證的情況裡，實證主義與唯自由是尚主義的真理被保住了，而對其所加的限制得以解除。黑格爾的《法哲學》（Philosophy of Right）裡面還作了很多其他調停的情形，而這仍然具有其重要性[45]。這點從作品裡邊更可以清楚地來加以印證。此外，我們也可以從下面一事來看出，即緊接在黑格爾之後的繼起者之間便分成「左」「右」兩派，而這兩個派別分別只接受他學說裡面的實證主義或者是

45　黑格爾，《法哲學》（1942）有關法律、意志與自由之同一性，見§4。有關國家部分見160-161頁。對法國大革命之批判見：第22（和第227）頁、第27（和第230）頁、第33頁（參閱其《精神現象學》（Phenomenology of Mind），「絕對自由與恐怖」（Absolute Liberty and Terror）一章），因為個人主要是在《法哲學》一書的最後部分（Ethical Life）才獲得超越的機會，所以黑格爾在表面上看來會比霍布斯和盧梭更具個人主義的色彩。

理性主義(「批判性」)的層面。這種情形的出現說明了黑格爾的失敗。但重要的是,他雖有自己的一套表達方式,不過他所想要作的事情是跟孔德或托克維爾相似而可說是相輔相成,而他跟聖西門主義者之間的類似情形也是相當清楚的。

而黑格爾不同於其他人的地方在於,他接續了盧梭以及政治哲學之古典傳統,仍舊以完全只屬於政治上面的觀點來考慮universitas。事實上,黑格爾的國家體現出來的是把國家納入其中的一種共同體(universitas)。而一如往常地,黑格爾所專注之處乃是意識面上的社會現象。他在書裡對尚未到達意識層次的社會構成面,也就是那些已經明白表達出來的實例,像一般的風俗習慣或英國憲法,就不免流露出不屑之情來了。正如同在霍布斯與盧梭的情形一樣,具有意識知覺的個人突然之間被喚醒,而認出國家乃為較高層次的自我,而在國家的指令之下,個人的意志與自由乃得以表現出來。這種以國家的觀點間接地把社會展現出來的方式[46],致使馬克思視其為故弄玄虛的國家宗教之類的東西。

而年輕的馬克思把universitas棄而不顧乃是一件重大的事宜,跟法國社會主義者比較起來,馬克思的立場饒富興味。雖然他得自於法國社會主義者的地方甚多,甚至走到要求私有財產的廢止之極端情形,但同時他卻也跟這些法國社會主義者——他們對於個人感到焦慮,而想摸索出一種更為深刻的人之概念來——完全不一樣。馬克思這位社會主義者對於

---

46 這點完全被包森奎特(1910)所認出。

個人之信仰是前所未有的，超過霍布斯、盧梭、黑格爾。甚至洛克也不能與之相比。在馬克思裡面，就跟1789年的革命派人士一樣，自然法想像出來的一種創造物個人，這種偉大的哲學家們在其過渡到社會生活的某個階段上，乃小心翼翼地加以轉化的東西，卻已全副武裝起來，而充分具有自足性了。這樣的一種對於個人，再作肯定態度在1840年至1850年以前是不太可能之事，乍看之下，這理論本身有其矛盾之處，而跟聖西門主義者漫談式的思想比起來的話，甚至其在社會學上所具有的意義是貧乏多了。然而，可能也就是其中純粹而嚴格的個人主義和人爲主義爲它立下了大功[47]。

　　若說托克維爾跟上面所有的情形乃成了對比的話，那是因爲他屬於孟德斯鳩的傳統，這一傳統是以人們的風俗習慣這上面的背景來看國家構成之事。托克維爾以一般社會生活的內容，而特別是社會所體現出來的共同價值與觀念來研究政治學，而我們可以這麼說，在有關宗教與政治關係的論題上面，黑格爾的態度雖然有點曖昧，卻突兀而片面地將兩者認在一起了。孔德高估人性，而將其跟整體社會對立起來了。托克維爾則有著比較持平的看法，他所論的美國民主政治在今天看來可能更具深刻意義而接近事實。這可能是因爲他的比較研究是受到眞正社會學的精神所啓發之故。托克維爾認爲只有在某些社會條件已經具備完成後，民主的政體才

47　有關在馬克思思想裡，個人主義，唯經濟論和人爲主義式的計畫，其彼此間的關係，見《從孟德維爾到馬克思》第二部分。

得以維持下去。政治學的領域無法將宗教和一般終極價值所
屬的領域來加以吞沒了，相反地，政治之事應該受到宗教的
補全與支援的（《從孟德維爾到馬克思》，第14頁）。

　　總之，法國大革命之洗禮乃導致十九世紀前半期的法國
思想家以人為一社會性存有體的觀點來思考問題，他們強調
了所有社會構成的因素，認為這是人格之形成的素材，而最
後歸結出：社會是沒辦法化約成由個體所來結合成的那種人
為構造體的。社會構成的因素，像是語言，則為彭德所加強
調之事，他認為語言的源起要歸之於上帝。而聖西門主義者
則對宗教持有高度的評價，認為是社會凝聚成一體的根源之
一，而他們更想要以宗教與感性來重建社會體。他們最後落
得被嘲弄的下場，而這點就如孔德的神秘主義一樣，可能是
時機未到以至於把他們所深刻觀察到的見識給掩蓋住了。他
們所強調之事，至少有部分是關於社會生活的層面的，而這
部分比起政治層面來，是比較沒有被意識到的東西。這些人
都努力地想在人的意識層面那些明顯的不連貫表徵之下，來
挖掘出人的存有之社會根源性，這在同時乃標出了universitas
的再生，以及特別在屬於法國傳統的社會學之肇始。由這個
角度看來，近代國家僅相等於社會生活之部分，而在自覺式
的近代社會——政治體與其他不同類型之間，還沒有發生絕
對連貫不起來的情形（非近代類型的社會被政治哲學家們視為
是尚未跨過充分發展出來的人性門檻的）。

　　法國在十九世紀前半期同時產生了社會學與社會主義，
這一重要的意識形態是不可能只以工業革命之影響的角度來

作了解的。此外，我們要遲至1830年之後才能來談法國的工業革命。

　　由實際的情形看來，經過革命浪潮的洗捲之後乃留下了一個深坑，於坑裡，我們剛剛所看到載浮載沉的以整體論為基礎的各方展現情形，乃跟著個人主義的到來而一齊露出水面[48]。就比較的觀點而言，此一事實顯示出，近代社會並非像其特有的價值容易就讓我們去相信的那般，是跟傳統類型的社會離得相當遠的。這點也指出我們應該如何正確地來了解社會學與社會主義。社會學就其當為一門專業而言乃察覺到了社會整體這一回事，而這種社會整體，就一般常識而言，乃藏於非個人主義式的社會裡邊。至於社會主義則是一方面想重新再回到對社會整體的關注，而同時亦想保住其革命志業的一種創新體。社會主義裡面結合了整體論式和個人主義之層面。在這上面，我們不能談說返回到了整體論這種事，因為階層系統上面的原則已遭否定。而我們也可以看到，個人主義在此已經一分為二，其中有一部分受肯定，而另外一部分則遭否決[49]。

　　當然，我們在此所作的，只是從歷史的角度和意識形態

48　我們可以總的事實來得出類似出現之事——法國大革命及其所產生的影響——霍布斯與盧梭的悖論式學說：總之，歷史顯示出這些作者講的是對的。

49　見本文第五部分，法國社會主義陣營當中對於平等的看法彼此之間出入相當大——普魯東認為平等非常重要，而聖西門和傅立葉(Fourier)則持否定的看法——我們可以由此看出他們對於1789年大革命所持的不同態度來。

的比較上來勾劃出一幅簡略的圖像，但這裡面也讓我們多少了解稍早所援引的「批判者」之立場。這篇文章對於研究意識形態在十九與二十世紀發展情形也不無用處，雖說此一發展情形已在我們的主題之外。最後這一部分主要的目的是要記下法國大革命對意識形態改變所發揮的影響力，而把歷史從1789年的意識形態與社會整體的關係當中所直接告訴我們的東西加以登錄下來，以完成對個人主義在政治與社會面的崛起所作的探討。

第三章
源起之三，經濟範疇之崛起

　　在近代觀念的系譜裡，經濟是接在政治後面的。如同宗教孕育了政治一樣，政治也跟著要來把經濟給生了出來。我在這方面專論的書裡，對於這裡面的範疇分化之事在近代是如何地發展出來的，有過詳述。但在此我覺得有必要將其中的觀點濃縮成摘要形式，好讓讀者能對此一研究有比較具體的認識，也能夠對這個問題所牽涉到的歷史層面有個比較完整的概念。要對經濟下個定義並不容易。熊彼得（Schumpeter, J. A.）在其鉅著《經濟分析史》（*History of Economic Analysis*）裡邊，在這上面並沒有給任何的定義。他對諸如「經濟分析」等名詞做了說明，但卻一開始便把「經濟現象」視為當然之事（Schumpeter, 1954, 引言部分）。要來提一個普遍被接受的定義不是一件容易的事，特別是一個能為過去和現在的經濟學家所一致同意的定義更是困難。這點可能是熊彼得之所以保持沉默的理由之一，因為李嘉圖所討論的東西絕非是「資料來源少的可憐的」。下定義的這種困難可能是一個近

代的普遍現象，這點不但援用在一般的科學上面，也可以拿來說明近代人的情況：他知道自己是在做什麼事（「分析」），但卻不知道「真正所談的」（「經濟之事」）是什麼東西。

這篇文章是《從孟德維爾到馬克思》（Dumont, 1977）一書中摘錄出來的（pp.23-25;5-6;33-38）所處理的是有關於範疇分化需要的各種條件。註釋和詳細的參考資料都略掉了。熊彼得在論到亞當‧史密斯以及其他一些人時說：「他們並沒有弄清楚，在解釋經濟的實際情況時，道德哲學和政治信條根本是兩回事，兩者在邏輯上是不相干的……他們對於分析所要達成之事並沒有一個清楚的觀念——不過我們就搞清楚了嗎？」（1954: 558-59）。

從一個比較的觀點，即人類學上來說，則下定義更顯得困難了。人類學家們有著極為強烈的意圖，要把在任何社會的經濟層面給找出來，然而從什麼地方開始，又要在那裡作結束呢？對此，這些年來我們是見到了針鋒相對的兩種觀點。持形式論觀點的人振振有詞地認為，經濟學跟其觀念是完全可以配合起來的，而提出了如何來對匱乏的工具以另一套方式來加使用，以及如何想辦法讓研究成果充分展現出來的一些觀念。而實質論的人則持說，上述的態度對於真正是經濟的這種東西，其「就在那兒」，為一種客觀而普遍為人所知的情形——簡言之，即人們生計之事——而言，是具有破壞性的。假如說從在看法上所引發出來的這種在觀念和事情之間的不合情形，我們便可以清楚看出其本身的觀點已經

是不適用的話，那麼我們在這裡便碰到了一件具有重大意義的事情：在一方具有意義的東西，在另一方卻完全失去這種意義了。因此，持後面一種觀點的卡爾波蘭尼乃將當代對經濟學（也就是持經濟化之觀點）加以排斥，而仍使用經濟（economy）這個字眼。然而這種措辭不僅用來不方便，而且也代表著這位我們受教於他甚多之處的學者的一種令人遺憾的退步情形。誠然，波蘭尼趕緊又加上一句跟他在先前出版的《鉅變》一書的主旨一致的觀點說，跟我們剛好成鮮明對比的是，其他社會並沒有把這種處處皆「藏身」於社會結構體裡邊的經濟層面給隔離出來（Polanyi, 1957b：243ff.）。若說在這個問題上面大家有任何的共識的話，則此乃為：要把經濟現象給抽離出來的話，則人類學家便得把其中的實情給掩飾起來，因為這上面存在著一種具危險性甚至可說是破壞性的過程，一種削足適履（Procrustean）式的作法。把政治和經濟的各種層面給加以隔離開來有其特別困難，而甚至是得不償失的作法。我們在下面看到在自身文化裡，經濟觀點是從政治裡來生出的情形時，會覺得不足怪。然而在有人提說要一刀兩斷式地來區別出「政治人類學」和「經濟人類學」時，以知識進展之事的觀點來看，卻讓人費解了。這裡頭讓我們看到了負面之事：人類學在思想上面的活水源頭（「只做結合之事！」）已遭棄絕，而倒向我們近代愈來愈分隔化和分殊化的思想這一邊了。

　　事實上，除非是等到人來將其給立了起來，否則在事實上還沒有「就在那兒」的經濟這種東西。而一旦被立了起

來，則我們便有辦法在某種程度上看到多少是等同於我們在
嚴格意義上所稱的「準經濟的」或「所謂是經濟的」層面這
種東西。當然，這些層面需要加以研究，不過但書（即「準」
這個字眼）有其因地制宜性。換言之，經濟層面在整體中的地
位並非到處都是一樣的，而這點就其本質而言，是有著根本
上的重要性的。

而，假如「經濟」是一種構思出來的東西，則將其給立
了起來的那門專業並不能告訴我們，此事是如何來完成的──
──而假如這點辦不到，也就是不能給我們其所賴以建立起的
基本假設前提，這種屬於經濟學本質性的東西的話──則我
們會在經濟思想和整體意識形態之間的關係上面，也就是其
在一般意識形態的風貌展現當中的地位情形，來將這種東西
給找出來。這點當然假設著我們各方準備齊全可以來認出這
種關係了，而，就如我在前面所說的，因為我們在比較研究
上的配備還不夠齊全，尚屬試驗性質，可能我們所看到的只
是一種不全的關係。準此意義，則此一問題尚屬懸而未決。
不過，這也正是我們最初所做的假設。

※　　　※　　　※

我們目前將其界定為一種具有全面性意義之價值的個人
主義，以及其所跟來的一個或兩個具有重大意義的特點會出
現在下文，不過我在此先開個頭。在多數的社會裡邊，而這
主要是指高度文明的社會（在下面我稱其為「傳統社會」），

人與人之間的關係是要比人跟物之間的關係來得重要，更被
重視的。此一先後順序在近代類型的社會裡被顛倒了過來，
於其中人與人之間的關係乃臣屬於人跟物的關係之下。這點
馬克思以其特有的表達方式將之給強調了出來，而我們稍後
會來討論到。與此一優先順序顛倒情形密切結合在一起的，
則是近代社會對於財富的一種新觀念。在傳統類型的社會
裡，不動財（地產）和動財（金錢和動產）是區分得相當清楚
的，而在事實上，土地的所有權是跟社會組織體結合在一起
的，而權勢者乃居於支配他人的地位。這種權利或「財富」
基本上看來是屬於人跟人之間關係的問題，而其本身所具有
的價值是要高於動財的。動財的地位遭到貶低，這自然是跟
此一系統對於人跟物之間關係的處理情形相配合的。我再一
次發現到馬克思相當清楚地覺察出，所存在於那些小商業社
會裡邊的一種特有情形，即，動財獲致了一種具有獨立自主
性的地位了：「財富被視為目的本身僅見之於少數商業民族
裡……這些民族居住在古代社會的港口裡，就好像猶太人在
中世紀社會裡的情形」（Marx, 1953: 387，論前資本主義的形
成諸事）。

　　而近代人的到來乃使得此一層面發生了一次革命：不動
財與對人的支配權，兩者之間在關係上面的聯繫情形破裂掉
了，而動財本身變成了具完全自主性的東西，居一般財富的
上位，不動財則屈居下風，是比較不理想的一種財富形態；
簡言之，這裡頭出現了一個本身有自主性而多少是一統化了
的財富範疇。值得一提的是，也只有在這點上面，我們才可

以清楚地對所稱的「政治」與「經濟」劃出清楚的界限來。
然而,這樣的一種區別情形並不爲傳統社會所認同。正如同
一位經濟學家最近所提到的,在近代西方裡「統治者自願或
不由自主地放棄了對其屬民財產的一種專斷性或不具明確性
的支配權或處置手腕」(Landes, 1969: 16)。此乃爲我們所熟悉
的區別情形,其在事實上的一個先決條件。

經濟範疇崛起之條件

在近代紀元裡,我們目睹了對於人的現象重加考量的新
模式以及別立門戶的新領域之崛起,這在當前乃使我們追根
探究起經濟學,經濟之事的意義。這個新範疇是怎麼出現的
呢?(此一範疇在近代人的思想裡成了一分門別立的領域,也
開發了科學專業的一片新大陸。而科學這一行則或多或少是
體現著近代思想的最高價值之事的)把亞當・史密斯在1776年
所出版的《國富論》(*An Inquiry into the Nature and Causes of
Wealth of Nations*)視爲此一新範疇的出生申報登記是合情合理
的,並沒有太武斷。然而,《國富論》一書究竟說了些什
麼?而這本書跟前此的種種思想又存在著什麼樣的關係呢?

熊彼得在強調了經院哲學家和繼之而起一直到十八世紀
的作者之間的連續性,以及從十四到十七世紀的神學家和聖
典學者所作出的貢獻後,論到說,在後者的著作裡:經濟學
若非已經是獲得分門別立式的存在地位的話,也至少是到了
一種具有決定意義的關鍵地位了(1954: 97)。我們的問題之所
在就是這「分門別立式的存在地位」,即,經濟學是如何地

從其時所存在的思想觀點與專業分離出來，而開始獨立存在
之事(不管這種事情被稱以「政治經濟」或其他的字眼)。

　　要產生這樣的一種分門別立之事，則主題得被視爲是自
成一個系統，而感覺到其所構成的整體是跟其他東西分開來
的。我們可以將這種情況分析成兩個層面：對於素材的確
認，以及看素材的一種特別方式。第一個層面出現得早，而
第二個層面則出現得晚。這點也就是熊彼得提到在經濟學存
在的過渡階段上面的一種「具決定性但還沒有分門別立開
來」這一件事。聖典學派(Canonists)所討論到的一系列問題關
係到眾人所好諸事，而這上面與我們所稱其爲經濟問題的東西
發生關連。然而，這些問題在他們著作裡邊，彼此並沒有連接
起來，或者只能算是鬆散地接在一起而已。而其所加以探討的
方式也不是從特定的觀點，而是以一般的觀點來看問題的。同
樣的，十七、八世紀的「重商學派」(Mercantilists)也把我們
所區分成經濟和政治的東西混爲一談了。他們以論政治之事
的觀點來看經濟現象。重商學派常常是把國運昌隆與權力之
事當成了追求的目標。那個時候所出現的「政治經濟」看來
乃是說：藉著對特定手段(經濟手段)的研究，來配合其所欲
達成的目標，也就是說這是政策的一個部分(Heckscher,
1955)。不過，在那個時期認爲財富是屈從於權力之下，來爲
其服務的觀點事實上也遭到挑戰了(Viner, 1958)，然而我認爲
我們可以無安全之虞地來推定，雖然財富與權力被視爲是緊
密依存在一起的，但就整體情形而言，財富還是臣屬於權力
之下，或被包攝於其中的。

　　我在此作一段簡短的情形之比較。我注意到，在印度文明裡，雖然政治是與宗教區分開而受制於宗教之下的，然而在觀念上經濟之事卻不曾與政治之事分開過。「利」是跟執政之事連在一起的。再者，此一特點乃清楚地接到下面的事實，即，不動財還是跟支配他人的權力之事關聯在一起的，是唯一被承認的財富形式，而其展現風貌我們在上面已經做過說明了。因此我們的重商學派人士著重注意到貿易和貨幣的事實，在比較上看來是相當切題的。

　　誠然，這裡頭是沒有像亞當·史密斯後來所謂的「商業或重商學派系統」這一回事的。在這個問題上，我們尤其可訴之於熊彼得的權威之論。也就是，沒有一位認真的作者會相信，國家的財富等於是財寶的積累之事的(1954: 361-362)。看起來真正的情況可以這麼來說，一旦達成獨立的地位後，經濟學乃開始看不起其卑微的出道，而把前此一切加以蔑視，甚至也把真正具有價值的洞見也給冷落了。熊彼得對這種不連續的情形感到惋惜(同前書，376)，但此事其來有自也。特別要提的一點是，大家所熟知的自由貿易鬥士很自然地對那些採取國家干預立場，或以此為出發點的人士感到不耐煩。但如此一來，則又出現了另外一個問題：假如那些我們為了方便而稱其為重商學派的論點並非是一無用處的話，說他們只講出了彼此沒有連貫在一起的論點而本身不自成一個系統，這裡頭究竟真相為何？若把一切情形都加以考量的話，則我們頂多只能講說，這是正處於轉變成形過程中的一種不全的系統(Schumpter, 1954，亦見Heckscher, 1955之計畫

書，以及他在柯曼（Coleman）所編一書中的那一段話（1969:
34）。簡言之，在整個領域不統一的情況下，我們應該注意到
其中的一個關鍵層面：因為跟國家有著密切的關係，而產生
出下面這種情形來，**國際性交易活動以一種方式來看待，而
一國之內的交易之事又以另一種方式視之。**

　　因此，熊彼得所指出的，可能是其時首要成就的馬里尼
斯（Malynes）之「自動機制論」，乃是認為國際貿易是處在一
種均衡狀態的不全理論。而此一理論的定案，則要等到康提
倫（Cantillon）和休謨的論述之後（Schumpter, 1954: 3 65）。想把
問題看得更為清楚的話，則我們可以參考這個時期在基本意
識形態上面所發生的改變情形。早期的觀點認為，貿易之
事，若一方有得，則另一方便有失。此一觀念相當流行，甚
至像蒙田（Montaigne）這顆敏銳的心靈也很自然地信以為真
了。我把這種情形稱為一種意識形態的基本要素
（ideologeme），並認為這跟一般傳統社會普遍貶低交易和貨幣
之事是相關的。想說交換行為的雙方皆有利可取代表了一種
根本的改變，顯示出經濟學是已經到來了。此一改變情形正
好發生在重商學派時期，然而這並不是突然的改變，而是漸
進的過程。意識形態的基本要素仍揮之不去，雖說它已從一
國之內的貿易領域裡邊退出（這或許是因為，就整體來加以考
量的話，得與失的雙方是彼此可以來相互抵銷掉的），卻仍在
國際貿易領域裡完全發揮出其作用了。這就是海克薛爾
（Heckscher）所稱「靜態」的經濟和動態的國家彼此相對立的
根本要點：整個世界所有的財富總數被視為一常數，所以在

策略上乃是求對此一定總數的整體財富的最大配分爲其目標，此爲康伯特（Colbert）所述（Heckscher, 1955, 2: 24ff.）。

而在另外一個不同的層面上，我們很驚訝地發現，洛克這麼重要的思想家，在其論述過裡竟然可以清楚地讓我們看出其中對於國內和國外交易，存在著彼此不搭調的觀點，而無法把跨出國界的領域給統一起來。在對一個國家要擁有多少數量的貨幣才算是最理想的情況作推論時，洛克以爲國際貿易的貨品價格乃單視國內情況，也就是由輸出國的國內價格來作決定。他並沒有把國外貿易看成是可以獨立存在的一種貿易，而認爲只是附加在國內貿易上面的東西，本身並非是一種經濟現象，而只是一種交易組合，於其中，價格乃由經濟（內在）的現象來加決定（同前書，2: 239-42）。

因此，在重商學派的文獻裡邊清楚地顯示，若要經濟能被認定爲一分門別立的領域的話，則其乃得由政治領域當中來創造出：經濟觀點必須從政治觀點裡面求得解放。後來的歷史告訴我們，此一「解放」還有其另外一面：經濟學本身必須從道德當中解放出來（此一論式並不夠精確，不過我們暫時還是這麼用）。

在乍看之下，可能這種說法會讓人覺得有點奇怪，不過我們稍加反思，熟悉其出現時的思想氣候的話，便可以理解其必要性了。我們可以一種平常之至的方式整暇以待的來發問：有所謂的不是規範性的社會科學或人文科學呢？我們社會學家對此問題多半會不服氣或認定說，這件事不但可能，而且理應如此。在模仿自然科學的情況之下，我們所持的是

科學乃價值中立的看法。但哲學家們可以先驗式地來論說，有關於人的科學就其定義而言乃爲規範性的東西，而他會以：我們的社會科學或者並不是一門眞的科學，或則其中並不乏價值判斷等事，來支持其論點。對於此事，我們藉著以下的論點，即：有關於人的科學整個看來應該是成一體的這種說法，來讓問題懸而未定。然而我們若對只研究社會生活的某一層面，而沒有觸及到其他層面的某一門科學（經濟學即爲一例）個別來加以考慮的話，則哲學家的懷疑得到了更強而有力的佐證。

於此，哲學家會問說，這樣的一門在理想上是分門獨立了的科學，其所持的最初基定假設（也就是說本身的構成要素），是不是能夠免於價值判斷之外呢？在此，我不就理論層面來作討論，而我注意到，經濟學源起的歷史以及在最初或說是「古典」時期是完全與哲學家所作的臆測不謀而合的。麥朵（G. Myrdal）已經指出，在經濟學裡邊我們一直都可見到規範性的層面。而至於源起的本身，則我們能詳盡地看到說，經濟領域的特色就表現在下面這個具有內在邏輯性的基本假設上面，即：以人之好善這一點來定方位。這點我們不難從其所置身的環境當中來加以理解：要從政治學當中求得解放的話，內在邏輯性的這種推定乃屬必要，否則，其秩序便得從外邊引進來了。但這樣子還不夠，因爲假設其所顯示出來的內在具有邏輯性一事是爲「惡」服務的話，則還是需要政客和政治家來從中干預的。我們從這裡便可以看出，具有內在邏輯性的本身便是它所宣稱的，純屬敘述性科學這一

件事裡邊所可見到的規範性或目的性基礎之殘留物了。在急
切想讓經濟學定案下來的情況下,經濟學諸父不作批判地便
把任何直接出現在其腦海裡的情形給關聯了進來,而我們便
可由這點來看出他們對於必要條件所作的反思情形了。熊彼
得對像下面這種假設——大家都認爲食貨(foodstuff)之存在乃
造出了將其給消耗掉的人口——感到不解。然而他卻忘掉了
說,假使需要一種內在的律則來確保其領域的獨立性,以及
其所援用上的相關情形的話,則來選出這方面的信仰之事誠
屬燃眉之急。因此詹姆士彌爾(James Mill)乃說:

> 生產貨品……其唯一而普世皆然的原因,乃是爲了要
> 造出一個市場,好來消耗這些貨品……〔再者〕任何
> 生產出來的某貨品之數量,很容易就會超出其供需比
> 率,不過也就是因爲這種情況的存在,我們可以知
> 道,其他某些貨品所供應的數量在比率上並不夠。
> (Mill, 1808: 65-68)

　　而在我們看到說,不管是在我們這個時代或者在政治領
域圈裡是如何地振振有詞說,得來把經濟再作整合或再加以
控制,連在經濟的範圍上面,此一問題也始終呈現在某些人
的腦海當中時,我們便可以間接地知道:經濟學從政治學裡
面獨立出來之事,並非是一蹴可得,沒有經過一番奮鬥或發
生過矛盾情形的。
　　至於第二個層面,假如由著經濟領域自己來作主的話,

則會因爲其原本便具有的內在邏輯性而顯示出其有利之處一事，乃一清二楚地表現在阿列維所稱的「利益之自然協調一致」這句格言裡。不僅交易雙方的利益並沒有對立(原本以爲是相互對立的)，連個人的利益也跟普遍的利益相疊合的。我們得來探討此一極不尋常的觀念之源起，以及其在整體意識形態的地圖上到底位置何在。而這一個觀念常常跟另外一個相當不同的「人爲的利益調和」觀念出現在一起之事，則又道出了我在前面所提的情形。

　　我們初步得出的一個看法是：要把這上面所需求的條件給辦到並不是一件容易的事，而其被全部集在一起的情形，則首見於《國富論》。這點解釋了亞當‧史密斯的著作後來得以成名的原故。在這上面，連跟熊彼得看法一致，認爲本書甚少具原創性，而在某些方面可以將材料輯錄得更全或更好的人，也都承認其在歷史上獨特的重要性(1954: 184-86等處)。至於說內在的邏輯性，一般認爲其關鍵性的一步是由奎內(Docteur Quesnay)和重農學派(Physiocrats)所踏出的。而我們大可以還相信，沒有這些人的話，則《國富論》便無法看到問題之所在，或成了一本非常不同的著作了。同時，史密斯跟蓋思內在觀點上相出入之處至少是跟他有賴於奎內的地方同樣明顯可見的。

　　這點可歸之於一些外在的情況：在奎內的著作裡，經濟學既沒有完全而根本地獨立於政治學之外，也沒有跟道德一刀兩斷，而我們也不能說，所有的經濟利益本身就是協調一致的東西。亞當‧史密斯則在原則上(若不能說是一直存在的

事實的話)持其協調一致的看法的。若要來解釋此一層面之所以見之於《國富論》，則我們必須轉到一般在經濟思想史裡邊並不認為是劃時代的著作上面來。由我們來做這件事是再自然不過了，因為這樣一來，我們便處理到了經濟與非經濟之間的關係了。在這方面，我發現洛克的《政府兩論》(*Two Treaties of Government*)，在談到經濟與政治的關係上面是有將問題給闡明的作用的。同樣地孟德維爾的密蜂寓言(*Fable of Bees*)(其名著乎？其聲名狼藉之作乎？)在探討經濟與道德的關係上面也有其啟示意義。孟德維爾與亞當‧史密斯之間的關係為熊彼得所承認，而洛克與史密斯之間的關聯則熊彼得並沒有加以確認。而我以為不管洛克跟史密斯之間的關聯是直接或間接的，我們都必須承認彼此之間的關聯也是明顯存在的事實。

第四章
國別不同的變異情形之一

德國之認同：赫德的民族(Volk)觀與費希特的國家(Nation)觀 ☆

　　縱觀本書的各篇研究，其中的一項基本假設乃是：近代社會是存在著爲其所特有的一套觀念和價值系統的。而這點特別是指近代特色所出現並開展出來的那些社會。這一套觀念和價值系統，我們稱其爲近代意識形態。有人可能會反對說，這樣的一種意識形態事實上並不存在，因爲這種東西隨

☆　法文稿是在本田基金會1978年10月於巴黎召開名爲「發現」(Discoveries)的討論會上的報告。原標題爲〈不同文化之間的交流情形〉(Communication entre cultures)。而英文稿則發表於1979年3月加州 Northbridge 的國際比較文明研究學會上，本文的法文版見之於 *Libre*(《自由》)1979年，第六期的第233-250頁。英文版則在下列兩冊書裡各發表了一部分：〈族群、認同與歷史〉(*Ethnicity, Identity and History*)，收錄於Joseph B. Maier 與Chaim I. Woxman編輯《卡門紀念文集》(*Essays in Memory of Werner J. Cahnman*. New Brunswick: Transaction Books, 1983)，以及〈東西方的文明〉(Civilizations East and West)，收錄於E. V. Walter編輯《尼爾森紀念文集》(*A Memorial Volume for Benjamin Nelson*, Atlantic Highlands. N. J.: Humanities Press, 1985)。

著國別或不同語言區而有所變易。比方說,在歐洲文化裡面
便有英、法、德等各國特有文化。然而此一事實卻意味著
說,我們必須把各國的不同文化或與此相關的意識形態當成
是近代意識形態裡面,彼此地位平等的多種變異體。就其理
想而言,假如我們能以系統的方式,從一種變易情形到他種
變易情形,好像在處理一組變異體的話,那麼便可以獲得有
關近代意識形態的具體知識了[1]。事實上,我們先得注意到,
雖然多少是有所不同的各國文化都參與於同一近代文化當
中,但各國文化彼此交流的情形絕非是我們所想的那麼簡
單,那麼直截了當的。而一般常識——特別是法國人在常識
上,是幾乎不承認有不同的各國文化之存在的。這點我們在
下文可以看到。

　　近代文明有著一種強而有力的普世主義的傾向。這種傾
向使得人們在認知領域裡面真正碰到不同的情形時,往往加
以否認。我們說「民族性」各國不一,而在歐洲,每一個國
家對其鄰邦總保有一種刻板印象,這意思是說,在認知地圖
上,到處都是同樣的東西,有所差別是只是在心理上或行為
表現上面的癖性罷了。

　　國別之間的文化差異在某種程度上是彼此都難加以理解
的東西,這點可以德、法兩國為例,兩國在十九和二十世紀

1　在歐洲的不同國度裡,從一種文化過渡到另一種文化在實際上所發生
　的問題,我們在有關於社會學基礎知識之傳授和人類學上的親屬理論
　上面已經遭遇過了。(見《階序人》,法文本 XVI-XVII 及注釋,英文
　本 XXIII 及注18)

所發生的衝突與交惡情形,並非單純是因為這兩個新(德)舊
(法)國家彼此對抗的結果。這點可由在1870年之後,史學家
彼此之間對於Alsace-Lorraine(阿爾薩斯—洛林)的爭論,以及
在1914年左右,一些著名的法國之德國學家兼哲學家們在良
心上所受到的譴責以及心痛欲裂式再作檢討的情形看出一般。
而這點又在兩位傑出的見證者——海涅(Heinrich Heine),和特
勒爾屈身上找到佐證。海涅為浪漫主義之子嗣,而特勒爾屈
則為經歷過一次世界大戰的史學家兼社會學家,他們兩人都
察覺出存在於兩國間,主導的思想模式之差距,以及難以讓
彼此來作溝通的情形。

　　而雖然已有多人作出重大貢獻,問題依然存在著。從法
國這邊來看問題,我們發現情況之所以如此乃是:沒有人能
從他自己所屬的國別脫出身來,大家在有意或無意之間,都
還是把自己的東西視為唯一「真實」的東西,或者將其視同
近代意識形態,好把他國的變異情形等量齊觀。換言之,我
們沒辦法「保持距離」,缺少了一個位於雙重系統之外,可
以來平衡近代意識形態的支點。

　　而人類學家正可以在這裡作出貢獻。在上面所談的情形
裡,我稍早所作有關於印度和近代西方之間的比較研究,其
所獲致的分析觀點正可以來提供做平衡支點,基本上這裡頭
存在著兩樣東西,即整體論/個人主義之區別,以及階層系
統式的關係。這在後面的文章當中會有所申論。而我已把上
面的分析觀點用在對德國意識形態的一般研究——特別是在
1770-1830年之間的德國思想——上面了。此一研究進展順

利，但還不夠到集成一完整系列的階段。在此所提的可視爲是這個系列裡面的一篇文章，裡面所處理是赫德(Herder)跟費希特(Fichte)，兩個人在德國人的集體認同觀念上，及透過此種觀念而來的德國認同本身上面所作出的貢獻。

　　爲求簡明起見，我想拿研究所得的總結論來把此處的特有論題加以闡明。但如此一來，卻在探討問題的前後順序上形成一種抄捷徑的情形了。這點我必須先加以聲明好不至於產生出任何的誤解。說這種種無非是想告訴大家，這篇文章在基本上所要加以研究的是一種觀念之展現風貌的比較。因此它在基本上是靜態的，屬於形態論上的一種研究，而不是動態或直接扯上互動情形的。然而，在研究進展的過程中，我們愈到後來愈強而有力地感覺到，德國文化不應孤立地來加以看待，而應視其與週遭環境的種種有著密不可分的重大關係，這種情形赫德與費希特的例子可引以爲證，事實上，這種密不可分的情形可以擴大其適用範圍到整個研究領域上面。這也是爲什麼我個人膽敢把此篇文章尙未加以明證的總結論先提了出來，而談到「互動性」「涵化」等情形的原因。

　　始之於十八世紀，而特別是在狂飆(Sturm und Drang)運動期間，以及貫穿整個法國大革命和拿破崙帝國時代，德國文化在人文學術方面展現出前所未有的發展，此一發展，使得其跟法國文化在關係上得到完全解放。在這之前，法國文化在德國居主導地位的情形，甚至會讓人以爲在文化上彼此是連成一體的，而此一新發展不但爲近代德國意識形態立下了基礎，而且讓其得以在此一基本架上加以開展。自不待

言，此一思想運動對於德國，對於近代意識形態的發展都佔
有舉足輕重的分量。

也正為此原因，我剛剛所提的論點可能有人會加以抗議
說：偉大的思想系統是普世所共有的精神遺產，跟某一國家
的意識形態是扯不上關係的。即使我們承認，德國思想是由
英法兩國的啟蒙運動和法國大革命所促發的，我們也不能毫
無顧忌地來將德國思想講成是不同國家文化之間的交流互動
之結果。畢竟，法國大革命本身並非僅止於法國一國的現
象，而是構成近代文化的一個主體部分。或許我應該說明清
楚的一點乃是：我不準備將德國思想化約成其所源起的某一
些相關情況，因為如此做就等於說，我們是可以來將某句話
的真實性或價值性歸到講這句話時的種種背景情況的。特別
是對人類學家而言，某一種特色源起於某一特定的傳統，這
並沒有減低其普世意義。然而，這裡頭主要的問題乃是：所
採取的研究方法是否將問題給闡明了？假如新的觀點比起習
以為常的觀點來說，能對問題做出更好解釋的話，是沒有來
加以反對的必要的。

1774年，正值曇花一現的狂飆運動或德國前浪漫主義時
期，方年30的赫德出版了《另一種歷史哲學》(*Auch eine
Philosophie der Geschicate*)一書 [2]。由其書名便可看出是衝著

2　我在此不用赫德的德文作品全集(Herder, 1968)而使用由馬克斯魯契
　　(Max Rouché) 所編的法文(法德雙語並列)版(Herder, 1964)。

伏爾泰而來的。雖然赫德在其中所提出的歷史哲學相當複
雜,這本小書(在其作品全集裡只占了110頁)主要是針對啟蒙
運動如下的種種所作的強烈辯難:其庸俗乏味的人文主義,
其狹隘的進步觀[3],而特別是其深信理性主義爲普世標準而鄙
視其他跟它不一樣的觀念,是想把理性主義這種已經老掉牙
的東西放諸於四海的霸權主義。赫德把英法兩國在十八世紀
所加以排斥或漠視的東西全都給平反了:野蠻的中世紀,犧
牲於希臘榮耀之下的古埃及,還有可能是最爲重要的東西,
宗教。歷史不再被視爲是理性的一種君臨天下了。在赫德看
來,歷史乃是個體文化或文化個體之間的彼此對照和交互作
用,於其中每個個體文化或文化個體爲一特有的人文共同
體,或者說是Volk(民族)。而每一個文化共同體則以一種獨
一無二而且無可加以取代的方式,把總體人文精神的某一個
層面給彰顯了出來。日耳曼民族(Volk),傳承了西方基督教
文化,乃是這上面在近代的一個典型範例。歷史的演變過
程,並非是一直單往前進(Fortschritt),而是所有東西「都同
樣需要,具同樣的原創性,有著同樣的價值和同樣都給人幸
福快樂[4]」的一種我們可稱其爲不斷地「往前奮進」或不斷地
「開花結果」(Fortgang,Fortstreben)的情形,而這種情形適
用於古代文明體,也適用於近代文明體。

　　總之,面對普世主義當道,赫德於1774年的時候竭盡心

3　這種觀點也出現在伊斯林(Iselin)1764年的著作當中(Iselin, 1764)。

4　有關於赫德所論及的歷史運動之複雜性,參閱魯契所寫的導論,見
　　(Herder, 1964: 48-76)。

力地在爲文化的多樣性辯護，也逐一地來對其中的每一種文化加以稱揚，他並沒有把文化轉借的情形加以忽略，不過這種情形總會對所轉借來的某樣東西做了相當深刻的轉化。他甚至一筆帶過地說，每一種文化有其見長之處，但也有其不足之處。所以那些所謂已盡善盡美矣的情形，若不是只限於某一方面的話，就是本身其實還是不夠完備的。

　　預期可見的是，赫德在此所談是有關於各文化或「各民族」的權利之基礎，而非對普世人權的一種展望。此乃意味著有關於人的定義上面的一種深刻轉化情形：人在赫德筆下，不再是抽象的個體，人類的代言者，是理性的化身仍卻被剝奪掉了其所有的特殊屬性；而是一個存在的實體，有其思想模式，感情和行爲表現方式，這是因爲他是屬於某一個特定的文化共同體的。然而，這以及其他好多在赫德作品所出現的思想，並非是從未出現過的新東西。我們第一個就想到盧梭，他跟百科全書派分道揚鑣的原因也是在這點上面，身爲「日內耳公民」，盧梭十分清楚地體認到人的社會性。這也就是說，具體社會是使他受教育成爲一個人的必要條件。

　　於此，有關於人的觀念上面，在根本上乃出現了分歧點。歸結到最後，若把根本價值放在個體上面的情形，我們可以說這是一種「個人主義」，伏爾泰(Voltaire)以及其他百科全書派的作者可爲代表；而把根本價值放在集權存有實體上面的情形，我們稱之爲「整體論」，其思想可見之於盧梭

及赫德[5]。假如情形就像我們所深信的，個人主義之崛起進而變成主導的意識形態，而使得近代文化跟其他所有文化（這當然包括了各大文明）區別開來了，則我們在此所碰到的乃是：整體論這一層面湧現於近代文化的情形。這是一個相當重要的歷史事實。然而，我們必須注意到，這種整體論有其嶄新的一面。在傳統的整體論裡邊，社會有其排外性，所謂人類者乃咱們自己人也。而外邦人做為一個人的地位被貶低，再怎麼說，這些人總是不如我們。附帶一提的是，近代的愛國主義也不免有這種情緒。而在赫德的例子裡，則情況剛好反了過來，在原則上，所有文化皆平等。這裡頭有其相當清楚的一個要點：只有在把各種文化視為不同個體，彼此之間雖然有異但卻相互平等，也就是，不同文化乃是不同個體之集成（les cultures sont des individus collectifs），只有在這種情形下，才可能作出以上的論斷。換言之，於組成因素的層面上，也就是在考慮到個別不同的個體時，他捨個人主義而取整體論；而在另一方面，在考慮到其眼前的集成實體不被承認或居臣屬地位時，他乃使用了個人主義式的原則，而將此一原則轉移到組合體的層面上來。因此，說赫德對個人主義式的文化——主要是指法國——全盤加以排拒的情形是不正

5　整體論／個人主義之區分，對於德國文化而言，並非是完全陌生的東西，這跟托尼斯所作的Gemeinschaft/Gesellschaft的區別情形，兩者之間的不同之處在於：前者道出了價值階層化的情形，而托尼斯所作的區分具價值所在，乃是對十九世紀德國思想的一種分析性反思（參閱本書第八章第一部分）。

確的，因為他也接受了其中一個主要的特徵，然而他乃藉著
對這種文化的反對，來肯定德國文化以及其他在歷史上曾經
璀璨過一時的文化。因此，就其整體情形而言，赫德所發的
抗議之聲得將其定位於近代文化系統裡面。他的整體論必須
放在他所猛烈加以抨擊的個人主義範圍之內來加以了解，而
這種背景因素可以讓我們來對他書面那種充滿緊張、吶喊，
幾近於讓人透不過氣來的風格加以解釋。

　　後來，在威瑪比較安詳寧靜的環境下，赫德乃試著透過
人文精神(Humanität)一詞的概念，來調停他個人觀念(Ideen)
裡邊的普遍性與具體性。然而，他對人文精神之概念卻充分
地表露出存在於普遍性與具體性兩極當中的緊張情形，可能
正因為如此，他乃拚命地要來加以界定[6]。相形之下，1774年
出版的那本小冊子裡面尖銳性的抗議聲是比較清楚可見的。
赫德代表著今天的人類學家所稱「涵化」情形一個極為重要
的例子。

　　更為確切地來說，則赫德是在近代文化裡邊把德國文化
跟法國文化並列了起來。而他這麼做，乃下立了後來民族學
的理論基礎了。這種理論跟「選任理論」正好相反。在選任
理論裡面，國家立基於共識，或雷奈(Renan)所謂的「每日的
公民投票」之上。然而，我們在前面已看到，民族學理論在
根本上也立基於跟選任理論一樣的唯平等是尚情形，也就是

6　以薩·柏林(Isaiah Berlin)注意到赫德接納了彼此不能相容的觀點，而
　　事實上，他的觀點一直到今天，「而可能在未來」會發展出極具爆炸
　　性的情形來。

個人主義的理論上面的。所以這兩種理論並非是彼此完全獨立分開來的東西。兩者儘管在所加應用的層次上面有所不同，但卻援用了同一個近代的唯平等是尚之個人主義式的理論。

　　我要提請大家注意到赫德的《另一種歷史哲學》（*Auch eine Philosophie*）一書裡面，整體論因素跟個人主義因素所結合的情形，其在階層系統上所展現的意義。赫德論說，每一具體的文化乃為個人溶入於其中的具體實體。在這裡面，我們看到他對於啟蒙時代個人主義所發出整體論式之抗議，然而，此一抗議事實上只發生在附屬的層面，對赫德而言，在這之上的層面才是他所要來加以考慮的整體層面，於此，則所有文化乃被視為具有平等權利的不同個體。在他反對幼稚整體論的我族中心論之時，我們可以看出赫德固守著近代個人主義的情形，他把個人主義從要素的層面移轉到集體的層面上去了。整體論已被包攝於個人主義裡面了。這是我在他處對階層系統所加界定的：把相反情形加以包攝（d'englobement du contraire）之實例[7]。在此，若要做個簡要的說明的話，則最好的例子莫過於聖經創世紀第一章，夏娃從亞當肋骨被造了出來的情形。上帝最初先造出了亞當這個沒有分殊化的人，其為人類的原型。這之後，上帝卻從這個未分殊化的人裡面，抽拔出一個不同性別的人出來了。亞當與夏娃，彼此相

　　7　見《階序人》一書的跋部分（裡面引用了亞當與夏娃的例子），這種情形也可見之於左／右手對立的實例上，見本書第八章，第二部分。

形對照，乃為兩性關係之原型。透過此一奇特的方式，亞當已經改變其認同了，從原先未分殊化的情形變成了一個男人。在這同時，另外一種存有實體——女人——也已經出現了，她既是人類的一員，又跟此一類屬主要的代表情形有所不同。在第一個層次上，則男人與女人是一體的，而在第二個層次上，則女人跟男人乃是相對立或有區別的。這兩種關係合起來乃體現出階層系統式關係的特性來。這種階層系統式的關係，存在於整體（或一組合體）跟它裡面的某一要素的彼此關係上。要素屬於某一整體或組合體，在此意義上，它跟整體乃是一體的。在這同時，則要素又跟整體或組合體彼此有所區分，而成相互對立的情形，要將此一階層系統式的關係以邏輯上面的觀點來加以表達出的話，則我們只能將上面兩句話並列於兩個不同的層次上，而若將它們放在一起的話，則彼此便相互牴觸。此乃是我所稱的「對於相反情形之包攝」的情形。我之所以提到聖經上面的例子，乃是其中鮮明而生動的寫照，更可以讓我們了解到在此所談到德國思想在不同層面之意義。

　　我知道讀者可能會以不同的方式來看待赫德思想裡面整體論與個人主義所結合的情形。然而我確信個人所加處理的方式是正確的，或者說，從文化及其相互之間交流情況的比較觀點來看，我所加論述的，最具豐富性。這點可由赫德思想裡面所表現出來的其他特徵來加以印證，然而在此我無法加以申論（我們只要想一想他後來所談的人文精神〔Humanität〕便可知道）。假如我們要把其思想定位於近代文明裡面，而非其

外；假如我們要了解其思想所帶來的衝擊情形的話，則赫德
思想裡面所結合的情形，一定就像我所加描述的沒錯。再
者，假如我們承認，我族中心主義的情形，各地皆甚為強
烈，而若德國文化對於整體論會呈現出一面倒的情形的話，
則我們可以自問，赫德式的一切皆等同視之的概念，到底遭
到在其後世代的德國思想家怎麼樣的處置了？事實上，赫德
的後繼者常常把當時的文化或國家給階層系統化了起來，而
於此階層系統裡面，德國文化在價值等級的排列上乃居於最
高位，而不是將一切文化等值視之。

我們可以在赫德最初的歷史哲學裡面看出一項屬於階層
系統式的特點：在每一個歷史階段裡，某一個特定的文化或
民族乃居領導地位，而大體上把其時代的人文精神給表現出
來了。同一時代的其他文化則居背景地位，而多少是處於受
制的情形。因此，在古代我們先是看到了東方的埃及以及腓
尼基之崛起，再來則為希臘，其次是羅馬，這些文化都有其
普世價值，也把古代某一個時期的人文精神給體現出來了。
而這種人文精神由興起至沒落止如同人從嬰兒期到老年期的
成長過程一樣。這種把某一特定文化跟某一特定時期的整體
人文精神給等同起來的情形，在赫德之後的德國思想家裡面
可說是司空見慣之事。稍後，我們也可以在費希特的思想裡
面見到這種情形。

在撇下赫德之前所必須加以強調的一點乃是：我只從其
思想裡挑出一個對於赫德在德國以及在他國的後繼者而言，
都是最為根本的層面。赫德是德國思想的兩個主流當中，比

較具浪漫特色思想的源頭，然而其思想卻也影響到另外一個較具普世傾向特色的思想潮流。於德國之外，赫德的思想也深深地影響到後來在受到近代價值全面衝擊的某一些國家，其涵化情形以及其民族主義之興起。這特別見之於中歐以及東歐的斯拉夫語系國家。此一事實廣為人知，而在參照我們所隔離出來的論式之後，這種情形並不令人感到訝異。我們所提出的論式可謂近代涵化情況在形式上面的一張藍圖，而不受到時空的限制。

費希特的社會哲學與政治哲學一直到今天還擺個問題在那兒，很顯然地，費希特開始的時候是想當一位法國大革命的哲學家的。然而，在德國本身，費希特還常被視為泛日耳曼主義——或把國家跟某一民族的集體意志結在一起的理論——之前驅者。這點，一次世界大戰之前的梅涅克（Friedrich Meinecke），其著作可為佳例。而在另一方面，加羅特（M. Guéroult）這位法國哲學家，對於費希特的思想系統也下了一番功夫，並不辭辛苦地對其著作作經典註解工作，而他所深切關注之所在乃是要顯示出：終其一生，費希特在著作裡面都一直堅守著法國大革命的精神。在這上面所見到其他費希特的東西皆屬次要，不管說他深刻的德國式思考和感情表現方式，或者是他的「日耳曼彌賽亞主義」（messianisme germanique）都一樣，更不用談說他所遭到誤解或醜化的情形了[8]。在面對眾說紛紜的情況下，我所要提出的一點是：若我們能先從

8　Meinecke, 1915: 96-125; Guéroult, 1974: 142-246。

德、法兩國文化的差異性來談起的話，是比較可以來將費希特的社會哲學及其後來所遭到的處置情況解釋清楚的，我在下面把重點擺在說，費希特思想所表現出來的情形，雖然有其極具決定性的唯平等主義，但這裡面所存在的階層系統化一事，卻難以在法國革命家身上來找到。

我們現在就直接來談這個難題的核心所在——《告德意志國民書》(*Addresses to the German Nation*)——這是費希特在普魯士於耶拿(Jena)戰敗後，於拿破崙軍隊佔領下的柏林所發表的演講集，我們從兩位證人所作的彼此分歧的解釋和相互矛盾的評價當中，可以得出少數兩人最起碼都同意的一些論點來：對加羅特而言，費希特一直忠於革命理想，而根據梅涅克，則費希特更往前走了一步——但也只走了這一步——然而這一步是走向真正德國精神的一步。而這種德國精神多少是指泛日耳曼主義式的國家觀念。我們察覺出事實上兩位作者彼此都同意下面這一點的，即，費希特的思想裡存有著普世主義論的因素(這點為加羅特稱揚，而梅涅克則感到惋惜)。我們就把此一共同處當為我們討論的出發點，甚至，我們也贊同加羅特的看法說，此種普世主義乃為告德意志國民書以及費希特整體社會思想的根本，或統攝其他一切思想的要素。然而單就這點本身並沒辦法來解釋他對德國所作的稱頌情形，更引人注目的地方乃是，他所指的國家並非像普魯士是個已經存在的實體，而是當時並不存在的一種東西。我們因此得來找出另外一個要素，此一要素與費希特的普世主義相結合而產生出其民族主義論。

　　德國思想裡面存在著兩種系統，赫德式系統，或者我們可稱爲歷史主義或原子論式系統，其基本主張乃是：每一文化或民族自有其特殊性和無可取代性，而費希特則屬於康德甚或黑格爾的普世原則論系統，這一相反陣營。對此，梅涅克可以來譴責他說，其所稱頌的國家，說穿了，並非是由一種特有的共同生存之意志（vouloir-vivre）所形成的具體國家，而是一種nation de raison（合理存在的國家）的情形：國家爲一理性，普世的實體。誠然，普世主義或世界主義的意識形態並不妨害到愛國主義，法國於1793年所發生的總動員（levée en masse）情形看來即可爲事實作證。而這點並不難加以理解：假如我視自己爲一個體，爲人類的一個代言者，而我在事實上卻還是活在某一個特定的社會或國家裡，則我自然而然地便會把這個範圍比較受限的圈子，視爲是人類這個族群爲我所取的一種屬於經驗形式上面的東西。於此情形之下，我可能會對國家生出一份執著的感情來，而不必透過我國與他國有所不同的某些此東西來對自己的感覺加以辯白，然而這還不足以說明費希特的情形，他的立足點在基本上是：德國精神之特色乃在其普遍性上面，然而這種說法看來卻有點令人摸不清其意義所在。

　　致力爲費希特立傳的法國作家薩維爾里昂（Xàvier Léon）已經指出，在《告德意志國民書》及其他屬於此一時期的著作裡面，費希特所提出的看法有幾分類似於史格列（A. W. Schlegel）和謝林（Schelling）等浪漫派的觀點。在這上面，雖然費希特跟史格列都同意說，日耳曼民族注定是要來征服世界

的。可是費希特卻根據普世性和日耳曼民族特性是合而爲一
一事,對以上所論定的情形,在意義上做了一番徹底的修
正。巧的是,這種普世性和日耳曼民族特性是合而爲一的特
點,我們在他稍早所出版的《愛國對話錄》(*Patriotic Dialogues*)
一書中,就已經看到了[9]。以上所談到在基本上均屬人文精神
及其發展上面的問題,而其中之所以模稜兩可的地方乃在
於:費希特在堅持德國人民負有精神更生之職責,而把德國
的地位擺在他國之前時,我們不知道他是一廂情願式地把發
展過頭的愛國主義援用於某一族群上面,或者是,他所用的
普世主義其實只是一種手段,想藉此來斷言生存意志之霸
權。假如我們想來把握住費希特的思想的話,則我認爲,對費
希特而言,這兩個層面並非是相互排斥的東西(其詮釋者持此
一觀點),而是疊合在一起的互補情形。這點看來雖然有點奇
怪,然而這種疊合的特性正是我們得努力求其理解的地方。

　　前面已經講過,費希特的思想大體上並非屬赫德這一系
統或浪漫派的陣營當中。赫德及和浪漫派,其觀念裡邊認
爲,文化或民族的多樣性乃爲具普世意義的一個整體之豐富
性多面展現之事。費希特在其告德意志國民書第十三講裡,
雖然援用了上面的觀念,卻巧妙地將其拿來當成反對浪漫派
的新基督教——日耳曼帝國的一種論證。更爲普遍可看到的
一點是:雖然費希特在此一時期也採納了其時的樣本論調,
諸如德國人的個性,德國語言等等的優越性的說法,然而他

9　　Léon, 1954-59, 2.1: 433-63; 2.2: 34-93.

之所以這麼做，乃是藉普世主義的價值之名來道出不同民族在階層系統上面的排列之實。在此，我所要論到的一點乃是：除開任何他所借助於浪漫派的東西不談，我們還可以看出費希特思想其他大致的情形。這其中包括了對個人主義兼普世主義的強調，整體論的傾向而特別是其中階層系統式的成分。於此，我把他的整體論的傾向存而不論。事實上他的這種傾向在他《封閉式的商業國家》（*Closed Commercial State*）一書裡面，談到專制的社會主義時相當強烈。而我們也可以在他的其他著作中看到，而這種傾向侗促不安地跟個人主義的各種特徵擠在一塊。然而這種情形畢竟常發生在近代思想裡邊，其中包括了社會學家的思想[10]。更值得一提的乃是：我們在費希特的著作裡邊，始終都可以看到階層系統的思想形式之浮現情形，而這種思想相當清楚地是與啓蒙運動和法國大革命的思想成鮮明對比的。

　　費希特在政治層次上是一個極其剛猛，毫不畏縮的唯平等是尚主義者，這點跟康德以及其他大部分的德國作家成了對比，而跟赫德（及盧梭）一致，更是和法國大革命及其激進民主主義雅克賓（jacobin）的發展情形完全沒有兩樣。如此一來，則我們不免會因為，年輕的費希特於1793年傾全力寫

10　參見涂爾幹主義者中的情形，《階序人》注3a，以及本書第八章。卡爾·普林布蘭（Karl Pribram）在一篇與我們主題相近，完成於1922年起了帶頭作用的文章裡，已經對他所論到的意識形態取了一個「假普世主義」（等於假整體論）之名，他指出，這種意識形態乃爲普魯士民族主義和馬克思社會主義所共有（Pribram 1922-，本書第六章則從一個稍微不同的角度來博引其文章）。

成，爲法國大革命辯護的著作《糾正公眾判斷論稿》
(*Contributions to the Rectification of the Judgment of the Public*)
一書裡頭，出現了一個屬於形式化了的階層系統上面的例
子，而感到驚訝了。這本 書裡頭的唯一一張圖表，其作用乃
是要來顯示出國家乃屈居個人之下之實。圖表上面的四個同
心圓當中，最大的一個圓圈包括——或者用我的話來說則是
包攝了——第二大圓圈，並依此類推：意識的領域此即以道
德形式出現的個人主義，乃包括了自然法的領域，而自然法
之領域則包括了其下的一般契約之屬的領域，而一般契約之
屬的領域則包括了公民契約之屬的領域或者說是國家。在這
裡頭三度重複加以使用的東西，正是我所稱其爲階層系統裡
頭包攝傾向之情形[11]。值得一提的是，這上面的論點是用來爲
法國大革命作辯護，並反對伯克及瑞伯格對法國大革命所作
的抨擊。當然，此一圖示情形和費希特本人的意圖，兩者之
間並不存在著衝突情形，因爲圖裡邊所處理到的僅是階層組
織化的情形，這跟（政治）權力扯不上關係。然而，相當不合
常理的是，一位個人平等的堅決擁護者竟然將其訴之於純屬
階層系統上面的東西了。我相當篤定的一點是：我們很難在
其時法國大革命的陣營裡找到類似於費希特這種思想的情形
來。即使在此一早期的階段裡，我們發現到費希特的思想裡

11　費希特1845, 6：39-288，圖表見於133頁。讀者可能會想，費希特的
　　同心圓，或其中的部分同心圓，其所指的僅是細分情形，並非意指相
　　反對立的情形。這點讀者可參看費希特本人對此圖表所作的注解。又
　　參閱(Philonenko, 1968: 162)。

面，除開一種可以來跟法國大革命相通的唯平等是尚觀念外，還存在有一種相當不同的思想方式。

我們在《封閉式的商業國家》裡面的一段文章中，也看到了屬於社會階層組織面上的一種情形。費希特對社會所需要的不同專業範疇細心地加以區分。學者或科學家們，為了其工作成果著想，需要豐富的食物和精緻的環境。而在社會職等的另一端，則農夫乃有辦法來把一點也稱不上精緻的膳食給吸收消化掉，所以這些東西也就足夠他們所需了。這一點甚為有意思的地方乃在：它跟書中整體所強調的唯平等是尚原則成了鮮明對比。然而在我們對照後來法國往國家規制經濟方向發展的情形後，則費希特的模式與此是並行不悖的[12]。

我剛剛所提到的階層系統上面的例子還只不過是屬細枝末節式的插曲。更具分量，而在我看來是具有決定性意義的東西，也就是費希特哲學系統真正核心處，此即階層關係上的對立情形——我（或自我）與非我（非自我）的辯證關係為他的《科學要理》（*Wissenschaftslehre*）（1794年出版）一書的基本觀點——這費羅尼科（Philonenko）稱為「先驗辯證法」（見Balaval, 1978: 173），它建立起了所有知識存在的情況。這話怎麼說呢？簡單之至：因為有「我」的存在就已經設定了「非我」的存在。這跟亞當與夏娃裡面的情形一樣，其在關係上存在著兩個層次，在第一個層次上，則我或自我乃是非分殊化了

的東西，它可以說是絕對我或是自我，在第二個層次上，自
我在其本身裡面又擺了個非自我，所以我們有著自我與非自
我彼此面對面的情形之出現，而非自我一方面被包含在自我
裡邊，另一方面則爲自我之對立。費希特式的辯證法裡面這
種嚴格的階層系統上面的關係配置，值得我們多方面的從不
同角度來加以注意，特別是其中關係到康德和黑格爾的部
分：這種階層系統式的關係配置，在一方面讓費希特得以把
康德的純粹理性與實踐理性合而爲一，而在另一方面，黑格
爾的辯證法卻不再存有階層系統式的展現情形了。

　　此一事實不免令人感到訝異，因而值得在此加以深究。
年輕時的黑格爾致力於整體意義之追求，而在最後得出了一
種階層系統關係上面的定義：在其於法蘭克福寫成的最後部
分的殘稿裡頭，他寫道：生命乃是「聯合與非聯合之聯合」
（Verbindung und Nichtverbindung）[13]。這裡頭正反相結合的情
形，正是我對階層系統所下過的定義上面之「對於相反之事
的包攝」。

　　黑格爾在年輕時所提出的這種論式，並非是屬一種順便
說說的附帶意見（obiter dictum），而是其殘稿編者所稱「一個
屬於系統裡面之殘卷」的中心思想。此一殘稿雖然我們現在
所見到的極其不全，卻爲黑格爾「早期神學作品」作結束。
而這個階段大致跟黑格爾決定要到耶拿加入謝林的陣營，正
式展開其哲學生涯，同在一個時候。我們在此可以從他隨後

13　Hegel, 1907：348.

的作品裡面，來對此一論式的重要性再做一種確認工作。在
耶拿時期，認同被視爲是「認同與非認同之認同」，而在
《邏輯》（*Logic*）一書裡，我們發現，無限乃是無限與有限之
聯合[14]。

　　然而，不容加以否認的一個事實乃是：此一錯不了的階
層系統式的層面，在黑格爾最後的思想裡邊被剔除掉了。這
到底是怎麼一回事？當然，情形並非是黑格爾不再對其年輕
夢想所精簡加以表達出的論式加以理會了。事實上，這裡面
發生了一種逐漸轉化的過程。我們在他於耶拿以及後來的作
品當中，發現他所使用的字彙改變了，而這代表著他在觀念
上所作的修正及更動情形。在殘稿裡邊被稱爲生命的東西，
先變成了絕對性的東西，而再後，則是絕對精神的出現。也
就是說，絕對性爲一主體。這些東西大家都知道。然而階層
系統的理念本身的情形及其後來的下場，雖說極具啓示性，
卻幾乎還是沒被注意到過[15]。

14　塔米紐克斯(Taminiawx)把前面兩個論式相提並論(Taminiawx, 1967:
　　234)。而新近在這方面的有關著作裡，據我所知，只有麥可陶尼森
　　(Michael Theunissen)以及查里斯泰勒(Charles Taylor)(雖然在程度上
　　不如陶尼森)清楚地認識到這些論式裡面階層系統的層面。陶尼森一
　　再提到這些論式；誠然，這些論式共同的造型乃是黑格爾整體論證的
　　核心所在(Theunissen, 1970: 8, 15-16, 35, 47-49, 50, 55-56, 68, 72, 126-
　　27, 161-63 etc.)。

15　即使在陶尼森的著作裡，有關相反情形之包攝的論題雖不時出現，卻
　　沒有系統化地來加以隔離開來。或許也正爲此，所以黑格爾早期的論
　　式，乃不加區分地被援用於後期並非一成不變都具有相關性的著作上
　　面(如其書中第126-127頁，黑格爾的觀點遭到修改，或者是有關於無
　　限的問題上，見其書(Theunissen, 1970)第8頁及第49頁)。

　　我以爲，我們可以從黑格爾在《邏輯》一書裡面論到有關於無限與有限的辯證法的段落當中，大致地看出其中演變的情形。最近有一位作者，在解釋這些段落時，認爲它們極具關鍵性和代表性[16]。於其中，黑格爾在經過一番長而極其費勁的討論後，下斷言說，一種眞正的Auseinandersetzung（相互構成之事，即闡明），並不單指前面提到的無限包含有限的情形，也包括了反面的精神，即，有限也包含著無限。若讀者認爲後面這句話跟前面那句話顯然並非具有同一意義，也注意到我在前面所提到的種種，並仔細地來查看這中間繁複的發展情形的話，極有可能會作出跟我一樣的結論說：黑格爾在此乃相當辛苦地要把內在於原來關係裡面的那種不對稱情形給剔除掉；他想讓兩端具有同等的地位。他在一開始把無限歸之於對於相反情形之包攝，然而到了最後，這卻變成了從一端轉移到另一端的過程了，而負面性則爲此一過程的主導力量或原則了[17]。總之，無限——不管是整體或部分——已經從整體性或超越性的領域，過渡到內在性和辯論性當中去了。從以上的討論看來，則黑格爾努力之所在，正是要把階層系統式的層面給剔除掉，而其辯論法之所以繁複，有好大部分要歸之於此一意圖。

16　Taylor, 1975: 240-44，特別是第242頁開始的部分。

17　在我看來，泰勒（1975）在其著作裡，多少已經注意到了此一移轉情形，最初（第240頁）「黑格爾式的無限觀念乃是一個不受其他東西加以制約或限定的整體」，後來（第242頁）「其（無限觀念）爲整體的內在聲音和過程乃開展出必然性來」；到了最後（第244頁）「其（無限觀念）爲有限之到來和離去的一種生命。」

　　當然，這並不是意味著，在黑格爾的整體系統當中，特別是在他的體系構成裡面，我們無法再看到階層系統的層面了。相當清楚可見的是，此一層面再出現於最高的層次，即絕對精神之層次上面(Theunissen, 1970)。另外，這個層面隱而未言地，而幾乎是有點尷尬地出現在他的社會哲學裡面比較不受到讚揚之層次上面(此即客觀精神之層次)，因為我們明顯地看到說，黑格爾所提出的整體論式的國家，把我們所知道的公民社會和個人主義給包攝住了。我們在此無意再把這些層面擴大，而只想指出，雖然最初未可明言式地呈現著，到頭來卻從黑格爾哲學的核心所在給逼退出來了。情形看來好像是黑格爾已經知道了我們在費希特《論稿》一書當中所看到的不相稱插曲，而將它給剔除掉了。在黑格爾身上，我們發現唯平等是尚的價值變得更具雄心，也更加排外了。而對於法國大革命的涵化情形至此走得更深更廣了。插上這麼一小段有關黑格爾的思想插曲，主要是想把有關問題給闡明。

　　我們再回到費希特上面來。我們看到，從他1793年的《論稿》，到1807-1808年的《告德意志國民書》，其中包括了當為先驗支點的《科學要理》，費希特思想裡面都存有階層系統式的成分，了解這點之後，我們現在能夠來回答前面所提到的，有關於《告德意志國民書》上面的問題了，除了間或借助於浪漫派之外，費希特所加在法國大革命普世個人主義上面的，正是此一深刻的階層系統觀念，如此也就難怪費希特把某一特定民族跟其他民族對立的情形，視同自我與

非自我的對立，而認為此一民族為其時代的人文精神之體
現，一種整體自我之體現。從這個觀點看來，費希特的思想
是可以跟德國思想的主流銜接上的，特別是浪漫派。

　　談到這裡，也該是我們追根究柢的時候了：到底費希特
的思想跟整體德國意識形態之間，其關係為何？就其大致情
形來看，德國意識形態裡面是存在著一股強而有力的整體論
之傾向的。與此相關，而我們必須加以承認的一點（因為這不
單是外國人的共同看法而已，甚至也包括了德國人自己在內）
是：大體上，德國人不管是在我們這個時代或其他時代，都
相當聽命於當權者。當然，這是一種刻板式的印象，不過，
我們暫且將此一刻板印象視以為真，好拿來跟其他的西歐民
族，特別是法國作比較。與此一情形符合的是，絕大多數的
德國知識分子都承認人在社會裡邊有服從於他人的必要性。
照康德的說法，人這種動物，在社會裡邊需要一位主人。而
在社會裡邊為真的情形，在做了必要的修正之後，也適用於
社會之外。更從此一觀點來看，於諸多國家林立的情況下，
相信某些國家可以來支配他國的情形則是再自然不過的了。
再結合著普遍可見的我族中心主義——咱們的是寶，他們這
些外人的是草，則一般所稱的「泛日耳曼主義」之社會理論
基礎於焉成立！

　　於此一大環境下，也確實出現過少數具有影響力而捍衛
著平等主義的思想家。雖說這為數不多，但他們所代表的情
形卻具有決定性的意義。赫德與費希特，兩位皆出身卑微，
年輕時皆投靠過富有人家，而都痛恨著人與人之間的支配情

形。然而值得大書特書的一點是：他們卻還是能夠以階層系統上面的觀點來思考問題，這意味著他們相當自然地把在基本上是屬價值問題的階層系統，跟政治（和經濟）上面的權力，給清楚地加以分開了。這兩方面的事情常常被混在一起談，對此我們知道的是再清楚不過了。在這點上面，盧梭跟他們之間的比照情形——盧梭所放入於社會的東西非常類似，然而其中的社會環境則不一樣——具有決定性的意義。而我們也已經見出，費希特這個平等主義的堅決擁護者，其思考模式在基本上還是屬於階層系統式的。這可以拿來當爲德國文化裡面整體論之強固情形的指標。

我們現在可以清楚看到，把費希特視爲法國大革命的忠誠信徒，其身上所具有的德國特色乃是次要的東西，或者將他視爲：沒辦法完全除掉法國方面抽象普世主義影響的一位泛日耳曼主義之前驅者，這兩種看法都是相當欠缺周詳的原由了。我們若把「翻譯」這個字的用法，從語言學的領域延伸至文化領域的話，則我們可以這麼說：費希特給法國大革命給譯成德文了。費希特這位深信平等主義的人，並不承認立基於人性之上而見之於社會的從屬情形之存在，但在同時，他的論點卻保有相當強烈的階層系統之傾向。而儘管這是以間接方式來道出，他終究賦予階層系統一種哲學形式了。就跟在他之前的赫德所做的事一樣，費希特把近代個人主義援用上集體層次，使得民族或國家成爲在等級上位居上方的一種個體。而再跟赫德相同的一點是：費希特認爲近代的人文精神本身乃體現於日耳曼文化民族，或說是德意志這

個國家裡面的。

在此我們或許可以再講一點有關於階層系統和德國意識形態上面的東西。一般對德國人的刻板印象——而這可說是跟對法國人的印象形成對比——說他們有著服從之傾向，這種刻板印象到底有幾分眞實性呢？若再跟其他國家來相對照之後，若我們眞的發現，德國思想裡面，對於人在社會裡面的必然從屬情形，常是持肯定，而非否定的態度的話，則我們會想說，至少會有一些偉大的德國思想家有時在論到社會問題時，會尋求一些積極的價值標準來對此一從屬情形加以辯解。這就如同我在這方面具有代表性的印度例子所做的：明確地將階層系統抽離出來，好來跟或與之結合在一起的權力之屬的東西加以區分開來。然而情形並非如此，再怎麼說，至少我們在整個德國唯心論的社會哲學裡頭，是查不出其中提到嚴格意義上面的階層系統的情形的。我們怎麼來理解此一事實呢？這裡面的第一個答案很明顯的是這樣子的：就如同我們在黑格爾的思想裡面所見到的情形一樣，這些德國哲學家是在法國大革命的魔咒下從事論述工作的[18]。在比較上，他們是朝著在其時是強而有力的個人主義和平等主義做努力，而非平鋪直敘地來講明其社會的組合因素。然而，在見過費希特哲學論述的核心處，是存在著一種一直未被注意到，但卻明顯可見的階層系統式的思想之後，我們上面的問題是提錯了。誠然，費希特還沒有直接提到我所稱的階層系

18　有關於路德宗教改革在此所扮演的角色，見下一章。

統的對立情形，然而他卻順其自然地讓這種情形出現於其著作裡邊，而這在實質上就等於是把階層系統與權力彼此加以區分開的意思。然而這點他並沒有加以承認過，或當成主題來論述。爲什麼呢？我們大可以這麼來推想其中的原因：費希特唯平等是尙的情形只限於對社會裡邊的從屬情形的拒斥，而這並不妨害到他來把觀念加以階層系統化，但要完成此事的話，則這上面的兩個領域必須保持彼此區分開來的狀態。換言之，費希特是不可能認出思想之包攝是爲階層系統的，因爲思想之包攝在原則上雖然很清楚，然而在社會的從屬情形裡——即使不是在事實層面上，也是見之於法律層面上的——它卻以一種結合他物的形式出現著。準此而言，則費希特所成就之事，要比年輕的黑格爾更值得加以重視。年輕時的黑格爾，在支配控制（Herrschen）這個範疇裡邊，把專制權力，古代猶太人所信仰的上帝之超越性和康德的定然律令混爲一談[19]，在沒有人能加以超越的情況下，費希特這位受到平等主義——這對他而言是具有無上力量的——之理想啓發的思想家，可能就代表著將所有可能發揮到極致的情形。

而這可能是歷史裡邊命中注定好的一個轉捩點，我們在此無妨來設想著另一種情形的出現：如果費希特或其他德國思想家跨過了極限，清楚地把階層系統與權力加以區分開來，而此一認識又能及時地，慢慢地擴及至一般德國人的意

19　於Hegel 1907不少地方可見到這種情形，最具代表性的部分見書中第265-66頁。

識裡邊，那麼，雖說德國人有著聽命於他人的傾向，卻能把事實權力和跟關連到價值的權力合法性，兩者加以區分開來，則德國人乃不致讓我們陷入受辱而令人感到世界末日即將到來，任由一套騙人把戲所愚弄的局面當中。那段日子在德國人自己和我們的心中都留有傷痕。

於此尚有一點，其意義重大，卻有待闡明。我們在前面已經見過後來成為泛日耳曼主義的雛形了，而這件事必須以比較的角度來加以了解，才能把看似奇怪或不合常軌的情形給看個清楚。我們不妨再回到有關於國家的意識形態上面來。若從一個比較的眼光來對意識層面加以注意的話，則我們發現，國家——比方說在十九世紀的西歐——在意識形態上可說是等同於個人的一種社會組織群體[20]。它可以說是二合為一的東西了：是不同的個體之集成，同時也是集成的個體，是群體層次上面的一種個體，而面對著其他國家一個體。我們在此可以預期到的是，這兩個層面應該是不容易合在一起的。這點，我們把法德兩國的不同文化來作個比較的話，便可加以證實。

我們可以將在德法兩國居主導地位的意識形態之特點，這麼樣地來加以描述：在法國這一邊：我生而為人，當法國人則純屬偶合。就如同我們在啟蒙時代的哲學所見到的一般情形，國家本身沒有本體論上的地位的。國家這一個層次，

20　見「民族主義與宗教社群主義」(Nationalism and Communalism)《階序人》，附錄D，下文取自 (Dumont, 1971a: 33-35)。

充其量只不過是存在於個體與人類之間的一個空處，是我在實際生活面，於經驗上所能接近到人類的最大值。假如有人說，這不過是個空想而已，並非是實際的眞相，則我得請你嚴肅地來考慮政治生命力在法國的大體情形，或者在兩次大戰期間，法國輿論界的演變情形。這中間的關鍵乃是：國家爲一集成個體的觀念——特別是認爲說其他國家是跟法國不一樣的看法——在整體意識這個層次上所佔的分量是相當的微弱。同樣的情形也可援用在有關於國與國之間的對抗一事，法國的自由派人士，就如同前此的革命分子一樣，以爲讓歐洲人士及其他不同民族各自組成自己的國家，也就足以解決所有問題而確保和平了。歸結到最後，這些人想說，國家只不過是爲求得個體之解放的架構而已，個體才是所有政治問題的始終關鍵。

　　而在德國這邊，則我們可在屬於偉大作家的這一層次上來看意識形態，而我看不出他們與一般德國人之間，在這上面會有什麼彼此不同意見的地方。其中的情形則爲：我在基本上是一個德國人，幸虧我生爲德國人，才使得我眞正成爲一個人。在這裡面，人不加思索便被視爲一種社會性的存有實體，從屬的情形一般被視爲正常而必然之事，求個體解放之事比不上所對於合宜環境以及思想情感交流的需求那麼強烈。因此，國家的第一個層面——爲一個體之集成——相當微弱，而在另一方面，則第二個層面——國家爲一集成的個體，相當強烈。所以，法國人所津津樂道地把不同國家排在一起，好像人類是由好多零散的片斷所組合而成之事，在德

國則是把每一個國家視為一個個體。而這裡頭的關注焦點乃是：視其個別價值，或說其個別強權實力，來把人類裡邊的不同國家按順序作排列。我們看到說，舊有的頌揚一己而鄙視他人之我族中心主義或社會中心主義是殘存於近代紀元當中，但在這裡卻以兩種不同的方式出現著：在德國方面，把身為德國人之事視為是一種高高在上的存有，也要別人來承認德國人的優越地位。法國人則相當自覺地論定，只有普世原則的文化才是高高在上的東西，而因為他們相當天真地看待此事，以至於認為本身乃是從事人類教育的工作者[21]。

然而，講到最後，在超越其中彼此明顯的對比情形之後，我們見到其中一方的普世主義，以及另一方的泛日耳曼主義，兩者在作用上是相類似的。兩者皆表達出了存在於國家觀念裡邊的一種兩律相悖之情形：國家為一個體之集成和國家為一集成之個體，這也就是說，雙方都從近代意識形態的觀點，把想來完整地描繪出社會生活（社會裡面以及不同社會之間）所遭逢的困難情形，給譯成了具體可加觸知的事實了。而其不同之處又可見之於其個別不足之處上面。這個問題不在我們的討論範圍之內，但在此可以給個概括式的觀察心得。在一方面，就一切情形看來，則好像法國人的意識形態在歷經兩個世紀的試煉之後，仍然維持著其單純性與貧弱

21　就像出版家伯納葛萊塞特（Bernard Grasset）於1930年所做的事情一
　　樣。見其在希伯格（Friedrich Sieburg）的著作之法文譯本（*Dieu est-il
　　français?*）的跋裡面所寫的一封信。（Sieburg, 1930: 330, 335, 340, 342,
　　346）

性，沒有受到任何其所接觸過的東西之玷污，或跟現實作妥協。而在另一方面，源自於涵化的德國人之意識形態，因為混合著傳統以及近代特徵，是比較豐富和開放的，然而卻容易導致嚴重的錯誤情形之出現：混合物太容易被當成真正的綜合體了。

第五章
國別不同的變異情形之二

特勒爾屈(Troeltsch)筆下的德國人之自由觀☆

　　在一篇原先於1916年刊出而重刊於1925年的文章[1]裡，特勒爾屈把德國人的自由概念跟英法兩國加以比照，並清楚地做了界定和解說。認爲雙方的自由概念儘管類似卻有點不同。在文章接近結尾的時候，特勒爾屈說，假如要對德國人在這上面的情形下個定義的話，則其乃爲：

☆　本文最初發表於 *Le Débat*《論辯》(1985)：40-50。
1　"Die deutsche Idee von der Freiheit"(德國人的自由概念)*Neue Rundschau*(新評論)1916年第1期第50-75頁。本文所參照的是Troeltsch, 1925b的論文集：*Deutscher Geist und Westeuropa*(《德國精神與西歐》)(Tübingen, 1925; Aalen, 1966年重刊)第80-107頁。我所引用的其他文章也出自於此一論文集，這些文章跟其所出現時的一次世界大戰背景有不可分離的關係。其時，德國的知識分子急著要對敵方宣傳裡頭所提出的挑戰性論點加以答辯，他們認爲這些論點相當難以應付。然而我們卻對德國知識分子在從事此一工作時所具有的一種戰戰兢兢之嚴肅態度，以及包括特勒爾屈其他文章在內的這一段大戰文獻在我們研究用途上所據有的興味，留下深刻的印象。

　　根據個體對於整體的一種嚴格而同時又是批判性的效
忠精神之民族組織體。而這種情形是以自由的精神文
化（Bildung）之獨立性來加以體現和辯明的（Troeltsch,
1925, b: 103）

　　而，假如要來呼個口號的話，則德國人的自由概念是可
以這麼提的「國家社會主義與文化個人主義」〔Bildungs-
individualismus〕（出處同前引文）
　　此一定義對於我們而言極其重要。而終其文章，特勒爾
屈一直在發揮此一定義復加以評注（特別是94-107頁）。以下，
我們則要詳細地來對上面口號當中所提到的兩要素以及兩要
素彼此之間的關係來加以討論。可惜的是，特勒爾屈長而又
複雜的句子難以譯好。所以在將引用句子的部分限制在一些
隻字片語上面後 2，我們乃試著盡可能翔實地將其他部分加以
意譯。
　　第一點是有關於對於整體的效忠精神「德國人在其血液
裡邊流著對於一樣事情，一個概念，一項制度，一種在個人
之上的實體（Wesenheit）的效忠精神」（同前書：96頁）而當
然，其「組織力量」其「可加以組織起來的潛在性」則或多
或少是其傳奇性的。於此，我們首先見到的是一種整體論之
形式，而這樣的一種整體論的態度，或說是傾向，乃預設了

2　以下讀者將可看到一些在翻譯上所碰到的困難情形的例子，直譯常能
把握住原著者的思想，而不需另藉其他媒介。雖然如此一來，則譯文
可能變得不夠簡潔明瞭，甚至有時詰屈聱牙起來了。

犧牲個體或成全整體的價值觀。然而特勒爾屈緊跟下來便論道說，忠誠精神是「極其生動活潑的，充滿著進取，堅忍與創造精神」。換言之，個體是自然而然地屈從於整體之下的。在此過程當中，個人並未感到疏離，所以其所有的個人特質乃能任其自然地來完成其所必須扮演的角色職責。特勒爾屈因而寫說，由於「整體所體現出來的紀律感，以及對於參與到整體所產生出來的榮譽感，有機體式的自由精神乃能奔流到大大小小的國營或私人企業裡面，這因而形成了彼此調和而按等級來排列出的合作單位」（同前書：97頁），由此，我們乃能了解到為何特勒爾屈能提其為「自由」或「有機體式的自由」之理由所在了。

　　這種自然而然地凝聚於社會整體之事正是托尼斯所稱的「自發意志」（Naturwille）。對托尼斯而言，這點乃是共同體（Gemeinschaft）的 特 色 之 所 在 。 其 情 形 跟 個 體 在 社 會（Gesellschaft）當中成了「專斷意志」（Kürwille）之屬的情形正好相反。而特勒爾屈之所以談到「自由」是想對敵方的宣傳加以還擊，因為在這種宣傳裡，自由乃為西方民主之專屬。特勒爾屈想要顯示出，德國有：其自己的自由概念，而這乃是由德國歷史與德國精神所加塑造的。（94頁）此處對我們是有挑明作明的地方乃是，我們看到了特勒爾屈以學者身分嚴肅而真誠地來從事他所認為的一種反宣傳之事，事實上乃是在做比較研究之事了。

　　特勒爾屈說「並非是個人來構成整體，而是他們認同於其中。自由並非平等，而是個人在其所分配到的工作崗位

(Organstellung)上來做服務之事」(同前書94頁)或者,說得更完整些,則「德國人的自由是一種個人爲了整體,求自我在整體裡邊的一種決斷力上面的訓練、進展與開發(97頁)。

特勒爾屈知道的相當清楚,而他自己也說了:英法傳統,我們簡稱西方傳統(特勒爾屈亦如此相稱)沒辦法來了解其所論述的德國人之自由觀。而只能以專利政體或奴役制度等加以視之。(97頁)對此,特勒爾屈的看法乃是:這就是黑格爾筆下的自由,是「所有偉大的德國世紀之創造者當中」以各種不同的方式所表達出的自由觀」。(94頁),又,這種自由觀見之於社會黨亦見之於軍中。特勒爾屈溯其源至十七世紀(95-96頁)。後來,在西方啓蒙運動的精神影響之下,對於基督教的歸從乃轉化爲對於大家長式專制主義的國家之順從,而國家在經過修正之後,「歸從的信仰者變成了其自由的忠誠順民,這些人藉著對其職務的盡責以及自由地批判精神來參與於公共意志裡邊」(95頁)。德國人的自由因此是一種「宗教責任感的世俗化,而特別是其經強化而變成一種共有的(mitgestaltend)創造性活動之情形(96頁),這裡面,我們乃覺察到對於涵化情形之承認:也就是傳統的整體論在受到「自由和獨立的精神」〔Mündigkeit〕[3](95頁)的影響之下更動和轉化的情形。

這種情形,我們同時也得注意到其中的基本假設:個性

3　Mündigkeit,字義爲:「精神上已臻成熟的年紀」這是康德對於啓蒙運動的稱謂。(參閱其小書*Was ist Aufklärung?*《啓蒙精神是怎麼一回事》)

的發展以及其對於社會整體所做的服務之事，兩者之間一點也不相互砥觸，因爲個體的發展就在「整體裡邊，而也是爲了整體」。所有這種種觀念並非僅見之於特勒爾屈一人，我們可以相當廣泛地在其他（德國）著者的書中見到。

　　然而，大家的見解並非是主體一致的，所以在此，我們得大膽地來提一個根本問題：特勒爾屈所說的是否爲眞心話？或者這只是愛國知識分子的一種言辭鋪陳，其見解的展現方式受到哲學家們的思辨所影響，而無疑地更受因爲戰爭環境所致而強化了，然而充其量究竟不過是一種民族主義的神話罷了，這種東西那能跟德國人本身所具有的深刻情操相比呢？此一難題方式不乏佐證。黑格爾以及年輕的馬克思在大家所認爲的不同情形之下，都沒有對意志能協調一致的情形加以認定。倒是爲了想求得此一情形的結合而使得他們展開了一番革新事業。當然，特勒爾屈所想到的主要是1914年時的情形，以及宣戰後所掀起的一股澎湃洶湧振奮人心的風潮 [4]。然而，他是不是將其觀念作了引伸，把那些不那麼適用的時期也包括進去了呢？我們能否論說，大戰之前強而有力的社會民主黨之存在乃是工人階級疏離情形的證據呢？這點

　　4　參閱特勒爾屈本人所寫的一篇文章，其標題依從普蘭格(Plenge)和傑林(Kjellen)，爲〈1914年的概念〉("Die Ideen von 1914")：參戰創造出一種「精神上的革命」、「國家回到了對於觀念和精神的信仰」(1925b、33、37頁)。梅涅克在其回憶錄上提到無法忘懷而振奮人心的風潮之迸發乃爲其生命當中的峰頂之一)(見Stern, 1965: 256-257上面的引用文，這種種形，托瑪斯曼(Thomas Mann)和希特勒連同在內)。

在特勒爾屈說德國人的自由觀可用之於社會黨以及軍隊當中
時，可說是已作了斷然的答覆了。就我們所知道的歷史而
言，我們乃得承認，只有一小部分的人是真的有疏離情形
的。

　　同樣為真的一點乃是，像羅伯特米德(Robert Minder)這
一位傑出的德國學專家乃能注意到，這種整體效忠於共同體
的觀念乃是知識分子心目中的一種理想景象。然而，我相信
在這一點上面，米德本身所依從的理想景象乃是法國人所特
有的一種「真正」的社會（托尼斯筆下的Gesellschaft），其風
貌之展現。而他相當危險把德國人的文獻著作跟德國人的生
活分了開來。不錯，特勒爾屈的看法代表了德國人自己以及
外國人都加以認定的一種刻板印象，然而，在我們看來，此
一刻板印象卻十足地與經驗相符。特勒爾屈大致是把真相講
了起來。而「社會」在法國和在德國，於今天，或該說於其
時，所指的並非是同一樣東西。而其不同之處或許只是其中
某一種特徵(共同體或社會)居主導地位的問題，然而此一居
主導地位的特徵卻正是關鍵所在。

　　附帶一提的是，我們可以看出威瑪共和之所以積弱不振
的原因之一了：因為其本身的民主方式的原故，威瑪共和乃
無法喚起特勒爾屈所加強調的「對於整體之認同」的情形
了。我們因此可將威瑪共和視為一種舶來品。

　　　　　　　※　　　　　※　　　　　※

　　我們再回到特勒爾屈上面來。對於國家的效忠精神，這使得國家成了一種超感知的實體了。因而個人主義，個人自由成了其所必要的相輔相成體了，是一種不可或缺的平衡力量(99頁)。而在德國，因為侷促的政治情況的原故，個體精神之解放「基本上是發生在靈魂裡邊」，其形式則為「個人自由，思想的活潑性與深刻性，想像力(Phantasie)以及詩詞」(98頁)。這一種盡善盡美的獨立情形以及內在的自由，在一開始便把生命交給了Selbstbildung—也就是：自我塑造，自我教化，或說是陶冶。這種個人的教化必須從西方文化和歐洲文化遺產裡來加以吸收消化和轉化，而且至少有段時間是浸在古代文化裡來找到其支柱和批判比較之標準的(98頁)。此一文化是極其廣泛的人文主義或世界主義。然而，我們拿其來跟英、法兩國加以比較之後，會發覺出德國的人文主義是以古代文化之精神自由為其景仰對象，來對德國人內在生活加以充實的東西，以求德國人精神之解放和自我之深刻轉化。

　　於此我們乃有了或可稱其為德國個人主義的東西了，而其有著兩項非常突出的特點。一方面，它是自我跟外在世界面對面之情況的一種特寫。而在另一方面，它則是自我教育和塑造自我的活動。這種東西即著名的Bildung，其意義或多或少是等同於文化的。當然，此一類型的個人主義在傳統整體論裡邊是極為陌生的東西。而其中對內在世界的深刻轉化之事並非只是把對於啟蒙運動以及法國大革命所作的調適或內化，和所認定的德國文化之特色，兩者配合在一起所產生出來的東西。單就文章本身而言，這點似乎是特勒爾屈所要

提出的論點。事實上，這裡面我們是不能不想到路德的。這
點我們在下面將有所論述[5]。目前我們先來談在乍看之下好像
是內在與外在完全被分了開來的情形，而在事實上彼此之間
卻存在著相當奇特關係的東西。誠然，個體在這上面又折回
到了他自己上面，然而在這同時，他知道自己是一位德國
人，想成為一個德國人，其在性所加依恃的乃是個人的歸屬
感上的東西，內在性事實上是歸屬感的一個部分。這種純粹
內在的個人主義並沒有動到週遭的整體論。而德國知識分子
也對另外一個層次——我們慣稱其為社會政治層次——這種
外在情況加以規避。這點成了十九世紀的德國與法國小說的鮮

5　特勒爾屈在我們於此所討論的那篇文章裡並沒有把德國人的特點個別
　　加以標出。然而在此一論文集裡面一篇專論教育(Bildung)的文章
　　裡，特勒爾屈接受了理查・辨士(Richard Benz)的看法：所謂「歌德
　　人」的基本條件乃在其想像力(Phantasie)之無窮和深度上面
　　(Troeltsch, 1925b：229)。我們若把他對於包括虔信主義在內的基督
　　教以及其各種情形所作的全盤考慮相比較，或者拿他所關注的「基督
　　新教和近代精神」(Protestantism and the Modern Spirit)(此為其一本專
　　著的書名)的關係來相對照的話，則特勒爾屈在此所提之事，便不免
　　相形見其偏促而令人感到訝異了。假如以我個人對於這些文章所加了
　　解的情形來說，則其中意見相左之處是可以這麼來解釋的：除了他次
　　要地將國別標出之外，就一般情形而論，特勒爾屈所感到興趣的是各
　　種觀念全面性的演變情形——觀念的一種國際性組合——而1914-
　　1918年的戰爭迫使他反過來將焦點注意在德國人特有的意識形態跟
　　「西方」意識形態相對立之處。他在個人所討論的，一直到1750年左
　　右的比較廣闊的背景和歷史基礎的專書裡還沒有談到這一個問題，然
　　而，假如我們注意到他在《基督教會的社會教義》(Soziallehren)裡面
　　所提有關路德的地方的話(此方見Troeltsch, 1922，英文譯本第540-609
　　頁)，則路德為文化人原型的觀念便豁然展現於我們眼前。

明對比之處，米德對此加以強調，乃誠然不虛之事 6。這個問題我們假如以托尼斯所提出的範疇來視之，便可一清二楚了：相當悖理的是，文化個人主義乃定位在共同體（Gemeinschaft）的層次上，為一種連結情形，一種文化歸屬，它跟社會（Gesellschaft）這一層次毫無瓜葛，此一層次是一種彼此分隔和種種個別利益相爭鬥的東西。

　　不熟悉德國文化的讀者大有可能會感覺到，我們有點無故誇大其實了。因此，我們乃再提一個相當引人入勝但決非是越乎常軌的例子。1918年的時候托瑪斯曼出版了其《一個非政治人的反思》（*Betrachtungen eines Unpolitischen*）。於此書中，他說，在大戰中他自己是認同於德國的，但卻又另外表白其信仰說，身為一位德國作家，本身若對政治有興趣的話，是違背他的個人良知的。以下所引用的精采片段是他在改信威瑪共和後，於1925年向一群學生所發表的一篇演講中的部分。於此演講中，他以場外人的身分道出了幾年前在他寫反思一書時，自己所持的態度和觀點。我們借用布魯佛（W. H. Bruford）的譯文。他恰如其分地將這一段文字放在他《德國人的修己傳統》（*The German Tradition of Self-Cultivation*, Bruford, 1975）一書的首頁：

　　　　典型德國人最為細膩的特質，最為人所熟知而同時對一個人自尊心最為討好之事，乃是其內在。德國人給

6　Minder, 1962: 5-43.

了這個世界一種在思想上令人鼓舞且非常具人文意義
的文學表現形式。這種文學我們稱其爲個人教養和成
長的小說。而此事並非是偶發之舉。在西歐，有其社
會批判小說，德國人乃視此爲與其文學表現形式相對
等的東西。德國文學同時也是一種自傳，一種自白。
一個德國人的內在，其文化都意味著自我之反省。這
是一種個人主義式的文化良知，重視一個人自我人格
之調教、塑造、深刻轉化並求其完備。或者以宗教字
眼來說，即是要求得一己生命之得救，盼能獲得赦免
而成爲義人。這是心靈之事的一種主觀主義，我們因
而可稱其爲一種虔信主義式的文化類型。而既然這是
一種自傳體式的表白，深刻的個人化，客觀世界，即
政治世界乃令人感到俗不可耐，而漠不關心地將其擺
到一邊去，如同路德所說的：「這是因爲此一外在世
界是沒有結果的」。我之所以提到這種種乃意指，共
和國體制的觀念在德國之所以遭到抗拒，主要是因爲
一般中產階級人士若想到過文化這種東西的話，是絕
不把政治視爲其中一部分的。這種態度到今天還是如
此。要他把對內在東西所持忠心耿耿的態度轉變到客
觀性上面，到政治，即歐洲人所稱的自由的話，在他
看來不啻是在對自己的本性施加暴力，而在事實上更
等於是要他放棄對自己國籍之認同。

總括地就比較上的意義來講的話，則這裡頭看來是存在

著兩種歸屬上面的模式或表列方式。其中一個表列方式是德國式的，它即使因為受到近代的種種影響而有所修正或者多少有所轉化，在基本上還是屬於文化上面的，傳統形態的整體論式的東西。這包括了特勒爾屈所說的，對於整體的效忠以及個人主義式之主體及其文化志業之層次。而另外一個模式則是法國大革命意義上面的近代普世主義。於其中，對於國家所下的定義並非在個人具體的歸屬上面，而是在國家是否遵照或忠實於個人平等與自由的理想。一個人加入此一團體而成其中一員公民，此一歸屬行動是在社會政治層面上來發生作用的。他在本質上是一個人，而成為法國人則是經驗上面的東西，而這種東西好像純屬意外之事。而在德國人這一方面，他在想到自己是某一個人的時候，最先考慮到的是自己是一個德國人 [7]。

　　把這點加以釐清之後，我們現在再回到德國個人主義在基本上是內在的東西，而跟外在世界保持距離這一回事。把內外分得這麼清楚，在乍看之下，內在生命與外在社會是極端地斷裂開了。這種情形我們不把它當成浸於Bildung思想傳統的路德後裔來看待是不可能加以理解的。而說他是路德的後裔顯並不必然就指他是路德的追從者，這個人可能是無神

7　在論到德國教育時，特勒爾屈引用了布勒達克(C. Burdach)的看法並且做了強調：「然而我們是人，而我們之所以感覺到自己是獨一無二的人，乃在於我們有著特別的傳承本質，這只因為我們覺得這種東西是不能讓渡(不受法律之慣例支配？)並且是合情合理之事」。(1925b: 225)

論者，然而他還是有著路德血統的。事實上，只有在路德身上我們才能了解此一二分情形。不過我們若從中世紀的觀點來看的話，此事乃變得不可理解了。在對其時的天主教會以及孕育其思想的經院學派挺出身來反對之時，路德看來就像一個回到源頭的人，而以早期基督徒的方式來闡述自己了。路德成了一出世的個人[8]，或者幾乎是這麼一類型的人物了。他把存在於基督徒跟上帝的關係上面，和存在於社會實體世界以及人與人之間的關係上面的情形，這兩者之間，再度引進了一道鴻溝，或者我們可稱其爲裂罅。信心，恩典，也就是跟上帝的關係爲根本所在，一旦此一關係確立了，則便十分自然地（雖說這是次要的東西），以愛自己教友的形式出現，而對基督教徒的道德行爲給與價值上的肯定。在路德的思想裡面強而有力的提說：世界以及國家是臣屬於個人內在生命的。這點，我們從他對存在二者之間的偉大調停者，即教會，其非比尋常的調停力量加以壓制所蘊含的意義當中，便可以十分明顯地來看出其中端倪了。談到政治制度，路德說，這當然是需要的，而他更誇言自己對於政治制度的讚頌無人可及，且也規定了對於既存權力的遵從，不管它是好是壞。然而，這不啻是對權柄者的藐視！權柄者不管是基督徒與否，充其量只不過是賤民罷了，而好的君王則誠屬珍禽異獸[9]。

8　見詞彙一覽表，「入世的個人／出世的個人」名下。

9　Plass, 1959，分別屬於第1745ff, 868, 1796頁裡面的註釋。

　　在諸多方面，路德都是德國知識分子的原型。特別是，他既為一位作家，又對德國語言的發展有其根本貢獻。同時，他亦是德國人民跟天主教會在關係上，以及德國人民在世界舞台上面的代表，其所受到歡迎的情形可為此作見證。而這意味著德國人相當廣泛地把自己認同於路德了。後來，德國人跟「西方」或說是普世文化之間關係的代表或說是調停者，便傳到了德國作家與思想家的身上了。特勒爾屈以直接或間接的方式提到這點，其他人也注意到此，這甚至包括了盧卡奇（Lukács）。而托瑪斯曼在其大戰期間的著作（Mann, 1922: 34-73）裡邊所作的分析當中將此一情形清楚地表達出來，而此一角色有其必要性。對此我們若想來加以了解的話，則必須要想到說，在只有文化上的統一，而政治沒有統一的時代裡，其他國家的元首或使節所肩負的代表之職責，在德國便相當自然地落在像歌德、黑格爾或貝多芬這等人物的身上了。此外，我們常聽到德國人說，他們在觀念上面所作出的成績就等於是其他國家在世界舞台上所完成之事。由此可見他們對以上所提之事知道的相當清楚，而這包括馬克思在內。我們一旦忽略掉德國知識分子在其聲名臻以峰頂所扮演的代表者或調停者的角色話，便無法了解德國文學與思想[10]。

10　令人感到訝異的是，像米德這麼傑出的德國學專家，在比較法國與德國文學時（Minder, 1962: 5-43），竟也無法體認到這種德國知識分子所具有的這種雙重關係。米德將德國知識分子看成是只與他自己的文化與人民接觸的人物，而將其描繪成極其孤立的景像。然而，孤立是我們社會裡邊藝術家的自然命運，而我們所需要來作解釋的地方，並不在其孤立情形，而在其被社會認同肯定之處，在德國的例子裡邊，所

　　我們從路德身上所看到的不僅是文化個人主義的原型，
也見出了其後歷史過渡的情形，這點不乏文獻上面的記載。
就如同托瑪斯・曼在上面引文裡邊相當貼切來指出的，此一
過渡情形主要見之於虔信教派裡面，虔信教派一方面把在路
德時代還是相當少見的聖經研究傳布開來且予以民主化，而
在另一方面，則透過跟啓蒙運動複雜的交流——而這種情形
特別是在1750年之後，而使得路德所加強調的內在性東西開
展到美學、愛國主義和浪漫主義上面去，我們從爲數頗豐的
最近研究著作裡面，可以看到，十八世紀末葉的時候，無論
是文學或哲學運動都有其虔信教義上面的根源[11]。

　　謂的代表性乃有其兩面意義，或者我們更可以說，從他個人所遭遇的
本質上來看是要比其他人的遭遇多出兩面情形的。在這點上面，我們
不想來對席勒和莫札特令人心酸同情的葬禮加以解釋。然而我們可以
從中看出藝術家以及知識分子，他們跟人們之間更進一步的疏遠情
形。這種情形類似於思想家所作的問題之選定。在前面（本書第四章）
我們已經發現到，費希特以及黑格爾的思想因受到法國大革命的影響
而變得引人注目。但不免令人有所遺憾的是，他們並沒有將階層系統
予以主題化。而這個概念假如純屬德國人自己的問題的話，可能就已
經把它加在裡面了。這中間最可以看出調停的情形：他們內心深處所
關懷之事乃是：藉著在表現上面是另外一種文化的東西（或說是同一
種文化的變異情形）來道出自己的文化和其時代的重大事件。而在浪
漫主義的極端例子上面，同樣的情形見之於Gegensatz（對此或對立命
題）蔚爲時尚一事〔特別明顯的是在穆勒（Adam Müller）的政治上面〕。

11　有關於美學方面，其例子可見於我論摩里茲（Moritz）的文章（Dumont,
　　1982）；而政治面則見Pinson, 1934; Kaiser, 1973。然而虔信主義的根
　　源可說處處都可以見到。這裡我們可以一件具有象徵意義的事實來加以
　　證明：在歌德一直被視爲是Bildungsroman（教養小說）的登峰之作，
　　"Wilhelm Meisters Wanderjahre"（《威廉・麥斯特的學徒生涯》）裡
　　邊，歌德插入了一章對於一位虔信教派女士的描述。而此一描述是根

　　我們現在已經分別將特勒爾屈所述的德國人自由觀兩個
互補層面——自我自由地來效忠於整體以及文化個人主義—
—加以評述了。接下來要討論的乃是兩者之間的關係。至
此，我們應該清楚地見出，兩項因素已不像在初看之下那麼
彼此不一致了。因為德國個人主義對忠於國家這個觀念之基
礎的整體論並不感到陌生。從外邊來看的話，則個人主義是
在自我奉獻這個觀念當中的，而從裡邊來看的話，則個人主
義相當清楚地將具體外在的情況制於其下，而這甚至到了加
以藐視的地步，其情形正如同路德將俗世王國給置於其信仰
之下一樣。

　　特勒爾屈堅持說，他所加以孤立的兩種傾向還是得將之
結合起來。是要把它們拆開的話，將會有相當不幸的結果，
或導致一國的奴隸化，或導致於飄浮的個人主義（99頁）。他
說兩個理念之間的連結情況是感受得到的，而他對兩者之間
的緊張情況還沒有加以隱瞞：德國人的自由也像其在西方的
對等觀念一樣，無法免於墮落化以及過度化的情形：任何自
由的理念都有其內在的種種矛盾，然而德國思想卻有著將兩
個連在一起的理念加以調停或磨平（Ausgleichen）的特別傾
向，這是真實不二之事，而不是表面上的妥協而已。

　　我們要對特勒爾屈提出兩項批判。首先，在文章裡面，
特勒爾屈並沒有對自己所持的結合情形之本質（而只是談到有

　　據他年輕時的一段往事寫成的。這一章的篇幅甚長，而其標題頗為突
　出「一個美麗靈魂的告白」。

關於兩個要素的本質而已)作個自我發問。我們覺得——而這
種情形也常見之於德國人身上——他對於結尾來個正反對照
之事甚感滿意。而揭出了對立情形讓他感到，自己已達於生
命的眞實情況矣！然而，這裡面乃跟來了一些問題：是不是
德國思想本身眞的想把其中的矛盾情形剔除掉，或加以壓
制？在前面一個論述裡面，讀者可能已經聯想到了歌德或席
勒所代表的古典期，而問說，他們是否已朝著要超越任何(自
覺到的)德國特殊性而達於沒有國界的普世主義這一方面在努
力？不容否認的是，文化(Bildung)，包括這裡面對當時社會
的不滿意之情形，是有其自負之處。這種情形可說它正處於
最後變形階段的出生過程當中。

　　值得一提的是，特勒爾屈在定義裡邊所引自由的兩種意
義，通常是相互對立的：一方面是不受束縛的消極自由，主
體的獨立性；另一方面，在屬於德國人的根本觀念上，則自
由乃爲由一理性主體所加承認的必然性(於其中，整體的歸屬
感被視爲是與生命有關的重大事情，因而心甘情願地加以接
受)。而因爲後面這種自由的意義已經又把我們送回托尼斯的
自發意志上面，我們發現到自己是在問說，是不是「承認必
然性」可能爲傳統文化整體論暗中所論持的一種形式？至少
看來，兩種傾向之間存在著一種血緣關係或疊合情形。

　　在這點上面，我們發現黑格爾的思想從年輕到成熟期的
過程正好提供了一個可跟我們問題來相對照的例子。年輕時
的黑格爾在找尋一種宗教，我們可稱其爲一種意識形態，它
可以讓近代個人主義跟共同體對立的情形言歸於好，使彼此

之間形成一種美好的和諧狀態，就好像我們在希臘的城邦政治（polis）所發現到的情形一樣。後來他乃創建出一種哲學，而藉著其中不同的實體層次來造出這種彼此言歸於好的情形。此一哲學體系為一階層系統式的組織，從主觀精神往上攀升至客觀精神（制度），再從此登於絕對精神（宗教、藝術與哲學）。後面這二個層次在廣義上等同於特勒爾屈論式裡邊的兩個端點。然而黑格爾知道這跟他年輕時的夢想是有所不同的：此一哲學所提供的復歸於和的體系僅受惠於知識人。換言之，這是Bildung之屬的東西。這種東西不免貴族化了些，或者以時下流行的話來說，是太秀異了。如此一來，則這終究是特勒爾屈所加展示之事，也就是說：一般老百姓得安分地來作自我奉獻而個人主義式的這種東西則為少數人的特有權益。關於國家，特勒爾屈與黑格爾的論點是極其相似的，但黑格爾所講的比較完整些。黑格爾式的個人主義自由自在地停靠在公民（或中產階段）社會的層次上，而這點特勒爾屈闕如。在更往上的層次，則公民社會與個人主義都被包攝於國家之整體論裡面，個別主體至此只有把自己認同於國家，這點也正是特勒爾屈所講的情形。有人間或會問說，黑格爾是不是得為其《法哲學》一書裡面想把其理論用在其時的普魯士王國之事加以負責？但我們發現，情形看起來卻是他講出了德國在其後一個世紀裡頭所要發生的實際情況了。威廉帝國讓普遍參政權在德國有了立足點之事，是不是跟黑格爾所說的東西明顯有別了？然而，威廉（Wilhelmian）帝國只是在表面上對近代民主制度做了讓步，皇室的特權並沒有被動

到。追根究柢，則德國在基本上還是忠於傳統整體論的國度，跟黑格爾式的論題是相符合的。在此，值得我們把德國和西方——或者該說是法國——的自由論式來作個對照：在一方面是源起於路德的精神自由，這種自由讓政治共同體留在原地，沒有動到；而在另一方面的自由雖然也源於宗教，然而在經過啓蒙運動與法國大革命之後乃延展至政治領域，而這種情形看來甚至到了以此一領域爲中心，而將此一領域轉化爲政治社會的地步。概括地講，則路德與法國大革命對於自由這一字眼的抽象意義提供了兩種不同的版本，在某種程度上，兩個版本可謂是分量相當，因爲德法兩個鄰國在同一個時期，於彼此類似的經濟環境下，都想來對其版本作定稿工作。

我再一次地提醒大家注意，在德國作家把屬於德國人的內在或德國思想來跟其他民族「屬於歷史層面」的外在加以對照時，他們可說已經體認這種差別性，即使沒有明講出來。然而，這些作家若不是把差別的情形歸之於德國民族喜歡作形上思考的特質的話，便最常將其歸之於政治環境上的差別，而極少提到由路德所引進，而爲虔信教派所推廣的一種可稱其爲分立派教徒的內在傾向的情形。

把路德的宗教改革與法國大革命加以相提並論看來是比較德法思想的根本所在。托瑪斯曼在他的《一個非政治人的反思》（*Reflections of a Nonpolitical Man*）一書中，對於德國文化的特有之處認眞地來作思考過。在書中，他曾多次談到以上的論題，其中最重要的是他提到說：

路德對於德國人的自由觀及主權觀所加促成之事乃是
將其轉爲內在性的東西。如此一來，則這些東西便永
遠置身於政治的紛爭擾攘之外。基督新教使得政治被
剝奪掉其精神目標而變成一種實務之事(1922: 37)。

這以托瑪斯・曼自己的話來說，是一種爲黑格爾以及卡
萊爾所予以肯定的深刻見識。「黑格爾說法國因爲少了宗教
改革而停不下來」（同前書，第242頁）而卡萊爾則視法國大革
命爲宗教改革的一項「不良的替代品」（535-37頁）。在此我們
不妨以自己的話來談此事好更能掌握住問題之所在，並且將
兩種對比形式的個人主義之特色來加以刻劃出。路德式的個
人主義位於宗教面上。這種個人主義對於宗教上面的職權劃
分之事直接加以反對，同時也反對階層系統：所有的基督徒
都成了神職人員而把教會爲他們求永福的職責給取回了。這
便產生出一種內化的情形而把其他一切給制於基督徒的內在
生活之下，而政治更是特別處於受制地位，國家也遭壓下，
被視爲是生計與權力之事，有其職務分工：政府裡面有其專
責人員，因爲這方面的事情不具有任何重大意義。

相對的，法國大革命傾全力反對社會政治之階層系統，
反對世襲的職業分類情形，而在個人之名義下，則所有的公
民同具平等身分；每個人同時爲一主體和主權體。共同體的
情形被解散掉了而成了社會。我們或可這麼說，政體或國家
已失去了其本體論上的實存意義，就如同教會在德國所遭到
的情形一樣。就本體論上而言，在個體與人類之間不再存有

其他東西了，具體的整體社會不復存，也不想存留下來，更沒有求取權力的意向了。所有這些在意識形態上全遭否定，而其有用的地方乃是：它只是一種既存的殘留物，如此而已。

我們也得注意到上面這種個人所加征服的情形：政治層次把宗教層次，即內在生活給制於其下了。不過在兩種情形裡，個人所被解放的層次都將另一層次置於其下了。這種情形在宗教改革的例子裡面並非新出現之事，因為屬於絕對性的東西繼續將其他東西置於其下，但法國大革命則出現了新的情形，即，傳統上屬於絕對層次的宗教被置於從屬地位了。此一事實有其重大意義，但可說是尚未被注意到。

若是如此的話，則我們能不能更進一步地，也同意托瑪斯曼所說的「宗教改革使得人們（單藉此）得以來對法國大革命產生免疫呢？」（1922: 535）一般對此段文章的了解是，他在此所指的是路德式的宗教改革，換言之，是發生在德國之事。然而這個結論未免下了快些，而低估了政治體制本身上面的差異情形。即使說路德主義對於德國的政治體制有所影響的話，還不需要為其負全責。在意識層次上面具關鍵性的事實——而這點到目前為止尚未被指出——看來可能是在西方所興起的近代主權類型——即領土主權——以及主權類型觀念不見於德國所致，這點我們會再論到。

於此，可能有人會提出異議說，我們已經偏離了特勒爾屈的思想了！因為我們把他想要包括進去的自發性自我效命於社會與政治整體的自由給略掉了！我們之所以將其略掉，是因為一旦我們把政治面加以孤立，則稱托尼斯的「自發意

志」，將會因爲承認由其子民所自發地來接受的任何政權裡面的「自由」而引出混淆不清的情形來。事實上——而這也是我們所要提的第二項批判——我們可以這麼來責備特勒爾屈說：他把有關於德國人自動自發地來效忠於其國家，尤其是在1914年的時候，這種國家的本質爲何的討論給漏掉了。不管其所作的分析是多麼地有用，從這個角度來看還是不夠完全的。然而，他已盡可能地來加以引領了，我們必須來接下指揮棒了。

我們在上面所提到的德國人的國家觀乃是一種泛日耳曼主義者之國家觀。在那個時候，一心一意要來統治他國乃是德國人整體國家觀裡面不可或缺的部分。此事可能會讓人感到訝異，但卻是存在的事實。特勒爾屈本人在那個時候所寫的文章清楚地講了出來：這些文章所談的國家意指一個最少能在世界統治上佔了一席之地的國家，一個「世界權力」（Weltmacht）。這點照他看來乃是戰爭所得失攸關之事[12]。托瑪斯曼在這點上面也表白地相當清楚(1922: 179, 326-29)。

在這種視德國統治他國爲一天職的背景之下，則特勒爾屈所說的「自我奉獻加文化(Bildung)的德國人自由論列方式乃顯示出一種新的意義來。不但說政治置身於教育與文化之

12　在「1914年的觀念」裡面我們讀到了如下的字句：此乃是一件權力與生命之事(Troeltsch, 1925b: 31)，而在文章最後則提到了創立一個中歐集團之事（前引文第52-53頁）。1919年的時候，特勒爾屈寫道：「今天，俾士麥(Bismarch)的帝國已經倒了下來，對我們而言，一切所遺留下來的乃是精神以及工作」(1925b: 210)看來好像一旦被剝奪掉其征服他國這個層面的話，則國族便完全變了樣了。

外[13]，因而國家乃任其所由──不管其所欲採用的體制為何，人民接受就是；自我奉獻更指向一個命定是要來統治非德國人的實體。於此，政治領域本身在制度上乃有了免於個人主義批判之保障，而將傳統以及種種殘存情形給庇護住了。這在其他國家則為：個人主義式的批判將專制王朝給予解體了。我曾寫說，傳統的民族中心主義，或者說得更恰當些──社會中心主義──以各種不同的新裝扮延命於近代紀元裡。在法國方面為幼稚或者說神秘式的普世主義，在德國則為露骨或粗暴的泛日耳曼主義（見前面第四章結尾處）。然而，可能在德國的例子裡還有著另外一種殘留情形──而這點特勒爾屈亦有提及──在近代的幾個世紀裡邊，德國這個國家也有所轉化了。或者說，本身在近代情況下適應了過來。神聖羅馬─日耳曼帝國改為普魯士王國給接了下來，繼之則為德國。事情看來或可這麼說：忠心耿耿的子民視其為一件順心之事，因為這裡面總是言及同一個名詞，帝國（Reich）。他們看不出有什麼變化之處，而繼續效忠於德國，正如同他們以前效忠於普遍王權的帝國一樣。

13　在他寫於大戰期間，而收錄在同一集子裡的一些文章裡面，特勒爾屈談到了他個人對於初等教育所持的斷然態度：「教育跟對國家感覺的強化以及喚醒政治意識之事，一點都沒有關係」（1925b: 177）。他對中等教育也持同樣的看法（1925b: 220-21）在這上面雖然存在著有所矛盾的意見甚至措施，特勒爾屈還是持說，學校必須將本身限制在對自由人的精神與內在發展的範疇裡邊。而他提出要求說，不管對德國人文主義的定位有多難，應該以這種人文主義來取代其時還全面支配了學校課程的古典人文主義。

　　時下的史學家們在談到廣義的德國政體時，都沒辦法把
事情說個清楚，這是因為他們一般都低估了意識形態，而在
德國的例子裡則是把主權的意識形態面給忽略掉了。這點，
至少是我到目前為止暫時所能得出的結論。它對於比較研究
非常重要，需要來加以作充分討論，但於此，我們只能簡要
地來提個大概。我們常常聽到德國在政治體上分割成塊狀之
事，而此事則受到路德的宗教改革，或歐洲在三十年戰爭
(1618-48)後所簽定的韋斯特法里(Westphalia)條約等所促成或
說更為惡化。具體的事實明顯可見，但解釋起來卻得小心翼
翼。一般我們所聽到的說法是：德國是經由此分割狀態進到
國家領土上面的政治組織體的，這意含著一個沒有講出來的
重點：德國從普遍王權到領土主權所發生的過程是一樣的。
但這種解釋卻忘掉了，英法兩國的改變過程代表了一種根本
上的轉化，這中間包括了基本的意識形態面，然而這種情形
卻沒有出現在德國的例子[14]裡。同時這也把帝國的殘存情形給
忘掉了。不錯，帝國是變得越來越無權力了，然而在意識層
面上它並沒有被具體的領土認同所加取代。德國這個政治
體，一直到1866年的沙度瓦(Sadowa)戰役，其存在乃游走於
領土的歸屬為一事實，而普遍王權為一原則之間。在我看

14　在此要提請大家注意的是，照麥納爵士(Sir Henry Summer Maine)的
　　說法，原始或傳統的主權只有兩種類型——部落式和普遍的王權。第
　　三種類型，即領土主權，為近代所出現的新東西(Maine, 1887：
　　103ff.)，這上面的區別乃為根本所在。就此意義而言，領土範圍相當
　　明顯地是近代意識形態一個主要的特點(Dumont, 1980，附錄A，第
　　三節)。

來，此一重大的事實一直因為我們高估具體的資料而忽略意
識形態面，再加上沒有充分地來跟西歐鄰邦作比較研究，而
被掩蓋住了。所以德國一旦被普魯士統一了起來，便成了羅
馬門神的兩張臉了；在國際的層次上，它是眾民主國或領土
國的一員，然而其內在所展示出來的層次卻是普遍王權之復
現。這可說是對此一「帝國」固有的，一心一意想來征服他
國之事最為深刻的解釋了。換言之，泛日耳曼主義跟特勒爾
屈在1916年所界定的德國人之自由觀是如影相隨的。

第六章
極權主義之病
——論希特勒的個人主義與種族優劣論

　　這本書裡所做的比較研究，其主要的著眼點乃是：希望能夠幫著我們把這個時代裡最令人敬而遠之，且又費解的謎樣般情景給加以解讀。此一令人費解的情景為：人想將他的命運掌握在自己的手中，然而到頭來卻發現自己陷身於戰爭與極權主義之中，這種前所未有的荒誕景象實在令人無法加以理解。幾年之前，因為注意到在這方面還缺少著一種「徹底的反思」，我因而講說，即使在事過三十年之後，我們在思想上還是未能把這個時代陰森可怖的希特勒(Hitler)經驗給把握住(《從孟德維爾到馬克思》，英文版，11頁)。誠然，相關的研究著作近年來是大幅增長了(這可能是大家越來越重視這個問題的徵兆)，不過這是不是就意味著，我們今天的研究環境顯然要比以前來得更為有利呢？

　　依我看來，我們在觀點上需要做個重大的修改，然而這上面卻依然闕如。我們在此所要提出的，正是要作觀點改變的一些先決問題。這篇十五年前所作的研究，一直未加以出

版。在此刊出 [1]，我得以參考了在這十五年當中，對於一般意
識形態——而特別是有關於德國方面——所作研究的一些作
品。在這方面研究所代表著的進展情況，得以讓我來切中問
題，將整個其中的情形完整地加以勾劃出來。當然，假如對
於德國意識形態的研究能做得更為全面，而其中的結論能建
立在更為廣泛的基礎上，然後將這方面的成果拿來當做註腳
的話，則是最好不過了。不過，前面兩章（第四章跟第五章）
在表現方式上雖然相當緊湊，倒也把相關的重點給提了出
來。以下我們將分兩部分來做討論。先是一般問題的討論，
接著是對希特勒現象所展現出來的根本情形所做的簡要分
析。此一分析所根據的主要文獻是希特勒本人的著作：《我
的奮鬥》（*Mein Kampf*）。

　　以歷史的連續性來對問題作解釋的著作已經是太多了。
說希特勒現象是中世紀排猶主義（antisémitisme）之延續，並不
能解釋其所發明的陰森可怖之滅絕人種這一回事。說它毫無
疑義的應該是屬德國意識形態上面的一種延續情形，並未能
解釋納粹所化身的那一場慘絕人寰的浩劫。法國方面的闡述
者所感覺到的乃是此一意識形態上面的連續性（然而，「感覺
出」是一回事，「推論出」又是另外一回事）。除此之外，有
一種趨勢是：或把希特勒主義直接跟德國浪漫主義連了起
來；或把德國文化裡面所偏離出啟蒙運動的東西先加以排

1　我實在沒辦法完全掌握在這段期間所出現的浩瀚文獻，然而，就我所
　　知，這方面的文獻對於我們在此所關切的課題本身並不構成任何問
　　題，而我早先所寫成的那一部分文章也不受影響。

斥，稱說此一情形延續於馬克思主義裡面，是一種「非理性」的東西，而這種情形更自然而然地為國家社會主義鋪了路[2]。這種種「都為偏頗而殘缺不全的一方之見，說到最後，只證明出我們所無法理解的，不但是納粹現象，也包括了德國意識形態本身，以及其必然為近代意識形態的一國之變體情形這一回事。

在此必須加以改正過來的第一點乃是：我們必須承認國家社會主義是一種近代現象，而無庸置疑的是一種病態現象，然而卻是我們這個世界的一種病態，而不單單是一群狂熱分子的逸軌動作，由以歷史的陰錯陽差，或者說是整個國家誤入歧途所導成的[3]。正如同諾特（Nolte）（1965）所提請我們注意的，納粹從一開始便反對社會主義——共產主義運動，而以本身跟這種運動的關係來界定自己。在《我的奮鬥》一書裡，希特勒對此解釋得相當清楚：他所構思的乃是一種與馬克思主義和布爾什維克運動相對位的運動，其中最重要的一點乃是，階級鬥爭由種族鬥爭取而代之。因此，我們在此所碰到的是一種跨越洲際的景觀。廣義地來界定此一近代特

2　此方見Lovejoy, 1941（以及Spitzer, 1944的銳利批判）；Lukács, 1955。

3　從此一觀點來看的話，我們對於同時涵括到存在於其他國家類似運動的詞彙甚表歡迎，此方像這個時期本身就用上而後來也見之於諾特著作的「法西斯主義」（諾特的作品為Der Faschismus in Seiner Epoche: Die Action Française, der Italienische Faschismin, der Nationalso zialismus（1965）（法西斯主義時代：法國行動黨，義大利法西斯主義，國家社會主義）；而「極權主義」——此一主義雖然難下定義，卻能代表著更為廣泛的意義（參閱Friedrich, Curtis, and Barber, 1969; Turner, 1975）。

徵的路，則這裡面令人印象深刻的一點乃是一連串競出高價的歷史鏈，我則稱其爲一種意志之傲慢（d'hybris de la volonté）現象。馬克思繼承了德國哲學龐然的思辨傳統（Dumont, 1977: 117）並再予以增強。他不再對世界做一種闡述工作，而想藉著哲學與無產階級之聯手來改變世界。而「職業革命家」列寧又更向前走了一步。俄國的民粹主義已經稱說，俄國人民是有可能來扳倒中產階級所代表的西方文明的，這點讓列寧以爲，一小群自稱爲布爾什維克黨的謀反分子，便有辦法讓俄國躍過經濟發展過程當中的資本主義階段，直接從沙皇專制時代進入社會主義時代（Dumont, 1985a）。再來便是希特勒了。他對布爾什維克分子的意識形態加以排拒，卻取走了他們所打造出來的權力這種工具，而以另外一種相當不同的意識形態中與布爾什維克黨之模式相結合。在這裡面每一個階段所日益增強的情形乃是：少數或個人野心勃勃地想將其意志強加在歷史上面，以及操縱人民的權力掌握。這在開始的時候，是躲在雄心萬丈的理論之陰暗角落裡，而由其中廣義的人文主義之目標來加掩護。後來乃一步一步地將所有的束縛加以抖落，最後乃爲一群人或個人的權力意志來作服務。於國別上，我們可以區分出作出相當可觀貢獻的俄國情形，以及作出更爲重要貢獻的德國情形兩種，而兩者一爲起點，一爲終點。

拉雜地說了上述情形之後，我們再回到德國意識形態上面。基本上，我們要了解的一點是：在談德國意識形態的時候，我們在實際上所處理到的情形，決非單是德國本身之

事，而總是牽扯到德國跟其他世界的關係究竟為何這一回
事。這點，不但適用於希特勒本人身上，也可援用於近代民
族觀念的源起者赫德身上（參閱本書第四章）。令人不免感到
奇怪的一點是，若從文化以外的觀點，比方說在論到政治或
經濟上面的問題，我們當仁不讓地將德國與其他世界關聯了
起來。然而在論到文化上面的問題時，我們卻將德國給孤立了
起來，好像其文化跟其周遭環境之間並沒有任何依存上的關
係。這點，誠然令人大惑不解。我們早就知道一大堆東西，
而可能我們也知道所有必需要知道的東西，然而我們對於事
情的整體情形卻並不理解。德國跟其週遭環境的關係正是決
定其文化的整體形式和歷史發展的首要因素。而德國意識形
態裡面的那些原創性東西，是無法跟上述的情形分開的。

　　前面兩章已經讓我們對此一現象有所理解了，我們在此
則利用前面兩章所獲致的結論，來把整個畫面給補全。1918
年間左右，於大戰之後的德國意識形態遭到極大的創傷，而
呈現出深沉的危機景象。在此之前，1770-1830年間，偉大作
家辛勤耕耘所獲致的成果，使得德國意識形態兼具有人為一
社會性存有實體的傳統觀念，以及人為一個體的近代思想。
以比較的眼光來看，德國意識乃體現出一種新的精神———一
種想超越存在於上述傳統與近代思想當中的衝突情形之企
圖，而將上述兩種思想給綜合起來。然而，這樣子的一種綜
合所產生出來的究竟是什麼東西呢？我們應該從何種社會實
體面來加以理解呢？當然不是從十九世紀的德國社會與政治
史面上。因為這個時候矛盾的現象並未加以克服：德國並非

是1848-1849年之間於法蘭克福的國家會議來促成其統一的，而是由普魯士國王，或說是其宰相俾士麥透過「鐵與血」最後締造出來的。德國的作家一再地告訴我們，其他民族或多或少一直是成功地活在眞正的歷史舞台上面，而德國人所完成的卻是在思想上面的統一情形。換言之，矛盾的情形，只在原則上，而於意識形態面上被克服了，也就是說，德國（藉其知識分子的思想）本身已經整合了起來而融入於大時代裡，而將本身界定爲一統一體了。如此一來，也就難怪在知識分子眼中，自己身負有事關國家顏面的重責大任，如同我們在上一章所提到的，這些人乃是德國文化與外面世界的調停者，而這上面的重要人物，其在文化層面上所代表的意義，就如同一國元首或大使在政治層面上所代表的意義：這些人是他們國家的代表者。

雖然德國藉著對法國大革命所作的適應，以及成功地以自己的一套辦法回應了法國大革命的挑戰，而成了一個文化共同體，其達成一新而爲近代憲政體制的國家的途徑，卻與上面情形完全是兩回事，而完全是借助於政治力量的。政治上的統一主要是由幹練而果斷的普魯士政府所來加以實現完成的。是一種順應時代潮流的實務之事。在根本上我們要記住的一點是：文化和政治在德國是兩種不同的過程，分屬兩種不同的層面，彼此是區分開來而相互獨立的。而我們發現這種彼此區分開來的情形，也反應在特勒爾屈所論的德國人之自由觀上面（見前一章）。

如此一來，則我們所要加以考慮的主要問題乃是文化層

面的展現風貌和政治領域兩者的交錯，相接情形。日耳曼文化與德國為一政治實體兩者之間，在經驗上必定有某種程度的疊合情形，雖說彼此演變的過程基本上是相互獨立的。至於說是什麼具體可見的特徵，這我們得在意識形態上面來找了。前面兩章已經揭櫫了跟政治領域相關的二個主要意識形態面。首先，我們發現，路德式宗教改革的內斂式個人主義，使得德國人能夠抗拒法國大革命外顯式的個人主義。其次，德國人還是忠於原始的主權類型，即普世王權的觀念。第一項特徵道出了文化與政治之間的嚴格區分情形，同時這也剛好解釋了托瑪斯・曼對於社會-政治這種實務之事的猜忌。第二項特徵則解釋了為什麼普魯士─德國挑釁的外交政策得到知識分子支持的原因。泛日耳曼主義在德國文化裡邊被視為是國家真實不二的主要特徵。換言之，泛日耳曼主義是把日耳曼文化與德國這個國家給連了起來的主要關鍵所在。此一事實可能看來有點令人難以置信，而值得我以史實來加以引證。然而在此我卻無法加以申論。不過此一事實可以幫著我們來理解，為什麼在1918年第一次世界大戰失敗後，德國意識形態會遭到那麼嚴重的創傷。總之，把德國支配他國的天職加以壓制乃不啻是毀了德國這個國家。

　　不過，德國個人主義之意識形態，其文化（Bildung）之理想，以及特勒爾屈筆下的德國人之自由觀───一種在共同體裡面的自由，兼具有個人主義與整體論，而視情況需要於此兩者之間來作取捨，看來在十九世紀以及二十世紀之初一直相當不尋常地呈現平穩狀態，然而，就另外一個角度來看，

這可說是一種不穩定的平衡，甚至可能受到個人主義過度活
躍之活躍。比方說，早在1810-1815年間，便出現了一位怪異
人物楊恩(P. Jahn)這位手創體操會的愛國主義者。他發明了德
國民族服裝，並在大學裡把民族主義的風潮給傳布開來。楊
恩代表著堅決反法的德國民主思想激進分子，在很多方面他
都是納粹型人物的原始樣本。他跟同時代比他更負盛名的人
物之間主要的不同之處，在於其徹底的唯平等是尚的傾向。
我們是不是可以這麼說，因為十九世紀中葉之後，科技和經
濟在德國發展得相當快，而普遍地強化了平等主義與個人主
義的傾向呢？然而這當中所出現最為明顯的現象卻是有一點
不同的東西，而可說是一種自衛式的反應，是由不滿中產階
級以及功利主義在德國的發展情形所導出的一股輿論傾向。
這種情形我們可以從十九世紀最後二十幾年間的一些知識分
子身上看出。史騰(F. Stern)(1965)稱此一思想運動為「文化
絕望政治學」，這可說是對西化現象和德國本質之解體所作
的一種整體式抗議，到了最後，1918年的戰敗乃被視為無法
再加以忍受之事，而使得此一微妙的平衡狀態呈現了傾斜的
情形。事實上，一次世界大戰的失敗乃把平衡狀態轉化成為
一種矛盾狀態，希特勒以及其他好多人都繼承了此一矛盾。

　　以上所述的乃是我們對德國意識形態整體的延續情形所
作的一種理解。如此一來，哲學家或浪漫派便不必為國家社
會主義來負責任，而我們也不用把德國文化一分為二。也正
如同布拉雪爾(Bracher)所說的，假如我們要了解德國是如何
地邁向毀滅之途的路，就必須在國家意識的整個文化傳承上

面(Bildungsgut)來找答案[4]。

　　再者，德國人本身在當時大半是覺察出這種在意識形態上面的延續情形的。這點，至少是我們今天在研讀一次世界之間以及之後知識分子所建言的文章時，所能感受到的東西，而最佳的例子見之於普林布蘭，這位生於捷克的德語系社會學家的一篇文章上面。這篇文章發表於1922年，其標題爲〈德國民族主義與德國社會主義〉(*German Nationalism and German Socialism*)。以下，我希望藉著對這篇文章的開頭兩段文字所作的翻譯，來把原文給人的一種深刻印象加以傳達出[5]。

　　　　透過國家觀念重新來對社會主義作解釋(這或者說是意
　　　　義之轉換〔Umdeutung〕)：
　　　　我們在今天的德國看到一種相當特有的現象，誠然，
　　　　乍看之下，此一情形令人瞠目相視。在大戰期間的人
　　　　心激昂沸騰以及最後的全面崩潰，乃在文壇掀起了一
　　　　片令人無所適從的喧嘩之聲，然而從眾聲擾攘之中，
　　　　我們愈來愈清楚地可以聽到嚴肅思想家們所發出的建
　　　　言，而這些建言是愈來愈具有說服力了。他們認爲，
　　　　德國，不管是在不知情的情況下，或者是在有意識的
　　　　決斷下，本身可能在戰前就已經進到了社會主義的實
　　　　踐之路上去了。至少，以德國特有的精神特質和經濟

4　Rarl Dietrich Bracher, *Die deutsche Diktatur*(德國獨夫)(1972)：536。
5　Karl Pribram, "Detuscher Nationalismus und deutscher Sozialismos," *Archiv für Sozialwissenschaft and Socialpolitik*, 49(1922)：297-376.

發展，是有能力來採行此一途徑的，而在未來也需要
著手進行此事。特別值得注意的一點是，普魯士主義
(Preussentum)所體現出來的政治、社會和經濟觀念，
是跟英國的民主理想和經濟倫理相對立的，這會把眞
正的社會主義概念以其最爲純粹的形式表現出來。

這種由傳統所展現出來的風貌之轉化，多少就等於是
在拔社會主義革命之牙；這件事看來是從整體德國人
民最深刻的思想和意志裡面所升起的——而不單是從工
人階級所來源出——一種自衛運動，裡面對以個人主義
爲基礎的資本主義經濟秩序直接加以反抗。個人主義
及其種種觀念和經濟形式被描寫成從西方移植過來本
身就成問題的東西。對這種東西加以征服，乃是德國
人之偉大使命，而此一征服行爲，先從國內開始，再
及於世界。根據此一觀念，則對於資本主義秩序的鬥
爭，就等於是以精神和經濟組織爲武器，繼續來與協
約國作戰。這也同時意味著朝實踐社會主義之路邁
進，而回歸到了德國人民最爲高貴而優秀的傳統了。
顯而易見的，這些思想家所作出來的斷論是有著相當
大而具說服力的熱情在裡頭的。而這種熱情又源於社
會主義本身的道德陳言方式。不過同時這些思想家都
排斥馬克思主義形式的社會主義——主要是不同意階
級鬥爭乃爲社會和經濟發展的主導力量這種說法。然
而，任何社會主義者在其實際的作法上，是假借著在
資本主義的精神之外，佔有一席之地的其他標準來評

論社會與經濟現象的。看來他們是以此態度來了解國家、經濟、經濟單位、價值等不同現象，來提出觀念轉化的要求的。說社會主義經濟體制之引進與德國人民特有、不變的個性上之深刻意志相符合，這種論斷就等於說，這個民族之思想形式，其了解經濟和社會的方式，即使是在不自覺的情況下，也是跟資本主義經濟秩序的門徒們，跟其在思想上所特有的論說方式上是相對立的。

普林布蘭在文章的註釋部分提出相當充分的證據來支持他的論點，他從藍屈 (Lensch)、麥茲格 (Metzger)、薛勒 (Scheler)、寇許 (Korsch)、史賓格勒 (Spengler) 等人的著作裡邊所引用的文章相當的長。而引文部分後來並包括了凱爾森 (Kelsen)、傑林等人的著作。其中一段引普蘭格 (Plenge) 的文章，我們若把它放在這裡的話，可說是再恰當不過的了[6]。我們所確定無疑的一點是：「國家社會主義」（或者說是「社會民族主義」）就要粉墨登場了。就此意義而言，則以國家社會為黨派名稱這一件事，事實上早在1920年時就已經保留好了。

我們在上面所引的只是普林布蘭一篇長文的開頭部分而

6　「戰爭的必要性使得社會主義的理念深入於德國人的經濟生活裡邊，其組織已經以一種新的精神體現出來了。因此我們國家的堅持己見已經為人類創造出1914年的新理念，這也就是德國組織，國家社會主義的民眾共同體之理念。」(Plenge《1789和1914》, 1916: 82, Pribram，同前書，第322頁注34引用了此文)。

已，普林布蘭並不滿於只來道出事實，他想來提出解釋。照
他的看法，德國民族主義（這在基本上是普魯士民族主義）和
德國社會主義（即馬克思社會主義）都援用了同樣一個意識形
態上面的公式，所以兩種情形之間的轉移，或說從馬克思主
義轉到「國家社會主義」，是可以理解得到的。普魯士民族
主義以及馬克思主義都建立在個人主義式的「唯名論」之基
礎上，而二者都稱說本身已要靠在一個集體存有的實體——
一為國家，一為社會階級——上面了。這一來便賦與此一實體
一種新的意義，一種在僅止於個人集合體的東西上面所看不
到的真實生命。此一實體因而被認為說是存在有一種命運，
一種發展之希望，甚至是一種意志的，而所有這些特質，我
們唯有藉整體式或「普遍原則化了的」思想模式才能加以洞
悉，普林布蘭因而將此一思想模式名為「假整體論」（他說其
為「假的普世主義[7]」）。說假整體可能在表達上有點惹人厭，
然而卻把根本的情形給道出了，而我們從前面引文的最後部
分可以看出，他已經把整體的德國意識形態給刻劃出了。

　　誠然，普林布蘭的想法和我們的，彼此所界定的東西是
有所不同的，然而兩者之間的相近之處便能夠讓我們來作出
一簡短的綜述，而把彼此之間的距離給略在一旁。同樣地，

---

[7]　「普世主義」在意義上乃是我們現在所稱的整體論，其原出自於史旁
　　（Othmar Spann）。這位理論家要比普林布蘭來得有名，然而普林布蘭
　　在他跟Spann的關係上面卻小心地保持一段距離（見其注3），他並且在
　　有關普世主義的上面加上不可或缺的一段增補（即對於「假」所作的
　　限定）。

普林布蘭在引文裡邊所用的「假普世主義」，儘管在名稱意義上面有點不明確，我們仍可將其視爲自成一類的東西，好有別於其他不同的兩種原始類型（譯註：指個人主義與整體論）。無論如何，明白可見的是，他所指稱的情形絕非其他兩種不同的原始類型在歷史上所結合產生的東西。然而會出現這種不明確的情形乃是因爲我們受限於引文的原故，文章裡的其他部分在這方面就表達得相當清楚，在其文章的結論上，普林布蘭就描繪出個人主義先是透過在英國而後來在法國的近代革命，終於凌駕於教會和專制政體兩種整體主義之上而取得勝利的情形，他加上了下面這段文字：

> 在因爲思想模式的轉化而形成的前後對比情形上面，德國並非是像其他西歐民族那種突然之間頓時改觀過來的局面，而是一種借假整體論所未完成的綜合情形，假整體論於此充當了整體論和個人主義之間的調停角色（Pribram於此事實上是使用了普世主義和唯名論〔Universalismus und Nominalismus〕這兩個字眼）(1922: 371)。

於此，普林布蘭說，這種情形也就是馬克思所稱的腦袋（頭蓋骨下）裡面的一種革命。這種革命跟法國式的街上革命正好相反。這點是馬克思以及其他很多人的共同見解，跟馬克思不同的一點是，這些文化人理念的信徒稱心滿足於界定德國文化上面的東西。然而在1918年之後，此一意識形態上面的公式得跟政治實體來面面相對了。即使這點，我們發現

普林布蘭也已經預示出了：

> 我們上面所提到的思想方式〔Denkform〕[8]乃是就絕大多數德國人民而言。而這並沒有因爲戰爭而有著深刻的改變。戰爭引起的災難問題所導致的對於王室的拒斥，以及對民主憲政體制之採行，一點都不能將其視爲在嚴格意義上所稱的革命(出處同前引文)。

　　卡爾·普林布蘭的這篇巨構，我們實在應該加以深論，然而在此我們卻無法做到。在1922年的時候，普林布蘭不但清楚地指明了往後國家社會主義在德國意識形態上面所佔的地位。同時，他也搶先在我的前面，以個人主義和整體論的觀點來對意識形態做了分析[9]。而不管是如何地隱而未予以明言出，他也早就默認了我在下面所提的論點了，因爲下面所要做的正是要讓大家看出，納粹主義乃是一種假的整體論。

8　普林布蘭只提「思想模式」、「思想方式」，這種事後來被稱爲世界觀，而此一措辭希特勒經常加以使用。文章的稍後(1922: 373)普林布蘭指出「是德國唯心論哲學把此一倫理形式給建立起來的」，而其展示出來的情形乃是把個人臣屬於整體之下，他並且引了費希特的文章。

9　1977年我呆在哥庭根(Göttingen)時發現了普林布蘭的著作，令我感到驚訝的是，早在1912年的時候，他在一本書 *Die Entstehung der Individualistischen Sozialphilosophe* (《個人主義式的社會哲學之源起》)，這本書普林布蘭在我們於此所引他的長文之註釋5上面提到)上所提出的觀點，大體上是把我後來論經濟意識形態所論到的東西給搶先提出了。

在我聽到『槍』這個字時，我乃安抵我的文化[10]。
（Alexander Gerschenkron於1969年3月在普林斯頓的一
個討論會的發言。）

我前此曾寫道說，極權主義乃是近代社會的一種病態，
「其所源出的社會，個人主義的觀念不但根深蒂固，且居主
導地位，然而在其視社會整體為一最高地位，而想將個人主
義臣屬於其中時，乃產生出極權主義」（Dumont, 1977: 12）。
我補充說，其運動的暴力行為乃源於此一矛盾之中，而這種
矛盾也存在於運動的帶頭者身上，因此這個運動乃被彼此衝
突的力量扯得四分五裂。

我們在此想做的，就是要以納粹的意識形態為例，來求
證或例證以上的論題。這裡所提到的納粹意識形態，說得更
明確的話，則是指希特勒思想所展現出來的情形，他的世界
觀（Weltanschauung）（借用他自己的用語），其中包括了他強調
甚力的反猶太的種族優劣論。

我們要分兩個階段來進行此事。在第一個階段裡，我們
從現存文獻裡面歸結出一些值得一提的論點[11]。然後，藉著一

---

10 一般認為這是對赫曼戈林（Herman Goering）所說的俏皮話之倒裝用
    法。這種倒裝用法納粹大肆推廣過，一位同行肯定地告訴我說，1960
    年代末期在蒙特婁的左派學生將這句話當為其座右銘，誤認為講這句
    話的人是毛澤東。
11 在這點上面，我沒有辦法全面地參考到最新的研究文獻（見本文注
    1）。之前，由於把參考資料限定於有關解釋和分析的問題上面，我只

分整體論式和個人主義論式所激發形成的諸特點清單，來檢
視這些特點彼此是如何關聯在一起而結合成一個整體。

在著手進行此事之前，我們得先處理一些先決的問題。
第一個問題是：眞的有人會對希特勒這樣一個人物感興趣
嗎？拿他來做研究對象當然不是一件令人鼓舞之事，不過拿
他來做考慮之所以有用的理由有二：第一他是運動的領導
者，第二爲了方便我們來做討論。希特勒是領袖(Führer)，此
一稱謂把一個人所扮演的角色跟他的職權不加區分開來，也
就因爲如此，他乃有著不尋常的重要性和權力。這是我們必
須加以嚴肅考慮的地方，特別是我們的研究其目的是要對意
識形態盡可能詳盡的來加解釋。清楚的一點是，我們無法研
究其政權，因其不具有此一特徵。再者，領袖將其個人的觀
點極其粗暴而又直言不諱地表達在其著作《我的奮鬥》一書
裡邊。這本書寫於1924年，其時希特勒因爲在慕尼黑策動暴
動失敗而被囚於國家監獄[12]裡，而這乃方便我們來做討論，因

提到阿蘭特(H. Arendt)(1958)和諾特(1965)等著作，現在我至少可以
再加上布赫漢(Buchheim)(1962)——這本書在理論的澄清上面做得極
好，以及費耶(Faye)(1972)廣泛而寶貴的研究，還有傑克勒
(Jäckel)(1973)所做的研究。

12　《我的奮鬥》第二集是1926年所添加上去的，我們在此引文所記頁數
根據的是1933年出版的自傳全集(頁數的標記看來到1939年之前並沒
有變動)，對希特勒而言，論斷的粗暴性乃決定了宣傳之有效性，而
這正是爲什麼他在取材上對於主要的東西直言不諱的原故。然而我們
不能斷定，希特勒在他書裡所講的東西是不是都是他所想過的，不過
我們也不能排除說，希特勒的觀點有可能在後來得以充分地開展出
來。

爲範圍有一定的專論比較可能得出具體的結果。然而，我們
如何善用其爲領袖的重要性呢？大致說來，要不是這個人在
某一層次上，多少是代表了那個時代的德國人，而在廣義上
代表了近代人的話，則希特勒所受歡迎一事是難以理解的，
我們在分析此事時，必須將這點給解釋清楚。反過來說，就
其所擁有的無限權力而言，他所採取的與眾不同的作爲乃烙
印在歷史的事實上面。此一政權最爲聳人聽聞極盡殘酷之
舉，或被稱爲人種大屠殺和燔祭——也就是有計畫地對特定
的種族加以滅絕，尤其是猶太人和吉普賽人——直令我們的
理解困惑。這也就難怪史學家乃集中注意在這一件事情上
面，而相當自然地先對此事「加以解釋」[13]。而我們有著相當
的理由認爲，此一滅絕人種之事乃是由希特勒所發號施令
的，而假如此一運動的領導人物（在不太可能的情況下）換成
別人的話，則滅絕人種之事大概不會發生。誠然，從1919年
以降，希特勒對於根絕猶太人之事已經相當確定了，相形之
下，希特勒的助手Himmler本人則我們倒是可以發現一些躊躇
的跡象：希特勒是歷史上面人格角色的一個陰森可怖之例[14]。

13　有關於此點的最新討論，見Friedländer 1982, Mason 1982.

14　見希特勒1919年《致肯利錫書》(Letter to Gemlich)（Nolte, 1965: 389-
　　90）；1922年（？）時的態度見Eckart所收錄的對話(Nolte, 1965: 407及
　　其下）；1924年時的看法見Hitler, 1933: 772(提議使用毒氣瓦斯)；亦
　　見Nolte, 1965: 502。有關辛姆勒(Himmler)部分，見Nolte, 1965: 614，
　　註113, Arendt, 1958: 375n，我們所知道的辛姆勒這個人可以這麼講
　　他：雖是相當的緘默，然而對主子所決意要作的事卻遵命成癖，分毫
　　不差地貫徹執行(Himmler, 1978: 14, 167, 204-9; Nolte, 1965: 614，註
　　113)，辛姆勒對全體納粹的黨衛隊——黑衫隊(Schutzstaffel，簡稱

　　第二，我們是不是可以說，納粹意識形態並不止於一系列的宣傳論題，而是有其矛盾和變異情形呢？(特別參閱Faye, 1972: 555頁以下)是不是有什麼一種思想在大體上，是代表了希特勒所堅持的東西呢？嚴格說來，事實上是不存在有納粹意識形態這一回事的。這意思是說，在這些人當中，列為最優先考慮的對象，不是理念，而是行動；而行動本身通常是具破壞性的東西而不是要來實現某個理想。跟史大林主義形成對比的是，納粹主義並沒有涉及強制性的教條問題，沒有見到當權派裡面彼此衝突的地方：沒有一位納粹裡邊的領導人物被以黨的總綱領之名來定其罪[15]的。有些作者則提說，其裡面的不同意識形態多如其領導人物，那些比較向著意識形態的人物，像羅森伯格(Rosenberg)，要比起冷嘲熱諷者較為失寵些。

　　然而，在這裡面依然有少數相結合在一起的觀念多少可以算是全體一致的信仰，而決定著納粹的行動方針。比方像行動優先或鬥爭的觀念，還有對於「領導人物」的觀念，把對於最高領導者的忠誠不仁，視為個人辦事終極的標準。這取代了或者應該是「真理」或「理性」的地方。一般說來，近代意識形態是把人與物的關係看成是優先於人與人之間的

　　SS)員宣布說，不該有任何一件事是為了自己(Arendt, 1958、409n)。
15　然而，費耶(1972：68)注意到，1933年之後，希特勒之前的大部分種族優劣論的學說遭禁，而這無疑地也包括了談到這方面問題的理論家在內。看來這是想保有官方理論的簡單性，免其遭到不良的影響及反思。

關係的。所以，在這點上面，我們看到納粹又回到了近代之前的情形了（但是有一些改變，這點我們在後面會見到）。

　　《我的奮鬥》正好指出了意識形態在整個運動裡邊所佔有的位置，希特勒在書裡面解釋說，單靠暴力要來毀滅某一種「世界觀」還是起不了作用的，若要一舉成功的話，則我們必須建立起與之相對立的另一種世界觀；想戰勝馬克思主義和布爾什維克主義的話，則吾人得援用一種能來服務於組織化了的力量之意識形態（Hilter, 1933: 186-87）。必須要提到的一點是，希特勒廣為使用「世界觀」這個觀念，而他對此獨有鍾情的原因，乃在其中所蘊含的一種相對主義之情形。所以，我們得把希特勒所信仰和思想的東西，以及他要別人來信仰或思考的東西，加以區別開來，而這也正是困難所在。但是我們本身不該被愚弄，必須像今天好多人所說的，來「破解」（décrypter）官方的意識形態。同樣的情形也可以用在「國家社會主義」一詞上面。其源起在《我的奮鬥》一書裡面說得相當清楚：希特勒（1933：133）告訴我們說，他在維也納的時候，從反猶的泛日耳曼主義者薛諾瑞爾（Schönerer）的身上知道了整個運動的目標之所在，而從社會基督黨的路格（Lueger）博士那裡借得搞運動的有效辦法[16]。在這種意義下的「社會主義」基本上是指群眾之操縱一事，是為民族主義來作服務的。我們可由這種社會主義來了解到一種屬於種族

16　照 Werner Muser（1970）的看法，則希特勒對他年輕在維也納時所述的情節，與事實有相當大的出入。然而在此，希特勒是否事後編造事實經驗之事並沒有多大關係。

偏見的泛日耳曼主義之情形，再回到希特勒所設定的，有關於某種力量以及對這種力量加以合法化的意識形態兩者的關係上的話，則我們便可以相當篤定地說，希特勒認為力量，而非理念，在意識形態上面具有優先地位。這個力量先於理念的原則可在黨的組織和計畫層次上來遵照行事。至於在希特勒本人當中的觀念和價值之組合情形，則我們可以所謂的社會層次之意識形態視之。

　　明白而確定的一點是：種族優劣論而特別是排猶主義在前面所提的希特勒的觀念和信仰裡，扮演著一個舉足輕重的核心角色。這方面，文獻又怎麼來告訴我們呢？我們前此已提到，納粹主義裡面的種族乃相對於馬克思主義裡面階級這種東西，而納粹主義的目的乃要以種族鬥爭來取代階級鬥爭。諾特也說，納粹結合著所有既存的不同形式之排猶主義，但他補充說，希特勒的排猶主義在基本上是屬於種族優劣論上面的東西(Nolte, 1963：408)。希特勒的例子裡，從宗教上的排猶主義過渡到種族上的排猶主義是相當分明的，而他本人對於這點相當堅持。因此，在由艾克卡爾特(Eckart)所記，而出版於1923的對話裡頭，我們看到希特勒對於路德所說的，有關於只要猶太人存在一天，把猶太會堂和學校焚毀是沒有什麼作用的一段文章，頗不以為然(Nolte, 1963: 407)。因此在我的奮鬥裡面，希特勒強調說，純粹只是在宗教上的排猶主義是不夠用的，是一種不切實際的浮根游談(Hitler, 1933: 387-98)。再者，政治人物必須避開宗教領域，奧國的泛日耳曼黨對天主教宣戰的錯誤，他在書中不厭其詳地加以批

判(Hitler, 1933: 124頁以下)。

　　一般而言，種族優劣論，就如同首先提出亞利安人的優越論有其科學根據的古賓諾(Gobineau)所代表的情形，是一種悲觀或消極的意識形態，而希特勒卻使得反猶的種族優劣論變成了一種講實效的意識形態：對希特勒而言，是有猶太人種這一回事的，而此一人種乃爲邪惡之化身，他們從摩西以降所作所爲一再地導正常事情的發展於邪路上，此乃歷史裡邊違反自然的因素。這點就夠讓我們來插手其中了，此乃「講實效」的層面：因爲事情總得回到其正常的路子上來。再者，如此一來，則我們便在所有的邪惡和那個時代所有的敵人，不管是馬克思主義，資本主義，形式民主，甚至基督教的背後找到了最後的根據。持這樣的一種觀點跟諾特所稱的希特勒本人幼稚兼偏執的性格頗能配合；所有之邪惡，其源起的理由是單一不二的，所有歷史的因果關係是某個人來促成的，所發生的每一件事是由這樣的人，其意志所創發的，這也就是躲在後面，因而是眞正幕後主使者的猶太人之意志(Hitler, 1933: 54, 68)。到底希特勒眞正相信這一套理論到什麼程度呢？這是一個棘手的問題，但我們卻不必要來提出。對我們而言，希特勒當然是傾向於此一解釋的。他也當然相信，這種解釋是可以來吸引號召群眾的，這樣就夠了[17]。在確定這種解釋有其效用之後，他可以爲所欲爲，而不必感

17　吾人每一次對群眾所點名出來的敵人絕對不能超過一位，而「憑偉大領導者之英才，理應將明確的敵人，甚至也搞成是永遠只屬於某一固定範疇」(1933: 128-29)。

到良心上的任何不安。

　　所有這些取材自文獻裡面的評語，無疑地是公允的，也有助於我們對於納粹現象的了解。而我們得記住上面所提關於在歷史裡面的「自然之事」，因為於其中乃讓我們瞥見了一種很可能會出現，而自稱是「科學」的行動。人為方式的集體屠殺，而假如必要的話，不妨於瓦斯房裡來進行此事。這種殺人方式顯然是把戰爭方法延伸到一般政治和社會關係上的極致之代表，這點我們在希特勒的思想裡常常可以見到；這是納粹所稱的解決「猶太問題」一勞永逸的辦法。這對希特勒而言，就等於是對獨一無二的永恆之敵所開的一道新戰線。在他的自傳裡面，我們看到年輕時的希特勒做成結論說，社會民主和工人運動——前者他認為是猶太人的秘密意志所推動，而後者則由猶太人的秘密意志所加操縱的。他因而下定決心，要建立起一個相類似但卻反其道而行的運動，並把其個人意志當為此一運動之靈魂所在。於此，希特勒先預約了真正在後來所做出的決定。無論如何，猶太人跟他本人之間，你死我活做殊死決鬥的一刻也終於來到了。

　　吾人若想把希特勒的世界觀以一體視之的話，則必須先從《我的奮鬥》一書中造出二分清單：一方面是為整體論式的特點——不管是非近代或者是反近代的，而在另一方面則為個人主義式或者最接近於「近代」的特點[18]。

18　在此，我們所用的字眼可能看起來會有點似是而非的樣子，然而在事實上我們只是有點將其簡化罷了，我們是在整體價值的層次上來界定個人主義與整體論的。因此嚴格講來，這些字眼是無法援用於抽離出

假如我們想來確認其世界觀裡面的整體論式的思想模式的話，則我們對於下面兩個字眼應該要特別加以注意；Volk，這大致是等於「民族」的意思，以及Gemeinschaft，或說是共同體，這社會學家托尼斯相當貼切地將其跟Gesellschaft──由個人所組成的社會──彼此對立了起來。國家社會主義之下的德國迴盪著Volksgemeinschaft，或說是「民族共同體」之聲。但切莫忘記的是，我們同時也見到了其時所充滿著的「文化共同體」以及對納粹而言最為重要的「種族共同體」的聲音。Gemeinschaft這個字眼，假如我們對其所要跟來的情形有所期待的話，會發現它在《我的奮鬥》一書裡出現的情形並不多，這使我們忍不住想說，這個字眼是不具有任何特別的意義的。舉例說明之，希特勒在討論到雇主與工人之間的關係時提到這個字。而作者於此，在提出黨的基本目標乃在於把工人再加以征服──這些工人在階級鬥爭裡贏得了勝利──之後，馬上談到來將這些工人「國有化」之事。書裡稍後，亞利安人（Aryan）心甘情願地為集體來犧牲自己的情形，被稱做屬於Gesamtheit（全體、整體）或Allgemeinheit（概括性、普遍性）以及Gemeinschaft之事（Hliter, 1933: 327-28）。

事實上是很難直接將Volk與「種族」歸併在一起的。誠然，在希特勒的書中有一章的標題是「民族與種族」，但裡

來的特徵上面的。然而，我們可以來談在其他不同的情況下，被視為是屬於某一種系統類型的一些特徵，或者是可以讓人將其追溯到或追憶至某一系統的特徵，然而我們若對此一關鍵情形用得太鬆散的話，便有犯錯的危險，這正是我在此所指的意思。

面除了少數種族優劣論的概論情形之外，主要所描繪的是亞
利安人和猶太人之間的對比情形，而在結論上他一口咬定，
所有亞利安人的不幸都源於猶太人，都源於大眾未能認清到
此一事實眞相。換言之，是因爲忽略「民族之種族利益」所
致(Hitler, 1933: 360; Faye, 1972: 532)。

我們可以順便一提的是：所有的文明(Kultur文化)乃是亞
利安人以其所具有的犧牲精神和理想主義所創造出來的。然
而，亞利安人的所做所爲全爲他人設想。這種爲了保有共同
體而顧一己利益於不顧的精神，乃是每一個眞正人類文明(文
化)之首要前提(Hliter, 1933: 326)。因此，整體論，或者是整
體論式的道德觀，乃被說是獨屬於亞利安種族的一種特色。
然而遺憾地是，除了可以拿它來跟猶太「種族」相互排比對
立之外，是不存在有所謂亞利安種族的，因爲日耳曼民族並
非是清一色的某個種族。因此在書中論國家的那一章(二卷二
章)裡邊，希特勒說：「我們日耳曼的Volkstum(民族性)，很
不幸地並非是根據種族的統一性所產生出的」(Hliter, 1933:
436-37)我們可能注意到希特勒在這裡是用了抽象的Volkstum
這個字眼，其意義爲一國之民族性。在《我的奮鬥》一書裡
Volkstum經常出現[19]。在同一段文章裡，希特勒解釋說，納粹
德國裡邊事實上是由四種之多的「種族所加組合」(rassische

19　「一國之民族性，或者說得更恰當些，種族，其之所以存有，有賴於
　　血源關係，而非語言文字」(Hitler, 1933: 428)。Volkstum也代表著：
　　某個民族(Volk)所活生生表現出來的整體情形：(Der neue Brockhaus,
　　1938, "völkstum"一詞)。

Grundelemente)並列而成的，被稱爲斯堪的納維亞種的只不過是其中之一，然而卻是四種當中最爲優秀的一種。希特勒在書裡面也提到「種族優劣論者的世界觀」（völkische Weltanschuung），以原始的種族成分來看其中所代表的人文精神之意義(Hilter, 1933: 420)。這種民族跟自有其相當意義的種族，兩者之間不能疊合在一起的情形，或能道出爲什麼種族優劣論乃藏身於意義上有一點點不同的"völkisch"這個字裡面，這個字我們上面才剛提過，而在當時幾乎有點被濫用了。

有關於völkisch在字義上面的演變情形，我們得力於費耶所作範圍廣泛但卻相當精確報告。費耶把國家社會主義放在威瑪共和時期，傾巢而出，四分五裂民主團體的運動潮流裡邊來加以檢視，而特別強調了其中所使用的詞彙。volkisch這件事卻有點單純，我們可以這麼說：這個字從十九世紀末葉開始流傳，在德文上面等於是「民族」的意思，凡是可用好的德文表達出，而不用求助於源自拉丁語系上面的字眼來講的東西，都是跟「民族」有關之事。在泛日耳曼主義者採用了這個字眼之後，它乃蒙上了一層相當明顯的種族優劣論或排猶主義的陰影（因此，對赫德而言是文化共同體的東西，現在卻變成了「種族」之屬的東西）；此外，這個字又關聯到其他方面的意義—有帶點社會主義的味道了。因此，在威瑪時期，德國人在提到「民族」時總是會想到「吾國吾民」之事，把「種族」和社會主義給包括進去了。最後，按照費耶所述(1972: 161)則這個字的意義乃爲「一種屬於種族意義上面的東西，裡面結合著保守的民族主義與所謂的德國社會主

義。」此一看法赫然與Pribram的論點不謀而合。

費耶在他的書裡面以一整章的篇幅來討論出現在國家社
會主義周遭的種族優劣論（völkisch）的不同流派（1972: 151-
99）。在這之後，他論到了此一觀念跟希特勒之間的關聯地
方，而特別是提到了《我的奮鬥》一書（同前書，第531-536
頁）。我們剛剛已經看到說，「國家社會主義者」所說的是跟
völkisch一樣的東西，只是其中種族優劣論沒有明講出來罷
了。他們黨的機關報叫做「völkisch觀察者」。然而，在他的
書裡面，希特勒在沒有據völkisch為己用之前，卻又對völkisch
的鼓動分子鉅細靡遺地加以批判，這又是怎麼一回事呢？
《我的奮鬥》裡面有二次論到這個問題，首先是在第一卷的
結尾地方，之後大概是意猶未盡，需要再加以補充的原故，
所以這個問題又見於第二卷的開頭地方。

有關於第一卷裡面的討論，索引部分說，這個字太含糊
了，「太難加以把握了」，也有太多的意義，而有太多做夢
的人拿來裝擺作門面了，這些人無能於行動，卻戀著條頓民
族不值錢的骨董舊貨和德國王朝。正是為了要反對此一現
象，而讓戰鬥永不止息，希特勒乃決定透過黨派來推展此一
運動，這個黨派名為國家社會德國工人黨，好與那些völkisch
的夢幻者保持距離，因為這些人有耽於「宗教層面」或「精
神層面」的趨勢。這裡面所隱含的觀點在第二卷變得清晰可
見了：「宗教上」的排猶主義必須讓位給種族優劣論上面的
排猶主義，而後者唯有在交付於一個具決斷力的領導者之手
上時，才有辦法為黨的鬥爭建立起一堅實的基礎。第二卷裡

面希特勒堅持說，必須把「世界觀」改編成一戰鬥組織並將
其銘刻於領導者的心中，而領導者在將此一信條簡化之後，
乃可確保住這中間的轉移情形[20]。再者，希特勒所指的
völkisch，乃是要以種族取代國家，因為國家並非是一創造性
的要素，而是為種族來服務的一種手段（1933: 431-34）。在
此，我們看到希特勒為種族所做之事也正是馬克思為階級所
做之事：將國家臣屬於其中（參閱Nolte, 1965: 395）。若我們一
睹書中索引有關於völkischer Staat（völkisch式國家）的情形說明
之後，會發現此一命題在德國並非是不證自明之事，總之，
希特勒在此硬是給völkisch加上了唯一的解釋，也就是將國家
臣屬於種族優劣論的排猶主義裡面。

　　總之，原先我們所想找的是一種對於共同體或民族所作
的一種整體論式的肯定，然而最後我們所發現到的卻是相當
不同的一種情形，在此情形當中，則共同體乃被迫屈從於（或
被充公於）種族優劣論所謂的種族對抗裡面，不過「種族」在
此意義下之所以具有一統性事實上只存在於排猶主義裡面對
抗「猶太人種」的觀念當中。我們在此已經可以見到排猶主
義在結構上面所發揮的作用了，若壓制此一論點，則德國本
身便會分為「四種原始的種族成分」，而更為深入地來討論
這個問題的話，則我們還得來探究說，在這整個系統的觀念
架構層次上，我們到底憑什麼理由可以來把以民族或社會不

20　正如同諾特對此所述（1965：395），領導者的角色乃在於：以行動為
　　準，來「窄化」及「硬化」理念。

同層面所展示出來的一種共同體，附屬於種族之下？在看到
了希特勒式的種族跟馬克思式的階級在功能上的對應關係之
後，我們可以推論，這裡面的崩解酵素乃爲近代的個人主
義，這點我們在稍後會來加以檢證。

　　於此，我們先來探討《我的奮鬥》裡面的整體論式或非
屬近代的各項特徵。就各種不同層面的一般情形而言，則希
特勒不接受人與自然這種關係具有優先性之近代特徵，他再
度肯定人與人之間的關係具有其優先性，因而斷然地拒不承
認人類在今天已成爲自然之主宰的看法。他論道說，人只有
在掌握到某些自然的秘密或法則後，才有辦法成功地支配其
他的生靈(1933：314)。此一論式看來有點嚇人，因爲「其他
的生靈」這個措辭可能就把人也包括進去。看到這種情形之
後，我們可以講說，他在這裡所提出的觀點不是要排拒近代
人爲主義，而是想將之援用於人本身上面來強化人爲主義，
而這種情形我們在事實上可於人種改良學以及滅絕人種的集
中營裡面看到。

　　我們也可以從希特勒對一般所認爲的經濟之優先性所作
的抗議，來看出他對於人與物關係具優先性加以否定的情
形。希特勒說，是經濟優先論這一類的思想信仰傾覆了威廉
德國。在此，他所攻擊的對象是自由主義和馬克思主義，而
希特勒本人事實上是把經濟包攝於政治(人與人之間的關係)
的範疇裡面的。無論如何，希特勒覺察到，有一種特別的政
治組織，它不但可以讓經濟發展成爲可行之事，而且可將經
濟加以孤立，使其變成一種諾特所稱的「哲學」現象(Nolte,

1965: 616 N.7; 520)。說到這裡，我們得一提波蘭尼(1957a)。他指出，納粹主義代表著近代自由主義本身所處的一種深刻的危機狀態，或者，說得更確切些，代表著相信經濟爲一獨立於政治之外的絕對範疇之世界，其所遭逢的危機系統化式的持續擴大情形。在這點上面，我跟一般人的看法正好相反，我以爲納粹還守著其1920年的計畫，這假如不是在形式上面的話，乃是在其中所代表的精神上面：他們將經濟包攝於政治裡，並於其中維持著一種眞正的階層系統式的關係[21]。

　　希特勒對於代議制度，對於形式民主加以撻伐，他斥其爲無能之治，而讓馬克思主義趁機得勢，這些都是廣爲人知之事。唯平等是尙主義則是猶太人的武器，爲的是要來摧毀政治制度，然而，在我讀《我的奮鬥》一書時，令我印象深刻的一點卻是：裡面對於唯平等是尙主義所作極其有限的批判實在是不合常理，這點只要我們見到書中從無一處對法國大革命做正面抨擊一事便可知道了。馬克思主義式、傳統式(情形見下文)甚至人權上面的華麗詞藻有時也給派上用場了(人的權利因此就等於是優秀種族的權利！(1933：444)。我們在下面可以看到說，事實上，在希特勒思想所展現出來的情形當中並不乏唯平等是尙的一面。

21　表面上，我們在此的論點似乎跟諾曼(F. Neumann)(1942)根據確鑿的證據所作出的評判相矛盾，事實上，我們所提出的問題是跟他不一樣的。我們在此所問的是，納粹在實際上，到底是政治來對經濟發號施令，還是反過來的情形。諾曼的觀點，亞修拜瑞(Ayçoberry)(1982)在其所作的摘要文章裡面表達得相當清楚。

　　當然，他的思想裡面還是有著明顯的整體論式特徵的。乍看之下，我們會以爲阿道夫・希特勒這個人還是屬於視人爲一社會性存有實體的德國傳統呢！希特勒在從奧國回到德國之後乃扮演著小資產階級愛國者的角色。他奉召入役而在大戰期間一直表現勇敢，這點，照他的說法（我們上面已經見過）則是：亞利安人隨時準備爲其共同體來奉獻服務，甚至不惜犧牲自己，他早年在維也納的歲月情形就比較複雜了，但其時的希特勒基本上是一位泛日耳曼主義者。而我們知道，是可以將泛日耳曼主義視爲德國整體主義的必然結果的，我們可以這麼說，希特勒犧牲奉獻於一個負有征服統治他人使命的民族。然而，亞利安人這個字乃再次地提醒我們，此處整體主義是有其限制的，而照希特勒的說法則是限定在某一個「種族」上面的事，是臣屬於「種族」的範疇下面的東西。這眞是一件新奇之事，不過卻對我們在此想做之事有其重大意義，以希特勒的觀點來講，個人若不是奉獻於群體的話，便是反過來，自私自利地把自己封閉在其所屬的種族裡面。亞利安人是有能力來作自我奉獻的，是理想主義者，以我們的話說，則是「整體論者」。而猶太人則正好相反，以我們的話來說，他們是「個人主義者」[22]。誠然，後面這個詞彙並沒有被用到；而猶太人也被告以其他過失或罪行，然而我認爲單獨把這個特點，來跟其他希特勒所加給他的死對頭

22　希特勒所説的個人主義並非專指猶太人，他也提到「過度個人主義」的德國人，意指在德國極端的地域本位主義情形(1933：437)。

的一大堆可恥行為，加以隔離出是說得過去的。早在艾克卡爾特所記的對話錄裡，基督教──也就是靠聖保羅唯平等是尚的講道方式而得以功成事就的情形──被說成是造出來的一種布爾什維克主義。在《我的奮鬥》裡邊，我們看到，猶太人若不是得為資本主義以及近代社會來負大部分責任的話，至少也得為他們身上有的、而肯定是壞的一面來負責，這些壞事包括將土地轉成商品、合資公司，以及對於工人運動具破壞性的導向(1933：338-58)。

　　尤其重要的是，在希特勒的自傳裡，我們看到有兩頁是清楚地把猶太人刻劃成「個體本能之自衛者」、「個人的自我中心主義者」之屬。猶太人就好像動物一樣，危險的時候靠攏在一起，而危險一過馬上做鳥獸散。集體而言，則猶太人只知有「群居本能」，這乃是他們自衛本能的基礎所在，也是自衛本能的狀況之顯示。我們得記住此一罪名，因為我以為希特勒在此所談的情形乃影射到他自己的一種個人主義傾向，而這種傾向威脅到他對於共同體所作的「亞利安人式」的奉獻。

　　在《我的奮鬥》一書裡面對於宗教是持有幾分敬意的，特別是天主教。這其中有一部分事關策略運用(想功成事就的話，則至少在一開始吾人只能單挑猶太人)[23]，而另外有一部分是關係到教會本身具有權力和穩定性──此為黨的長遠模

23　1942年2月8日希特勒因震怒於教會聽告解的神父之作為，而誓言在十年之內要將這些人給清算掉，因為「謊言必須加以根絕」(Trevor Roper, 1973：304)。

式,而無關於教會本身爲一信徒之共同體。

到底阿道夫‧希特勒思想裡面的整體論之階層系統式的領域,其範圍有多大呢?理論上,我們得把階層系統所表現出來的價值觀來跟權力區別開,然而這件事辦起來卻是最爲困難。不過,我們可以這麼說,不錯,他的思想裡面是有一些眞正屬於階層系統上面的特點,但是其中最爲突出的情形卻是:他以一些過去傳統上面的虛飾之詞爲障眼法來對新關係加以掩護。我們不妨以辛姆勒所給黑衫隊的座右銘「我的榮譽叫做忠誠」(Meine Ehre Heist Treue)爲例。這些字句令人想起封建式的貴族政治之種種,然而它在實際上卻指到了偉大的納粹閱兵分列式之情景,於其中每一個人爲一原子,以鵝步前進通過司令台。而爲每一個人忠誠不二的效忠對象之領袖,乃於台上叫囂,如同鬼魂附身一般,此時眾人的焦慮乃蛻變成爲不可勝數之力量。「原子化」一詞一再地出現於論納粹主義的鉅作裡,這相當傳神地表達出群眾與領導之間的對話情形。這跟中世紀時對於某人的忠誠以及其中榮譽之事錯綜複雜的情形相差得太遠了。

《我的奮鬥》裡面幾度提到「自然的高貴原則」(1933:69etc.),但其中所表達出的不過是一種希特勒式的社會達爾文主義。「弱肉強食」乃是價值的標準之所在。就如同費耶所講的「好等同於強者,而壞則等同於弱者」(1972:535)[24]。

24　照費耶的看法(1972;522及註),則希特勒很早就在維也納的一本反　猶刊物上面讀到了如下的句子「völkisch思想,我們時代的高貴原　則」。

力量較勁的關係變成了一個道德原則，也就是說把「高貴原則」給顛倒了過來。一切對一切的鬥爭在此是以傳統語言來偽裝自己的。不過，讓我們來仔細思考一下，這裡面到底根本原則為何？答案是：力量建立起價值。洛希尼（Rauschning）出版了《虛無主義的革命》（*Revolution of Nihilism*）之後，在文壇上遭到各方的責評，不過這本早期診斷納粹的書，對我們當中親臨其事的人而言，是彌足珍貴的[25]。在書中洛希尼將納粹主義界定為為自身求權力，而權力只建立在自身上面的一種意識形態。批評者則持納粹的權力是為某些目的來作服務的看法。但是，假如我們問說，到底其根本目的何在？那麼希特勒在此正好可以回答說：權力，也就是創造出或彰顯出最高價值的那種對他人支配控制權。若我們對一些中間階段的目的略而不談，而只考慮到這個希特勒本人的概念的話，則洛希尼並沒有錯，因此，納粹的垮台等於是按納粹的標準給自己做的一種判決。這點領導們了解得再清楚不過了。

總之，我們原想從《我的奮鬥》一書找出整體論上面的特徵，卻發現這大部分只是表面現象而非真實情況，這結果讓我們注意到這其中介入有一種不同性質的因素在裡面，我們現在必須將此一因素給辨認出來。

※　　　　※　　　　※

25　我在此是指法文譯本（Rauschning, 1939），其出現的時間正是我們參戰的前夕。

　　我們現在轉而討論希特勒世界觀裡面的個人主義（或屬於近代）上面的特點。一般都未注意到這上面來，但我們若想了解希特勒現象的話，則這些特點必須有所著重。

　　前面說希特勒本人對於理想和意識形態多所懷疑，認為這些東西只是被藏匿起來的私利所加利用的工具而已，然而他又承認主義是一種必不可少的東西——這最主要的是要讓群眾屈從於力量之下——則我們大可以來提出下面這個問題：到底有沒有一樣東西是他真正執著，也就是他深信不移的東西？答案是，至少是有這麼一樣東西是他所執著的：一切對抗一切的鬥爭。生命的鬥爭，為權力或為了支配他人以及為利益的鬥爭，這些原則對於希特勒而言乃是人生的終極真理。此一觀念為《我的奮鬥》之核心，於此我們引用的是他在1928年的一段談話。於其中，希特勒將鬥爭的思想完整地表達了出來：

　　　　鬥爭的觀念跟生命本身一樣的古老，只因為其他存有的生靈在鬥爭之後覆亡，生命才得以保存下來。在此一鬥爭中，強者，能力比較行的，贏了，而能力比較差的弱者，敗了。鬥爭乃是萬物之母。人得以延命下來，或成為萬物之靈，並非是靠著人文精神上面的一些原則，而是獨藉著最為粗暴的鬥爭得來的[26]。

26　1928年2月5日於庫恩巴赫（Kulmbach）的講辭（Prange, 1944: 8）為
　　Bullock, 1963, 1: 24所引。

　　這段文字有一些至爲重要的東西在裡頭。首先，我們可以說希特勒這樣的一種心態是懷疑論式的態度。大夢乍醒而冷嘲熱諷起生命來了，這樣的一種終極信仰，在我們的時代可說是相當普遍地可以在一般人的觀念裡面見到，德國以及其他國家都不乏其例。這點是根本所在，所以我們說希特勒有其代表性，可以代表其時代及其國家，而有辦法藉其強化了的偏執狂，來挑出各個不同社會背景的人民群眾之反應和復現表象。這點可能是他自以爲有辦法以同樣一篇講辭來挑起知識分子群眾以及工人群眾狂熱情緒的原因（Hitler, 1933: 376）。他深深地覺得自己具有代表性，儘管他在《我的奮鬥》一書當中，將自己寫成是一位可憐傢伙，「工人」的成分居多，這並非他在維也納日子的眞實寫照（Maser, 1970），而是想把自己扯近於工人的情況，想藉此將他們從馬克思主義的手中給奪回來。

　　再者，在納粹的領導人物當中，無疑地，希特勒當仁不讓地可以被視爲是一個有能力或說是膽敢貫徹自己理念的人。而一旦原則確定好了，他乃求其直底於成而中途不得有任何變更。然而，希特勒那個時代的人卻被他個人作爲上的一些表面看似矛盾的情形給困惑住了。而視這些矛盾的情形是故意造出來的史家們，也得來提出一些可以對此加以解釋清楚的原則。然而在此，直言不諱地講，我們是知道那個可以來解釋一切情形的最高原則的。這個原則我們剛剛見過，即「最爲粗暴的鬥爭」之原則。不過我們必須以階層系統的觀點來加以理解。於此一切與之相牴觸的東西加以鬥爭至死

的觀念具有優先性：和平是藉其他的手段所求得的一種戰爭之延續，而合法性乃是不擇手段來藐視法律之存在性。此一理論，《我的奮鬥》一書當中並沒有明講出來，但卻跟在此所論的情形頗能相配合——比方說，國家本身並非是一個目的，而是用來服務於其他目的的一種手段。這種情形希特勒於大權在握之後的實際作為不啻是給我們上了一課。在國內政治方面，希特勒學到，不訴之於法律的話，他是不能辦事的。而這方面他將其跟所認為要除掉之事結合了起來。固然，超出法律管轄之外的行動方式乃為陰謀者的慣用手法，然而希特勒卻藉著種種掩護將其搞得令人生畏，而同時又能逍遙法外。1933年在他莊嚴隆重地就任總理職位一個月之後，德意志帝國國會的縱火事件，共產黨成了代罪羔羊，被宣布為非法組織，而第一個集中營也跟著就要誕生了。同樣地，1938年也發生了一件屬於另外一個層次上面的事件，其時於慕尼黑，德國剛從與英國首相張伯倫(Chamberlain)與法國總理達蘭迪爾(Daladier)所簽定的和平協約獲得「情況之綏靖」後，納粹黨徒馬上藉著「水晶夜」發動了排猶的恐怖活動[27]。這就是在只有藉法律及和平之名才能將事情辦成的情況下，他如何將法律或和平包攝在「最為粗暴的鬥爭裡面」的

27　史家們還在討論：到底是納粹還是共產黨下縱火令焚燬帝國國會的，無獨有偶的是薩羅門(E. von Salomon)於他的回憶錄上面提到，他的一位同行作家想說，在慕尼黑和平協定之後還有排猶的後續動作未免是過於荒謬了，這兩個事件的發生顯示出納粹的偽裝掩護是多麼地成功。然而，薩羅門這位為事件所困惑住的朋友最後終於瞥見了可怕的真相了。「你知道嗎，我相信他是壞蛋一個」(Salomon, 1953: 312)。

真正一回事（參閱Hitler, 1933: 105）。社會契約上面的各項原則乃為近代社會的基石，藉此每一個人乃得以將自身託付於其中，希特勒的情形則是對社會契約原則的干犯。然而這種干犯看來又是一種障眼法，一種秘而不宣的策略運用，讓各項機構得以成為暴力之奴僕。此外他更藉著欺瞞的手段將群眾與敵人搞得暈頭轉向，而這無疑地大有助於希特勒一再取得勝利。

要使得此一分析能更深入的話，則我們必需來思考到在「一切對抗一切的鬥爭」這個在我們時代常見的社會達爾文主義當中，真正的主體（或至少是主要的一個主題）乃為生物學上所稱的個體，而鬥爭的情形顯然是在每一個社會裡面進行著。在此我們可以看到個人主義是以其最為根本層次的風貌展現出來的。而此一根本的個人主義乃藏於阿道夫、希特勒世界觀的核心處，而能倖免於所有對唯平等是尚主義，民主和一般意識形態的攻擊和懷疑。我們已見過此一個人主義，或者該說是其所發生的影響情形，因為每一次在希特勒的整體論傾向受阻，偏用或歪曲時，都是這種個人主義所發揮的作用。此一個人主義把我們在社會生活所經驗到的共同體情形給摧毀掉，共同體最後淪落成種族。這點稍後我想來加以說明。

我們還可以從希特勒身上看到其他個人主義和平等主義上面的特徵，比方：對於皇室、傳統貴族以及任何有關世襲身分地位的觀念之敵視。而說「領導」也有他平常人的一面，最起碼是講求機會之均等。（誠然，希特勒開始的時候說

自己僅是整個運動的一位「鼓手」或一員佈道者而已)後來，為了要加入菁英分子群中，為了求取在黨裡面地位的提升，成就乃變成了唯一的標準，而領導人物彼此之間的競爭甚至為領袖——總理所稱許。他常常把同一件或相類似的工作交給不同的助手去辦，這點大大地超出了為人所熟知的黨國二元論的情形之外。這種彼此競爭的情形很可能使得績效給打了折扣，而這種事可見之於戰爭經濟這麼要緊的問題上面，由此一態度我們便可以看出其中把客觀的實體臣屬於人與人之間關係之一般了。這跟近代的趨勢乃成了對比。個人主義的價值化亦透過其他管道滲透進來，因此，馬克思的人為主義(「要來改變世界」)，社會主義(這有部分是中產階級個人主義之子嗣)以及布爾什維克主義都難免有屬於近代的種種特徵，即使吾人想把這些特徵仿造之後加以壓制(Nolte, 1963: 395)，也無可避免地在無意或有意之間，以本身所特有的表現方式，將個人主義的種種情形給突顯出來了。而在此所提到的這種情形事實上普遍地存在於當代世界裡邊。希特勒出高價把馬克思主義給照單全收了；就如馬克思主義把資產階級的意識形態給解咒一樣，納粹主義也將馬克思主義的意識形態給解咒了。事情就是這樣辦成的：納粹告訴我們，比「生產關係」更為真實的乃是真正進入這種關係裡面的個人。於此，我們所看到的人是一種生物學上的個體，種族的樣本。無疑地，這裡面調位的工作對希特勒而言是有所需要的，因為他眼中的種族是相當清楚的存在事實，然而這當中看來又可見到一種特有的混合情形：就一方面而言，則人與

人之間的關係要在被置於「生產」裡面的人與物之關係來得更爲眞實。不過在另外一方面（而這點可能更爲重要），先於人與人之間關係的乃是進入到這種關係裡面的人。這是廣爲人知的一種詭辯，此一詭辯把關係給除掉而獨鍾情於實物，並據此建立起形而上的個體來。對希特勒而言，則眞正藏在馬克思所建構出來東西後面的乃是猶太人這個個體的意志。

　　前述的整體論式和個人主義式的特徵之清單，在《我的奮鬥》一書裡面當然是相當不全的，我們在此所加分析的可說是一種測位的偵查工作。這主要的是想看出，假如情況眞如我們所論，則這一切是如何地結合在一起或相互連貫起來的。以及，個人主義與整體論兩大原則之中，那一項原則屈居下方。我們現在就簡單扼要地來談這方面的問題。

　　這裡頭的中心概念有其雙重意義：一切對抗一切的鬥爭爲人的存有之最終眞理，而某個人來支配另外一個人乃爲事物（或說是社會）的自然秩序。跟這個被說成是自然的「秩序」背道而馳的唯平等是尚主義被說成是猶太人從事破壞工作的武器，看到這種情形後，大家可能會相信——而確實分析家們大多也持此一看法——我們在此所看到的並非是屬於近代個人主義式世界的特徵了。然而，這僅是一種表象。事實上，我們不僅發現到阿道夫·希特勒世界觀裡面存在有個人主義以及唯平等是尚的特點，也看到支配他人的觀念乃立基於觀念自身，裡面除了論定「自然」，希望有這樣的一種萬物秩序外，並沒有以其他意識形態來做爲基礎。而這乃是藉唯平等是尚的個人主義來對價值的階層系統——也是人生的

目的，加以破壞所產生的結果。對於社會裡面的從屬情形雖然有必要來說明交付清楚（這點在德國爲一致所承認之事），但他卻沒有解釋辯白，而僅交待說是某些人來支配其他人的粗暴事實。希特勒所特別強調的生命之鬥爭性與支配性，正表現出了個人主義價值化情形，以及個人主義對於集體信仰之否定。

想更爲清楚地了解到近代意識形態在此所發生的眞正情形，我們不妨來回顧過去。在過去的情形下，從屬關係一直是個難題，然而到了希特勒卻以一種絕對的方式來作論定了。這種看似大轉變的情形事實上是把其中的歷史連續性給掩蓋住了的原故。在十七、八世紀的自然法理論當中，要把人從自然狀態過渡到社會和政治狀態的話，需要兩種契約：合夥關係的契約，以及政治契約或從屬關係的契約。清楚的是從屬關係這個難題必須個別加以處理，所以其所藏身之處便是針對此一難題所設想出的一種契約。再來看看希特勒，其當務之急是要建立起一種戰爭機器，而德國人又是把從屬關係多少是視爲當然之事的一個民族，所以他發現除了將從屬關係訴之於自然——不是社會這個層次的自然，而是物質世界裡邊的自然——之外，再沒有其他更好的辦法了。（誠然，我們的動物生態學家在此將看不出有什麼不對勁的地方！）而其中所被蒙蔽的個人主義之強化情形於此可見一般。

讀者可能會提出異議說，權力或說是對於他人的支配權在此被講成了只是自身的一種事目的。然而這在事實上卻是爲種族這個價值來服務的，也正因爲如此，我們對於種族浮

現出來成爲一種價值的情形必須加以解釋。我們知道，一切
對抗一切的鬥爭，也就是個人主義是種族主義之源頭，而不
是反過來的情形。因爲一切對抗一切的鬥爭明顯地是到處都
在進行者，如此一來，便特別容易把整體社會或民族共同體
的觀念給削弱，甚至加以摧毀。我們若要來深入地把握到阿
道夫·希特勒思想之展現風貌的話，便可以來問說，德國這
個共同體在觀念上要防止全面崩解的話，該何去何從？在正
常的情況下，整體社會在近代是以國家的形式出現。而當時
德國所處的情況實有利於其內部的團結一致和大家對於國家
的向心力。然而，即使不同的黨派和運動紛紛掛上國家，或
再加上其他名字（如國家社會黨）以標示出彼此的區別情形（參
閱Faye所列出的清單），實際上國家多少還只是一種屬於外表
或表面性的東西。這裡面更深一層所關聯到的乃是與國家相
當的東西，此即民族（Volk）。就希特勒而言，爲什麼不以國
家的觀念爲其運動的基礎還有其他的理由存在。其時，國際
主義派人士對國家的觀念大加撻伐。誠然，後來希特勒自己
以打破了社會主義者在傳統上所採取的無產階級之國際主義
路線一事爲榮，然而，大體而言，他的戰略並非是對社會主
義者所採取的立場來作正面攻擊，而是將社會主義者所作的
種種批判拿來作模擬加工。因此，我們並沒有說是沒有階級
鬥爭啊，而是：眞正的鬥爭是那種存在於種族之間的鬥爭。
再者，正如費耶在其書裡自始至終所一再提醒我們的，不單
是國家社會主義，連其所藉以源出的整個大運動裡面都有著
把國家和社會主義這兩極給歸併在一起的傾向。而各種跡象

則顯示出這件事有賴於Volk這個概念來加以促成。然而，究竟希特勒心裡對於納粹主義後來所一再援用的：民族共同體這個觀念到底作何感想呢？

我們在此不妨舉個與此相通的例子，法國社會學家涂爾幹以「集體思想的風貌展現情形」甚至說是「集體意識」來說明一個社會裡邊的思想共同體這一回事。英美經驗主義派的社會學家對此則反唇相稽說，「請問有沒有人問過你如下的問題：你在街上轉角的地方碰過一位集體思想的風貌展現者嗎？然則我們所見到的只是具血肉之軀的人罷了」。很明顯地，深信一切對抗一切的希特勒必定對於集成的社會實體，或「民族」的文化共同體的理念有著相類似的反應。

這點似乎可由在《我的奮鬥》一書當中，與Volk相結合成的複合詞（Volksgemeinschaft, Volksseele或稱「民族的靈魂」）使用到的次數比較有限的情形來加以證實。出現比較多的是Volkstum，以及費耶所加以強調而我們在前面已經提過的volkisch這個字。希特勒在去除掉völkisch這個衍生詞所具有的文化或宗教上的「玄思遐想」之後，乃能來進行過渡到種族（die Rasse）的工作。在共同體之名下，希特勒凶惡而又深藏不露的個人主義所能加以容忍的唯一劫後餘生者乃為「種族」：人們之所以有著同樣的思想，或至少就理想的情況而言，他們之所以共同生活在一起的原因，乃是因為彼此具有同樣的形體與外貌。（不容否認地，從「民族」逐漸轉變到「種族」的情形大大地超出了國家社會主義的範圍之外。然而，我們在此只就希特勒本身的情形而論。）國家的目的，乃是要來維持住

並發展出一個在形體上和道德上是彼此相類同(gleichartig)的
「生命共同體」。這也就是說，之所以相類同是因為彼此為
同一人種(Art)裡面成員的原故(Hitler, 1933: 433)。希特勒在
不同的場合裡也興高采烈地耽於如下的遐想過：不出數年，
其手下人馬全都具同樣的一個外貌了。(Arendt, 1958: 418)

　　總之，傳之廣遠的近代個人主義之常識觀也就是「一切
對抗一切的鬥爭」迫使希特勒將種族看成是整體社會唯一有
充分根據的基礎。而在實質意義上，這乃是歷史的唯一原動
力。此處的種族優劣論乃是在個人主義的行動下，整體論式
的共同體展現風貌分崩離析所造成的後果。

　　我們可以注意到，希特勒的種族觀念，就其當為馬克思
主義上面的階級之代替品而言，本身在功能上是扮演著一個
相當勢單力薄的角色。畢竟，這裡面只把不同的個人並列在
一起，而這些個人甚至沒有像同一階級成員在日常生活裡所
見到彼此團結在一起的情形──比方說，工人為爭取本身利
益而並肩作戰在一起。然而，真正活躍於種族優劣論觀念裡
面的，乃為排猶主義，而單就這一點便能夠讓一般老百姓了
解到抽象的「種族」觀念到底是怎麼一回事，唯有藉排猶主
義才有辦法將不然便會分成四樣「種族成分」，即，四個不
同「種族」的德國民眾給聯合起來。在這種意義之下，誠如
洛希尼所述，對希特勒而言，猶太人是不可或缺之物。後
來，他竟然動起了除掉猶太人的念頭，而最後決定要加以趕
盡殺絕，這不僅是因為他看到猶太人所代表的是一種使歷史
偏離常軌的反自然之因，可能這只是一種思辨上面的合理化

情形——或者是因為他想在所有的陣線上面來加以強化，以凸顯出個人所發動的戰爭也不無可能。

在更深的一個層次上，我們看到兩種對立情形之間的一種彼此相類似性。我們已經說過，對希特勒而言，鬥爭一方面是存在於他本人跟猶太人之間，而在另一方面則是自己跟生命的鬥爭——一種至死的鬥爭。他想要有系統地建立起自己的意志以對抗所設定好的猶太人之意志，他將猶太人視為毀滅之原動力。而在屬於近代的種種特徵裡面，他發現到猶太人是把當中他所憎惡的東西給帶了進來的個人主義者。這包括了來路不明以及放高利貸所榨取的金錢，民主式的唯平等是尚主義，馬克思主義，和布爾什維克革命。然而，我們已經見過，希特勒也被自己所佯稱正在加以圍剿的毒素給感染了。一切對抗一切的鬥爭裡面所沒有明講出來的個人主義，也逐漸地把他自己所要相信的，而德國人也得跟進的「民族共同體」給剝蝕掉了。因此，相當有可能的是，希特勒從對稱性上面來建立起彼此之間的對立情形當中，把猶太人投射到使他撕裂痛苦的個人主義了。在根本上，滅絕猶太人似為希特勒本人想要把自己的基本矛盾加以擺脫掉的一種困獸之鬥。在此意義上，則這也是希特勒想加以摧毀掉所屬於自己之一部分的東西。

我在此想加進一段補充說明。我在別的地方曾經指出希特勒的觀念跟當代政治科學所魂牽夢縈於「權力」的情形，兩者有其類似之處(Dumont, 1977: 10)。我們可以從這個前提看到，希特勒把將錯就錯的邏輯貫徹到底的情形，其實只不

過是把我們時代裡一些最爲普通的思想展現風貌推至極致之
事而已。不管是「一切對抗一切的鬥爭」這個對於欠缺文化
薰陶的人而言是平凡之至的道理也好，還是比較精緻化了但
意義卻等同的，把政治化約成純屬權力之事也好，都在其範
圍之內。一旦認爲上面的情形是對的，再以希特勒爲師，則
一個人決意要來做趕盡殺絕的工作的話，是任何人都無法制
止得了的事。此一結論的恐怖情形證明了其前提已經犯了錯
誤，普世對於納粹的譴責顯示出大家對於價值有了一致的觀
點，而認爲應該將政治權力置於價值之下。人的生命本質不
是一切對抗一切的鬥爭，而政治學不應該等同於權力理論，
而應該是屬於合法性權威上面的問題。再者，於此分析接近
尾聲之際，我們應該很清楚地看到，最近對於「暴力」觀念
所作概括性的論述，其中因爲把近代世界在根本上所加以區
別開來的公共與私人領域等情形給忽略掉了，所以在精神上
乃是極權主義式的，而在實質上則是極其蠻橫地威脅著我們
的生命(Dumont, 1977: 13-14)。

※　　　※　　　※

　　我們是不是可以在這裡提出一個總括性的結論呢？可能
我們所得出的是一種概略式的看法和屬於思辯性質的觀點，
因爲我們常常得以不夠確切的詞句，把假設情形的判斷和比
較是確定的結論混在一起談。雖然這樣子得出的結果或許不
確定，但就我們目前在這方面的研究成績而言，還是有其一

定的意義。

　　就這個世界的意識形態交互作用的情況而言，納粹主義
乃屬於逐步強化和競出高價的過程中之一環，而此一過程所
關聯到的乃是極具支配性的個人主義意識形態，跟其所主導
的個別文化的相互影響之事，就此觀點而言，則納粹主義乃
是德國跟世界交流結果的部分成績，這點可能顯而易見，卻
不容加以淡忘。

　　就德國本身方面而言，我們注意到，威廉時期的政治體
制並非是有系統地援用某一意識形態所產生的東西，而是傳
統的政治體制之近代化、革新化或在經驗上適應了近代情況
的結果（因而史學家喜歡強調其中舊社會與近代特色混合在一
起的情形）。然而一旦因為戰敗而使得此一體制也被清算掉
時，則民主憲政體制的威瑪共和讓人在感覺上就好像傳統意
識的健將強行採用了不相干的東西一樣。托瑪斯曼的改信威
瑪共和可能是一個例外。

　　到了這個時候，則一切情形看來好像是德國為其歷史的
情勢所逼，不得不發明一種適合其意識形態的政治體制模
式，以反抗外來壓力好保衛其國家認同的樣子。我們從普林
布蘭那裡知道其所要找的東西，在形式上必然是一種社會主
義（此處的社會主義意指一種整體性的組織）。在此我們有了
一種雙重限定的情形：因果上的（其時的情況）以及意識形態
上的（再引進一種整體層面的情形）。然而兩者加在一起只能
道出實際情形的一面，而不能給我們真正存在著的國家社會
主義。再者，我們必須要提的一點是，這裡面的問題並未獲

得解決，納粹並未建立出政治體制來。有人甚至說，嚴格地講，並不存在有納粹國家這一回事。這點並不讓人感到意外，種族優劣論乃讓問題有規避可乘之機，而希特勒早在寫《我的奮鬥》時已經作出警告，國家只是爲種族來服務的一種工具[28]。

　　我們接下來所要討論的這項問題，頂多只能抽象地來加以表達出，我們不妨來想想看：由種族優劣論所來扮演著主要角色的情形是偶然造成的嗎？還是，情形正與此相反，因爲政治問題無法解決，所以種族優劣論必然會乘虛而入？在希特勒的身上，我們若以個體的層次上面的觀點來看，則抽象或理論性的種族優劣論乃是個人主義將「共同體」的整體論式思想展現風貌給剝蝕掉後，所造出的結果。而此一命題大有推廣的餘地，不但可以包括（德國）völkisch的圈子，而且也可把常被列爲歐洲的種族優劣論之源起者布蘭韋勒（Cornte de Boulainvilliers）列入其中。布蘭韋勒的種族優劣論可視爲是從法國王朝裡面的「社會等級」或「身分地位」（指法國大革命前的貴族、教士和第三等級）的情形本身所具有的整體論式之思想展現風貌發生危機後，所產生出的。

　　我們在事實上所看到的，國家（Nation）的觀念一旦調到德

28　薩羅門在戰後寫道：「1918年的崩潰之後，偉大的國家運動的唯一目標應該是重新建立對於國家的觀念，這點，其辦法上乃帶有革命性，而其本質上則爲保守性的」，而他稱「想把所強調的根本重點從國家轉移到民族，從權威轉移到整體」，是相當可恥地背叛了眞正的目標（1953：618）。

國文化轄區的話，便成了民族(Volk)之事了。那麼，在集體
層次上，從Volk(民族或文化)到「種族」，這中間的過渡情
形是不是無可避免的呢？在此，千萬別弄錯的一點是：我們
並非在論斷，德國人於希特勒的統治下多少都帶有種族偏見
了，而只是說其時的情況是在一群種族優劣論的黨徒之權力
控制下的。不容加以否認的一點是，至少在1918年以前的主
導思想裡頭，Volk並非被解釋成了種族優劣論，而社會上對
作這方面解釋的需求情形相當有限。1918年之後，此一意識
形態卻應歷史之請，來對「國家觀念的革新化」在政治方面
的新需求作答覆。是不是因為此一需求沒有節制的原故而最
後讓希特勒登上了總理之職，並使得德國失去平衡而向種族
優劣論倒了過去呢？此時來談這個問題是有點逞口舌之辯
了，然而這個問題卻可以拿來提醒我們：民族意識，在德國
以及其他地方，都是有其問題存在的。

第二部分
根本而徹底的比較：
人類學如何看待普遍原則

第七章
馬歇・牟斯處於轉變成形過程當中的一門科學[☆]

　　李維史陀(Lévi-Strauss)所寫的〈牟斯著作引言〉是一篇
重要的文章。而我相信這篇文章對了解牟斯的觀念到底帶給
了今天人類學上的問題什麼樣的衝擊，乃屬不可或缺之作。
有些社會學家批評李維史陀將牟斯的思想不當地轉向結構主
義了。這點我不表贊同。就我的經驗，而從前面所提的觀點
來論，作者是對的，而且把握住了牟斯思想裡面最為深刻的
精神方向。另外有人則說，李維史陀筆下的牟斯之哲學傾向
是言過其實的。接在李維史陀之後來談牟斯，而因為牟斯身

☆　本文初刊於 *L'Arc*(《弓》)(48, Paris, 1972, 8-21頁)原為發表於1952年
　　牛津大學所舉行的，有關法國社會學史之系列演講當中的一篇報告。
　　在這裡面，我盡可能地不引經據典。而在必要的情況下則所提用到
　　的，主要是李維史陀所編引，書名為《社會學與人類學》(*Sociologie et
　　anthropologie*, Mauss, 1950)裡面所收錄的一些牟斯的文章。此外，我
　　也引用了極其有價值的，三冊合成一集的牟斯《作品集》(*Mauss*,
　　1968-69，由卡蘭迪(V. Karady)所編)。後面這部書相當難能可貴地把
　　牟斯為數頗多而散在各冊《社會學年刊》(*Annee Sociologique*)的評論
　　文章，如實地刊了出來。

上最為明顯的一面，的確是其作具體思考的傾向，我可不可以採取一種比較退而求其次的研究觀點，讓大家來看到牟斯投入於具體事實之處？我問過幾個朋友，他以前的學生，因為我想提的不單是個人的意見。這些朋友同意我的看法，而幫著我把觀念弄得更確切了：牟斯是一位轉到具體事實上面來的哲學家，理論者；他知道唯有跟事實作密切的接觸，才能讓社會學取得進展。這點是我準備要講的基本論題：我想來對大家指示說，因為牟斯的緣故，法國社會學(或者應該說社會學在法國)乃進入其實驗性的階段裡面了。這麼說看來好像是有點言過其實了。這點我會盡力加以辯明。

　　假如我們拿牟斯跟涂爾幹來作比較的話，則牟斯作具體思考的傾向是相當屬於他個人所特有的東西。涂爾幹當然是轉到事實上面來了，但可能還是會被看成是屬於抽象思維的思想家之列裡面的最後一員。涂爾幹為具體事實的研究之事定出了規則，他想要來作這樣的一種研究，且帶頭作了個示範。不過到了牟斯的手中，具體的知識才真正地開始反過來影響到理論的架構。我以為涂爾幹還是一位哲學家，然而對牟斯本人而言，涂爾幹的身分主要是社會學的創始者，而「哲學家」這個頭銜，他則保留給李維布魯爾(Lévy-Bruhl)。而在另一方面，於談到葉爾慈(Hertz)在研究工作上面所運用的方法時，牟斯說，葉爾慈的整個計畫乃得事實之助而有所修正，「而葉爾慈對事實之援用並非是將其拿來當佐證工作，因為他不但是一位哲學家，也是一位科學家」(1922：58)。

　　存在於牟斯對具體資料的渴求，和涂爾幹作理論思考的
傾向，這兩者之間的差別，幾乎可說是到了形同矛盾的地步
了。這點讓牟斯的學生留下強烈無比的印象，而使得這些學
生感到驚訝，爲何這點並沒有表現在理論上面的不一致情形
呢？這是因爲他個人謹記著集體創作與團隊精神的原則，以
及他對涂爾幹全然投入式的追念。他守住誓言，要當涂爾幹
的弟子和繼承人，也希望促成彼此共同來追求社會學的精神
源頭，能薪火相傳般的存延下來，而不是來強調相互之間在
一些細節上的不同意見。涂爾幹已經提供了一套理論架構，
而牟斯則抓住每一次機會來強調此一架構對於研究工作的價
值所在。在這上面做了肯定之後，牟斯主要所關心的，特別
是在他教的比較屬於初級的課程裡邊，乃在事實資料上面。
然而相當明顯可見的是，他希望事實能反過來對理論發揮影
響作用。若說他有所抱怨的話，則是：整個環境沒辦法像社
會學年刊這個團體所夢想的那般，讓學術快速地開展出來，
好把空處給補全，於乾瘦的理論骨架上添加血肉上去。事實
知識應該對以前的理論作改變之事的觀念深於牟斯的思想裡
邊，這使得他在對第三版的《金技》（*Golden Bough*）作評論
時，不免表現出幾許的失望，他說，事實是集到了，但卻未
能對觀念來作修正工作，桶子已經變得其大無比了，但裡面
所裝的酒依然故我。

　　也就是因爲如此，所以我不免對最近所聽到的一句話感
到不解了：牟斯沒有建立出一套理論來。當然，他是沒有建
立出一套理論，然而他並不想這麼做，而以他想建立一套理

論系論來對他作評判是不對的。

　　牟斯整個人散發出一股令你不由自主便被吸引住的力量，談學者而不述及個人的種種是不可能的一件事。可能他受我們這些學生歡迎的秘密就在於：他跟好多學院派人士不同，因為知識對他而言不是分隔開來的另一種活動，他的生活已經變成知識，而他的知識亦即生活了。這點也正是他至少能對某一些人發揮出像宗教師或哲學家的影響力之所在。而這使得我們碰到好多見怪不怪之事了。

　　比方說，他在基礎課程所教的東西，其用意只是要讓學生能夠正確地來觀察事情並加以記錄下來。見之於其《民族誌手冊》(*Manuel d' ethnograpie*, Mauss, 1947)(本書是從聽課學生的筆記整理出的)裡面的，看來只是一些相關事實資料的目錄，再加上一些工作說明，而這些工作說明又那麼地普普通通，看起來像無謂的重複似的。說來說去，他所告訴我們的乃是，有好多像這一樣或那一種情形要做觀察，也有不少具有價值的關於人之觀念與風俗習慣到處等著人去記下來。我們就儘管去看吧！當然，我們要知道自己所找的是什麼東西，而同時也要曉得這一切也就在所有的東西裡面的(tout est dans tout)──非常簡單，也非常困難，不是嗎？不過就這些嗎？並不盡然。一位副修人種誌的醫科學生告訴過我，在聽了牟斯的課之後，有一次他在一處公車站要搭車時，發現自己跟周遭乘客之間的關係發生變化了。當然，我們可以說這種事已成了藝術之鑑賞，跟科學無關了。的確如此，不管什麼東西，即使是那些最不起眼的姿態手勢，到了牟斯的手

中，都可以為我們講出一番道理來。他自信說自己可以從行進步態的不同認出誰是英國人來（見他的 "Techniques du corps"，錄於Mauss, 1950）。牟斯使得我們曾經受教於其中的那些古典文化頓時之間光彩奪目起來，成為更為寬闊，更為眞實的人文主義，而這種人文主義則兼容並蓄了所有民族、所有階級和所有的活動。

　　在課堂結束時你跟在他身邊，兩個小時之後他在巴黎的另一頭跟你分手。這段期間，他邊走邊談個不停，而其結果就宛如那些離我們很遠的各種人種之秘密，人類檔案的某一部分，都由一位行家以閒話家常的方式，打開來讓你看到了。因為他眞是有辦法做到「秀才不出門，能知天下事」，而把自己跟所讀過的那些民族打成一片了。所以他所慣用的一些語句，像是：「我吃……我詛咒……我感覺」，其個別的意義可指說，美拉尼西亞某一個島上的人吃……或者紐西蘭毛利酋長詛咒……美國群居(Pueblo)印地安人感覺……。

　　而假如牟斯就像我們所常說的，知道一切的話，則這點並沒有就讓他來對事情作複雜的解釋，恰恰相反，我們一直對牟斯所講的東西難以理解的主要一點是：他的知識太眞實，太個人，太直接了，以至於最常被誤以為只是常識性的東西。這裡就有個例子。有一次我去找他問有關「裝生」(couvade)的禮俗（譯注：指丈夫在妻子生產時，也躺在床上作出臨盆受苦狀，並守斷食等事）。我到他家時還相當地早，不過他已在陽台上做完早操，正在吃早點。他邊吃邊跟我提到，奶油麵包是古代比利時人發明出來的等話題。然後他問

說：「你知不知道英軍是怎麼認出打扮成戰士的聖女貞德原來是個女的？是這樣子的，她不是坐著嗎，而有人丟了個核桃在她大腿上，她要把桃子給拿過來，但並沒有夾緊兩膝，反而是把兩膝給攤開了，好像是要把以前穿慣了的衣服勒緊一樣。」（我後來才知道，這個故事出自馬克吐溫！）

最後我總算得到機會說明此行的來意，也就是要問他有關於裝生禮俗，父系社會以及母系社會等問題。他回答說「生孩子這種事非同小可，所以相當自然地，父親跟母親都來插上一腳了。」我不滿意地帶著一本大書以及這個謎樣的答案走開了。就如同好多人在類似的情況下所感覺到的，我想說：「他說的是不錯，不過這麼講不是太簡單了一些嗎？」幾天之後，我明白了，也體會出牟斯的知識跟賣弄學問之事不同的地方了。但這也剛好證明了我所說的：牟斯相當得天獨厚地，不用離開書房的安樂椅也能夠成為一位田野調查工作者。

※　　　※　　　※

牟斯的學術生涯，從他在1895年通過競爭激烈的哲學教師學銜考試（agrégation de philosophie）開始（時年23歲），到他在1940年退休為止（時年68歲），可以分成三個階段。第一個階段一直到1914年。這段期間是一位宗教研究的專家，而其鑽研的對象主要是印度和原始宗教。同時他也在舅父涂爾幹所領軍的社會學年刊運動裡邊扮演著吃重的角色。這段期

間，團隊合作無間，無數精彩的文章更相繼刊出。到1900年時，牟斯已先後跟巴黎的梅蘭特(Meillet), 傅荷 (Foucher)與李維(S. Lévi)，荷蘭的卡蘭德(Caland)，和牛津的泰勒和溫特尼茲(Winternitz)等學者學過梵文及比較語言學，宗教史以及人類學。

1901年他受聘於高等研究學院任教非文明民族的宗教史的課程，而也從這個時候開始，他負責《社會學年刊》(Année)的第二部分，也就是宗教社會學的部分，在這個部分裡面，牟斯得修伯特(Hubert)之助，每年發表了對於所有重要著作所作的極為詳盡而又富有啓發性的評論文章。很不湊巧的，我在此沒辦法多談他在這段期間所寫的，而常常是被忽略掉的作品(合起來大概有1500頁左右)。不過，我在準備這篇報告時，曾把這些文章再讀過一遍，而我相當懷疑說。像他這樣的一種成績表現我們還能在別處找到：在對每一個作品加以稱許、批判、改正或增補之前，都先小心翼翼地做摘要說明，再以其在知識上是否取得進展的觀點作出評論。在這些文章裡面，社會理論只被當成研究上的工具(雖說不可或缺)來加使用的情形，表現的最為清楚了。這段期間的社會學史，研究成果以及專業問題，都被牟斯以純熟老練的風格摘錄在其評論文章裡了(可參閱本章開頭注釋所提到的牟斯著作)。

至於有關他自己的出版著作，另一件為人所熟知的事情在此值得一提：牟斯從未出版過一本書，有的只是單篇論文。這裡面有些文章處理得相當廣泛，通常冠上「論……」

或「……大綱」等標題。再者，幾乎所有這些文章都是跟其他學者合作寫成的，而主要的合作對象是修伯特，這位宗教史學家、考古學家兼工藝學家。有時他也跟涂爾幹，弗恭奈德(Fauonnent)或包查特(Beuchat)合作。關於這件事有過各種不同的解釋，或則被看成是這些學者實現了集體研究工作的理想，或則認為牟斯沒辦法自己單獨出版著作，因為在他那些工作夥伴相繼過世之後，他所出版的作品在數量上是顯著地減少了。

第一次世界大戰讓《社會學年刊》這個學術團體遭到相當嚴重的打擊，死於戰爭的包括了一些最被看好而寄以厚望的社會學家，葉爾慈這位《右手的優越性》（*La Prééminence de la main droite*）一書的作者，以及雙重葬禮習俗的發現者，即為其中一例。而在涂爾幹於1917年過世之後，牟斯乃開始了第二階段的學術生涯。這段期間他在對離他而去的同事感到哀傷不已的同時，還全心全意地整理這些人的遺作，而其個人的責任也更加重了。他繼涂爾幹接掌社會學年刊，這意味著所要注意的不光是宗教而已，也包括了一般社會學了。而其研究範圍在1925年民族學研究所成立之後更是擴大了。年復一年地，牟斯在此一研究所講授有關於做實地研究調查的「工作說明」。牟斯相當重視基本課程這一件事，很明顯地是因為他認為這種訓練是將來往各方發展的必經之路。在這裡要提出來的一點是：雖然牟斯訓練他學生主要的著眼點是放在專題論文(大半是社會學的田野調查研究作品)上，他卻也沒忽略掉文化的散布和外源以及物質文化等問題。比方

說，像萊諾古漢（Leroi-Gourhan）這位把民族誌技術學開拓成
一門獨立學科的學者，其著作就完全是從牟斯在其課堂上所
講的，有關於技術的系統分類發展出來的。有關於牟斯的影
響及其後繼者這一方面的情形，我請大家參閱李維-史陀所寫
的一篇有關於法國社會學的報告（Lévi-Strauss, 1947）。在這段
期間除了寫過不少的短篇論稿之外，牟斯只創作出一本大部
頭的研究成果來，不過這個作品也可能是他的代表作，此即
《禮物》（*Essai sur le don*）一書。我在此要講的一點是，牟斯
擴大原先就已經是過廣、過大的研究範圍（他一開始投身於研
究工作時，就包括了社會學無止境的領域和一般的民族學
了）。這一件事，是沒有多大選擇餘地的，因為他誓言要守住
涂爾幹的遺志，要拓展他們所共同開創出來的那些研究。

　　我們可以把牟斯的第三個階段從1930前後談起，此時修
伯特也丟下他的工作夥伴走掉了（1927年），而牟斯則出版了
二冊有關塞爾特人（Celts）的著作。他也在這段期間被選為法
蘭西學院的院士，而有十年的時間，他每星期得在三個不同
的研究所教上八小時左右的課。此時牟斯給人的感覺是：命
運之神要他在幾乎沒有支援的情況下，一個人勇敢地扛起原
先是一大群學者工作的擔子。然而，他卻能應付自如，其繼
續保有淵博的學識，好像知識在材料上面這五十年間沒有增
加得太多一樣。同時，他更不斷地從歷史、心理學、哲學與
地理學吸收新知。這，再加上他對事實尊敬的態度，大概可
以用來解釋他在這段期間為何出版得較少的原因。不過散見
於「身體表現法」和「人的觀念」（"la Notion de personne"）等

單篇文章裡面的豐富觀念，換成別人的話，當然也便足夠讓
他來建立起聲譽了。他把太多的觀念詳盡地在這些文章裡面
加以表達出了。

這之後便是二次大戰的到來。而這場戰爭又讓他經歷了
比上次大戰更爲殘酷的災難。他的理智在經過這場暴戾的考
驗之後被摧毀掉了。他的記憶時常不清，而可能是因爲在情
感上與思想上的勞累過度，他於1950年2月10日臨死以前，思
維能力已經喪失掉了。

我們現在就按年代，從牟斯的著作當中來探討其學術生
涯的發展情形，而裡面所特別著重的一點是有關他思想上的
具體層面。此外，我們所關注的主要是在兩方面：一方面是
把人類學家的觀念在研究工作上面所扮演的角色給弄個清
楚，另一方面則是要把人類學家所用到的資料在研究上所代
表的意義給查個明白。

1896(或1897？)年的時候，牟斯發表了他評論史坦麥特
(Steinmetz)的《制裁觀念早期發展情形之研究》(*The Early
Development of Sanction*)一書的長篇文章(Mauss, 1968-69, 2:
651ff)。史坦麥特在其書中所想指出的一件事是：法律制裁是
從私人的報復所發展出的。牟斯在對其所使用的方法加以稱
揚之餘，卻也在根本上提出了一項反對意見，並由所作的反
對進一步地談到他個人對此一問題所持的看法。牟斯說，作
者並沒有把事情給界定清楚，而只是按照一般常識上的觀念
來作分類。他接著說法律制裁這個字具有我們所熟知的在理
性上、功利主義上面的特徵乃是相當晚近之事，而這樣的一

個觀念是屬特殊之例，在社會學上面我們所需要的是一個更
為普遍性的東西，好來對其存在加以理解清楚。牟斯相信，
原始社會在好多地方是跟我們一樣的，而他想要的是一個於
兩種情形裡皆然的定義。他說，史坦麥特因為無法從社會學
上的觀點將情形說明清楚，所以未能把握住所有刑法的共同
基礎所在。法律制裁是加在那些違反了法律、習俗的人身上
的一種懲罰。在古老的社會裡，觸犯法規乃列出了一種在宗
教上所採取的因應對策來（雖然有時情形並非如此），而刑罰
乃是這樣的一種因應對策所發展出的，不但我們近代的各種
法律裡面留有原始的私人報復觀念的痕跡，而且最初在司法
上面的因應對策類型裡，也存在著一種類似於我們刑法系統
的根源性東西。

　　我們在此所要來加以說明的主要論點乃是：在社會學上
來下定義乃是要把我們與原始社會彼此所共有的情形給表達
出來。牟斯說「假如我們像史坦麥特所做的那樣，把自己的
研究限制在非文明化的民族裡，我們會對法律制裁的作用，
甚至法律制裁是怎麼來發生作用的情形都給看不見了。」我
以為這點清楚地意含著說，只有透過自己的文化我們才能了
解他人的文化，反之亦然。

　　但要有辦法地來下這樣的一個一般性定義的話，則我們
得先假設著人類是具有其一體性的這個基本前提，但此一假
設前提又從何而來呢？史坦麥特提說，民族誌應該建立在兩
項原則之上：進化之事以及社會意識（Völkergedanke）。牟斯
則論說可能後一項就夠了，因為進化的原則純粹只關聯到其

所否定之事：「它不承認不同人種在本質上有任何不同之
處，也對文化擴散說加以排斥」。他說：

> 不承認人種是沒有共通性這件事，是要來肯定人類的
> 一體性。而把歷史（擴散說）的解釋放在一旁，在此則
> 是要把自己限定在人類學所使用的方法上（"Nier
> l'irréductibilité des races, cést poser l'unité de genre
> humain. Écarter la méthode historique, cést se réduiré, ans
> le c as présent, à l a m éthode a nthropologique", 1 968-69,
> 2：653）。

「人類的一體性：(L'unité du genre humain)的觀念一直見
之於法國社會學思想的發展過程當中。而早期英國人類學學
派在這裡面所扮演的歷史性角色，完全爲牟斯承認，他在
《社會學年刊》的第一卷裡談到：

> 我們原先在古典期歷史，比較語言學或民俗學裡所研
> 究的各種事實，可藉著與原始宗教當中的各種事實來
> 作的比較，來發現出新的意義。因此這三個事實範疇
> ——原始宗教，古代文明民族的宗教，以及在歐亞各地
> 的習俗傳統裡面所留下來的各種信仰與儀式——基本上
> 可視爲一樣的東西(1968-9, 1：110)。

然而人類學家本身是從演化論這個前提開始起跑的。今

天我們可能會把進化論丟在一旁，但可不要忘記，是進化論
把「我們」與「他們」，文明人和野蠻人合在一塊，而變成
人類這一種東西的。進化的觀念，其作用就像在未能合成單
一整體之前，把彼此分立而不相屬的一組東西給搭在一起的
基礎鷹架一樣。我們現在則發現這個整體是相當不定型的東
西，而我們所要做的是對於「相異性」的研究，就好像牟斯
一直在做的事情一樣。然而，在基本上的一體性還沒建立起
來，要來對彼此的相異性作研究是不可能的。

　　1901年牟斯在其任宗教史講座教授的就職講演裡，談到
了他個人在方法論上面所持的一些看法。第一，嚴格講來是
沒有「非文明化的民族」這一回事的。我們只能說是有不同
文明的民族存在著。澳洲的原住民，其社會既不簡單，亦非
原始，而且也跟我們一樣，有其長遠的歷史。然而，就好像
我們所發現到的，有些目前還存活的物種，雖然其存在的歷
史跟哺乳動物一樣地年代久遠，但卻比較簡單，比較接近於
早期地質時代的物種，不過這些物種現在已經絕跡了，同樣
地，澳洲的阿倫塔(Arunta)社會比我們更接近於原始的社會形
式。比方說，雖然阿倫塔人的圖騰崇拜是急遽地在衰退中，
但生孩子對他們而言絕非僅是一種生物學上的事實，這同時
也是一件巫術——宗教上面的大事，因為對屬於某一圖騰精
靈的部落的一個阿倫塔人而言，這個圖騰精靈在其母親懷有
他時已經進到了母胎裡面了。他們信有此事，而這便讓我們
回到了真正原始的各種觀念裡頭了：「我們最主要而且最需
要慎重處理的工作，乃是不斷地來檢查，到底我們所作的研

究是在什麼樣的一種程度上，讓我們往回來看到了眞正的基本現象之形式」（1968-69, 1: 490-91）。

我們可以看得出來，這裡頭並不乏進化論上面的觀點。然而這點並非是我們得對資料小心謹愼地加以分析的理由。因爲，假如說民族誌上面的事實（其中有部分是眞正可靠的）記載的相當豐富，而假如說，拜近代技術與訓練之賜，我們對和脾（Hopi）印地安人的宗教儀式所知道的，要比聖經利未記上面所記載的獻祭律法（更不用提古希臘的獻祭禮了）來得多的話，這些並不意味著，所有的資料都具有同樣的價值，我們在對資料詳加查核之時，「一般都得運用上我們的判斷力，我們得仔細地來找出具關鍵性的層面好能發現出……所談的東西到底眞相爲何」（1968-69, 3: 365-71）。

而這當中有一些是所有對社會現象作觀察的人共同會碰到的難題：第一，所有的消息都出自於本土出生的人之口中，而即使對我們來說，最困難的事也莫過於說出我們的各種風俗制度到底是怎麼一回事，就好像一位從韓國來的傳教士所說的：「習慣以及語言乃是擁有者擁有但卻不自覺到的東西。」這也是爲什麼民族誌學者必須從當地人民所提供出來的最佳資料裡面，來挖掘出「在其底下的各種事實眞相。這些眞相幾乎沒有被意識到，因爲其只以具集體性質的傳統這個名號存在著。但這乃是眞正的事實所在，是我們得想辦法透過資料來得到的東西。」

「假如說把宗教事實當成社會現象來加以探討的話，則更爲重要的是，我們要對這些事實以如下的方式來加以解

釋……我們要得出一個儘管免不了是屬於暫時性，但卻有其合理性和客觀性的假設。」在這裡，主知主義式和心理學上的研究已被超越了。「比方說，喪禮所直接關聯到的事實乃是家庭這個組成體；喪禮之事乃取決於此，而不是一些含糊而不明確的感情成分。」我們得「把握到宗教和社會事實的堅實基礎，只找那些直接具有決定性的原因，而放棄那些只解釋到可能的事實的概括性理論。」

　　這就是牟斯在1901年時所提給我們的東西，其方法紮實，沒有爲理論而理論這一回事。在這裡面牟斯所著重的是在把資料變成有依有據的事實之過程中所需要的思想分析工作。而這項工作牟斯在他的研究班課程上做了幾達四十年之久。我個人則在1930期親身目睹了他在研討馬林諾斯基（Malinowski）部分著作時的一些情形。在這上面，由於本身對美拉尼西亞和波利尼西亞擁有淵博的知識，使得牟斯能對超布連島民（Trobriandais）得出一種相當不同於其觀察者馬林諾斯基的看法。像他這樣的一種科學成就乃是由比較研究所產生出來的深刻見解——這點馬林諾斯基也曾加以承認過——而他之所以能做到此事，乃是馬林諾斯基出版了爲數頗多的研究資料彙編的原故，不過牟斯所使用的方法在今天是越來越少見了。

　　牟斯對於如何來做解釋這個論題上所持的態度是相當堅定的。他在一篇評論文章上說「嚴謹的字義探討，審愼的社會學研究，乃是在求得理解，而不是想作一種說明的工作。」而在他有關於罪及消罪的最後幾堂課上他還是一再強

調說：「在我們知道人們所相信的和所思考的是什麼東西，
而有這種信仰和思考情形的人到底是誰時，社會學上的解釋
工作已大告功成矣。」上面這個建議可能並沒有完全過時。

※　　　※　　　※

　　《論祭禮》（*Essai sur le sacrifice*）出版於1899年，即《金
技》發行第二版前的兩年。無庸置疑的，兩本著作之間是存
在著一大段距離的——其中一部現在依然有其新意，而另一
部則已過時，這本書是修伯特及牟斯採取了社會學研究方法
所獲致的成果，代表了他們兩人對宗教作系統研究所跨出的
第一步。裡面所用的研究方法則見之於1908年出版的《作品
合集》（*Mélanges*）的前言部分：從具有代表性而富關鍵地位的
某個事實來著手。祭禮之所以被選定為研究主題的原因即在
於此。透過這番研究，羅伯特森史密斯(Robertson Smith)有關
於神聖與凡俗的觀念乃被當成試金石。假如時間允許的話，
我希望能對《論祭禮》書中有關於印度的部分來表揚一番。
書裡面的每一個地方都令人稱奇不已，這包括了作品所具有
的分量，其在印度研究上面的特有地位等等。而同樣令人不
敢置信的事實乃是：這本書幾乎只是將資料排比整理寫成
的，因為印度思想的果實不但已經有了，而且成熟待採。只
有語言學家對這種研究成果還持懷疑態度，而這些果實則需
要一位懂梵文的社會學家來加以採收。
　　1901年的時候，牟斯跟弗恭奈德在《大百科全書》

(*Grande Encyclopédie*)上面合寫了「社會學」這一條目。這裡面值得注意的一點是：雖然義務在此被當成社會事實的一項特徵來加以討論，但到最後卻已不受此限，重點成了定義的相當廣泛的「風俗制度」。在這上面更爲清楚可見的改變情形則發生在1908年，牟斯此時放棄了涂爾幹所下的定義（特別是有關於宗教之定義）：「對我們而言，義務並非社會事實的特徵之一」。

　　1903年牟斯與涂爾幹合撰的〈分類的幾種原始類型〉"De quelques formes primitives de classification" 其所加上的副題爲「集體展現情形研究論稿」（Contribution a l'étude des representations collectives）。這篇文章開了一條《社會學年刊》在這之後所要做的研究路線，雖說這條研究路線沒有完成，但這裡頭可能代表著牟斯的主要興趣之一。修伯特後來做有關時間的研究，牟斯研究人這種實體，而卡諾斯基（Czarnowski）則爲空間，如此等等。牟斯與涂爾幹合作寫成的這篇文章雖然重要，卻出人意表地相當鬆散地跟神聖的觀念關聯了起來。可能裡面關聯的情形我們只能透過佛拉哲（Franzer）的《圖騰崇拜之源起》（*Origins of Totemism*）（這本書是相當出乎意料之外的一部作品）才有辦法來加以確立之。再者，我感覺出在文章裡面整個研究態度對原始宗教略帶有鄙視之意。這點是跟牟斯重客觀事實的態度與具同情性的眼光相左的。我們認爲這大有可能是哲學家涂爾幹的觀點。

　　1904年時，《論祭禮》一書中所開啓的研究路線，乃繼續由〈巫術的一般理論〉"Esqiusse d'une théorie générale de la

magie"來加以發揮。這篇文章跟對其而言是具有關鍵性的基礎
之作《論魔力之源起》"l'origine des pouvoirs magiques"相輔相
成的。相當例外的是,在這裡面所探討的對象並不像《論祭
禮》那樣的具體,而是相當抽象,並且也沒在地理上作範圍
限制。雖然這種種在引言時曾做了一番解釋,但以上所提到
的可能也是為什麼這篇文章並不是屬於牟斯最出色的作品之
一的原因。有關於瑪納(Mana)(譯注:一種不可思議的神奇
力,修伯特與牟斯現為巫術之源起)的問題在裡面被提出來加
以討論。這上面的種種我再次地請你們參閱李維史陀為牟斯
作品集所寫的序言。

　　1906年牟斯跟包查特合作出版了《論愛斯基摩人的季節
性遷移》(*Essai sur les migrations saisonniéres des sociétés
eskimo*)一書。之所以選定這個研究主題乃是裡面具有代表性
的情形存在。這次所探討的是在社會裡邊形態學與生理學之
間的相互關係。在此地順便提到一本只能算是起了頭的作
品。這本著作大約有一百頁左右,私人出版於1909年,是有
關於祈禱經文的研究(不過顯然是未完稿之作)。這段期間,
牟斯也寫了為數越來越多的次要作品。

　　1925年牟斯出版了禮物:論古老社會的交易形式及其存
在理由(Essai sur le don, forme et raison de l'échange dans le
sociétés archaïques)一書。這本書的主題也大半是具體事實,
而在開始的階段裡於地理上劃出界限來(美洲西北沿岸的印地
安人,美拉尼西亞人)。在這裡牟斯又作了一番找尋工作而發
現出「具有代表性的事實」(le f ait p rivilégié)來他在書裡面稱

此爲一個「整體的社會事實」（fait social total）。這在牟斯作品裡所一再重複出現的主題乃是：做研究的目的乃是要來探討整體，而非零散的個別部分。這種整體性的東西我們確定裡面是存在著一種內在的連貫性的。這怎麼來發現呢？就某種意義而言，社會乃是唯一的整體，但社會是太複雜了，所以不管我們如何小心翼翼地將其給重組起來，成果還是不免令人有所懷疑。但有時候裡面連貫的情形可見之於比較沒有那麼錯綜複雜的例子裡，而其中的整體性可以比較容易來加以掌握到。禮物交換即爲一例：整個社會可用誇富宴（potlatch）的觀念具體而扼要地來加以呈現之。這件事裡頭有著那種「具代表性的事實」存在著，而對其作科學研究便足夠將某種規律給確立出來。或者，我們可以說得更準確些，這方面的事實迫使觀察者（至少觀察者是牟斯的情況下）來超越出其在研究觀點上所援用的範疇之外，而這些範疇乃是我們的常識或對禮物和交易情形上面的一些經濟理念，這點標題便做了提示。這些範疇必須跟一大堆彙編成的資料來相較量，而較量的結果便產生出「誇富宴」或「具好勝競爭特性的全面報示」（"prestation totale de caract re agonistique"）這種具有科學性的範疇來。牟斯的這種研究觀點，乃是我們必須再回到的一種研究過程上面的一個典範。

至於「整體」的觀念相當吸引人又極富謎樣性，而可能是太過具體的東西了，所以牟斯沒有明確地對「什麼是整體所特有的東西」這個問題加以作答。然而他常強調相異性和區別性的重要性；他說，有關於接觸之屬的禁忌，也就是把

某一類東西跟他類分隔開來的律則,是跟認同,相互感染(或
者是李維布魯爾所稱的參與)具有同等重要性的。我們可以這
麼說,牟斯的情形已經相當接近於把「整體」界定爲一種結
構的東西了;我則視這種情形爲:環繞在一個或數個對立情
形當中的「彼此相互參與」結合而成之事。我們在此不免要
談到李維史陀對於結構所作的發揮,而我又一次請你們參閱
他的文章。

※　　　　※　　　　※

我們在前面提過牟斯是如何地來處理一般性的問題。他
寫過一篇論分類的長文,標題爲〈社會學分類的界限與範
圍〉("Divisions et proportions des divisions de la sociologie")
(1927)。這篇文章相當能代表他對涂爾幹的遺業所持的態
度,以及他個人所具有的一種傾向。而我們也可以從中看出
他對其他專業所提供出來的知識之尊敬,和他對作研究工作
所需要具備的條件本身相當自覺的情形。他對《社會學年
刊》的老框架所需要作修正和調整的地方做了一番說明。依
我看來,這在基本上認識到說,像宗教、法律、道德與經濟
等等,所有這些範疇畢竟是由「我們文明的歷史情況所定出
來的,而我們的科學本身即是這種情形之下的產物。」牟斯
說:「舉個例來講,要不是在我們的文明裡邊已經將宗教與
道德作了一番區別的話,我們是不敢確定說是否有辦法將宗
教與道德之 事加以分開」(1968-69, 3:220)。總之,所有那

些看起來像是名正言順而冠冕堂皇地被列入科學之名的研究
範疇，並非就是客觀的分類，這些範疇全屬於我們的常識之
見；它們並非科學的社會學範疇，而僅屬於方便之計，必要
之惡。（在此我只是概要地來作了說明，而把其特點在意義上
加以引申了。但讀者可見1968-69, 2：178-79, 202-4等處的說
明。）

　　不過，牟斯還是認為舊的框架應加以保留，而他則有幾
分自喜地引進了另一種分類辦法，來對原先的研究範疇加以
增補與修正。這裡面包括了對形態學與生理學，形式與功能
所做的劃分，而後一項則又再細分為風貌展現情形與習慣作
法，這也就是指觀念與行動。他對這種劃分情形的有利之處
加以稱揚說：這裡面並不牽涉到任何先入之見，而是就事實
來論事，因為這種劃分是具體性的（具體性的！）。在顯示出
上面兩種劃分情形大可以來相互參照使用時，他一如往常地
堅持在作分析之後必須要完成重組工作：「在多少是恣意地
加以切開之後，我們還得再將其給縫合起來。」你們可以觀
察到說，在這簡單的句子裡邊，有著今天某些人頗為自負地
稱說，是這種或那種社會功能一樣的東西。然而牟斯所講的
甚至要更為嚴謹，因為他不依賴範疇來作分析。

　　再作點補充說明。牟斯常提到他跟修伯特合作的情形：
「以前是有兩隻牛拖著一張犁，一隻是神話牛，另一隻則是
宗教儀式牛，現在則只剩下一隻牛，工作是更為艱鉅了。」
無庸置疑的，這乃是牟斯肯定說，劃分成風貌展現情形與習
慣做法為一經驗事實，而這種劃分不但有用而且合乎實際的

理由之所在了。他並用以一種相當有見識的評語來對這種情形加以解釋清楚。他說：「集體式的風貌展現情形(以神話為例)，其本身裡面彼此之間常存在有密切的關係，而其相互結合在一起的情形，甚至要比起其跟不同形式的社會活動之間，彼此為一對一(即宗教儀式)的特有特應關係，要來得更為自然。」

牟斯後來所出版的一篇同類性質的文章〈一般敘述性社會學綱要〉("Fraginent déun plan de sociologie générale descriptive")，也顯示出他本人是具有相當程度的開放心靈的。就一方面的情形而言，則社會凝聚力、權威、紀律、傳統與教育並不像功能主義所認為的，是社會學的根本所在，而僅屬於其裡面的一般性層面。而在另一方面，則這些東西只是「一般社會現象」的社會內在之部分，因為一般社會現象也包括了社會與社會之間所發生的種種事實(和平與戰爭，文明)。1929年他在一次學術報告裡面對文明作了一番定義，也對文化形態學和民族誌上面的文化圈學派的貢獻與限制做了最後遺言似的評價。事實上，牟斯從來沒有把對具異國情調的社會之研究，跟對我們社會的研究或跟對文化的研究，來加以分開的。

我是在最後這個階段才加進來成為牟斯的學生，聽了他的一些課(不過實在是太少了)，而領略到其中的興味。在此，我提出兩個例子來說明他尊重事實的程度。1937年，他在法蘭西學院的專題系列講座為：論奪彩竿，玩球競技，以及其他太平洋周邊島嶼上的一些遊戲：(Sur le mât de cocagne, le jeu de balle et quelques autres jeux du pourtour Pacifique)。他

從紐西蘭講起，而一直暢談他所熟知的有關於毛利人的宇宙生成之神話。但有一天他興高彩烈地來到課堂上說，大家要不斷地重新研讀原始資料。我忽略掉了在懷特所作的圖（在第一冊的最後）當中的一樣東西了，這個圖比我所想不但要簡單，而且還要好，我們重頭再來，那一年他的課就始終沒有離開過紐西蘭[1]。

　　另外一個例子則是這個樣子，牟斯有多年的時間教「波利尼西亞人的罪與贖罪」這一門課。最初他想作個結束而來出版葉爾慈對這個問題所作的研究，後來則一年又一年地做申論和改進工作。在大功將告成的時候，他從夏威夷收到了一分重要的手稿。他拿這分手稿來作確認工作並擴大其研究範圍。這門課因此又延了下去，而研究則始終無法出版，某些學者可能會盡其心力設法來加以出版，然而這項工作並不簡單。因為這些對於聽課的人而言是極具啟發的講課內容，有其速記上和對秘教式的知識之了解上的限制[2]：要了解牟斯的話，你必須把他整個思想的活動過程給重建出來——而這

1　（1984年注）唉呀！我對「事實」相當確定，但在解釋上卻出了個差錯。在這裡面牟斯所談到的是tiki（譯注：波利尼西亞神話裡有關於人類創造之事）的解釋問題。我們從牟斯1968-69, 2：156, 160裡邊得知在1934年——也就是我在上面所提到的日期的三、四年前——牟斯在大英博物館的圖書館裡發現到說，他跟赫勒慈在1900年左右所做的筆記相當地不完整。假如牟斯是如我所感覺到的那般高興的話，原因倒不是因為這是一項新發現——這點我想錯了——而是因為這項發現太重要，甚至可以說是讓他嚇了一大跳了！

2　（1984年注）牟斯自己的筆記沒被找到，我想辦法要把幾位聽課者的筆記重作整理，但結果卻白費了一番力氣。

點卻不是說做就辦得到的。

我們可以這麼說：偉大學者的思想風貌所呈現出來的就像短路的情形一樣：因為他們習慣以自己特有的表達方式來談這個民族或那個民族，或者是從某個抽象面談到另外一個抽象面，所以甚少注意到如何將其經驗詳細地以科學語言來加以譯出好與他人作溝通。開始時是科學而結束時則大半為一種藝術了。在個人的認同與理性的表達之間並不保有平衡的情形。藉著個人所知道的具體經驗，牟斯可說大半已經超越了很多社會學家頗為自喜的範疇之外了。而他沒有超越範疇的地方大半是屬於科學上面的原因。而之所以能如此，乃是他有著不尋常的，在想像力上面極具活潑性的才具所致。這點是他偉大的地方，不過因為同時也把問題擴大開來，也成了他失敗所在。他走在時代的前面太遠了，其聲音不易被聽進去。

※　　　　※　　　　※

在上面我們談到了牟斯著作對於研究主題的選定情形，談到了什麼是「具有代表性的事實」以及什麼是「整體的社會事實」，也談到了理論為作研究的先決條件，而分類與定義能夠讓我們恰如其分地把素材轉化為社會學上的事實等觀念。就這些情形而言，我們可能已經就是在談一種實驗精神了。但是理論與資料，觀察者與被觀察者，主體與客體，它們彼此之間的關係則需要再多加一些討論。這點，為了方便

其事，我們可以來發問說，就好像在自然科學裡邊有實驗
（expérience）的情形，我們能夠說是有牟斯式的人類學這一回
事嗎？若說有的話，其內容又爲何呢？我個人以爲，假如不
提這個問題的話，會把重點給漏掉，而這個重點不但關係到
牟斯在社會學思想發展上的地位，也涉及今天人類學家的一
般態度，以及人類學與一般社會學之間的關係。

　　假如人類學要給不同社會做個最後定言式的分類，或者
像自然科學一樣要來陳述出規則的話，則首先在其可加掌握
的資源裡，便要有著定義完整的觀念與原則。然而，牟斯卻
強烈地感覺到其時各種觀念工具的短暫時效性與不夠完備的
情形，在勾劃出爲具體目的而定的一般社會學的設計方案
後，他在文章的最後說了下面幾句話：

　　　　在很多事情尚待完成以便能「認識清楚」，而接下來
　　　　還有那麼多事情需要做以便能求得理解的情況下，來
　　　　對一般社會學加以哲學化是沒有多大用處的（1968-69,
　　　　3：354）。

　　我們在前面看到在這裡所談的「認識清楚」的意義何在
了。但是「求得理解」又是什麼意思呢？是不是只要看出相
互之間的關係就夠了？還是得更上層樓，重組出眞正的事實
（這個事實也就是在經過分析後，多少一定會恣意地被分裂成
各種因素的「整體」事實）呢？「求得理解」這句話裡面恐怕
還要多出其他一些東西來。這些東西我們在前面已經見過，

而它總是未可明言式地呈現在牟斯的思想裡，這也就是：變成裡面的一分子以求得理解(compréhension d e I'intérieur)。此一不尋常的能力乃是從人類的一體性情形所來源出的，藉此在某些情況下，我們可以把自己跟其他社會的人給認同在一起，而以他們的各種範疇來作思考，就好像李維史陀所說的，秉賦著這種才具觀察者乃成為被觀察者的一部分。在這點上面，我們應該注意到牟斯所作出的另外一個結論。這個結論的重要性很容易就被漏掉，因為它所表達出來的東西往往令人會錯意：「亞里斯多德式的各種範疇並非是唯一存在的範疇分類情形，我們首先便得編出最大可能的範疇目錄來。」

對那些知道牟斯的人而言，無可置疑地，「編出個目錄來」在此的意義就等於是：要來對各種範疇加以試驗，然後用心地將這些範疇轉化成社會學上的事實來。當然，在此我們是接近於在英國已行之有年的田野調查研究工作的理念，也接近於伊凡司·普利查教授所提出來的理論，要看出為什麼「理解」和「編出一個各種不同範疇的目錄來」，其在基本上是同樣一回事的話，我們可以再來舉一個例子，這個例子接在「法律制裁」與「誇富宴」之後，只能算是一種相當不起眼的情形了。美國人類學家摩根(Morgan)發現說：以我們一般所用的「父親」這個範疇，是沒辦法來了解他所稱的馬來語(Malayan)親屬用語上面的系統的。他加以解釋，發展出一套過去所存在的有關於集團婚姻上面的理論如此等等，想要把其中的困難地方給擺脫掉，然而在後來，大家認識

到，這個屬於本土性質的範疇能夠來加以了解時。解釋性的理論變得沒有用處，而被淘汰掉了。新的範疇則出現了，此即「分類上的父親」（"père classificatoire"）。這個詞彙的科學性在於：其把我們常識上面的範疇，和屬於本土性質的範疇都給包括進去了。

假如我沒有搞錯的話，則科學的人類學範疇只能這樣子來產出生來，也就是說，在我們的範疇與其他人所使用的範疇有所衝突之際，在理論與事實資料互相牴觸的時候，乃能進一步來發展出科學的人類學範疇。我認為這是為什麼牟斯不想要哲學（用一些令人不滿意的觀念來作思辨工作），而要一種有著各方不同疇的詳細目錄（這也就等於是科學觀念之建立）之理由。

因此我要做個結論說，我們大可以來談社會學在實驗階段上面的各種情形。在這個階段當中，做實驗工作和從事概念化之事，兩種過程是不可分的。若說這種情形與平常的實驗有所不同的話，則是因為在人類學上，實驗不但是要來檢驗假設的真實性，也要回過頭來對觀念本身發生影響作用——這在事實上等於是在促成科學觀念之建立了。而因為觀察者與被觀察者彼此認同在一起的結果，實驗又跳回到了觀察者身上來了。

剛剛所說過的這些，不容否認的，是有我個人作解釋的成分在內的。但我以為，我只是把在牟斯的思想裡面處處皆可見到的東西明確地加以表達出來而已。牟斯沒有把這些東西給明說出來，因為對他而言，其乃自不待言之事。（好像習

慣對生於其中的人之情形一樣）、我們原來是從另一個出發點來談牟斯，不過在此所談的卻跟李維-史陀的論點不謀而合了。假如我們要把牟斯是如何地比涂爾幹更往前走了一步的事情給說明清楚的話，可能捨此之外，是別無他途的。我們在此所談的實驗之事涉及主體在客體裡面的情形，而這點可以明顯地從很多人類學家的著作當中看出。我們在談科學客觀性的時候，這一點一定要認識清楚。法國社會學家裡面不屬於人類學方面的學者卻未能正視到此一事實的重要性，這點可能是人類學在跟其他社會學科比起來，自有其獨特的價值所在之原因。

有人可能會論說，把主體的觀念重新再引進來的話，則我們是會把科學給清算掉，而與整個啓蒙運動，以及想來把科學推展到社會的法國思辨社會學家的傳統相決裂了。但事實並不必然就是如此。因爲我們剛剛已經發現做爲一門對社會作研究的科學，其所需要的一些條件了。我們不必不由自主地來照章行事，好像上面這種事情是沒發生過一樣，也不必轉換到另外一種模式上面去，而是要在體認到各種新的條件並依此行事的前提下，在新的階段當中繼續求發展。

※　　　※　　　※

在結論這個部分，我想用一種希望是牟斯式的觀點，來對當前人類學家主要所存在的一些態度作個檢討。第一是有關人類學是否終究能獲致普遍眞理這個各方爭辯的問題。對

此，我們可以這麼來答覆說，雖然人類學究竟能否相當有系統地來論列出一套與自然科學同樣形式、同樣類例的普遍知識的情形，相當令人懷疑。不過，某種普遍的價值已經悄悄地進入其中，而包括在每一個觀念裡面了；得其之助，人類學家乃能從一個社會進到另一個社會。假如說這不是科學本身之屬的東西的話，也可以說正在轉變成科學的一件事了。誠然，我們得體認到，假如以規律和普遍命題來探討一般性價值常屬徒然之舉的話，則這種一般性價值在事實上是已經內在於人類學所使用的工具裡邊了。然而，到目前為止，這種一般性價值的分布情形相當不平均，而往往停留在只具雛形的階段。這種情形必須來加以開展出。而這便把我們引到第二點上面來了。

　　思想上的發展，也就是能更深刻地將之作觀念化表現出來的過程，可能是人類學進步的關鍵，而這點要比只做資料的收集來得重要多了。我們可以從真正有成的人類學專題著作裡邊看出個端倪。於其中，對於事實資料上面的情形也同時作了適度觀念化之轉述工作。伊凡司·普利查的《努爾人》（*Nuer*）一書可為這方面的代表作。不過，在上面所談之事沒有被體認到之前，以牟斯的話來說，也就是在大家認為一旦把事情給認識清楚之後，便沒有必要經過一番勞心勞力又費時的求得理解的過程。不認為這種求理解之事是及時要做的事，而以為是瞬間即成或是不可能之事，則這裡頭所表現出來的一些傾向，在我個人看來顯然是不科學的。

　　另外有一種情形是長期性所表現出來的失望之情。一旦

我所稱的常識性概念，因其表面上所具有的價值而被當成了科學概念的話，那我們就很難對目前人類學這門學科本身不夠完善的情形了解清楚。有人忘記了在最近這段時間非常大的進步情形，而兀自感到絕望起來了。這些人想以搭蓋起摩天大樓的時效來把一門屬於人的科學給建立出來，而求援於演算模式，或焦躁不安地來尋找主題。要不然就是：我們在思想上所作的認同與抽象化之雙重努力遭到鄙視，而目前存在的各方情況則被理想化了，認為我們應該對研究事實資料的情形感到滿意，而不必去認定或想辦法地來發現其中的連貫之處。這好像是我們的心智不屬於社會之部分的情形，要比起它不屬於自然的一部分之事，在意義上要更為嚴格些。所有這些情形一方面顯示出把人當為客體所顯示出來的低評價情形，因為要想發現人的種種當然是值得多花點力氣的。而在另一方面卻也顯示出對把人當為主體之事評價極低的情形來，因為人類學家當然是有辦法來作到比他目前所達到的更為嚴謹的思考的。

現在，假如有人問說；一旦大家在經濟上面取得進展，而古老民族變成近代世界公民的成員的話，那麼人類學會變成什麼樣的情況呢？這，我們大概可以這麼來回答：到那時，由於人類學已經有了長足的進展，我們乃能把自己的社會學給建立起來。而這種事要不是因為不同社會的存在乃逼使我們拋開一己之圍，而以科學的觀點來視人為一社會性的存在實體的話，是不可能做到的。

而在這樣的一種值得全力以赴的工作裡邊，我認為牟斯

所佔有的分量不容忽視。由於他個人的才華以及他所置身的
歷史處境,他因此有辦法比好多其他的人更能想到什麼的發
展條件需要來加以完成。誠然,他無法藉一己所發揮出來的
力量把瞭解的藝術提升到科學的境界。不過,他從來就沒想
說這種事情單憑個人就可以辦得了的。這是需要各方參與研
究,而且一代接一代地努力工作才能達成的目標。牟斯所留
下來的精神是視野更為寬闊的理性態度,以及見解更為深刻
的樂觀精神。

第八章
人類學這一行與意識形態☆

　　這篇文章所提出的一些總括性質的看法，拜一系列的場合之賜，作者乃得以將其整理得更爲清楚和系統化。不管人類學究竟已有了什麼樣的成就與進展，不管其最近的發展情形爲何，它目前的處境以及未來的展望——特別是法國在這方面的發展的情況(但這件事其實並不限於法國一地)——對好多人而言，(儘管其所關心的角度有所不同)，都還是大家矚目的焦點所在。在此，希望藉著在原則上是純屬理論性的反思工作，能夠幫著我們來把人類學究竟要何去何從的問題給弄個清楚，而得以讓這門學科的一體性更爲強化 1。

☆　本文初刊於《人》(*L'Homme*), 18.(3-41, 1978年7月-12月)：83-110。
1　這篇文章最先是在我於社會科學高等學院的研究班討論課上提出的，後來也在芝加哥大學的人類學系報告過。在此，我要對那些聽講的人所作的往往是相當受用的一些評論表達謝意。在這之後，我把文章第一部分的論點做了一番申論(雖說某些層面尚屬綜述性質)。文章的目的在於提出一個可以來讓人類學家做爲考慮對象，而稱得上是明示出的原則，以及此一原則所產生出來的一些結果。除了一些基本的問題之外，用一些並非十分精確的語言來作表達，個人認爲並沒有什麼不便之處。因此，我把不管是在狹意上或廣義上所稱的一切觀念和價值系統，都視爲是意識形態，或以美國人的講法來説，這些是文化甚或

1. 人類學這門學科跟意識形態的相關性

　　在討論到這樣的一個問題時，我們來對人類學的過去，
而特別是最近的研究發展情形反覆加以思考，是很自然的。
假如拿我在25年前得以從牟斯的論說當中，獲致的那個觀點
來作考慮的話，則裡面所談的主旨大意我認爲還可以站得住
腳，只是我得對其時的那種有點「年少樂觀」的態度作一些
保留，而同時得對其中所論到的，我們與啓蒙時代的理想之
間，兩者在銜接上不成問題的說法加以修正了（見本書第七
章）。這裡頭真的存在著一個問題，而這個問題在理論層次上
對我們而言是極具關鍵性的。同時這點又等於是近代文明的
一個首要問題。我們只要對牟斯來作更爲深入的探討便可以
察知其實。

　　若我們對過去30年來的人類學仔細加以留意的話，則這
門學科對於觀念系統以及意識形態之價值系統日益重視的情
形，我們先大略地加以評估後是會感到欣慰的。而這個事實
同時也附帶地說明出人類學家對於意識形態所作的一種反思
情形。這種反思則牽涉到人類學這門專業的意識形態，以及
人類學家所置身的社會其意識形態兩大方面。我在此所指的
社會是指：不管人類學家的國籍、地域或文化淵源爲何，他

　　　　社會之屬的東西。而我在文章裡面，並沒有把社會人類學跟文化人類
　　　　學作出區分來。而因爲我的用意是要來提出具有建設性的陳言而非進
　　　　行筆戰，所以在第一部分我把一些富有爭議性層面的相關參考資料給
　　　　略去，同時也沒有提出一分正式的參考書目。

已置身其中成其部分之屬的近代社會。這是我所要談的第一個論題。

　　我剛剛提到說「先大略地加以評估」這一回事。事實上，人類學的發展長期以來卻爲一種已經習慣了的不連續情形所苦，而這種情形使得我們不免會問說：下一步是踏了出去，但前面一步到底有沒有跟上來呢？這篇文章的第二部分，我會提到一個正好跟意識形態之研究相關的例子。看來這種情形好像是焦躁不安的心情，促使我們輕率地把我們所獲致的最爲有價值的東西給置之腦後，或把這些東西給加以妥協掉了。上述特點可能來自於美國，因爲在美國，於意識形態上與制度上競爭的環境下，大家喜歡競相出招喊價之事，而使得新流行很快就取代舊流行了（見前面一章最後一部分）。不過這點卻也常見之於近代思想裡邊，雖說其中強烈的程度可能彼此有所差異。誠然，主導理論的更替情形，從功能主義到結構主義和「象徵主義分析」，往往呈現出一種有跡可尋的發展順序情形，然而每一種理論皆無法持久，因爲其本身就是不夠完備的。不過，我這種說法可能會讓人猜疑自己是不是有點自滿，而甘冒著誇張其實的大不諱了。我應該說，至少就表面的情形看來，我們是處在一個永遠處在革命階段的情況當中。拿湯瑪斯・孔恩（Thomas Kuhn）在科學史裡邊所發現到的情形，我們換個方式來講，則人類學始終是置身於「結構上的革命」之局面，而甚少預留給比較安靜，比較不那麼野心勃勃的「對難題來加以解決」之餘地了。上面這種情形也就是指，介於兩個革命之間，每一個人對於整

體架構彼此之間有著共同看法的局面。

在社會科學裡邊共同體意識薄弱的情形,講起來,乃歸咎於這些專業的特有性格。事實上,這些學科在本質上是最容易受到周遭意識形態影響的。而這種意識形態,依我個人的觀點來看,因為是個人主義式的,所以不但跟人類學,也跟其他所有健全或深刻的社會學是相對立的,而且更分裂成各種不同的流派來了。因之,我們在承平時期所寄望於科學社群的共識情形便被削弱了。反過來講,則我們可以清楚地看到說,共識愈缺乏,則越不能抵擋住來自於一般意識形態的壓力甚或讓其長驅直入了。

人類學這一行欠缺共識的情形,從下面這一點最能夠來看出:整個專業裡面叢生著或多或少是相互衝突的不同流派,而在目前看來,這門學科好像就要面臨到一種分裂成不能確定說有多少人類學的局面了,因為每一個流派都對其適用情形加以限定。然而,這是一種概括式的論斷,我們需要更為精確地加以闡述之。因此,我將這裡面的情形區分成三個層次。第一種是專業是關聯到真正屬於人類學之領域,或與其他學科相接壤的領域中,而多少是屬於定義明確的研究範圍。第二種層次則為:是相互競爭的研究觀點沒錯,不過彼此都關係到同樣一個整體面,但卻或多或少不能相容的。這種相互交手的情形是一直都存在的現象,而雖說在目前可能有增長的趨勢。但這些研究觀點在原則上還是從同一個理想所來源出的,也承認同樣的科學標準。第三種情形則為:稱是特別的人類學,而事實上是想把人類學置於對非人類學

的各種關懷之下的研究觀點或自許式研究觀點（velléités d'orientation）。這種情形最近增加了不少。我們應該好好仔細地來加以觀察第一和第二過渡到第三個層次的情形，因爲這麼做乃導致出以一種外借的獨斷主義來取代了人類學研究的基本信條。一般說，在第三個層次上面，我們從各式各樣的行動主義上面，最能感受到周遭意識形態之壓力。

至少就制度上面的範圍來講，則人類學的共同體意識，法國要比其他地方來得薄弱。最近有個專題研討會，其召開的目的，乃想要對專業上眾所周知先天不足的情形尋求補救之道，好來爲準備成立一個法國人類學協會訂出其基本章程來，結果卻只讓人留下一團糟的混亂印象（事實上，我們甚至不能明白整個議程到底重點何在）。這其中有部分原因要歸之於新生代裡面所存在的上面第三種趨勢。對於作者而言，相當清楚的一點是，要想把人類學家聯合起來組成一個協會，卻同時又提出建議，承認這些僞人類學家的地位，那麼這個協會是沒辦法成立起來的。事實上，這些僞人類學家裡面有太多是反人類學的。之所以這麼說，是因爲我相信我們對此不能視其爲一種表面現象，因爲事情並非無關人類學之本質，只是它跟眞正人類學之本質是關聯錯了。在這裡面，個人完全投入於其中的獻身之舉這件事，藉著不同的形式（而有時不免出現諷刺的畫面），要求科學的，分殊化了的專業人類學作犧牲來臣屬於一己的規則，同時並受制於國際化的專業共同體之約束。其中引出混亂的地方，就人類學這一方面而言，乃在其專業所想達成的雄心壯志上面，也就是其所沒有

明講出來的，我們大有希望以某一種方式來超越專業限制，
而發現出一種屬於整體的東西之事。此一迷人的遠景當然沒
有不吸引年輕人的理由。這件事我們不會加以否認，雖說我
們必須嚴加限定，在上面我用了一個意義有點不明確的字眼
「整體」（totalité），而我們的這一代馬上將整體與極權主義混
爲一談。或者這情形應該這麼說，是極權主義使得大家對於
整體產生出迷惑的情形來。因此，我們有必要來將整體所牽
涉的情形說明清楚，好可以來指出說，整體這個觀念是跟分
殊化不相衝突的；而人類學這一行則要求每一個人都應該同
意下面這個原則：個人的絕對信念與個人爲一人類學的專業
工作者，兩種情形要加以區別開來。我不知道是否有辦法把
事情說明清楚，但我相信下面所談的，跟這個問題是相互關
聯的。我有個感覺：在此我們乃觸及了目前產生出很多誤解
的根本所在。此處所說的誤解包括有：人類學跟近代世界的
關係，人類學理無不當之處所加追求的那一類（有限）整體，
以及人類學能否給予其所主要探討對象的不同的具體社會之
整體一定的地位等。總而言之，這些誤解事關在近代以及非
近代的各種情形之限制下，到底要給予人類學什麼樣一個必
要而一定地位之問題。我們這一行不是神秘主義，也不是助
興或交談的藝術。

　　我們所需要的是一種能藉著其所揭櫫出來的原則，將其
意識形態上面所關聯到的種種情形給闡明的人類學之定義。

※　　　※　　　※

　　早在1900年的時候，牟斯就給了一個在事實上即是人類
學定義的東西了。首先，我們在提到人類學的時候，就已經
是在「論定人類的一體性了。」再者，「想來做出一種科學
描述的話，則我們必須考慮到彼此的不同之處，而這有賴於
借助社會學上面的方法來完成此事」（《階序人》，第324
頁，注1及2）。這裡面把一切情形都給說出來了。我們只要把
上面所簡明扼要提到之事引申出其中涵意即可。這，我們一
步一步地來做。上面在論定人類一體性的同時，我們發現自
己是置身在一個近代思想與價值系統裡頭，跟我們這個時代
的其他人，而特別是跟我們在其他「人文科學」和精確科學
的專業工作者一樣，都是世界公民的一員。根本說來，這裡
所談到的「人」，只有兩種可能情形，要不是「個人」的
話，也就是常被稱爲「人類社會」的人種。但事情並非這樣
就完了。假如我們在考慮到「彼此的不同之處」時，能完全
正視到其重要性的話，便得以進入到另一個極不一樣的精神
世界裡邊去。就如同盧梭一樣，我們所論定的是：人之所以
爲人乃在其歸屬於某一特定、具體的整體社會的原故。而從
這個觀點來看的話，則我們剛剛所提到的「人類社會」看來
只是一種理想化了的抽象概念。盧駿在提到上述的情形時，
事實上是針對迪德羅所作出的一種答覆[2]。

　　但目前我們是不是就要把承認「彼此的不同之處」這一
件事做個論定呢？說我們的看法是被普遍探納的話，則會引

2　《社會契約論》第一版，第一卷第二章。參閱本書第二章注27。

起反對聲音的。不過，我們是可以準此來做研究工作的，而
其所花的代價是會比較少的，而有好多研究事實上就是這樣
來完成的。這更不用提說，我們大部分的時間也是這麼來進
行研究的。就一方面而言，並不是每一個人都聽命於整體論
的研究方法，然而在另一方面，則只有少數的一些範疇能夠
援用於所有的社會，也就是說，事實上只存在著少數的社會
普遍原則，但這也就足夠來超越彼此的不同之處了，也可以
讓我們來談彼此的不同之處到底何在了。

　　而我在文章一開始所提到的發展情形，乃將本土意識形
態（而非我們的意識形態）應有的地位給平反了。與此相關聯
的，則好多我們自以為是普世主義的東西，或者是幼稚的普
世主義，裡面所呈現著的我族中心主義（我則稱其為我族社
會中心主義）的特點便暴露無遺了。我所提出的根本而激烈
的論點，在某些情形裡面具有著啟發性的價值，並且還有著
其他的優點。比方說，它等同於有關在人類學家的處境或職
權上面，所常常藉以表達出來的各種不同的論式：社會事實
是，或者不是事物（des choses）；人類學家必須把某一種精神
面貌「譯成」另一種精神面貌，但必須跟被觀察者認在一起
而同時又保有觀察者的身分，他必須從裡也從外來看事情，
如此等等。這些論式的核心處乃藏著一種相對立的情形，而
這點乃使得這些論式具有著完整的意義：就一方面而言，我
們有了個人主義連同著普世主義，人類學的雄心壯舉就完全
立基於此。這個事實我懇求大家能給予一定程度的重視，而
在另一方面，則我們的社會或文化本身完全被自己給關在裡

邊，而以獨所具有的形式來認同人文精神了（而我則把人從
屬於社會整體的情形稱之爲「整體論」，其原因也正在
此）。人類學就是由此處來開頭的。它把上面彼此會合在一
起的兩項東西做修正後加以結合了起來。這一點必須來加以
強調出。

　　我們現在轉而論到我們所來做觀察的那個社會（設若這是
一個非近代的社會[3]）。對於他們所稱的，自己是人的論調，
我們接受，但對其自稱是唯一的人，也就是對於外人幼稚地
來加以貶低的情形，則不加接受。換言之，我們拒斥著每一
種整體論式的意識形態所伴隨而來的排外主義，或絕對我族
社會中心主義。

　　而在相反的一端上，則我們的普世主義本身至少在兩個
層面上有過一番修正：大體上說來，就是同意在個人與人類
之間插入社會這個居於中間的東西。這也就是說，個人主義
爲一終極之價值，這點還是維持不變，但也不再是敘述社會
時所用的那種相當幼稚膚淺的模式了。最後這句話雖然談的
是確鑿之事，卻在社會科學裡邊遭到了頑強的抗拒。這點正
好警告我們，集體展現出來的情形，其力量不容加以忽視，
也叫我們千萬不能妄想要對共同的（近代）意識採取對抗的立
場，而試圖對甚至專家學者也覺得相當不快的東西作指點工
作。在這上面，我們大可以把人類學的專業化情形想成是正

3　近代社會裡邊並不乏我族社會中心主義，但它已退居幕後，成了屬於
　　間接性的東西了。我所選的是比較具有代表性的情形。

好等同於思想運動裡面，所必要有的前衛派人士。而從這第
一個層面乃跟來了第二個層面：我們要反過來將自己的近代
文化看成是人文精神上面的一種特有形式，是一種特例情
形。因爲是特例，因而在其公開主張的普世主義之情況下，
本身變成了對自我之否定了。

　　當然，這種經過修正的普世主義是完全對外開放的，而
特別是開放給其他的人文科學，不過，這裡面卻也最能刻劃
出人類學的情形來，因爲它是從我們這一行研究活動的核心
處所來源出的。我們若從外邊來看的話，則人類學代表著一
種不同情況混在一起所產生出來的東西。誠然，這種情形可
說是有點微妙，是近代與傳統，普世主義與特定主義的相互
結合[4]。原則上，我們對這上面的兩端，普世論與「微分論」
是無法加以迴避的。而一旦我們拒不接受在此所提的混合在
一起的情形，以某種方式來將成分的配當量加以變更的話，
則到頭來便會導出我們在當代裡邊所發現到的一些錯解情
形。比方說，若我們從近代社會可以被生於其他文化的人（而
這個文化也還是研究者的部分之屬）來作人類學上的研究，這
個事實來作推論，而得出有多少個不同文化就有多少個不同
的人類學的結論，則我們乃忘掉了這裡頭還關係到普世原則

4　假如我們想要拿這樣的一個專業觀點，廣義地來對上政治態度的話，
　　則在這裡居主導地位的觀念乃爲：這個世界是處於轉變成形過程中的
　　一種一體性東西。這個觀點可能跟一般的看法正好相反。可能非近代
　　社會所需要的是一帖前進之藥（而非帶有嫉妒性的保守主義），而近代
　　社會所需要的是一帖保守主義之藥（而非「直往前衝」）（參見注5以及
　　下文）。

這件事。事實上，在人類學所立足的近代性這一端，它和非近代性那一端是不相對稱的。我希望這點在下面經過一番討論之後會比較清楚些。

　　以上所談的是屬於規範性的層面，現在我們來談事實層面。在這裡，我在上面所提出的觀點其價值乃在於：我們可以把它拿來當為一個整合的原則。而目前從事我們這一行的各種不同人類學都可以在參照其跟此一原則的關係後，來加以定位。而我在上面所提出的並非是具有排外性的特定觀點，而是具有著相當足夠視野和確切意義的一種研究觀點，藉此可以將大家共同努力之事分散或不同部分的情形給整合起來。比方說，單純屬於敘述性質的工作，像完整的民族學專著，在我們今天過分地受到輕視的情形，也可以藉此來恢復其應有地位。不過，一般說來，要完全遵照上面的理想來作研究，其困難性實在太大了。所以很自然地，我們就往往來作分門別類化或簡單化之事了。這種情形出現於人類學的發展過程中，它本身以一種不定和不全的方法結合著普遍性與特定性。在此，我們可以把這些簡化情形視為暫時性的平飛階段，其價值所在必須以其在每一特定時刻跟整體目標的關係來加以衡量。我們是一門在轉變成形中的科學，其在相當大的程度上，是藉著連續性和／或同時性的一種不夠確切的近似觀點來求得進步的(見上一章)。

　　總之，我相信在經過我們對過去、現在與未來的世界所作的一番描繪之後，則人類學的地位便清楚地浮現出來了，

而它可能跟某些或多或少是廣爲流傳的偏見是相互牴觸的 [5]。
在跟這種偏見完全保持距離的同時，我們察覺出，在我們這
門專業的定義及其未來，以及世界所可預見或所欲求的轉
變，兩者之間存在著大致調和的情形。在不影響我們所希望
的，每一個文化皆保有其原創性的同時，我們卻也清楚地看
到，非近代性文化對於共同的世界文化之塑造，是愈來愈具
有舉足輕重的分量了(Dumont, 1975b: 159)。而此一過程乃預
設著存在於普世性與特定性之間的一種交互作用的情形，這
點便類似於在我們專業的核心處所見到之事了。但如此一來
則眞的產生出一個令人望而生畏的問題了。這個問題在今天
的整個世界舞台上具有著決定性的影響，而事實上這尤其是
牽涉到狹義上所謂的政治問題。我們對此問題不能加以坐
視，雖說它已超出我們專業的範圍之外，而我們只能極其不
完整地將之陳述出來。在此，我對這一段所插進來的題外話
只提個必要的大概情況。我們這個時代對於近代各種價值的

5　有個人道團體最近展開了對：數以百萬計的年輕和青春期少女，在某
　　一些社會所遭受到的「有關於性方面的殘害情形」(譯注：指在某些
　　中東及非洲地區傳統的女子割禮之事)的聲討運動(Le Monde 1977年4
　　月28日，Vichniac, 1977)。裡頭所關係到的是少女成人禮這種習俗。
　　由於事情本身並非我能力範圍所及。我把詳細情形，所引證的部分，
　　以及裡面所作的錯誤解釋地方都避開不談，而只提出關係到一般性原
　　則的問題。當然，在這個個案裡邊，人類學是直接受到責難的東西，
　　而我們既不能對抗議之聲背後所代表的近代價值完全加以否定，也不
　　能一味地對其所發出的責難來作背書工作，因爲這等於是授權來干預
　　某處居民的集體生活。如此一來，則理想的情況是：我們必須對每一
　　個個案裡邊所展示出來的特有情形來加以考慮，好把近代普世主義可以
　　理直氣壯地來作干涉之形式與範圍給說出來。

極大挑戰之處乃是從下面這個要求，或說是問題所產生出
來，即：人在整個世界範圍上面如何團結在一起的問題。另
外還有公平的問題，這點特別是指不同民族與不同國家種種
關係之間，屬於經濟層面上的問題。早在1793年的時候，康
多色即預料，民族與民族之間不平等的情形會完全消失，而
事情也就到此為止。無可置疑的，就目前各種存在的現況而
言，世界主義運動，就吾人所知，好像沒有多大的進展。而
這我們不難看出其中的理由。但可能它也碰上了跟我們在此
以其為反思中心的同一個矛盾情形。如此說來，則人類學大
有可能來對此一問題作出貢獻。

※　　　　※　　　　※

　　截至目前，我所做的只不過是把一項原則加以陳述出來
而已。這個原則可能實現嗎？如何來做呢？於此，則德國思
想，不管就其正面或反面意義而言，都可以拿來當為我們的
指標。我們的上一個前驅者可見之於赫德的身上。他把文化
共同體（而非狹義的社會共同體）稱為民族（Volk）。在其於
1774年所出版的《另一種歷史哲學》裡頭，赫德為每一個文
化共同體的原創性和特有價值做了請命工作（見前面第四
章）。這點是對於啟蒙時代的普世主義，而特別是法國在這方
面發生的情形，所作的一種強烈抗議。赫德指責說，這種普
世主義不但膚淺、空洞，而且把各種文化的複雜性與豐富的
多樣性給犧牲掉了。它在對上像德國這樣的一種特殊文化生

命體時，至少在沒有明示出來的層次上，是成了對其加以壓
制的一種力量。我要特別強調的是，從一開始，赫德即相當
銳利地察覺出下面這兩種力量的對立情形——我們可分別稱
其爲個人主義式的普世論和文化整體論——雖說後來就像其
他好多繼之而起的文化整體論者一樣，在沒有發揮出多大的
影響力之後，他試圖要來超越爭論的焦點之上。在此，我想
多加上一句話：一旦某個特有的文化在遭到近代普世文化的
威脅時，赫德式的反應是極有可能出現的。赫德對於斯拉夫
民族（包括捷克）的民族主義的產生有著相當深遠的影響。復
次，近代文化所帶給印度的衝擊，雖然我們查不出赫德的影
響力，卻也發現出類似的反應情形。我們可以把這上面所假
定之事拿來概括目前以及未來的情形。

　　另外一位德國思想家（而赫德在這方面並沒有獨立於這位
思想家的影響之外）則提供了一個適合我們需要的例子。我在
這裡所指的萊布尼茲（Leibniz）及其單體系統論（systeme
monadique）。每一個文化（或社會）就如同每一個萊布尼茲所
論的不可分開的單體一樣，都以其特有方式來表現出普世
性。我們是可能設想出一種程序（誠然，這是一個複雜而費勁
的程序），於其中透過居中調停的普世原則，我們得以從一個
單體或文化轉入到另一個裡面。在此所說的普世原則乃是所
有已知文化之積分，由所有單體所來構成的大單體，而展現
出了每一個文化的思想等活動之境域（有關於這上面兩極的比
較情形，見《階序人》第218頁，至於可能做到的簡化情形，
見Dumont, 1975b）。

　　容我們在此也順便對天才致意：無可置疑的，這可能是
十七世紀中葉以降，我們所知道的，唯一認眞地想把個人主
義與整體論調停在一起的努力。萊布尼茲的單體本身既是一
個整體，又是把差異性統合在一起的一個系統，其裡面的一
個個體。這種系統我們就稱其爲普世性的整體（Tout
universel）。而單體不對外開放的情形（這點常遭誤解），則把
上面所提到的兩種要求給表現出來了。在此我們所用的模式
正是我們在根本問題上面所需要的東西，而它本身的一些個
別層面也對德國思想發揮過相當大的影響力。我們可以從此
一事實當中獲益不少。事實上，也就是對此一思想的研究，
我乃得以清楚地構想出在此所提的論題。不過，這點也正是
叫人要謹慎行事，因爲吾人馬上就看到，在具有根本性的論
點上面，萊布尼茲的接班人通常並不像他本人那樣地嚴謹
的。也就是說，這些人在思想裡邊常常是把個人主義與整體
論之間的不相容性給置之腦後了。他們寧可設定出正反對立
的情形來，傲慢地縱容著這種正反對立思想的存在，每每自
負地將其思想建立於矛盾中，然後再特別來寫成大和解者
（Grand Conciliateur）。這一點我們得小心加以留意[6]。我們會
援用德國人的一些深刻觀念，而避開其本身就具有的危險
性。也就是說，我們在此是把萊布尼茲的模式當成我們工作
方向的一種理想，而非對一種在想像上面認爲是相同的工作
在作辯護。我們視其爲一種康德式的規範觀念。

　6　關於德國思想，請見本書第4及第5章。

　　近代文化是由彼此協力合作的各國特有文化所組成的。
在此一協同工作裡頭，我們之所以對德國感到興趣，乃在其
中的整體論成分具相當分量的原故。法國社會科學的傳統，
其所得之於此的，恐怕要比一般人所看到的要來得多。準此
而言，則締造社會科學的兩個人物之間乃形成一種令人不免
感興趣的對比了。涂爾幹，就他所強調的整體展現情形而
言，是從社會整體來作開始的。而韋伯卻始之於個人。從兩
國的主導思想傳統來看，在此我們便看到一種倒置了過來的
情形。韋伯所代表的例子，我們可以透過在十九世紀後半期
德國思想的演變情況（浪漫主義與黑格爾主義失去昔日光彩，
新康德主義居於支配地位，而實證主義的影響力則日漸增長）
來加以解釋。至於涂爾幹，德國思想對他所想加以完成之事
具有著決定性的影響。這種影響後來變得模糊起來，而這點
則又不免被誇大其實了。路克斯（S. Lukes）對於此事則有著相
當精確的評價（Lukes, 1973: 92-93）。而第三者的出現剛好把畫
面給補全了。此即托尼斯這位大人物。他跟韋伯不一樣的地
方是直接承續了所有的德國思想。他的Gemeinschaft（共同體）
之觀念，是和穆勒以及浪漫派的整體論一致的。托尼斯的功
勞是把個人主義與整體論兩項要素，重新加以解釋分析，然
後再將之區分開來。這兩項要素，黑格爾在成功地將其孤隔
出來之後，卻又強行加以結合了起來，而馬克思則將其混為
一談。而這點也正是我認為托尼斯所作出的正反對照情形之
所以具豐饒性的理由所在了。我們知道托尼斯的觀點跟涂爾
幹在《分工》（*Division du travail*）一書所談論，雙方在意義

上，於表面看來是倒了過來的[7]。涂爾幹講「機械體式的團
結」，而托尼斯s則說是「共同體」；而「有機體式的團結」
在托尼斯來講乃爲「社會」。此一倒置情形源於托尼斯所考
慮的是展現出來的層次，而涂爾幹則考慮到有形的事實面。
假如把涂爾幹放在托尼斯的架構裡，則兩種觀點是可以相輔
相成的。托尼斯所探討的相互對比的情形，裡面唯一美中不
足之處，是只思考到了普遍存在於所有社會裡邊的要項要素
並列在一起的情形，而沒有專注於在每個社會裡邊，這兩項
要素於階層系統上的排列情況。我們只要把托尼斯所作的區
分再加上相對價值的重要性的話，便可以來對比較研究提供
基本工具。而我們已經見到，這樣的比較研究正是人類學家
的身處的環境裡面所需要的。

　　維持著Gemeinschaft和Gesellschaft，整體論以及個人主
義，彼此之間的區別情形，要比想以某種方式來將兩者歸併
或包容在一起容易多了。這兩種對於人與社會的看法，雖然
呈現在一個社會裡邊的不同經驗層次上，然而彼此之間是截
然不相容的。

　　坦白地講(而我們也已經提及此事)，我們對此種不相容
的情形是以一種最不平等的方式來加以看待。可能有些同行
對這點感受極爲強烈，而發現到這也就是他們沒辦法來跟進
此一具危險性的工作之理由，因爲我們是把兩頭扯得太開

7　見前面第二章的開頭。卡門(W. J. Cahnman)整理出一分有關於涂爾幹
　　與Tönnies的相互註解工作(Cahnman, 1970: 189-208，並附原文：
　　Cahnman, 1973: 239-56，此處則譯成了英文)。

了。不過在另一方面，而毫無疑問地是比較常見到的情形乃是：這種不相容性並沒有被察覺出或體認到。可能亞里斯多德式的看法使得此一問題更變得模糊起來了。所以在馬克思想到政治性的動物（zoon politikon）時，便加上了一句話，人「這種動物只能在社會裡邊來發展出個體性」。或者在今天，像泰勒，於尋求一種分配性的正義（justice distributive）之方案時，乃按著每一個人對共同之好（bien commun）的相對貢獻，把個體在根本上的平等性做一種機動性的調整。然而，我認為假如我們不從這種不相容性來考慮到所被忽略、避開或查禁的情形的話，則現代思想會變得無比的貧瘠，而失去了一個具有根本意義的重要性東西[8]。然而，一旦這一切屬實的話，如何在我們所源出的個人主義，和主導我們研究專業的整體論之間，定位出一種具有建設性的關係呢？我已經把萊布尼茲的模式做了一番推薦了。他的模式要比對兩個不相容的原則來做一種調停工作來得好的地方乃是：這裡面把兩個原則在階層系統上面所結合在一起的複雜情況給展現出來了。在此，我把相關要點做個簡短的說明。

在第一個或整體的層次上，我們稱說需要有普世主義。不過我們不想來把人類看成是不屬於某個特定社會的實體，而視其為不同社會個別特點的積分。我們先設定，這種積分是既為真而又有其連貫性的。於此，我們重拾了德國人的雄

___

8　有關於馬克思部分，見《從孟德維爾到馬克思》，164頁。泰勒，未出版；亦見前面第二章。

心志業。我們人類就好像赫德的花園。在園中，每一種植物
（每一個社會）自有其可取的美麗之處，這是因爲它以自己特
有的方式來表達出普世性原則了。或者，再如席勒所述「整
體又展現在我們眼前了，情況不再是混成一團了，而是各方
都亮麗起來了[9]」。

　　而在第二個層次上，我們所考慮到的是某種社會或文化
之事。在這裡面，則優先順序必然要顛倒過來，也就是整體
論於本身作出規定。近代模式的本身於此乃變成了非近代模
式當中的一個專案了。也就是在這樣的一種意義之下，我寫
說，比較社會學（即對任何社會來作比較研究）的研究觀點必
然是整體論式的。此一研究觀點的標語成爲：「社會爲一具
體的宇宙」。

　　如此一來，我們乃建立出一種階層系統。這個系統既設
想到了我們所加考慮的不同層次情形，也爲我們兩個原則雖
然屬於一個階層系統裡的兩個層次，但卻彼此反其道而行之
事留有餘地。就這個理想而言，則我們乃克服了已經確認並
且加以尊重的不相容情形。我想，在經過一番反思之後，我
們會體認到，在這項工作裡邊，我們是沒辦法把其他的相對
價值加在兩原則上面的。特別是，我們若想完全把普世主義
置於臣屬地位的話，是會毀掉人類學的。如此，我們便把
「會有多少的文化便會有多少的人類學」的這種夢想給退了
回去。

9　此爲E. M. Wilkinson和L. A. Willoughby所引，見Schiller 1967：234。

　　　　　　※　　　　※　　　　※

　　對人類學上的問題所提供的這個解決方案，也跟我們在
上面所談到的世界秩序的問題有其相干之處。再則，這個解
決方案有其開放性，可以讓我們作一種情形上面的類比。而
通過這種類比，到時候自會產生大家共同來開心的情形。我
們的方案也大有可能讓我們預先來看出，對於近代社會的另
外一個主要的政治問題是應該如何來加以解決。這我在此是
指民主主義所揮之不去的極權主義之威脅。假如說，極權主
義代表著個人主義與整體論之間的一種衝突（《從孟德維爾到
馬克思》第12頁，107-108頁等處），而一旦近代民主沒辦法看
到其極限所在，想求十全十美的話，則它便會一頭栽進極權
主義這種近代民主的病態裡面。想力求完美的體現，而事實
上本身卻在最後卻分裂開，造出反面的情形來。假如事實就
是如此的話，則我們就誠如歷史所給我們所上的一課：置身
於惡性循環的情況當中了。在面對定了身的極權主義時，我
們當然必須提出人權宣言上面的要求，然而人權宣言之事本
身卻無法超越出這種循環性。這點，1793到1794年的恐怖時
代可以作證。從近代的觀點看來，可能答案在於：給這兩個
對立的原則，其理所應得的最高地位，即個人主義當家，但
同意在從屬的領域裡邊屈居下風。如此一來，則我們可能得
來將一大堆不同的層面加以區別開。其中必要的調整與改變
之事，乃如同我們在上面所做的，或者像是古代城邦政治裡
面的情形一樣。這裡面會是相當複雜的，而個人的自覺則居

這種複雜性的首位，而後當然也牽涉到各種制度。但這點應該不會讓我們感到驚訝才對。不過如此一來，則主要的一些衝突便得以被克服了。對近代社會適切地來加以分析的話，我們在事實上是會看到，在日常生活當中這種價值倒轉的情形是隱而未宣的呈現著的：就好像托尼斯所體認的，Gemeinschaft以及Gesellschaft是如影隨形般的出現於經驗層面的。因此，假如這種倒轉的情形，在階層系統的形式上被意識到而變成概括性的原則的話，也就夠了。這將是在一般意識形態裡的一種具決定性卻難以達成，然而乃往前進了一步之事，人類學在這上面會以自己的一套辦法來作出貢獻來。

※　　　　※　　　　※

在把原則講過之後，我現在來提幾個其所必然會跟來的推論或對適用情形的考慮。我們先來注意一些可能會見到的反對意見。有人會問說，上面所論列出來的模式是不是偏於單方片面的看法了？是不是忽略掉了今天所應當讓我們同行來加以注意的所有其他各種不同現象，以及應加以關心之事呢？在這上面，生物、科技以及經濟等方面的決定論的處境為何？廣而言之，則有關於因果研究，近代社會所特有的不同階層之間的互動情形，以及彼此互不相同的社會或文化的交流之事等方面，又會出現什麼樣的新局面呢？而歷史，貫時變化（diachronie），社會變遷，遺傳學或發生學等上面又會有什麼樣的遭遇呢？另外，有關於個體或人上面，又會有著

什麼樣的變化呢？

在此，我不準備來回答上面所有問題，因爲這些問題所具有的分量彼此之間相當參差不齊。我們在上面只是提綱契領地就整個架構或整體的定向問題作說明，而沒有個別地來處理到所有可能是屬於此一架構裡面的各種不同情形。我們不管這些情形是不是我們已經提過的居間性的平飛階段（它對於我們一直關注，而捨此之外便會遭逢的具有突兀性的正面相對情形來講，自有其用處的），或者是並沒有改變大原則的一些補充情形（比方像社會跟其整個人文環境之間的交互作用之事）。事實上，一旦單體在其個別存有上面是爲一特有的整體之原則被確認了，則回到單體的架構來是不會有什麼不方便的地方。而我們可以在像不同地區的文化，及其所包括的社會（或各種特有文化）等不同層次上，將諸單體給孤離出來。

有關於歷史的問題會耽擱我們片刻。首先，我們得注意到，萊布尼茲的模式裡面所提出的單一體式的解決方案，將維多利亞時代所特有的單一直線演化模式給取而代之了，也就是說，裡面的連續性讓位給了差異性（《從孟德維爾到馬克思》，第182頁之後）。再者，我們絕對沒有講說，社會只應單就其同一時代性的層面來加考慮或作比較，而將其自身在歷史上的發展情形或動態性給排除掉了。我們所必須注意到的乃是：在這種模式裡面，轉變成形的過程（或者說是這種轉變過程的律則），是不是對所有的單體都是一樣的？──如果是的話，則我們便比較接近維多利亞時代所特有的模式（或者

說是一般的歷史哲學模式）──或者，不同的類型有其不同的
轉變成形之方式？這個問題最好存而不論，不過它跟交互影
響的問題是有其重疊之處的。

　　這裡頭有一個事關排他性的重點所在，即，個人在事實
上已經被解除職務，不再是普世座標的參照對象了。個體
論，我在此是指把個人當爲價值之事，看來只存在於近代社
會的意識形態裡邊。這點正是我們把個人主義以及很多由此
而衍生出的情形不列入考慮的原因所在。我在下面會對此事
來加以辨明，但我先對這點來預作保留，甚至可以說是來作
一種特別的強調，好讓事情一點都沒有費解不明之處。

　　我覺得人類學家不應該忘記掉可能從他經驗裡邊所發現
的各種受限情形。在我做概括性的論述時，是拿印度來當我
的出發點的，而一直到現在，我是把近代社會跟傳統社會對
立起來的。這裡所說的傳統社會是指體現出高度文明、偉大
而又繁複的社會。然而，我在此所作的概述，又從「傳統社
會」轉到「非近代社會」了。不過，對於比較簡單、不那麼
繁複、範圍不那麼廣大的社會（這些社會一直是人類學主要的
研究對象），我們能夠像前面所考慮的情形一樣，將其跟近代
社會給對立起來嗎？總的來說，大家對於情形是否可以適用
於這裡面的一些社會，是持懷疑態度的。我們就以美拉尼西
亞，或說得更確切的話，則是新幾內亞爲例。就我們對其所
知道的，還有實體論和結構主義到今天在此一領域上面還是
失敗的情形，一切看來好像指出，我們尚未發現到（或則說，
跟其他的例子來做比較的話，則我們根本是還沒有發現到）這

裡面意識形態之軸心，藉此可以提供給我們一個在論證上比較嚴密，但又易於了解的公式。在這種情形下，我們不妨提出一個假設：這些社會所了解的分化形式跟那些我們在其他地方所熟悉的情形是不一樣的。這以我們目前所關心的焦點來看的話，則其中的分化之事乃超越出個人主義／整體論的對立情形之外了。所以，不管從個人主義或整體論來做敘述都顯得相當彆腳。可能事實會證明，在拿它來跟近代社會做比較時，我們應該利用另一個軸心點了。在目前我們並沒有看到這樣的一個軸心所在。然而，一旦這種軸線被發現的話，則它對於我們在其他地方所視為既成的事實一定會有一些影響的，而我們得準備來做一番「痛苦不堪的再評定工作」，這種事總會發生在整體尚未被完全知悉的情形上面的。

這講過之後，我們再回到較為人所熟知的事情上面來。於其中，除開我們所提的構想本身就具有其內在的邏輯性之外，我以為再藉著下面兩個論點，便可以來將如何把個體論給擋在外之事來解釋清楚。第一，我以為在個體論被認定為意識形態上面的一個事實時，對近代不同社會所作的社會學或比較研究之發現乃於為開始。第二，就其被相當膚淺地引進的情形來看，則個人主義及其所蘊含的各種意義乃成了對非近代社會作研究，所應加以理解的主要障礙（這裡頭的事實，在其中所蘊含的意義透露得更清楚時，我們更可以看得出來；參閱《從孟德維爾到馬克思》一書）。因此當代的社會學裡邊，在有人對於「過度社會化了的人的概念」提出抗議；或在有人表明說，在超越一切想像概念之際，我們在根

本上所關心的乃是活生生的人（這也就是指活生生的個體）
時，則從我所持的論點來看，這些聲音乃是近代意識對於眞
正的社會學研究觀點所發出的「不平之鳴」。我們所著手進
行的工作乃是要發現出爲近代人所看不清，或已經成了其盲
點的一個在人的定位上面具有重大意義的事實。因爲這個事
實已爲現代人所視而不見，所以整個發現之事乃屬長遠的工
作。然而這種發現卻可以將一種整體之屬的東西給揭露出
來。不過，就如我們在文章一開頭所說的，「這件工作屬於
專家之事，而情形乃屬特有之整體，我們並非是在想辦法要
來把一切東西面給「整個地加以起死回生」，而只是致力於
社會與文化的「整體之重視」。從個體論的觀點來看，這樣
的一種專業，在地位上是跟其他的研究專業一樣的。

　　在這個問題上面，我們可以相當清楚地來想見，在我們
周遭的意識形態跟人類學（或說是一般眞正的社會思想）之間
所存在著的極度緊張之狀態。這種緊張狀態可從今天想把行
動主義的態度給引進人類學的企圖來見出一般。上面的這種
態度乃是據個人獻身主義而來的一種人爲企圖，其既不可
信，而且荒唐又不合時宜。誠然，儘管功能主義有其種種過
當和限制之處，我們卻也從中學到了如下的一件事，即，不
同的社會事實，彼此之間要比我們在乍看之時要來得更具相
互倚賴性。如此說來，則令人不免感到奇怪的是，在如今對
生態平衡遭破壞提出抗議，而使得輿論首度對近代人爲主義
加以反制之時，我們還得來提醒那些自稱爲人類學家的人有
關於：社會環境在這上面也屬於自然的一部分，是跟自然一

樣微妙的東西,這一件事。這些人尊重非近代社會甚至為其
加以辯護,然而卻保留多少是屬武斷的干涉之事來對付自己
的社會。如此說來,難道我們的社會就一點也不算是社會?
有人會加上一句說,為了求得對社會的了解,我們必須獻身
於求其改變之事。於此,馬克思主義跟人類學的衝突是表現
得再清楚不過了。我們現在就轉而談到那些挾持行動主義的
各種論說,即所謂的科技——經濟命定論之屬的東西。我們
得注意到的是,這些命定論從一開始即屬於所提出之假設的
一個部分,而這種假設其用心所在是想對社會的種種特異情
形來作出一種「理由之解釋」,而同時將社會的多樣性化約
成單一性的東西。對此,我們最起碼可以說的一點是:這些
觀念本身的眞實性並沒有被確認過,我們曉得說,其實我們
是不知其事的,然而這樣的一種「反面知識」其結果卻是不
容忽視的。沙林(M. Sahlins)的新作在我看來,便是從此一長
期經驗中所得出的令人敬佩之結論。而他在書中對所有各種
不同的唯物論提供了一個具有決定意義的解釋[10]。不過,可能
有人還是會不顧一切地想對假設提出修正意見,藉以重提老
調。很好!然而這裡麻煩之處乃是:在此所提出來的固然是
屬於假設性的東西,不過在其他地方則這種東西卻成了教

10　《文化與實踐理性》(*Culture and Practical Reason*)(Sahlins, 1977a)一
　　書,就其在構思上面的雄渾氣勢而言,乃屬具有相當膽識之作,而就
　　其討論的東西連細節都極其精確的情形而言,乃是可圈可點的佳作。
　　而作者的人格以及在他對自己在思想上面的心路歷程所作的敘述裡
　　面,都展現出一種獨特的力量來。這本書裡面的議題跟他另一部對社
　　會生物學的批判著作(Sahlins, 1977b)是相輔相成的。

條，而歸結到最後卻讓某些人從中取得其利，這些東西便為
其權力意志來服務，而把整個社會給毀掉了。我們在此完全
聽命於周遭的意識形態了。我們一方面稱說人類學有其權威
性，一方面卻又因為求個人方便的原故，而把人類學上面最
重要的學識(不管是具正面或反面意義)給忽略掉了。

※　　　※　　　※

　　我們再回到狹義的人類學上面來。假如人類學的本質及
其研究目的就是我們所說過的那些情況的話，那麼我們便不
難來理解其中的某些層面。也就因為這個原故，有些人難免
會感到遺憾說，我們所獲致的大部分是屬於一種「中級的抽
象層面」。這乃是我們執著於差異性和具體性所付出的代
價，是為我們這一行的尊嚴所作的一種犧牲。同樣地，這也
可以說明在我們最有把握的方法裡面所顯示出來的繁重情形
與複雜性。當然，我們的工具大部分不夠完備，也需要加以
改善的，但只因為如此就想把這些東西給丟下，以為可以馬
上以其他完備的工作來取而代之，誠屬不智之舉，因為我們
工作的複雜性首先便將在這方面的指望情形給排除在外了。
我們就以「親屬」這個範疇為例。就目前在這方面的進展情
況來看，此一範疇無疑地是相當不夠完備地將普世主義和具
體的差異性給結合在一起了。也就因為結合著普世性與差異
性，所以這個範疇本身並非是完全沒有其價值所在的(見本書
前一章所論相關處)。

　　就其專業的本質而言，則人類學家的工作之特色乃在其中甚爲深刻的緊張情形，而這種緊張情形又跟這門學科的嚴謹性和企圖心相互配合，而決定了人類學的發展前景。在經過一番反思之後，我們察覺到，在當代所見到的好多研究態度，雖然會在新生代裡面獲寵，卻不是什麼新鮮事，因爲這裡頭常常是一種在不自覺的情況下，所表達出來的對於此一緊張情形的排斥態度。然而，若想對此事加以查核的話，我們就得須要來寫一本書了。不過，可能人類學的處境在此乃屬關鍵時刻：它是不是能夠安然地保有其專業所負有的使命和一體性呢？還是，它已經屈服在其所源出的近代意識形態的各方壓力之下了呢？

　　一旦吾人對一個在基本上是模稜兩可或不確定的情況，作出武斷的決定（這等同於黨派之見而非科學態度）或者，吾人在保持緊張狀態的兩個平衡端點中，將一頭給剔除掉，或任意加以壓制，或者時候未到便斷然地將一端給塗抹掉，圖利於另外一端時，則我們便可看出這是在對緊張狀態加以排斥的舉動。在研究文化時，我們需要做一種思想上的蛻變，然而我們已經養成的思考方式卻對這種蛻變加以抗拒。如此一來，我們便可以想像得到說，在這裡頭存在著兩種不肯面對困難之處的方式。其中之一是：完全改變自己投入屬於異國情調的生活當中，把人類學在本質上所具有的「翻譯」之職的相關之事給扯斷：這裡頭可能會有著完整的個人經驗，但卻對在專業上作不出貢獻來。另一種方式則是想辦法把研究距離給縮小，拿跟一己相近的人與事來當成自己的第一個

田野調查研究的對象——這是一項困難的工作，最好是交給那些在別處已學得經驗的人來做。第二種選擇避開了因為失去方位而受到的精神創傷經驗，但其研究則很有可能流於浮面性。誠然，我們這一行所稱的「據保持距離的有利地位」，現在不但在外邊遭到否定，連自己本身內部也傾軋不已。此一信號告訴我們，或者純粹是屬研究技巧上面的力量被高估了。要不然就是說：順應潮流的情形已在我們之間佔有一席之地了。事實上，對此一坦途的偏好情形極有可能在不知不覺當中就將我們帶到一切以技術掛帥的路子上面來了。在這方面，我們的前輩也常遭到指斥（雖然這方面的非難相當輕率，也難以令人相信，但卻極具啓示性）說，他們是在為帝國主義的權力機構在做服務的。

※　　　　※　　　　※

我們現在就把上面所作的反思拿來討論人類學跟其社會環境（在此是指法國社會）之間的關係。我們所特別要提出來的一件事是有關於把人類學的課程安排在大學之前的教學系統的可能性。首先，我們來談這裡頭必要的準備工作。這件事牽涉到三個重要的問題：教學的目的，課程的內容以及可事先預料到的一些結果。就一般情形而言，只有在一門學科已經是十分有基礎時，我們才有可能來加以通俗普及化。若專業裡面缺乏共識的話，則事情也就難以照辦了。再者，我們並不能單靠教學大綱來應付了事，教學工作也繫於教師本

人在思想上所持有的態度爲何。就目前的情況而言，則我們
可以預期得到，粗俗的唯物主義發榮滋長的情況恐怕難以避
免。更糟糕的是，在缺乏總括性理論的前提下，相對主義極
有可能是我們從基礎教育裡邊所得出的主要結論。我們當初
當然是希望能藉著人類學的教學工作來對抗種族歧視的情
形，不過若在最後發現這種情況卻有越演越烈之勢時，可能
會令我們大感驚訝。這一類的問題已經引起了我們在英國同
行們的注意了[11]。那些自以爲可以無後顧之憂地在屬於共同意
識的層次(而非屬專家事務之層次)上，來將當代的各種價值
觀予以相對化的人，我們要提醒他們說，在此一過程中走得
最爲深遠的，無疑的是德國威瑪共和時期(1919-1933)的社
會。而雖說此一過程並不必然就是德國日後發展情形(譯註：
即納粹德國之興起)的唯一原因，但我們知道這一過程是產生
了嚴重的後果。換言之，只有在把我們跟近代各種價值之間
的關係(這我則說是協同關係)給弄清楚，並明白地加以確定
出來之後，人類學的基礎教學工作才變得具體可行。否則，
這種事會淪爲不負責任之境，或者變成了徒有人類學之名，
而無其實的一種課程。(順便一提的是，就法國本身的情況而
言，一談種族歧視的問題，就會觸及外籍移民勞工的處境及
待遇問題。這個問題是人類學上面一項令人望而卻步的挑戰
工作，我們相當希望有能力來加以對付)。

11　見RAIN, 1976；儘管如此，整個計畫好像如期進行中(RAIN 20, 1977:
　　14)。

　　而，我們正巧發現，我們所提出的方案是完全符合我剛
剛所勾畫出來的需求的。此外，就我個人所知，我們的解決
辦法與最為崇高的人文主義者之胸懷是一致的，因而在原則
上，也是具有極高教學意義上的價值的。但上面所談的是僅
就其原則而論的東西。因為，除開好多人類學家會提出異議
之外，那些或已接受此一原則的人也有可能認為，這個原則
對於專家來講是相當沉重的擔子，而我們或許沒辦法一逕地
強求那些心智還不夠成熟的年輕人來接受此一原則。總之，
事情可能還言之過早，有可能我們得先來做一種比一般人所
以為的更要來得為徹底的研究。最重要的一點是，我們這一
行裡邊應該對其所援用的不同觀念先來擬出個前後次序。如
此一來，這便不是一個令人振奮的結論，但卻是擺在眼前，
不容否認的一樁事實。

※　　　　※　　　　※

　　最後一點：根據可能有點模糊但卻廣泛流傳的一種觀
念，則雖然在嚴格的意義上人類學還不能算是一門科學，但
只要它朝這個理想努力，可能終將直抵於成的。然而，以我
們在前面所加闡明的情況來看，則我們不得不有點猶豫起
來，而對此一理想持懷疑態度了。有人以為仿效基礎科學應
該是人類學能保住其一定程度的嚴謹性及連續性的途徑之
一。然而事情真的是這個樣子嗎？假如我們把真正作出貢獻
的和只是借來充當擺飾用的部分區分開來看的話，則我們發

現，精確科學的影響是正面性的，然而對其加以模仿卻帶來了負面的作用。當然，讓人類學家都能接受基本的科學訓練是一件頗合人意之事。但事實上，在做數學公式化的同時，或常將發展不全的思想給帶了進來，或者，這種情形把真正的問題，和可加以解決的問題給掩蓋住了。

再繼續我們前面的論題。我們已數度查出人類學跟普世主義之間所存在著的一種不易相處的情形。而在對不加深思的否定態度與淺薄輕率的省略作法加以拒斥之後，我們在最後乃得以獲致一個將普世主義給擴展開來的觀念。這，我們先是把普世主義當成一種入門之階，然後我們在屬於社會價值的層面上，把與之相對立之事按照規則地加以結合了起來。到了最後，我們則把此一過程跟可能的世界文明之未來，彼此之間的關係給拉近在一起了。現在我們則再論到屬於近代普世主義的另一個層面。就其具有的規範意義而言，則普世原則可說是一種理性之屬的東西。而科學定律通常被列為是唯一真正具有普遍性非無謂之重複的命題。在此，我們的問題乃是要以其跟此一科學理性之間的關係來定位我們的研究觀點。有人可能會說，這樣說未免是有點荒謬了，因為事實上只存在著一種理性之標準啊！但事實上，我們並不是在逃避理性的規範，而事情也可能沒有那麼荒謬，因為我們之所以對科學理性持保留態度，這裡頭至少是有二個（若不能算是三個的話）重大理由的。

首先必須提出來的一件事是：並非是在希臘人創造出了古典學家所稱「推理嚴密的論說方式」時，人才開始來思考

各種事情的。而推理嚴密的論述一定跟來了一種「解構分析」(décomposition)的思想方式：不同的意義層面乃被抽離開來，而歸屬到不同的論說系列裡頭。理性的論說方式每一次只說到了一件事情，而神話或詩篇在一個句子裡面則全部東西都說到了。一種是屬於平面性的東西，而另外一種則是具有「稠密」的意義(參閱紀爾茲(Clifford Geertz)所論「稠密性的敘說方式」)。神話是有其嚴密的結構性的，但這種嚴密性卻源於其多重的意義性。因此，比起推理嚴密的論說方式或這方面的理性來說，神話是屬於另外一種類型的東西。然而，我們卻不能把「無邏輯推理上連貫性」之事貶為「非理性」之事。

但事情並不止於此，因為儘管解構分析的情形一直繼續存在，哲學之理性還是朝整體性的目標在努力著，雖說這樣的一種整體其稠密性可說是已經被剝奪掉了。然而，在近代人裡面居主導力量的科學理性，其目標則是每一次把整體性的東西給切下一片來。這種作法在基本上是一種工具性(手段跟目的的關係)和分殊性的東西，因為這是在經驗上(而非理性上)已經界定好了的格子來進行工作的(見《從孟德維爾到馬克思》第20頁)。這種科學理性所造成的結果之一乃是：在神話裡邊所加預設或集成的有關人經驗之複雜性或多重複合性，現在已經被驅散了。我們每一個人都參與或溶入神話裡邊的情形，跟我們在從事科學之事是不一樣的。在此我們看出了一個值得注意的倒置情形(參閱托尼斯與涂爾幹的例子)：規範主體是個人沒錯，然而知識卻是以散在各處的社會

體裡面來作整體的呈現。儘管如此,我相信人類學能幫著我
們再來發現到或揭露出已被科學居主導地位的文化一體性之
原則。

對科學理性持保留態度的第二個理由是:科學對於人的
宇宙所做的解構分析之事,無可置疑地顯示出其具有勢不可
當的力量的。但此一過程卻也在我們自己的文化裡邊掀起了
一波波的抗議聲。這裡面諸如階層系統式宇宙秩序的遭破
壞,主體與客體之間的分隔,以及藉科學理性之名所建立起
來的一個包括可加度量(首要之事)和不能加以度量的(次要之
事)各項特質的階層系統等,都使人感到本身已遭到了侵犯。
我們知道,歌德為維護人生的意義以及生命整體之尊嚴,而
對其時代的機械論式和原子論式的科學持敵視的態度。李維
一史陀本人對於感官特質的辯解,可謂重提了哥德的論題。
這方面的事實特別讓我們見到了這一股抗議潮流跟非近代文
化之間的連續性。這當然是一股隱而未現的潮流,但絕對不
容忽視。

第三項理由是可以從科學本身發展過程當中得出的一項
結論,我之所以提到這點純粹是要將其當為彼此趨同一致的
情形的一種確認和指標之事,因為外行人在此很可能會犯下
嚴重錯誤。所以在此,我有意地來談個大概,只提說在模範
科學當中,即物理學裡面有一股危機存在[12]。海森堡的不確定

12　我有機會讀到貝爾(Daniel Bell)以及其他學者為Aspen-Berlin討論會
　　(於1975年10月舉行)所準備的書面報名。此次研討會的主題為「科學
　　之批判」乃是由國際文化自由協會所籌畫的。

原則無疑的是令人雀躍之事，這並且確認了哥德所說的東西。對我們而言，這乃讓我們想到了我們所熟悉的，存在於觀察者與被觀察者之間的相互關係。

　　從上面所作的二、三種不同的反思當中，我們可以來下結論說，像古典物理學那一類型的科學，並非就等於是普遍理性之範圍所在。科學的成就自是一件不容爭論之事，硬要把科學加以排斥是不可能的事。然而，在這同時，科學的本身卻也顯示出其片面性和不足之處，就如同其所源出的近代社會一樣，想把兩者給湊在一起的話，則裡面便到處埋伏著衝突和危險，因為兩者都處在既需要一種東西來加補足，卻同時又將這種東西給加以排斥的情況中[13]。

　　這種情形固然道出了我們的工作之所以引人入勝之處，卻也叫我們要小心謹慎地來行事。就像前面我們在社會價值層次上所見到的，近代普世主義可以作適度地擴張，來將與其相對立的情形給包攝進去一樣，我們在此也可以想辦法把「平面性」的宇宙和「稠密性」的宇宙(後者在我們談到社會時，稱其為具體性的宇宙)給調和在一起。但這種事情我們只能倒過來看：正如同古典物理學裡面所呈現出來的簡單的規

13　我在此只得長話短說了，然而讀者在此一定會想到社會人為主義的。(一定會有人對我所談之事提出嚴重抗議，所以我至少得把情形做個說明。我們在前面論到科學但卻沒有提及數學這門科學之后。數學本身是一門純屬有理性的科學，而絕非是一種工具性的東西。此外，其命題是必然而普遍為真的。這些我們在此不加以否認。然而，這個世界必先要加以解構分析，然後才得以來作精確計算，這個事實還是不變的。以上這段話為1983年所增補。)

律性，在一個更為廣泛的觀點來看是特例的情形一樣，科學的抽象普遍原則看來也可能是具體宇宙裡面的特有情形。假如我們的工作真的就如我們剛剛所提過的，是要在其他屬於人的文化當中來將科學再加以整合進去的話，則想不計代價地將人類學變成精確科學的模樣是相當不合情理的。再說，科學本身對其基礎是愈來愈不確定呢！

我們所相當願意見到的是，當為一門基本社會科學的人類學，在研究觀點上能對（古典）物理學和近代一般意識形態具有逆轉和補充作用；也就是說，能發揮作用，對那些已遭分離、區別和解構的東西再加以結合、理解和重組起來。我們不必要談人類學與近代物理學在某些程序上可能有的類似情形，便可以看到上面所提出的那種研究觀點，事實上已可見之於我們所從事的研究工作上面，或者說已經慢慢地變成了我們所加援用的研究方法了。其實，不是在遠離了自然科學、因果解釋、預測、應用等事之後，我們的努力最近乃獲致其最為可觀的進展嗎？

誠然，如此一來，則我們的工作看起來是極其無邊無際的，而我們在這上面所想完成之事，若再跟專業裡邊目前離散、崩裂或彼此分歧極大的不同流派的情形來相對照之下，甚至會讓人看起來覺得過於狂妄了。說來說去，總括一句話，我們得來改善自己的科學社群了。因為，假如彼此之間不存在著可以活用的共識，而大家不覺得是共屬一個團體的話，則我們最為崇高的目標也只不過是徒然的影子罷了。

在此我作個結論，並說出一些早就該談到的事情：我們

這一行可能加以改革嗎？應該怎麼做呢？對此，我個人僅提出三點意見：（一）人類學這一行必須就其在本質上和職權上與近代意識形態之間的關係，來界定自己；（二）統合成一體的原則有賴於以一種普世主義的觀點，來對具體性宇宙之屬的東西來作比較研究之事；（三）由此，我們知道，好多我們目前所做的事對於我們的共同體而言是具有破壞性的。在這方面，每一個人可以來檢查其實際作為，並且加以改進。

2. 於唯平等是尚主義不在之處

在此，我想透過一個正好具有普遍意義的代表性例子，把前面的討論所關聯到我們這一行在做法上的地方作說明。

要某個研究社群裡面的人彼此能相互溝通，這當中是需要借助於一些大家共同可用具有普遍意義的觀念的。而最近在我們這一行所見到的，對以每一個文化特有之處所作的強調，這上面的發展情形乃破壞掉或削弱了我們前此所援用的一些普遍原則（雖說這種情形有時不免是欠缺考慮所造成的）。因此，至少來辨識出一些在人類學上面是屬於相當紮實或禁得起考驗的普遍原則，乃是值得的一件事。早先的時候，我們已經勾劃出一種屬於比較研究之程序，而此一程序在整體的層次上則引見一種普世原則。然而，我們可以斷言，普遍的組成因素見之於每一文化裡邊嗎？少了實質上的組成因素的話，這便成了關係上面不同類型的東西了，這在上面我們已看到特有的區別對立情形了。這是我們所獲致的一項結論。下面我則要來舉例證明，除開這一方面的對立情

形之外，我們還得加上第二種類型，即在整體與其部分之
間，所存在的一種階層系統上的對立情形，這或者說是，把
跟其相反之情形給加以包攝之事。在別的地方我已經對這種
對立情形做了引介的工作，而很願意讓其他人接下來完成這
裡頭相當明顯可見到的用途之推廣工作，不過到目前卻還沒
有看到這方面的研究。吾人不得不相信，周遭的意識形態乃
使得階層系統的觀念相當地不受歡迎（見下文注18），因此，
在這裡我就根據一個區別對立情形不全的例子，來對階層系
統上的對立之事加以辯護並作說明。

　　而下面所要提到的例子，也可以讓我們看到這一行裡面
所常見到彼此銜接不上的情形。我們可以把伊凡司普利查論
非洲中部阿壤地（Azande）人的經典之作（譯注：伊凡司・普利
查：*Witchcraft, Oracles and Magic Among the Azande*, Oxford,
1951）視爲是他對李維布魯爾所論原始人思想風貌的一種回
答，伊凡司・普利查對李維布魯爾一直相當感興趣（譯注：在
這方面，伊凡司・普利查1934年即有李維布魯爾的Theory of
Primitive Mentality, *Bulleein of the Faculty of Arts, Cairo,* Vol：
III Part Ⅰ一文問世），而在前述的經典作品裡，他比李維布魯
爾更往前走了一步，而指出說李維布魯爾所稱的屬於「邏輯
之前」的各種判斷上面的例子，事實上是關聯到一些被限定
了的情況，所以不能一概而論地來將其說成是某種「思想風
貌」之特色。因爲這麼講的話，就等於是以爲這些人在其他
的情況下，便不曉得如何來借助於邏輯思考似的。伊凡司普
利查這種一心一意想來對各種不同情況加以區別之事，不管

是討論到有關於因果關係的信仰情形阿壤地，還是「分割狀系統」的觀念（蘇丹南部尼羅河旁的努爾（Nuer）人）之研究，在二十五年前看來，都是甚爲重要而具有決定意義的重大成就。然而，今天的情況是否依然如此呢？我們只得說，類似這樣的一種關心情形，在下面我們所要談到的研究裡邊，是相當嚴重地闕如的，而假如我們查出這種事竟然見之於伊凡司普利查自己身邊的人的話，則這種彼此不能銜接的情形更格外地惹人注目了。我們知道說，由於伊凡司普利查的推動，透過英文以及其他的方式，涂爾幹學派裡頭那些未被雷德克里夫布朗（Radcliffe-Brown, A. R.）採用的部分乃恢復其殊勞。談到事關尼德漢（R. Needham）部分。他在翻譯過葉爾慈的兩篇偉大的文章之後，從1962年起，便在伊凡司·普利查的鼓勵之下，於牛津大學社會人類學研究所（一直到其退休之前，伊凡司·普利查爲此一研究所的所長）準備文稿，而在1973年出版了一本收集了各方作品，書名爲《左與右：論二元象徵之分類文集》（*Right and Left : Essays on Dual Symbolic Classification*）的集體著作[14]。這是一本重要的論集。書裡頭的

14　Needham, 1973。在此我提供一點相關史料來補全Needham所提關於事情的發展經過（第13-14頁）。1952年我在有關牟斯的演講（見上章）裡邊提到葉爾慈時，他在牛津已遭遺忘了。不過，這卻引起了伊凡司·普利查的注意。此事可見他對於1954年所出版的 *Essai sur le don*(Mauss, 1925)（《禮物》）的英譯本所寫的序言上面。伊凡司普利查一直不曉得其研究所的圖書館（雷德克里夫布朗遺贈）藏有葉爾慈的《論文集》，在知道之後，他乃立即取閱之（見他在Needham, 1973: 95及註10所提到關於葉爾慈之處）。這一點，跟他在提到往事（同書第9頁）時，說從一開始在牛津時，他便在課堂上談到葉爾慈之說是有所

第一篇文章即爲葉爾慈在1909年所寫的〈論文〉(*Essay*)一文
——前面並附有他的一張照片——而書中少說也集到了十八
篇文章,有舊作,也有才發表過不久的,也有新作,並且也
包括了編者的兩篇文章,更不用提到他在序言裡對於所收錄
文章所作的整體介紹了。但我在此必須說明清楚的一點是:
我之所以選上尼德漢的這一本書,並非是想來對個人作批
判,而是這裡頭代表了一種值得來加以討論的分析類型。此
外,它更呈現著一個事關人類學銜接性上面的問題。跟伊凡
司普利查的那些經典之作來相比較的話,則此處的興趣已轉
到對多少是獨立於社會形態學之外的觀念與價值系統(一種
「象徵上」或意識形態上的系統)的本身來作考慮了。葉爾慈
又重新被發現了!但就各種情形來看,則令人不免感到奇怪
的一點是:伊凡司普利查對於不同情況所做的區別之事竟被
忽略掉了,因爲這種區別假如稍做改變的話,是可以來增補
或賦予葉爾慈的論點新意義的。然而書裡頭卻沒有這麼做,
而只是來舉例說明葉爾慈的論點(這也是被談得最多的部
分)。這點,至少是我應該想辦法來加以說清楚的地方。

　　這事情的原委大致如下:我們已發現或再發現或者說乃
置身於如下的事實當中了,即,人藉著情況的有所區別來作

　　　出入的。1960年在他爲葉爾慈《死亡與右手》(*Death and the Right
　　Hand*)的英譯本(Hertz, 1960)所作的序言提到:在課堂上論到葉爾慈
　　已有數年的時間了是比較接近事實的。以上所提到的細節,跟我們在
　　此所論及的問題相關之處有二:一方面説明——人類學上所見到彼此
　　銜接不上的情形,另一方面則爲不同國籍的學者相互交流之事自有其
　　價值之處提供了例證。

思考，而從此一事實所產生出來的各種對立情形，就某種方式而言，乃成了一種系統，這便導致我們來把彼此或多或少是相互對應的對立情形給表列出來，而「二元式的分類辦法」就好像一種二元論式的表格，裡面由「象徵系統」所與生俱來的一些基本情形來加以填成。或至少說，這種二元論的東西乃是象徵系統裡面的一個重要層面。這個問題因為是大家所熟知的，所以在此我就直接將其以抽象的形式來加以表達出。比方說，這裡有系列的對立情形：a/b，e/f，i/k，o/p，而我們將其分別列於兩欄，也就是a、e、i、o與b、f、k、p上下相鄰著。如此一來，則至少在一定的情況下，我們會在前面兩個對立情形裡面發現到一種彼此是相對應之事，即a/b $\leqq$ e/f，而在另一種情況裡，即e/f $\leqq$ i/k如此等等：(Needham, 1973: xxvii-xxviii)。而每一種對立之事，必須就其裡面的情境來加以考慮，或者說是，在這些呈現於兩個相對立情形當中的每一種對應關係，必須就其個別情境來論。然而顯而可見到的一點是：在這種兩欄式所表列出來的東西裡頭，所有的相關情形不是被混為一談就是被省略掉了。簡言之，在我們從因素進到組合一整體時，情況的區別不再被視為是相關之事了，好像每一種情況本身是獨立於整體性的「思想風貌」之外的。然而我們應該清楚地可以看到，情況的區別本身乃是視我們所論及的那種整體的思想風貌而定的。我不再對以下的論點持反對意見了：就是說伊凡司・普利查所作的情況區別乃純屬於經驗上面或者是外在的東西，而不屬於意識形態上的層面。誠然，在這裡對意識形態的層

面更作了強調，而情況的區別變成是屬於意識形態裡面上面
的層次問題了。

　　無庸置疑的，在發揮新觀點時，上面所見到的簡化情形
是相當普遍的。但這種情形在其他地方有沒有改善呢？這點
我若說錯了，請大家指正。不過，我卻看不出對被分類的情
況所作的一種系統式展現之事──藉此我們得以在意識形態上
來對所加以研究東西的特性加以說明。相反地，情形卻變成
了把意識形態系統看成是「渾然一體」的一整塊東西。在這
種情形下，我對於種姓制度所作的解釋被批判說：我把價值
之事與權力之事兩種不同的情況，就其與意識形態系統的關
係來界定其意義了。論者要求所有的情況都應該視其為同一
類的東西。這也就等於說，意識形態與經驗之間完全是協同
一致的。假如在我們所提到的這個種姓制度的例子裡，有人
持反對意見，說從另一種觀點來看，則這裡頭不止是存在著
兩種情況的。我在此對這種假設並不先加以排斥，不過要提
請大家來注意到芝諾所談到有關飛毛腿阿奇里斯（Achilles）和
烏龜賽跑的一種詭辯（譯注：若空間可以連續性無限地加以分
割的話，讓烏龜先走上阿奇里斯所跑的一步距離的話，則阿
奇里斯是追不上烏龜的，因為兩者的距離可變成無限小的情
形）。階層系統式的傾向乃帶來了可能的連續性區別情形，如
此一來便導致整體意義的急遽遞減。事實上，我們知道，阿
奇里斯是追上了烏龜。

　　這裡面可能對於階層系統的厭惡插了一腳。假如說，對
於不同情況所作的區別之事需要考慮到價值，也就是說要談

到價值系統；而假如近代的研究工作者對於這種情形加以規
避，如此一來，他可能會對此一類屬之事在認識論層面上的
「情況」拒不接受或使之中立化。對於這點我必須來提個定
義。我利用這個機會將以前所給的定義（Dumont, 1971b: 72-
73）稍稍加以擴大；我所稱的階層系統上面的對立情形是指存
在於一組體（而特別是指一種整體性的東西）與這一組體（或此
一整體）裡面的某項因素之間的對立之事。在此所稱的因素並
不必然就是單純的某一個東西，也可能是次組體之屬（sou-
ensemble）的東西，這種對立之事在邏輯上可將其解析成兩個
相互辯駁的部分層面。就一方面而言，則因素等同於它在其
中形成部分的組體性東西（脊椎動物是一種動物），而就另一
方面來說，則彼此存在著差異性，或者更嚴格地說，不相容
性──說脊椎動物，並不單是指說這是一種動物而已，而說
動物並不必然就是指其為脊椎動物）。這種雙重關係──認同
性與不相容性──在我們考慮到一個真正的整體（而不是多少
是任意湊合在一起的整體）時，則要求更為嚴格了。這樣的雙
重關係是一種邏輯上的醜聞（un scandale logique）。這點可以
來解釋其之所以不受歡迎的原因。而也正因為如此，乃有其
值得加以注意之處：每一種牽涉到某個因素以及它為其中之
部分的組體之間的關係之事，乃導致了階層系統之產生，而
這種情形在邏輯上是不能加以接受的。根本說來，階層系統
是對於相對立情形的一種包攝。階層系統式的關係也見之於
我們自己的近代意識形態裡面──這方面我已經開始做了一
些工作（《從孟德維爾到馬克思》一書，也見這本書索引部分

有關〔Hiérachie〕一詞），也需繼續來做這件事──但其本身卻不是這麼展現出來的。而這可能也就是在某一種價值具體地說出來時所發生的情形：它把與其相對立的情形給制於其下，但卻避免來說出此一事實。就一般情形而言，對階層系統懷有敵意的意識形態，肯定會表現出把整個相關網路的部署情況都給搬出來的姿態，而想把我們所論到的那種階層系統上面的關係化成中立情形，或來加以掉包。我在這裡提出兩個相關的例子。第一種情形是把關係所來從中產生出的觀點給加以避開的例子。在生物分類學裡頭，我們已經習慣於把每一層面分開來作個別的考慮，這因而避開了把屬於第一個等級當中的某一因素Ａ，和屬於第二個等級裡面的某一因素a給合在一起的情形。與這種分開作個別考慮之事相關的是：情形的區別標準可能在不同的層次上有著極大的不同處（諸如：動物／植物；脊椎動物／非脊椎動物；哺乳類等等）。像這種情形最後所產生出來的是一種組體，而非整體。第二種非常重要的布局就是我們對於事實與價值之間所作的絕對區別之情形[15]。如此一來，則階層組織乃被放逐於事實的領域之外，而社會科學所常用的無菌狀態研究法保護著我們，讓我們不受階層系統的感染。這種情形從比較的觀點來看，相當清楚地是一個特例，就好像我們從近代意識形態本身裡邊所見到的趨勢一樣：既想要把「實然」與「應然」之

15　這是考培德（D. de Coppet）所提的一項見解。以下的論點亦為他個人所繼續發揮的。

事接合起來，卻又將成給混成一團了。從我們在歐洲的經驗可以得知，這樣的一種態度乃爲極權主義開了鋪路工作，這也正是寇拉科斯基(L. Kolakowski)(1977)所持的一個觀點。

　　我們現在就把階層系統式的原則放到二元分類情形裡邊，或則更確切地說，放在對上面情形而言是具有其代表意義的左與右對立之事當中來看看。這個問題見之於相關文獻以及在此所引的著作所談到的情形。我們可視其在基本上是一個認識論上面的問題。對立之事到處都同樣被視爲是一種彼此相互區別的對立情形，一種屬於簡單的「兩極性」或「互補性」的東西。然而在事實上，左與右這兩個字眼或兩個論點並非具有同等的地位：其中一個具有較高的地位，而另外一個的地位則較低下。因此下面這個問題在歷史上一直被提出來：爲什麼我們(毫無根據地)將對立的兩元視爲是平等的東西，在事實上並不平等呢？以葉爾慈的話來說則是：爲什麼把優越性加在其中一隻手的上面呢？

　　然而在此所沒有體認到的一點是：左與右這種組合是無法就其本身來說明其特徵的，而只有在裡面是關聯到一個整體，也就是我們最可以來觸知的人的身體這種具體的整體(而按此類推，也指到其他人的身體)時，才可能來加其給界定清楚的。此一事實爲物理學家所熟知，他們會先設定出一個擬想的觀察者，好能來談說是左還是右。「作象徵分析」怎麼能忽略掉此一事實呢？

　　說左右對立的情形關聯到一個整體，這乃是指其中存在有一種階層系統式的層面，雖然在乍看之下，這種事並不屬

於我在上面所提到的「階層系統上的對立情形」當中的,某個類屬將另外一個給它攝住的那種簡單類型。不過,我們已經習慣將這種對立情形當爲兩個組元來加以分析了,好像普遍所可見到的對稱情形是根本性的東西,而在價值上所連屬到的彼此所司職責的不勻稱之事是附加上去的。這點必須加以注意的地方是:裡面把事實(論定上的勻稱情形)以及價值(附加上去的不勻稱之事)給加以分開了。然而,具體地就整體身體而言,則左與右跟它的關係是彼此不一致的。兩者在價值與本質上面都是被區分開來的東西。在不同的組合情形和功能歸之於某一方時,則這上面不同的地方,事實上就是一種階層系統式的,因爲情形關聯到整體的東西。因而會產生說,右手的功能在跟整體的關係上,會比左手來得重要,是更爲根本,更具代表性,如此等等。

再者,我們注意到,談論到這個問題的不同作者,彼此之間對於整體面的敏感情形存在有極大的差別。伊凡司普利查在其研究有關於努爾人裡面長矛的象徵主義的文章中,將這種武器解釋爲「右手的一種延展情形」。他提到說,長矛等於「是自己身體的一個突出部分,這乃代表著自我」,而「就長矛等於是右臂往外延伸之事而言,這乃代表著整個的人了」,甚至還可越此,而代表著整個宗族了(Needham, 1973: 94, 100)。而相反的例子則見之於書裡貝克(B. E. F. Beck)所寫,其整體看來是非常帶有偏見的文章。這篇文章所論的是在印度南部的一個小區域的種姓。這些種姓當中有的被認爲是屬於右手種姓,有的則被當成了左手種姓。文章當

中，作者順利地將所有關聯上整體的東西給除掉了，而這種
情形甚至演變到不顧及所有明顯可見的事實，而一味地來稱
說：之所以是左手種姓，乃是因為他們在村子裡的分工系統
上面被當成外人看待所致[16]。

　　因此，在此所談到的優越性情形並非是適然的，而是必
然之事。因為這是關係到整體的兩項東西被區分開來的結
果。對此可能有人會持反對意見，以為我們這麼說只不過是
在轉移問題而已。然而這麼談的好處是，假如我們想要知道
為什麼在這種情形裡面其中一項（而在少有的例子裡則為另外
一項）通常較為人所取，則來認識到屬於地位上的差異性乃屬
必要之事。首先，我們若以一種事實上並不存在的勻稱或彼
此地位平等的對立情形，來取代一種不對稱或有著等級差別
的對立情形，則我們又被扯進了我們目前所加以研究的思想
裡邊了。這裡清楚的一點是：在我們兩元類屬所表列出來的
東西裡頭，與此事相鄰的其他對立情形，事實上也是一種階
層系統式（如男／女等）的。原則上，這種事一定屬於「二元
論式結構」當中的情形，因為在這裡頭牽涉到跟整體之間的

16　文見Beck, 1973，在其《空谷地的農民社會》（*Peasant Society in Konku*）
　　（1972，這個區域事實正叫做Kongu而非Konku）一書中，這位作者在
　　一開始（第14頁，注7）便小心地來解釋說，她之所以把牽涉到手的相
　　關資料（見之於當地人的言談裡邊以及一般的文學作品當中）給刪掉的
　　原因，是因為「手」這個字兼指臂膀以及身體的一邊，其結果則是避
　　談關係到身體之事（如此便無可避免地生出下面的問題：是那一個身
　　體啊？）。

一種關係[17]。（順便要提出來的一點是：我在早期所作的一篇
研究裡，也是單獨從區別開來的對立情形來做開始，而以一
種間接的方式來處理階層系統，參閱Dumont, 1970）。若我們
採取了在此所提出的處理辦法，便可以排除掉下面這種不必
要加上去而可以避免的難題，即，我們要求，事實（或觀念）
和價值必須加以分隔開來之事。在我們看來，這種分隔開來
的情形乃是於法無據的。

17　因為看到最近一個相當具有啓發性的例子，而使得我再加上這個注
解。這是關於克羅克（C. Crocker）所寫的一篇報告（Crocker, 1977）。事
實上，如同因素與組體之間是一種階層系統的關係一樣，在反過來的
情形，於兩項東西之間所存在的，而把其他所有之事給排除在外的一
種階層系統式的關係，乃道出了這是由以上的兩項東西所構成的一個
整體。事情是這個樣子的：在巴西南部婆羅羅（Bororo）人的社會裡，
每一個宗族是與成階層系統展現方式的一對精靈圖騰（aroe）結合在一
起的，兩個精靈圖騰則各自庇護著一個次宗族。克羅克說，以成雙成
對方式出現的兩項東西之間的結合情形，在根本上並非是兩個相類似
之物的結合，而是呈現出一種轉換比喻（métonymique）的方式了：大
的與小的，老與少，高同低，第一和第二；如此等（第164頁）。拿
「轉換比喻」來取代「階層系統」（雖然後者在此乃是無可避免之事）
極具提示性：如今大家流行用「借喻」的方式（mode de tropes）來作說
明，然而這樣子我們就可以來避開所碰到的困擾情形嗎？是不是這已
經開始發揮作用了？（在這文章裡面的另一個異例：「唯名論」在哲
學意義上代表了「實在論」，也就是對於概念實在性的信仰。）轉換
比喻的表達方式乃把婆羅羅社會所發現的兩個對半性的東西，其在相
對地位裡面的一種彼此成對應關係（作者列其為「隱喻」métaphore之
屬的情形）給掩蓋住了。作者談到對半性東西之處甚少，倒是李維史
托，我覺得他在接下去的討論裡面則要求對其間的不勻稱情形作更為
確切的處理。作者對於婆羅羅社會的認同力量加以強調（第158頁），
卻將其中的原則給漏掉了，即：所有真實的東西都是以一種階層系統
上面的成雙成對情形來顯示出的。「二分體式的整體」（第169頁）必
然為階層系統式的。

　　但事情並非如此就結束了，因爲我們所作的努力馬上可
以見出實際的成效來。就其定義而言，則勻稱的對立情形可
以隨意地將之給顛倒過來，而什麼也沒被改變。相反地，將
非勻稱的對立情形給顛倒過來的話，則具有相當的意義，因
爲顛倒過來的對立情形跟原先的對立情形是不一樣的。假如
在同一個整體裡面，這種反面的對立情形和正面的對立情形
都在其中的話，則這是**層次改變**的一個明顯事實。實際上，
這是道出其中改變情形最爲省事的一種方式，因爲裡頭所用
到的，只是用階層系統上的兩項因素及其等級排列之事。在
此，我們是不是也有了在生物分類學上，得在每一個不同層
次上援用新標準，才能得出的那種十足的正反對照的情形
呢？在這裡面，層次的統合性以及區別性都被顧及了：我們
所處理的是一個整體，而不單止於是組體性的東西，這裡面
非常可能有的一件事是，某一個層次是包含在另外一個層次
當中的（這就是對於相反情形的包攝，爲狹義的階層系統）。

　　布厄迪（P. Bourdieu）對於卡比爾人（Kabyle）（在阿爾及利
亞的柏柏爾〔Berber〕人）住宅所做的敘述，可說是對這樣的
一種佈局之事，提供了再好不過的例證了（Bourdieu, 1972: 57-
59）。從他的敘述當中，我們知道一旦跨過了門檻，則空間便
跟著倒轉了過來，而東西南北的方向也相互調換了，好像門
檻是房子裡面空間與外面空間的對稱或應該說位似
（homothétie）情形的中心。房子裡面的空間跟房子外面的空
間，在關係上爲一種倒轉過來的情形。在此我們可從這種對
自然界情形的寫照之事當中，進一步提出下列的看法：房子

裡面的空間在特質上是不同於屋外的空間的，而這二回事在同時又是指著一回事(autre en même temps que même)。我們意識到，在跨過門檻時，我們乃從生命的一個層次進到另外一個層次了。無可置疑地，這種區別情況還可見之於此一文化裡面，以其他不同方式來出現的事情當中。而在這裡面，情況的區別情形可能遠比那些沒有這樣的一種倒置之事的文化，要來得顯著多了，在後者裡，則外面空間相當直截了當地往內延伸到屋子裡面來，總之；在這種情形裡，房子所表現出來的乃非將外面空間給制於其下，或本身臣屬於外面空間的一種空間性整體東西。

我們也可以拿一些被當成了典範的例子來證實，同樣的事情亦見之於把左與右加以倒置的情形當中。就以一個「右」通常被視爲具有較優越地位的社會來說，假如這種居上風之事在一個被列爲「左」的因素裡面是被顛倒過來的話，則情形乃指出，相當清楚地，在此所碰到的層次是不同於屬於本土性意識形態裡邊的其他層次的。而我們又得依次承認，上面這個事實是整體意識形態的一個重要特徵。因此，我們對於尼德漢所作的宗教師(Mague)人的研究報告不免感到驚訝了。尼德漢在其文章中避而不談這裡面的倒置之事，而在其附註裡邊提到說，這種倒轉的主題範圍太廣泛了，因而不再對此做進一步的探討(Needham, 1973: 117-18, 126. n.26)。然而我們一直認爲，所有的倒置情形，不管是發生在宗教儀式活動與日常活動之間，或者在宗教儀式裡邊所見到的生與死的世界之間，如此等等，都同樣地會具有此一

方面的功能的。而透過其間的組合情形，我們可以把裡面的
所有情形說明清楚。復次，這本書後面在談到烏干達紐洛
（Nyoro）人的象徵主義，而特別是事關占卜者與公主時，尼德
漢看似要用到倒置之例的樣子，但卻沒有把這個問題給追下
去，也沒有將其加以系統化。

　　我們已經發現到，對於左、右之間的對立情形來作一種
階層系統式的理解的話，則我們會轉而注意到整體的意識形
態裡邊層次的區別情形。在兩元分類的情形裡，對於區別對
立情形所作的利用，純屬把相關之事給加以原子化，而使其
一致化之事。而階層系統上面的區別情形，是藉著對兩個具
有不同意義層面（不同層次之間與單一層次裡面）的接合，把
相關之事給統合在一起。因此，在研究種姓制度時，一旦我
們知道了階層系統所代表的意義，便能夠把不同的層次給區
別出來。廣而言之，若我們眞的要來找出賦予每個文化生命
力的主導價值—觀念（這或者像馬克思所說的，是一種給了萬
事萬物其特色所在之能媒）時，我們即便可以察覺出（但必須
從一個比較的觀點來看）意識形態整體結構上的主要輪廓，以
及必然會有的階層系統在層次上的風貌展現情形。

　　這種不同層次的階層系統化情形，是從意識形態本身所
具有的特性當中所產生出的：在我們論定某一價值的同時也就
論定了一種非價值（poser une valeur, c'est poser en même temps
une non-valeur）。這便把相關之事給組合了起來，而這當中的
某一些因素則一直都處於毫無可取之處的地位。對此，意識
形態必須來辯說，不足取等相關之事必須加以限制，同時讓

其不爲人所來注意到。不過我們在實際上所看到的卻是：這
種事情漸漸地擴展開來而形成了價值遞減的不同等級情形
了。因此，就我們所假設的情況而言，有著不同層次的階層
系統，也就是我們在文章一開始所要來探尋的具有普世意義
的一種東西。無可置疑的，這裡面複雜的程度會因爲意識形
態的不同而彼此之間有著極大的變化情形存在。然而，二元
分類辦法的一個重大缺失乃是：隻字不提這方面的事情，而
不管是多單純或是多複雜的階層系統，都將其化約成同樣的
一種形式了，而這種形式實在是過於簡化了。

　　總之，我們從下面兩個觀點來看的話，便可以發現到二
元分類的不足之處。就分類學所考慮的對立的本身情形而
言，其犯錯之處乃是把這裡面的彼此不平等之事看成是相互
平等的。其聲稱已把握住了對獨立於價值之外的觀念之解
析，然而觀念跟價值是不可分的，是相互結合在一起的。因
此分類法所犯錯的地方是援用了一種不得體的唯平等是尙主
義(於其中，觀念乃無關於價值之事了)。第二，分類學不管
其所考慮的東西在意識形態上是不是不是可以將不同情況或
處境給區別出來，而千篇一律地將其混爲一談了[18]。而這種情
形在《左與右》一書上面又以另外一種方式出現著，事實上

18　1983年注：在這裡，我原先所要提到的一篇由柴可諾夫(M. Serge
　　Teherkézoff)所寫的簡短的學位(DEA，高等專門研究證書)論文——
　　裡面對兩元分類法所作的批判，跟在此所論之事非常接近，然而其所
　　提論證卻相當獨立於本篇之外——我現在可以來提說是這位作者的著
　　作了：*Le Roi Nyamwezi, la Droite et la Gauche: Révision comparative des
　　classifications dualistes*, MSH-Cambridge University Press, 1983.

尼德漢以及書裡的其他作者都提出了下面的問題：論者在各篇文章當中所整理出來的兩元因素一覽表是不是眞的存在於人們的思想裡面呢？貝德曼(T. O. Beidelman)在其所撰寫的文章裡面，除了列出相當廣泛的總括性一覽表之外，更提供了兩個範圍比較有限定的組群來，而說後者眞的是存在於卡古洛(Kagaru)人的思想當中(Needham, 1973：154)。然而大體說來，就書裡對於問題所採取的研究觀點來看，我們的感覺是：一時之間好像大家都變成了中國人。就如同尼德漢在其引言(p. xxxiii)裡邊所論的，傳統的中國人從陰陽觀念所代表著的兩種不同類屬情形當中，得出一種特有的分類區別之系統。但在這種情形裡，上面所提到的並非就說明了一切，而我們不應該就此打住。從這本書裡面格蘭奈特(Granet)的佳作當中，我們可以甚爲清楚地看到，中國人的那一套禮節和規矩，是經常在各種不同的對立和對應的複雜組合情形裡來顛倒其先後順序的，這因而順利地將各種不同的情況給區別出來，也把意識形態所留下的不足取之事的殘存情形給減到零的地步了。我們在上面已經作了提示，希望我們自己的文化能夠以另一種不同的方式，來導出與中國思想相似的繁複性。

在此，我來對觀念與價值的關係作個結語。我們已經看出，在通常的情況下，說價值與觀念是分開來的兩件事是騙人的。這背後是有一個具有普遍性的理由存在著的：不同觀念裡面的分殊化與明示化程度並沒有獨立於其相對價值之外，不過這之間的關聯並非是直截了當的呈現出來。無可置疑地，在甚少具有重要性的問題上，我們很難找到錯綜複雜

的觀念。反過來說，在對價值加以強調的同時，區分的情形
也就跟著發生了。然而，事情看起來卻好像有幾分走了眼似
的，價值將其平常所要顯示出來的東西給隱藏了起來：為其
他觀念之母的基本觀念，常常是沒有表達出來的，而其所在
的位置乃是藉著其藏身之區周遭價值—觀念的增殖情形來顯
示出的(《從孟德維爾到馬克思》，第19-20頁)。

　　若不先驗式地將價值與觀念分開的話，則我們還是接近
於在非近代社會裡邊，思想與行動之間所具有的真正關係
的。而主知主義或實證主義上面的分析，則易將此種關係予
以破壞。然而，這點不正是跟前面所提到的近代思想傾向
中，將「實然」與「應然」混為一談的情形相矛盾嗎？剛好相
反：兩種觀點之間的不同之處，乃將我們帶回到在這篇研究報
告第一部分所勾劃出的概括性觀點當中。從比較的觀點來看，
則始之於康德，將「實然」與「應然」，事實與價值加以分開
的近代思想，乃是一種特例。這件事乃產生出兩種結果：此一
特點要求在其領域裡面的受到尊重性，而假定在近代文化裡邊
我們想來超越上述情形的話，一定會導出相當嚴重的結果的。
而在另一方面，我們並沒有必要來將這種複雜性或區別情形，
加到對此事並不知情的文化裡：在做比較研究時，我們所加以
考慮的是價值—觀念之事。以比較的觀點來做考慮的話，則這
點甚至可以援用在自己的文化裡，也就是說，我們可以來找出
在我們慣常所作的區分之事裡邊所隱藏的一種聯繫情形。而在
此，我們會碰到像韋伯式的論題(這也就是存在於價值中立
〔wertfrei〕與價值關聯〔Wertbeziehung〕之間的關係之事)。

　　假如說，透過差異性來作結合之事，同時也是人類學的
目的和階層系統的特點的話，則人類學和階層系統注定是要
走在一起的。

第九章
論價值，近代的與非近代的[☆]

　　我只見過雷德克里夫-布朗(Radcliffe-Brown)一次，剛好也就在這個場所。縱然印象是變得有點模糊了，但我到今天還依然記得他在發表1951年的赫胥黎紀念講座(Huxley Memorial Lecture)時的神情。那時我是牛津大學的一位新講師(若不算年輕的話)專程趕到倫敦也正是為了聽他的演講。在我聽過他的演講之後，覺得他好像是朝李維史陀的方向往前跨了一步，而我那時對於結構主義忠誠不二的態度，使得我對此事感到安慰，事實上，這種情形只是個有其限制而為過渡性質的趨同現象而已¹。

☆　本文發表於1980年的雷德克里夫-布朗社會人類學講座上，全文刊於《英國學術院年報》(*Proceedings of the British Academy*), 66(1980)：207-41。

1　事實上，雷蒙佛斯(Sir Raymond Firth)爵士告訴我，如此的思想發展情形對雷德克里夫布朗而言，從早期(1930年代在澳洲)以來，即為司空見慣之事。雷德克里夫-布朗在上述的講演裡提到：「我們所要談的那種結構是對立之事相結合在一起的情形之一(Radcliffe-Brown，1958: 123, 引文邊線為著者所加)。如此一來，則需要藉「對立情形」來論及之事是屬個別的例子，而我們不能將其視為是可以廣泛運用的一個一般性原則(參閱Leach, 1976: 9)。職是之故，我以結構主義來作

在那個時候，我忙著從他那兒以及其時臻於空前盛況的
整個英國人類學(這種情形部分要歸功於他的影響力)當中，
勤加學習，努力地汲取新東西，但在此必須承認的一點是，
對我這個想像力之構思在一開始是受到牟斯才氣橫溢式的人
文主義所點燃的人而言，雷德克里夫-布朗狹隘的涂爾幹式社
會觀點並不是相當有吸引力的。

　　不過，在今天看來，不管彼此的看法有多大的分歧，根
本上有一點是雙方都堅持的。讀他的《社會之自然科學》
(*Natural Science of Society*)，我們會對雷德克里夫-布朗果斷的
整體論態度留下深刻的印象 [2]，而不管他的「系統」觀有任何

　　分析的處女作(Dumont, 1953a)發表之後，馬上遭來年事已高邁的雷
　　德克里夫-布朗一番盛氣凌人般的訓斥(Radcliffe-Brown, 1953；我的答
　　覆見Dumont, 1953b)。而我的這篇〈巴黎來的異教徒〉(李屈爵士對
　　其所稱，見Leach, 1976)之作，有十年左右的時間裡在英國不被重
　　視。然而，要載明清楚的一點是：雷德克里夫布朗的非難並沒有改變
　　伊凡司普利查對我的友善關照以及不介入式的鼓勵，在所有的同僚裡
　　邊，他對於我想把姻親(affinité)恢復其應有地位所作的努力最為了
　　解。

2　李屈爵士對於雷德克里夫-布朗在這本他死後才出版的著作裡邊所展
　　示出來的各種不同觀點詳加討論(見Leach, 1976)。在這本書中，我們
　　可以清楚地見到雷德克里夫-布朗所提的主張值得加以肯定之處，不
　　過我們(或至少是我個人)也看到了其中的缺失之處，檢討起來，他的
　　方向是走對了，但卻顯得不夠深入。然而，他個人鮮明的整體論觀點
　　(見書中第22、110頁等處)，以及和由此一態度所產生出的，對於
　　「關係分析」和共時性(synchronie)(見書中第14-63頁)所作的強調，
　　還有相當令人刮目相看的，對於因果分析的重要性加以貶抑的情形
　　(見書中41頁，並參閱下文註釋43)，如此等等情形，我們若將其放在
　　他個人思想裡面隨處可見，並且也居英國意識形態主導地位的唯名論
　　之背景來看的話，自有其可圈可點之處。不過，也正因為此一出身背

的缺失，此一觀點，或者說是此一思想之引進，可能對英國人類學的發展具有關鍵地位，並使得英國人類學跟法國主流社會學傳統之間的對話變得可行起來了。

雷德克里夫-布朗的著作裡面談價值之處並不多見[3]，然而在他生命的晚年時，「價值」這個用這句話在英國的人類學界裡頭已經傳了開來。我個人的印象是：價值這個字眼在英國大半被視爲「理念」的替換詞，而因爲價值強調了跟行動之間的關係，因而比較不合經驗主義的胃口，但無疑地，這種情況今天已經完全改觀了。

在此，我把爲何援用了價值以及我爲何選此當我演講題目的理由簡單地做個說明：這些年來，我一直想跟同行推銷階層系統觀，然而卻鮮具成效。我想說，得另外來叫牌了，所以這一次選用的是同行裡邊所認定的字眼，於此之前，這個用語我個人在直覺上就想加以規避，爲了是想省掉去處理

景的關係，使得雷德克里夫-布朗的整體論還是相當侷限於功能上面的探討，而他所作的「文化」（在書中第92頁處有點勉強地引了進來）與「社會結構」之間的區別情形，雖然在原則上是正確無誤的，在事實上卻把文化化約成社會結構的一種媒介了（見書中第121頁）。此外，雷德克里夫-布朗並沒有察覺到（而且可能也無法察覺到），作關係分析時，需要把「系統」的界限嚴格地加以確定出來，而不能任憑武斷之決定或一時的權宜之計（見書中第60頁），而作這樣的一種分析，跟他原先所強調的分類辦法（見書中第16-71頁），兩者是互不相容的（這點可參閱李屈早先對「蝴蝶式採取法」所做的駁斥，見Leach, 1961）。我在下面還會討論到雷德克里夫布朗一些其他觀點（在註釋42處討論到「自然的系統類別」；而在註釋35處則討論到交易行爲當中的固定等值情形）。

3　見Radcliffe-Brown, 1957: 10-11, 119, 136-40(論經濟價值)。

到它裡面所出現令人望而生畏的各種難題。我謹希望在此所
論的種種能接近於雷德克里夫─布朗所遺留下來的志業之精
神所在。

事實上，我只是想提出個人對於觀念與價值之間關係的
看法，或者毋寧說是對此一看法加以說明好從中得出一些結
論來。人類學所立足的近代類型的文化，它和非近代類型的
文化，彼此之間對於價值的看法歧見甚明。而我個人則以為
人類學上關聯到價值之處時，得讓兩種不同的觀點彼此對質
一番。我們先從近代思想的風貌談起，然後將其拿來跟一些
比較普遍可見的非近代思想風貌之基本特徵加以對比，並由
此反觀近代思想風貌之處境，而希望藉此能把人類學所扮演
的調停角色弄個清楚。

※　　　※　　　※

近代的種種情景是大家所熟悉的。首先，近代意識主要
是把價值加在個人身上，而哲學再怎麼說，也主要是在討論
跟個人有關的各種價值，然而人類學所持的觀點卻是：價值
在根本上是屬於社會層次上面的東西。價值這個字在拉丁文
裡意味著具有健壯的體能與氣力之事，在中世紀時則指戰士
的大無畏精神。而在今天，價值則大部分是指以金錢來衡量
一切之意。在此我要以其中所蘊含的意義來談這個重要的層
面（參閱《從孟德維爾到馬克思》）。

至於說這個字所具有的絕對意義之情形，則是因為近代

思想特有展現風貌的關係而使得這一件事成為大家關注的主
要焦點了。在《拉藍得哲學辭典》(*Vocabulaire philosophique*)
裡，貝朗多(M. Blondel)在按語上面提到，價值哲學的佔優勢
可為當代所特有之事，前此的思想主流，在近代為知識哲
學，在古代及中世紀則為存有哲學(Lalande, 1968：1183)。對
柏拉圖而言，善為至高無上之存有，而在真、善、美之間是
沒有彼此不協調一致的情形的，不過善位居最高位，這可能
是因為沒辦法把「完備」想成是無為而不動情之事，同時善
在其冥想的層次上還加上了有所為一面的原故。相形之下，
則我們近代人便把科學，美學與道德給分了開來。而我們的
大學之存在，本身便解釋了，或說是意含了真與美善之事的
分隔情形，這特別是把存有與道德價值之間的實然與應然之
事給劃分開了。因為對這個世界來作科學發現時，其前提便
是把物理計量上所無法運用上去的所有特質加以排斥。因
而，原先是階層系統化了的萬物秩序遂被我們物理化與均質
化的宇宙所加取代(Koyré, 1958)。原本是自然而然投射到這
個世界的價值領域乃遭退回，而被局限在跟個人有關的相對
之事上面，即屬於人的心靈、感情與意志之範圍內的東西。

　　幾個世紀以來，(社會之)善這一件事也被相對化了。有
多少民族與文化就存有多少種善之情況，而不同的宗教信
仰，教派或社會階級在這上面的分歧情形就更不用提了。巴
斯卡(Pascal)說「在庇里牛斯山這邊是為真理的東西，越此山
後則變成謬見了」。若事情在英吉利海峽的這一邊被認為是
善，而在海峽的另一邊被認為是惡的話，則我們便不能談真

正的善這種東西了。不過，我們倒可以來談談在這一邊或在另外一邊的人所個別認定的各種不同價值。

　　因此價值所稱之事不同於存有。而雖說科學真理有其普遍性，人間事情在不同的社會環境裡卻有著顯而可察的各種變異情形。即使說在同一個社會裡邊，不但不同的社會階級有其不同的價值觀，不同的活動或經驗領域對於價值的認定也頗為分歧。

　　以上所列出的只是關於價值之事的一些比較突出的看法，但這也就夠讓我們來想到這個字眼所具有的不同意義，以及各方所提觀點之複雜情形了。這可說是所有各種思想齊力所來促成的一個千頭萬緒的東西。從浪漫式地感懷說，這個世界已經破碎不堪了，到想把世界恢復舊觀的各種努力，以及像尼采的絕望哲學，促使這個用語得以流布開來。我認為人類學不能坐視此一情況。然而，說來卻也不足為奇的一點是：這個字眼卻有點惹人討厭，因為價值在根本上是一種情形之比較，所以恐怕不免要淪為空洞的字眼！價值之事跟事實之事是兩回事。如此一來不啻是在替相對主義作宣傳，要不然也等於是在傳揚相對主義的中心概念以及其裡面難以捉摸的特質。而這件事則有太多的文獻可以來作證，其中不乏婉轉的措辭或令人感到不自在的字眼，像「低度開發」，像「方法學上的個人主義」等，還有好多其他今天運用在各種不同情況上面的詞彙。

　　但這種情形對人類學家而言，卻有其適度，但並非是起不了作用的正面意義。手邊有了這個可加運用的字眼，我們

便可以來對所有各種不同的文化加以考量，也可以對善作最
為多樣性的評估，而在這同時並不把我們的觀點加在他人身
上：我們可以來談我們的價值和他們的價值，但卻無法說我
們的善和他們的善。因此，這個使用範圍遠超出人類學之外
的小小字眼卻也包含著一種人類學的觀點，而要我們也承擔
起責任來。但這點後面再談。

※　　　※　　　※

　　我們先對人類學上的價值研究來一段開場白，時下在談
到價值時，用的大多是其複數詞，這種情形不但道出了人間
社會以及近代各種分門別類化的活動之多樣性，也指出了我
們文化所普通存在的一種把每一個整體展現風貌加以原子化
的傾向。這是我們首先得注意到的一點。1961年許烺光(F. L.
Hsu)在一篇文章(Hsu, 1961)裡面批評了一些對美國人個性所
作的研究報告。他認為這些研究報告只管把各種不同的特點
或價值表列出來，而不去理會說，所列出來的不同項目彼此
之間到底存在著什麼樣的關係。他看到說，這些作者所列出
來的不同價值之間，有著彼此相衝突或互不一致的地方，而
對這種情況不去認真加以解釋的情形感到大惑不解。許氏提
出了他個人對於這種的補救措施：把這裡面的根本價值先加
以辨識出來，而讓我們看到，此一價值本身所蘊含的東西正
是需要來加以作解釋的一些矛盾情形。許烺光說，美國人的
核心價值觀是為「一切靠自己」(self-reliance)，這種價值觀

本身是對歐洲或英國個人主義所作的修正或強化情形。但一
切靠自己這在字義上便有矛盾之處,因為人是社會性的生
靈,在實際上是相當倚賴於他人的,如此一來,這不但在主
要價值的觀念層次及其運作層次之間造出了一連串的矛盾情
形,也在由主要價值所衍生出的一些次要價值裡面形成了彼
此相互砥觸的情形來。

　　許氏這種想把根本價值觀給找出來,而發現對美國人而
言,此一根本價值觀是屬於個人主義上面的東西,他的這一
番努力,我個人不得不加以稱許。吾人也注意到許氏文章所
沒有明講出來的一點,即,觀念與運作兩個層次之間,存在
著一種階層系統式的關係。然而,許氏對兩個層次之間所作的
區別終究還是不夠的,他借用了莫里斯(Charles Morris)(1956)
的分類辦法。莫里斯列出了價值的三種用途,這裡面包括有想
像上面的價值之用以及運作上面的價值之用,許氏則將這兩
個層次作等級排列,然而他卻說這兩個層次都屬於「價值」
層次,如此一來,則不啻是又退回到他在文章一開頭所加以
批判的那些原子論化的作者的難局:把不同層次上面的東西
混為一談了。事實上,兩個層次是有所區別的立場是應該堅
定不移地固守著,因為我們在此所碰到的是一種普遍的現
象。不錯,我們都遭遇過在經驗上面,不同層次彼此之間的
所特有之互補或倒置情形,於其中,在比較屬於觀念層次上
是錯不了的,卻在比較屬於經驗層次上顛倒了過來。而這種
情形反轉的現象,把我們為了簡單起見而試圖將觀念之展現
及其在行動上面的相對之事給加以統合在一起的努力,完全

打翻掉了。然而，不管上面所談的美國人個性的例子有多特殊，目的絕不能當為自身的一種手段，也就是說，若非所稱的「運作性價值」根本不能算是價值的話，則另外一種情形便是：這些運作性價值是屬於第二順位的價值，而我們應該很清楚地將之與第一順位的價值，或者真正稱得上是價值的東西，來區分開來。

　　就另一方面而言，則當代有關人文科學的研究著作，動不動就提說「這事情顯然有矛盾」之情形是有點過度濫用了。一位屬於不同時代或不同背景的作者常會被冠以「本身有矛盾」的罪名，只因為對原作者是相當清楚地藏在其著作的層次上面之區別，卻從對這種情況不熟悉的批判者的筆下給滑落掉的緣故[4]。在下文當中我們可以清楚地看到，在非近代的情形裡是以整體的觀念來區別不同層次，而近代人則只

────────────────

4　洛夫喬依(Arthur Lovejoy)認為，在柏拉圖著作裡邊的善(或上帝)本身為一完備的自足狀態而又為這個世界的存在之源，兩者之間顯然有其矛盾之處，因為同樣的一個實體，不能既為一完備狀態而又需要依附在其他東西上面(Levejoy, 1973: 43-50)。然而洛夫喬依之所以得出這種矛盾的情形，乃是把哲學家對這個問題的推演過程給抹去，而又將其結果給壓平所致。因為我們先得轉到世界之外來了解善(以及真和美)，然後，一旦正確無誤地了解善乃為一無限的施予與付出，或說是無法壓抑的極其豐饒多產之存有，我們更可以發現，這不但對實存世界做了解釋，也證明了其存在的合理性。上面這兩個結論分屬不同層次：在初級的層次上，神是絕對不同於世界的，不過在更高一級的層次上，則世界本身便被包容於神裡邊；善超越了世界，而世界只有透過善才見其存有。是世界有賴於上帝，而不是上帝有賴於世界。問題的關鍵所在是洛夫喬依只停在初級的層次上，他並沒有階層系統或超越的觀念(可能也無法接受此一觀念)。洛夫喬依是以唯平等是尚者的眼光來看柏拉圖的。

知道作平面式的考慮，就是以一種平面來代替另外一種平面
的思考方式，近代人在做這樣的一種平面思考時，乃發現到
所有的平面裡頭的分隔與矛盾等情形其實都是一樣的——斷
然分明而絕無混合之處。可能這裡頭存在著一種把個人經驗
同社會分析混爲一談的情形。個人的經驗在跨越不同層次之
際，可能會對其生出矛盾之感。而社會學分析當中，層次的
區別斷不可缺，好能免除掉無謂之重複與不知所云所源出的
抄捷徑現象。除開克萊德克羅孔(Clyde Kluckbohn)之外，已
故的貝特森(Gregory Bateson)乃是少數幾位清楚地看到有必要
將層次之階層系統來加以確認的人類學家[5]。

　　而在人類學的歷史上，則至少有過一股持續的努力在推
動價值之研究。1940年代的後期裡克羅孔選定了價值之專
研，而把人力與物力在一項規模龐大而具長期合作性的研究
計畫，此即哈佛「五種文化裡的價值之比較研究」一事。看
來二次世界大戰落幕之際，美國學術界對於社會哲學以及外
國文化和價值的探討，廣泛地興起了一股新的研究興趣[6]，克
羅孔可能發現在這種環境之下，正是將個人所深刻關懷之事
給加以闡明的一個難得機會。1940年代後期他在開始推動其

<hr>

5　Gregory Bateson, 1972: 71-78, 336以及其他各處；有關克羅孔的部分，
　　則參閱Kluckhohn, 1951「在表面上看似彼此不相容的東西，若仔細加
　　以檢查的話，乃發現到這是不同的參照架構發揮其功用所致」(書中
　　399頁注釋19)；這中間的區別乃在於：一者看物於自身，而另一者爲
　　看物於關係中。而後面這種情形就是指在「參照架構」裡面了。
6　Northrop, 1946 特別是書中第257頁。Lepley, 1949；克羅孔本人亦提及
　　其時的背景(1951：388-89)。

計畫之後，便召集了一批學者共襄盛舉，而在1950年代當中出版了頗富陣容的一系列研究成果。今天，此一頗為可觀的研究成果看來大部分已被遺忘掉了。而我個人以為這番努力並沒有對美國的文化人類學發生深遠的影響。這種情形是不是在我們這一行裡那種令人舉止無措的以新代舊的慣例的又一章之事（特別是在美國）？或者其裡面有讓人不予探信的理由呢？或者，在等而下之的情形裡，是不是價值乃為「非主題」之類的東西，是我們白費了心機，搞錯了研究對象了？對於這一個複雜的問題，我個人在此無法作答。我只想從克羅孔所全力以赴之事來提出一些值得大家借鏡之處。假如我們跟他一樣，相信價值具有其關鍵地位的話，一定會碰到這方面的問題，因為克羅孔其實並不簡單。顯然地，他是有著相當淵博之文化根底的（我個人的猜想是，他跟其他一些早期的美國人類學家一樣，從他身上可以看到德國學術傳統的一面）。尤有進者，他在那個時候已經提到好多我在此所要說的東西了。然而，不管此一計畫是如何地幫了我們來了解其中所加探討的社群或社會，整個研究成果若以促進比較研究理論這個克羅孔原先主要的構想來看的話，毋寧是令人失望的，我們如何來對此事作解釋呢？

　　克羅孔跟帕森斯（Parsons）以及席爾斯（Shils）在先是為一專題討論，而後結集的《行動的一般理論》（*Toward a General Theory of Action*）一書的整個工作過程中，曾有過密切的合作。而他在書裡頭所發表的一篇相當重要的理論性文章，可

視爲整個哈佛計畫的宣言書[7]。相當清楚地是，克羅孔在一方面發揮了自己的見解，而在另一方面也同意整個專論上面廣泛的「觀念綱領」。他所不贊同的地方是其他人把社會與文化系統分得太清楚了[8]。爲了節省篇幅起見，我在此只討論他跟其他二位主要工作夥伴所提出的三個要點。第一，（社會）所存在的各種價值爲社會體和人格在求其完整性和持續穩定性上面所不可或缺之物，這點，若以莫爾(Hens Mol)(1976)的看法，即是這些社會價值爲社會體和人格在認同上之所必需。這點可能是相當明顯的事實，然而在實際上卻常爲人類學家和哲學家們所忘記，這或者是因爲人類學家對於社會變化作偏向於某一方面的解釋，也或者是因爲哲學家把個別的價值從其社會背景當中抽離出所致。聖奧古斯丁不就說過嗎，所謂民族者也就是人聯合在一起好共同來喜歡上某事某物罷了。

第二點則爲觀念與價值之間有著密切關聯一事。在這上面克羅孔界定了「價值取向」這一中心觀念(Kluckhohn 1951: 410-11)。（有位人類學家相當敏銳地注意到說，我們可以從另外一個角度來批判此一價值取向觀念[9]）而帕森斯及席爾斯則在

7　Kluckholn, 1951: 3 88-433．克羅孔在不少文章裡面一再重複地強調他的基本論點。

8　可見Parsons and Shils, 1951: 26-27之註解。

9　薛爾登(Richard Sheldon)說：「克羅孔對於理論的苦心構思，其著眼點主要是放在價值取向(而非觀念與信仰)上面，因爲其理論有很多地方是關注於當爲一個體以及求其滿足的行動者，其所作選擇之事。」薛爾登在此所提的觀察報告，事實上就等於是一種反方的筆錄

此一中心觀念之下，相當清楚地確認了其相關的「認知層面」及「規範層面」（或者說「存在層面」與「規範層面」）(Parsons and Shils, 1951: 159-89)。因此佛羅倫斯克羅孔(Florence Kluckhohn)所作的價值分類表裡邊，除了嚴格意義上所稱的價值之外，也把極少數的觀念與信仰也包括進去了。不過我們卻可以拿艾伯特(E. Albert)對納渥荷(Navaho)印地安人所作比較廣泛的處理方式當為我們優先考慮的對象。Albert不但把通常是沒有講出來的「價值前提」包括進去，也把世界視為一嚴格加以界定的價值系統之「哲學背景」，其整個展現情形給納入其中了(Albert, 1956: 221)。

　　第三點則為清楚地認識到價值「在構造上乃為一階層系統」之事實。克羅孔在提出總綱領的文章裡，對於此一問題有過相當明晰而富於理解的敘述(Kluckhohn, 1951: 420)。但這一方面可能大部分是佛羅倫斯克羅孔的觀點所發展出來的。早在作此一研究之初，她便為「價值取向」的比較提供了一個座標方位圖，在這個圖裡她列出了最相關的五項不同的情形來(1)人與自然之關係(2)人的概念(3)人與人之關係(4)時間(5)行動，而每一項則按其所被重視的程度分成三個等級[10]。她把階層系統以及在階層系統當中所具有的特色，兩者的重要性都給強調出來了，因為每一個價值系統都被視為是一種階層系統。而這樣的一種階層系統則以一種本身所特

　　　(sheldon 1951：40)。所以他接著說，這種對「人格」以及「社會系統」所作的強調，其結果乃產生出把文化一分為二的情形來。
10　我所參考的是佛羅倫斯克羅孔(1961)這個後來的版本。

有的方式，把具有普通意義的各種不同因素給結合在一起（這些要素之所以具有普遍意義是因爲到處都見得到）。而這乃對克羅孔個人相當關心的一個問題提供了一個解決方案。克羅孔想要避開（絕對）相對主義的漩渦，他想把少數具有普遍價值的東西給搶救出來[11]。佛羅倫斯克羅孔發現在不同的價值系統體裡都可以見得到她所提出的根本普遍要素，而對於不同價值所著重並加以排比的情形乃形成了不同的價值系統。

　　我在此扼要地對上面的理論，從兩方面來加以批判。這個座標方位圖所援用上的東西，其概括性不夠，不足以將階層系統給闡明，所以最後乃成了原子論式的估量了。而在所分的五大類情形之間，彼此卻沒有任何的關聯，比方說，人與自然之間，以及人與人之間的關係（第一和第三項），在相互對照下，所被重視的不同程度又爲何呢？裡面所談的根本普遍要素，可謂預設不當，因而，整個座標方位圖無可避免地具有我族社會中心主義的色彩。的確，我們看出其中所預設的，主要是以白種美國人甚或清教徒的模式爲準。其他文化的人當然可作不同的選擇，但只能以美國人的選擇標準來進行之。

　　克羅孔後來在一篇著作（Kluckhohn, 1959）裡面，除了提

11　特別參閱克羅孔1952年的作品（Clyde Kluckhohn, 1952）。附帶一提的是，佛羅倫斯克羅孔對於構成階層系統的特色所在所作的觀察極其敏銳，這使她能對不同文化之間所發生的變異情形，以及在某個價值系統裡面的各種變異情形都能加以掌握，而讓我們能更進一步地來探討價值變遷的問題。

出艾伯特以及佛羅倫斯克羅孔的看法之外，並且加上了自己
對於分類情形的新構想來。這篇作品顯然是克羅孔對此一問
題上面最後定論的文章[12]，實在值得多花點篇幅來加討論（但
在此卻無法辦到）。不過，我們所要考慮的少關於新構想本
身，而主要是有關導出新構想之著眼點何在。在文章裡，雖
然他把新構想跟整個哈佛計畫的相通之處作了強調，卻也不
諱言此一新的構想只是一種暫時性的東西。克羅孔想盡辦法
要來提出一種純屬關係的示意圖，希望藉此一圖示，可以將
一系列屬於特定性質上面的二元式對立情形給展現出來。尤
有進者，他想藉圖表之助，把不同特徵之間彼此的結合情形
給凸顯出來，好把所分析過的系統重新再作某種程度的整合
工作。

　　為什麼花了這麼大的力氣，而研究成果裡面確實也有不
少正確的概念，但到頭來還令人感到不滿意呢？在有關抽象
概念這一方面，因為方位座標圖成了分類檔案，我們應該是
可以將任何價值系統裡面的因素給歸檔進去的。然而，即使
最後克羅孔令人動容地想來作一種結構式，或結構主義上面
的論定，好把一開始所存在的一體性給重新加以體現出來，
其整體卻已散成不同部分了。原子化的情形最後贏得了勝
利。為什麼呢？我個人認為他們所沒有注意到是把不相容的
水火加在一起了。這裡的水是指結構，階層系統式的結構，

12　這篇文章事實上不會早於1959年發表，相當明顯地，此一作品顯然是
　　屬於紀念某一我無法確認的建築工事之落成的系列演講專刊中的一部
　　分（從第25頁到第54頁）。

而火則是分類，也就是透過個別特徵來作的分類。這種對於
分類之需求又因為想同時來比較五種文化而加強，結果整個
哈佛計畫當中最具價值的研究成果，可說是像以艾伯特那種
處理方式所獲致的專論著作。在這裡我們要提出有點令人不
快的結論了：我以為只有在把兩個不同的系統都當成一整體
的前提下，才有辦法對價值作一種深刻而紮實的比較。假如
後來要把分類情形給引進的話，就得先從整體而非單項特徵
出發，在這裡，我們的立場比較接近伊凡司普利查的「史學
著作之撰寫方法」而有異於雷德克里夫布朗的「社會之自然
科學研究法」。

　　克羅孔注意到，「價值」這個字（主要是以其複數詞來加
使用）當時是新近從哲學轉移到社會科學上面的東西。他將價
值視為是一個科技性的概念，而可能主要也因為這個原因，
有時他就把個人以及群體的價值給混在一起了。「價值取
向」這個用語本身便指出了個別行動者乃是他關切的焦點所
在。當然，這一切都有著行為主義的觀點存在，但最重要的
是這種情形把我們人類學問題的哲學背景給凸顯出來了，然
而有關這一方面的哲學論辯，其範圍及其複雜性都令人望而
卻步。不過若想把人類學上的問題給釐清的話，卻不能完全
不去管它。巧的是，我個人以為，藉人類學上的觀點來看問
題的話，倒反過來能將哲學上的論辯給闡明的，如此一來便
足以讓我們對整個哲學論辯掌握住其大概情況。

　　對於這個問題，是存在著兩派哲學家所持的不同看法，
或說是兩種哲學態度的。其一將本身定位於近代文化裡面，

小心翼翼地照著其內部之種種限定，其根本精神所在，其內
在邏輯性以及什麼是與之不能相容的情形來看問題。從這個
觀點所得出的結論乃是：我們無法從實然裡面得出應然。是
不可能從事實過渡到價值的。事實判斷與價值判斷是兩回
事。對此我們只要舉出二、三個近代文化的主要層面所展現
出來的情形，便可以看出作這種結論其實是避免不掉的。首
先，科學乃是我們這個世界至高無上的東西，而，正如同我
們在一開始時所說的，要讓科學的知識成為可能之事的話，
得把存有的定義加以變更，也就是要把價值逐出存有之外。
第二，對於個體的強調導致了道德的內在化，如此一來，則
道德獨存於個人的良心裡面，而與行動的其他目的割裂開，
也跟宗教有所區別。個人主義以及其所跟來的人與自然之間
的分隔情形，便把真、善、美給拆開了。這因而造出了實然
與應然之間在理論上所無法連成一體的鴻溝之存在。不管幸
與不幸，這種情形是我們命中注定好的遭遇，因其乃是我們
近代文明或文化的核心所在[13]。

　　不過，這種情況是否令人覺得不快或不合理，乃是另外
一個相當不同的問題了。事實上，我們從思想史來看則這種
情況確實令人覺得不合理或不快。因為，就在康德正式宣告
出此一根本的分裂情形之後不久，其後起之秀以及德國知識
分子在整體上，便急忙透過各種不同的辦法與努力，想把實
然與應然之間的一體情形再度給建立起來。誠然，德國整個

13　見Kluckhohn, 1959, sec. 2 的部分，以及1951，頁389。

的社會環境就歷史發展的情況而言，乃屬較落後的地區，故德國知識分子雖然受到個人主義的啟發，其內心深處仍為整體論所佔據，然而對實然與應然之分裂的抗議情形一直延續到今天。

有一點我們得加以承認的乃是：一個撇開環境不談而想從——人所必須做的事乃無關於事情之本質，無關於宇宙秩序以及個人在其中的立足之處——這種第一原則來作理性思考的人，會令人覺得是相當稀奇古怪，異於尋常也是不可理喻的。同樣的情形在此也可以援用在那些想以這種態度來理解其他文明或文化的人身上。我在別的地方曾說到，大多數的社會相信本身乃立基於萬事萬物的秩序（包括自然與社會秩序）之上的，而他們是照生命及世界的各種原則來複製或設計出其約定俗成的各種慣例的。近代社會本身想要變成「合於理性的東西」，要跟自然一刀兩斷以建立起獨立自主的人間秩序（《階層人》，附錄A，第261頁）。因此，我們不得不對那些想把事實與價值再恢復其一體性的哲學家們深表同情。他們努力要去加以完成之舉證明了如下的事實：我們還沒有與屬於比較共同的人間秩序之規範決裂開來，這種規範或多或少還與我們同在的，它潛藏於耀眼的近代架構裡面而可能對其有所修正，但我們得提高警覺了……。

以上想跟自然一刀兩斷的企圖可以不同形式出現，其中有一種是對於價值徹底地加以摧毀。價值判斷被說成是無意義的東西，或者僅是情緒作用或即興念頭的表現而已，而一些實用主義者則把目的化約成手段，而造出了一個屬於「工

具性價值」的範疇來，他們還是否定有「眞正的價值」這一回事的，也就是說，事實上並不存在著嚴格意義上面的價值的[14]。我們可將這些企圖當成一種指標，即，某些哲學流派乃無法對眞正的人間生活來作思考了，而這種情形更顯示出個人主義之窮途末路。在這方面另外還有一類絕望式的努力想求助於近代的膺品（ersatz）宗教來超越個人主義。在這裡面，透過馬克思主義，以及跟馬克思主義相當類似的一般拯救主義之意識形態，乃令我們了解到這種膺品宗教相當要命，其至少在歐陸有時是被視爲陰森可怖的東西的。事實上也正是如此，在此，我們得堅定不移地站在寇拉科斯基這邊。他跟一些浮根游談的知識分子不同的地方是對此一潮流慷慨激昂地加以反對與批評[15]。

特別是下面這一點我們對寇拉科斯基的看法深表同感：膺品宗教之危險所在並非單是想以激烈的手段強行將主義給推銷出去，也在其主義本身裡面便充斥著各種在價值上不相容的情形。如此一來，其在行動之層次上乃得求援於暴力之舉。這點我們可以拿普林布蘭在1922年所發表的一篇文章（現在回顧起來，這篇文章對於德國後來發展情形，可說具有著先知式的灼見）來作求證工作。普林布蘭已經注意到普魯士民

14　此乃是在萊普利（Lepley）所編（Lepley, 1949）的一本專題論文集上面，大家討論的重點乃是：實用主義者之努力所在正是在反對手段與目的之差別，這種情形跟我們所提到的一些其他近代文化的根本現象，在性質上相類似。

15　Kolakowski, 1977. 我在《從孟德維爾到馬克思》一書裡面（MM：213 n.3）曾提到此一問題。

族和馬克思主義雖在各別的發展上不相協調，卻在結構上有
類似之處。普林布蘭指出說，這二者都從個人主義的立身處
一躍到一種庶出的整體論式（普世主義式）的思想建構上面去
了（其中一者為國家，一者為無產階級）。而建構體裡面所具
有的特性跟其原有的設準互不相容（Pribram, 1922），如此一來
便讓極權主義有機可乘了。哲學家們本身並非都對極權主義
裡面不相容的情形敏於理解的[16]，而他們的思想建構很少運用
到社會裡。於此乃出現了一個問題：我們一味地把極權主義
跟這些不相容的情形連在一起，然而我們的社會也存在著這
方面不相容的情形啊，而這些情形並沒有演出一場災禍啊：
托尼斯堅持說，共同體（Gemeinschaft）與社會（Gesellschaft）兩
者在原則上都存在於近代社會裡的。在這方面，我個人目前
所給的答案是：共同體與社會在形式上乃見之於社會生活的
不同層次上，而近代人為主義其特點便是要把這樣的層次區
別加以忽視，因而讓在其意識層面上所引進來的東西，跟在
其並非真正知曉的屬於基層的東西，兩者之間有了起衝突的
機會。說來說去，我們實在真的需要在個人主義式的社會當
中再引入某種程度的整體觀念進來。但這件事我們只能在一
個相當清楚加以明示出來的從屬層次上來進行，這樣子才得
以把它跟居優勢地位或說是主要價值的重大衝突給避開。這
樣做我們也要付出代價的，也就是說，要把一種高度複雜性

16　一個具有諷刺性的例子：根據里特（Ritter）的看法，則黑格爾是成功
　　地一種法國大革命之亞里斯多德式的哲學了（見Ritter, 1977）。

而屬於階層系統上面的聲音再介紹進來，而這種情形在構思上完成了必要的變更與改進之後，乃可比擬於中國人那一套具有高度巧思而複雜的禮節與規矩[17]。這一點大家在下面可以看得更清楚些。然而不管怎麼說。最重要的一點是，如此一來我們既是世界公民，也是其中某個國家的一分子。這樣子我們便跟寇拉科斯基一樣，守住了康德式的實然與應然之區別這個現代思想構成所不可或缺的原則。

對社會科學而言，康德式的原則區分又造成了那些後果呢？在此，我們是把行為科學禁止對社會價值以及據此而來的一般意識層面之展現情形的研究之時代，視為過往雲煙之事了。我們是把社會的各種展現情形視為一種特有的社會事實來加以研究了。此處需要多加上兩段話。首先，顯然地，我們還是以康德式的原則區分為準，來維持著「價值中立」的態度，因為不如此的話，則我們自己對於「事實」的與生俱來看法會責成我們去做價值判斷，如此一來，則我們還是被鎖住在自己的系統裡，變成了我族社會中心主義了。而這點在原則上是除了我們自己的社會之外，其他社會皆然的。這點剛好指證了科學的一般情形跟實然／應然之分隔，兩者之間是有連帶關係的。但這樣子的話，則我們的研究觀點在哲學上是有爭論餘地的，有人可能會論說，暴政以及合法政權必須加以區別開。史特勞斯(L. Strauss)持著跟韋伯不同的

17　見前一章(本書第八章)，自不待言的一點是：此一層次區別必須存在一般公民的意識裡邊，事情才有成功的可能。

看法，認爲社會科學無可避免地是要做評價工作的[18]，的確，韋伯因爲守著這種「價值中立」的立場，而把我們所不想見到的情形給引了進來，比方說他的「信念倫理」。若說得更激進點的話，則我們可以這麼來講：若非我們本身便守著價值，否則價值是無法眞正加以了解的（注意到這裡跟馬克思主義的命題相類似的地方）。沙朗（A. K. Saran）在作討論的時候，便將這樣的一種看法推到極致[19]。照這種觀點來論的話，則不同文化是不可能彼此溝通的。如此等於宣告文化之唯我論，又回到我族社會中心主義了。然而，說比較研究是具有放諸四海皆準的立足點的，這其中自有其一番意義：到最後我們一定可以看到，不同文化之間並非如其本身所稱的（而文化內在的一體情形又像是在對此一論調再作擔保），是那麼的相互獨立的。

我們不妨以另外一種方式來提問題：我們如何在把價值與事實加以隔開的近代意識形態，和其他把價值藏於其世界觀的意識形態之間，建立出一個溝通管道呢[20]？除非我們是在做徒勞無益的追求，否則我們便不要忘記說，上面這個問題是發生在現實世界裡邊的，文化之間事實上是互動的，也因此以一種相當平常的方式彼此在作溝通。人類學有必要對這方面的探索來給個自覺的形式以應當代之需，我們必須投身

18　Leo Strauss, 1954第二章以及第85頁。

19　這方面的討論及其相關情形，見Dumont, 1966: 25-27。

20　有關「藏於其中」這一點，所要告訴讀者的是：我們在此完全從波蘭尼的看法，並還將其論點擴及到近代文明所展現出來的特例性上面。

於其中來將兩種情形之間的距離給加以縮減，把近代的情形再度整合進去一般的情形裡面。此時此際，我們應該想辦法把兩者之間的關係明確而徹底地表達出來。

　　一般說來，價值跟其他非規範性的各種展現情形是密切地結合在一起的，所謂的「價值系統」因而是從一個更為廣泛的，包括有觀念和價值之系統當中來抽離出的東西[21]。這不但在非近代的社會裡邊的情形是這個樣子，近代社會亦復如是，不過在近代社會當中卻存在著一個重大的例外情形，即(個人)道德價值跟科學的，「客觀的」知識之間的關係。我們在先前所提到的「應然之事」，完全是指關係到個人的「主體性的」道德觀。不過，說這種道德觀跟科學合在一起，而成了我們近代意識的最高位這一件事，並不妨害到這種道德觀跟其他規範，或尋常之屬的價值，意即傳統的社會倫理之間的共存情形，縱然說一些傳統價值已被近代意識所取代，或已過度於其中，這些事就發生在我們的跟前。因此，平等這種近代價值過去幾十年來已經擴及到傳統倫理仍然相當有力的一些領域當中了。不過，一直到我們今天，法國大革命的價值觀當中雖蘊含了婦女平等一事，卻仍然沒有對各種制度以及不同社會展現情形在整體關聯上所見到的支

21　我們發現在Parsons and Shils(1951)以及前面所引述的克羅孔著作中，對這一點都加以強調著。克羅孔對規範性和「存在性」的述詞之間的交互作用作了分析(1951：392-94)。他並且引用了赫斯科維特(Herskovits)的看法(見同篇文章422頁處)，論及「文化焦點」乃把價值分配與觀念風貌給連繫起來了(亦見《從孟德維爾到馬克思》，第19-20頁，以及Dumont, 1979：814(見前一章結尾處)。

配情形強加反對。然而，這種存在於兩個「價值系統」之間的鬥爭情形現在已經增強了，其結果如何仍有待觀察。現在可以看到的是：已經顯得相當力不從心的個人主義的各種價值，其跟遭到重創而漸漸失去可以來作辯解餘地的社會系統之間，已經產生出嚴重的失和情形了。

觀念與價值彼此之間的不可分離性，其現成的例子可見之於左與右的區別情形上。這種區別，若不能說是具有普遍性的話，也是流傳相當廣泛。而一直到現在仍可在我們身上找到，雖說我們在這一方面的看法已經跟近代意識形態相當協調一致了。我們在習慣上將其分解成兩項要素，視這種情形在基本上是一種勻稱的對立，而其中的兩極之地位平等。兩極的價值不均等，而右手的地位被視為是在左手之上的事實，對於我們而言，卻變成了武斷的，外加上去的特有情形。我們因而痛苦地來加以解釋。此乃是葉爾慈在寫其已成經典之作的文章時之心情，葉爾慈的作品流傳至今，不過卻成了一件大錯特錯之事。我在別處已經論過，身體乃為一整體，於其中，左手和右手所屬的情形不但構成了左右之事，也形成了左、右之區別（見前一章，第二部分）。這裡頭的關鍵所在應該是相當清楚的：隨便拿一個兩極對立的情形，把它再加上一種價值之區別，你是沒辦法得出左與右的。之所以是左與右，因為兩者跟身體之間存在著不同的關係（也就是說，左邊的關係和右邊的關係），左與右兩者在本身之間就有所不同（從感官經驗裡邊我們知道的相當清楚：左與右並非是位於不同處的兩個一樣的東西）。因為左與右為一個整體裡邊

的兩個不同部分，其在價值與本質上皆有所不同，因爲部分跟整體的關係是一種階層系統式的情形，而在此處，一種不同的關係乃意味著在階層系統上面的一種不同地位。因此說，左右手所要完成之事或說是其功能，不但有所不同，而且有著高下優劣之別[22]。

此一左／右的關係自有其示範作用。它可能是透過感官而與人的生命牢牢地連在一起的一種具體關係之最佳例子。自然科學遺漏掉了這方面的情形，然而人類學卻有可能將其地位加以平反。我個人以爲這裡頭首先給我們上的一課乃是：在我們提到「具體的情形」時，也等於是說「這是一件跟價值不可分離之事」。但這樣子講並沒有道出一切，因爲這種在價值上面的差別也同時是因地制宜之事，這點我們得加以注意。事實上是這樣子的：假如某些事是歸左手管的話，則就其在這上面所具有的分量而言，右手乃變成了次要的東西了，雖說在一般的情形裡它是高高在上的。

左與右配合的情形永遠不變的既爲一觀念亦爲一價值，可說是一種價值—觀念，或爲一種觀念—價值。因此，至少某個民族的一些價值是被套在其人民的觀念裡面的，要把這些情形給發現出來的話，我們並不用把人們所做的選擇加以

22　整體和部分之間的關係，前此被界定爲階層系統上的對立情形，或者說把相反情形加以包攝之事（見前一章）。對聖多瑪斯阿奎那而言，有所差別這一點本身便暗示出了階層系統的情形，所以「秩序這件事看來主要是由不平等（或說是不一致：disparitate）所構成的東西，參閱 Otto Gierke, 1900, n. 88。

過濾整理一番。這些價值跟其是否較爲人所取一事無關，只是我們在談說其較爲人所取與否時，乃假定了存在於整體與部分關係上面的一種樸實觀念了，這也就是說，在經驗上有關於秩序的樸實觀念還沒有被註銷掉。近代人傾向於將其跟武斷意志（托尼斯的Kürwille）的關係之事拿來界定價值，不過我們在此所談的是Naturwille或者說是自然而然的意志之領域（Toennies, 1971）。嚴格說來，整體並不見得就比部分來得更爲可取，不過它就是居於部分之上。右是不是比左「更爲可取」呢？答案是：在某一些情形之下是這樣子沒錯。假如我們堅持說有更合人意這件事，則這只不過按照事理來行事罷了。而在近代把階層系統跟權力混爲一談的傾向之下，誰又敢擅自作主說，「右」有權來將「左」壓於其下呢？即使說「右」在行動層次上表現突出，這也不過是完成了其適切之事罷了。

這個例子也給了一個線索，讓我們得以知道近代人是怎麼樣想辦法來避開事情之等級排列的，因爲我們還是有左右手，也必須來跟我們的身體，以及一般性的整體之事來打交道。在這件事情上，我們不但照著個人主義的原則以及我們對於雙手的價值加以貶低的情形，來發展出一些可加縱容的解釋，也同時有著把原來存在的關係加以解構的傾向。因爲我們把價值跟觀念、事實加以隔離開來，而這等於是把觀念和事實從其眞正立足的整體裡面給分開了。我們沒有把所加考慮的層次——左與右——關係到更上一層的東西，也就是身體這個整體的層次，而把注意力只限定在一個層次上了。

我們藉著將其中因素加以拆散的原則，把裡面的從屬情形給取消掉了。這種對從屬情形，或以其真正之屬來稱之，超越情形，給加以擺脫，而以一個平面的看法來取代深度的看法，同時也是對近代性作浪漫式或懷舊式批判的人所埋怨的「原子化」之根源。總之，在近代意識形態裡邊，原先階層系統式的宇宙秩序已經散成一堆一堆的平面觀點了。而關於此，我個人自是有所預期的[23]。

---

23 下定論說：近代的思想模式對前此為止人視其乃立足於其中的整體具有破壞性。可能會讓人覺得，這種看法是有點極端或不可理喻的。然而，就每一個整體已經不再提供具有如上所述的價值，這個意義而言，則我以為在此所論的是真實不二之事。假如我們轉到哲學上面來問個簡單的問題：整體和集合體之間的差別何在，我想大部分的哲學家只能無言以對了，而就算他們給了答案，這個答案極有可能是相當膚淺，或者是像盧卡奇一樣，是一種神秘主義式的應答方式了(參閱Kolakowski, 1977)，我在此把黑格爾的系統構成拿來作個示範說明。黑格爾的體系乃是「絕對」或「無限價值」之定位從存有的整體面(這見之於他年輕時的著作裡邊)轉移到個體之後，所產生出來的東西(這點我想在別的地方加以申論)，事實上是存在有小小的一股整體論之思想潮流的。但如此一來也正指出了近代心靈在這個問題上面所遭遇的困難之處，這點可見Phillips, 1976(然而他所作的討論有時卻為偏頗之見)。不過寇斯勒(A. Koestler)的1967年之作，可謂代表著一種特例情形。我在此引其一段總論(書中第58頁)「有機體或社會乃半自主性的次整體所具有的多重層次之階層系統，其裡面可以再分支或更低下一層秩序之次整體，依此再往下推，〔作者〕在此將「holon(部分整體)這個字眼給引了進來，是要說明這些中介實體的存在情形，這些中介體若跟其階層系統中的從屬實體在比照之下，則其在機能上可謂是一自足的整體，不過再跟其上一層的實體相比，則又變成從屬部分了。」看來，寇斯勒所強調的是階層系統為一層次鏈，而我所論的則是存在於兩個連續層之間的一種基本關係。「部分整體」(holon)在定義上有其相當價值。不過，我只將羅馬門神(Janus)的兩個臉面——一往上看，一往下看的情形之關係，作一種等級式的排

在非近代的觀點中，我在此所想重新加以歸位的一點是，左手或右手的價值乃根源於其與身體的關係之上，而此處的身體也就是指在存有關係上面的一個更高層次。一個實體的價值乃有賴於，或密切地關聯上這個實體所置身的經驗之不同層次上所屬之階層系統的。這點是可以察覺出的，其本身具有重大意義，不過近代人卻將其給遺漏或忽略掉，甚至一筆勾消掉，而無法充分地來意識到我們就是如此行事的[24]。

列：每一個次整體整合進去在其更高一層的整體裡面時，乃為一個單位，而這是首要之務，至於其自我整合，或「自我依恃」的情形，乃居次要地位。我們在上面已經提過貝特森體認出不同層次的階層系統這一回事（見本章注5）。而生物學家雅克伯（François Jacob）則提想出了「整合中介體」（integron）的看法。這個字眼，其意義有點類似於寇斯勒的「holon」（Jacob, 1970：323）。

24 是不是有可能說，適用於特定實體或整體（次整體或者說是「holons」）的情形，也適用於在大整體，即宇宙秩序或者說是由不同整體所來構成的另一個整體當中的情形呢？我們是不是可以這麼說，大整體還是需要某個更上一層次的實體來彰顯出本身的價值呢？是不是藉著對在其之上的某樣東西之臣屬才能作自我整合之事呢？顯然地，宗教在此佔有一席之地，而它在昔時甚至對超越之事若要成為終極存有應該是什麼樣的一種東西，有其一套說辭。如此一來，我們乃可以這麼說，人不但如涂爾幹所以為的，覺得自身是一種不足的存有，需要一個外加的部分才能補全「經驗之屬」上面的缺如情形的，他這種需求本身便關聯到價值排列上的最高情形的。這樣的一種思辯過程是跟洛夫喬依所提出的看法剛好相反。在其經典之作，《存有之大鏈》（The Great Chain of Being, 1973），洛夫喬依一開始便概括式地論定說，出世態度以不一而足的各種方式出現在世界幾個宗教裡邊，而其情形則是想在支離破碎的苦海塵世之外，另覓安身立命之所。洛夫喬依認為這種態度跟塵世之間乃為一刀兩斷式的關係，也就是，對塵世是避之唯恐不及而不置一詞的（同前書第28-30頁）。對此，我們不免有所疑惑了。我們拿洛夫喬依免不了要觸及的佛教，這種出世態度呈現出極端情形的宗教來說，不錯，佛陀並不想對塵世多加辯白，

　　而這點跟惡的問題有其直接關聯之處。眼前正好有兩種相互對比的不同看法：對某些人而言，惡只是善之缺如或不足，惡行乃是德之極限或其呈零度之狀態。而對其他人而言，則惡乃爲一獨立原則，它一直跟善作對，就好像撒旦的意志公然藐視上帝之旨一樣（Lovejoy, 1973, chap.7）。然而，假如拿萊布尼茲的神義論來跟伏爾泰對里斯本大地震的論點相比較的話，則我們可以感覺出這種對比情形可能另有他意。事情可以這麼來講，對萊布尼茲而言，在世界的此處或彼處，亦即局部性地存在有的事實，並不礙事，因爲就整體情形而論，這個世界還是一切可能有的世界當中最好的一個。伏爾泰則把焦點放在一大堆惡的例子而拒絕往他處或往上看，或者說，他根本就看不到。伏爾泰是不會來自問說，一個眞實世界的存在需要那些條件的。他大可以來說，這是超越人理性之外的一個問題。對萊布尼茲而言[25]，善與惡從一

　　然而他對於塵世自有一番看法（即使說是消極性的）。一般而言，塵世之外不僅是安身立命之處，也是人以一種超脫態度來看人世經驗的彼岸。到頭來這乃是被安放著的一種超越情形，相關於此，此世乃有其定位處。以歷史的觀點來看，這種超越性的眼光不正是了解此世爲一整體所必需嗎？不管怎麼說，從歷史我們可以充分地看出，在印度（而可能在西方也一樣）出世態度對於塵世生活是有其強而有力的影響作用的。若先預設著其間絕對互不相屬之情形的話，則對此一過程是無從加以理解的。

25　參閱Michel Serres, 1968。萊布尼茲對世界的看法不應單純地將其視爲傳統類型的世界觀。可能神義論裡面有著個人主義者的疑惑在內，不過它也可以算是成功地再肯定出整體論式觀念的一種努力。在另一方面，伏爾泰式的性情得接受點調教。比方，要知道，磁鐵的一端是不能跟另外一端來分離開的。「以前，在打斷磁鐵時，我們會分頭去找

開始便是相互依存，孟不離焦的。但這還不夠，因為善惡當然
不像左右一樣是相等的東西。在此容我用個人所提出的對階層
系統上的對立情形所給的定義：善必須既包含著惡，而同時又
是與其相反的東西。換言之，真正的完美狀態並非是惡之缺
如，而是其(惡)徹頭徹尾地屈從之情形(la vraie perfectionn'est pas
l'absence de mal, mais sa parfaite subordination)。沒有了惡的世界不
可能是善的。當然，我們可以不拘泥於形式地來稱此為一信
念式的宇宙秩序，而非常識性(近代之屬)的宇宙秩序，但這
在同時也是一個豐富具體的宇宙秩序，而非貧乏枯竭之屬的
東西。說得更確切些，則此乃一個有著不同具體生活領域，
但本身卻又厚實得不能讓這些生活領域化開的宇宙秩序。對
伏爾泰而言，生活的不同領域當然存在，但他在思想裡卻將
其給挑了出來，不能同時加以包容。而毫無疑問的，我們是
生活在伏爾泰，而非萊布尼茲的世界裡。因此，我們得在觀
念裡邊來促進兩個世界之間的關係讓其能言歸於好。

※　　　　※　　　　※

假定說，藉著左與右的例子所加闡明的情形，我們已經

南北兩個磁力，而預期著兩種有關於吸引力的規則之出現。然而，不
管對每一段打斷了的磁鐵是如何出其不意或使出花招來加以衝撞，我
們還是看到，在打斷了的每一塊磁鐵裡，兩極始終是分不開的」(貝
屈拉德(Bachelard)在布伯(Buber)著作的法文譯本前言書裡面的一段
話，見Buber, 1938: 9)。

同意不把觀念跟其價值分開，而另外來考慮觀念－價值或價
值－觀念所展現的風貌問題了。接下來，有人可能會提出異
議說，這樣的一種複雜情形，怎麼好處理呢？我們真的有辦
法於其相互的關係上面來把握住這樣多重層次的東西？當
然，這件事情並不好辦，因為事情本身跟我們最為根深柢固
的一些慣有想法背道而馳。然而，種種可加利用的線索並不
因而就失去其價值，而我們可以藉這些線索來作個開始。在
此，我們先來個三句開場白。第一，展現出來的風貌本身是
自成一格的，價值－觀念是以一種特有的方式按等級排列形
成的。第二，在這種按等級排列之事裡面，倒置情形乃為其
中的一個特點。第三，展現出來的風貌因而是成分割狀的。
以下，我依次對這些特徵來作個說明。

　　第一是有關於階位的排列情形。「高階」的觀念既包括
了「低階」的觀念而又與之相牴觸。我稱這種特有的關係乃
為「包攝之事」。某一觀念愈來愈重要而逐漸佔有一席之地
時，便會出現這種將相反之事包攝於其中的情形。由此，我
乃發現到在印度，清淨的觀念將權力之事給包攝進去了。或
者拿一個跟我們比較接近的例子，這是我在研究經濟觀念的
過程中所發現到的情形。經濟學家認為說「貨品與服務」乃
是一個總括的範疇。它在一方面包括了商品，也在另一方面
它商品非常不一樣，但卻被吸收而變成其中一部分的東西，
即服務[26]。相當湊巧的是，此乃為人與人之間的關係（服務）從

26　參見《從孟德維爾到馬克思》之索引部分，也參見本書最後面的詞彙

屬於其跟物（貨品）之間關係的一個例子。而比方我們來研究像美拉尼西亞式的交易系統的話，則其中的先後順序幾乎完全被倒置了過來，而變成「報示（prestations）與貨品」的情形了，其中報示（人與人之間的關係）包含了物，或者說，將物這種與其相反的東西給包攝於其中了。

我們在上面已經提到第二項特徵，倒置之事了。此一情形見之於印度祭司與國王之間的邏輯關係。而跟我們比較接近，發生於基督教本身的，則西元五世紀的教皇格拉秀斯所提出的情形，可拿來當爲這方面的範例說明：在有關宗教之事上面，因其乃爲絕對之屬的東西，所以祭司是高於國王或皇帝的，雖說沒有被託付與公共秩序之掌理。不過，就事實本身而言，在有關公共秩序的事務這一方面（也就是居從屬地位的領域範圍），則祭司乃從於國王（見本書第一章）。此一交錯配列的方式乃是明示類型的階層系統之特有情形。在階層系統的對立情形當中，若居上位的一端跟整體疊合住了，而居下位的一端完全被其與居上位一端的關係來作定位時，則上面的特有情形才會變得不分明。這可以亞當跟夏娃的關係爲例，夏娃是從亞當身體的某一部分所造出來的這一件事，只有在經驗的層次上（因此嚴格地講並非是在意識形態之內的），比方說母親眞的當家作主起來了（在原則上她是要從夫的），這裡所談的倒置情形才可能被察覺出來的。這種倒置之事是結構裡面的既成事實：一旦第二種功能被確定出來時，

一覽表裡面有關階層系統的例子。

便跟來歸屬於其中情況的倒置之事了。這也就是說，階層系統是個兩面向的東西，不但關聯到所加考慮的實體，也關聯到相對應的各種情況，而這種兩面性裡面便包含有倒置之事。如此一來，若照著我們所加區別的，只談說不同的情況，在此還是不夠用的，因為這些不同的情況在意識形態的本身上面是可以來加預見，或銘刻、蘊含於其中的。我們應該得講說是不同階層系統化了的層次以及跟其相對應的各種實體。

第三點，不同的價值常常是呈分割排列狀的，或者，應該這麼來說：除了於近代所顯示出來的特有情形之外，不同的價值在其所適用的情形上面通常是呈分割排列狀的。我要舉幾個非近代與近代文化之間成明顯對比的例子來，而這些例子所關聯到的，乃是區別情形的組成方式，或其風貌展現的方式。就大致的情形而言，印度可做為一方的代表，於其中，區別的情形是不勝枚舉，具流動性而又有其容通性的，而不同的情形之間或獨立行事，或相互重疊或交叉穿梭在一起。情形的區別也會因為就近情況的不同而有所變化，有時居顯著地位，有時則不見其身。而在另一方面，我們近代人則多半以非黑即白的方式來作思考，而將其延伸至範圍相當廣泛但一點也不含糊的非此／即彼的選言命題的各種情形當中，並用少數嚴格而沒有容通餘地的畛域來界定實存東西。值得一提的是，上面這種相互對比的情形，最近被發現，也見之於早期基督教與中世紀後期的基督教的政治神學領域當中，照卡斯帕利的說法，則「經院哲學式與法學式的思想模

式慢慢興起」，其所強調的是「清晰性與區別性而非相互關係性」，這便把政治面向給挖掘了出來，同時，「多重面向和了無阻隔的各種透明化徵象……成了單一面向且昏暗不明的標記之事了[27]」。

　　而艾利克森（Erik Erikson）也指出了近代心理學裡邊與上述情形相類似的一種對比情形。在討論青少年認同形成的問題時，他將此一過程可能會有的兩種結果加以對比，而稱「完整性」（Wholeness）和「全體性」（totality）為兩種不同類型的「整體性」（entireness）：

> 做為一種形體（Gestalt）而言，完整性特別強調在一個整體裡面，其分歧的各種功能和不同的部分，彼此之間的一種健全、合理、有機體式而逐步發展開的相互性。全體性則反過來令人想到對絕對領域先作出強調的一種形體來，而在對整個輪廓作某種專斷式的情形描繪後，屬於其內的便不屬其外，而屬於其外的便不能被容忍而存在於其內。全體性既是絕對地包含一切，又是完全地排除異己的：這包括要變成絕對性的範疇是一種邏輯性的東西，或者不同的部分真的可以說是有著這種天生的傾向之事（Erikson, 1964：92）。

　　我們在這裡無法再引述艾利克森所作的細緻討論。不

27　Gerard Caspary, 1979: 113-14, 189-91。書中整個結論部分應加研讀。

過，我們在基本上是得出了對於整體所作的兩種定義或所持
的兩種看法，其中之一是透過對界域的嚴格畛定而來，另外
一個則是經由內在的相互依存性以及連貫性而形成的。從我
們的觀點來看，則前者是現代的，專斷性的，或有點機械性
的，而第二種則爲傳統式的和結構式的[28]。

　　相當清楚的一件事是，這種呈現出分割狀與沒有呈現分
割狀所展示出來的情形之對比，還是脫離不出價值之事的。
就其中大致的情形來相比照，則前者乃是一種整體論式的價
值觀，而後者則爲個人主義者的價值觀。

　　我欠貝拉一個人情。他提到了在莎士比亞劇中有關於階
層系統的一段絕佳詩句。在「特洛伊羅斯與克瑞西達」
(Troilus and Cressida)的第三幕裡邊，烏里西斯(Ulysses)說了
一大段對於秩序乃爲一等級之事的讚美詞：

　　　　天體本身，行星以及這個世界
　　　　都遵照著等級、優先順序和地位
　　　　規律性、方向、勻稱性、季節還有形式
　　　　職守和慣例等所有的秩序系列來行事……

28　認爲兩種皆爲正常的形式，雖說其中一種很明顯的是要比其他一種較
　　爲低下的(他說「更爲原始」)。同時，他極爲敏銳的指出，機械式之
　　屬的類型是可能過渡到極權主義式的病態情形的。準此而言，則在哲
　　學論述上面所欠缺的，或者說是相當薄弱的結構形式是一件極不尋常
　　之事。

　　這乃是價值呈現出分割狀的絕佳例子。於其中，整個宇宙秩序以一直線式的存有之階層系統開展出來。這種情形乃被稱之爲存有之大鏈(The Great Chain of Being)。在我們的歷史裡邊，這種宇宙觀從新柏拉圖主義到十九世紀一直有其影響力。這點可見於洛夫喬依爲此所寫的名著(Lovejoy, 1973)，書名即爲《存有之大鏈》。於其書中，我們看到，存有之萬物，從最大的到最爲細小的東西，乃呈現出一種連續性的系列展示情形。洛夫喬依告訴我們，這個存有之大鏈裡邊同時結合著豐饒性、連續性和等級性。這好像是一種秘密階梯一樣，而因爲這階梯裡面的梯級眾多，所以兩個連續梯級之間的距離漸漸失去其重要性，而變成不留有空處的情形了。如此，就整體而言，在不同存有類屬之間的不連續性乃可以大存有上面的一種連續性來觀之。這裡頭，階層系統的層面清楚可見，然而吾人在細察之後，發現洛夫喬依對此事並非完全處置得當。就如同大多數的近代人一樣，他無法看出在這圖解裡邊的階層系統之作用。他對於唯一論及階層系統的迪奧尼索斯(Pseudo-Dionysius Areopagitus)的著作好像沒有什麼注意過。事實上迪奧尼索斯的著作談論到了天國以及俗世階層系統雙重範圍。我們來看看他所給的定義[29]：

　　　　我所稱的階層系統爲一神聖秩序，是一門科學，也是

29　Pseudo-Dionysius Areopagitus, *La Hierachie céleste*，第3章§§1-2，
　　164d-165a。

一種活動。它本身已經相當同化接近於神聖形式，而
其自我擢升至模仿上帝的程度，乃跟上帝所給它的光
之分量相稱了。美，因爲單純良善，乃爲起首之原
則，而稱得上是上帝之屬的東西了。它一方面爲任何
彼此不相似的情形當中的絕對清淨形式，而在另一方
面，則又按照各得其所的原則，把祂自己的光讓每個
人分得一分，讓大家都入於最爲神聖的形式當中，讓
他們形成了跟它完全沒有兩樣的和諧狀態。階層系統
的目的，因而是，盡可能地來達到跟上帝一樣並與祂
同在的境界。

值得一提的是，迪奧尼索斯在這裡面所一直強調的，假
如不能說是流動性（或至少不是我們對此字眼所加以理解的）
的話，則可說是一種互通性。位居上帝跟人之間的天使，以
及其他創造物之所以會呆在那兒，乃是爲了要來傳達或轉送
捨此一途之外，人便無法領會得到的上帝之意旨，這同時也
可說是天使等在爲靈魂升天之事所作的鋪路工作[30]。
　　因此，說存有之大鏈裡面是一種不連續性轉化成連續性

30　在柏拉圖的《宴饗》（Symposium）裡，迪歐提瑪（Diotima）所界定的愛
　　（或愛神，Éros）之職守跟此相當接近。愛乃爲一精靈，也就是介於人
　　跟神之間的一守護使者：「他所做的傳譯之事乃負起人與神之間的溝
　　通工作，把人間的祈願與祭禮傳達給神，而把從諸神那兒所得來的，
　　有關於最令他們高興的崇拜形式所做之指示來轉告人間。精靈把介於
　　人跟神之間的一片空白之情形給填補了起來，並憑著一己的本領，把
　　宇宙萬物都給連了起來」（202e）。

的情形還是不夠的。更爲廣泛而深刻地來講,則它在形式上,一方面承認有不等同的情形,但卻同時把這些不等同情形加以牽制掌握而將其他攝成一體。

而美國的「色種之限」(color bar):則可說是跟上面我們所描繪出的情形極端背道而馳的一件事。當然這裡頭沒有可以與之相對應的情形,因爲其所展示出來的,僅止於人與人之間的關係(這點跟人與自然在近代已經相決裂開來的情形相吻合),不過,雖然其爲人之間的關係之展現,卻爲近代所特有的現象,就好像存有的大鏈是爲傳統的思想模式一樣,因爲我們不再像以前一樣,採取與整個階層系統式的宇宙秩序相協同的步調,來把人分成不同的等級、身分與地位之屬,而是所有人一律平等了;但這中間卻還存在著一種區別待遇的情形。原先一大堆可以來分彼此的原則現在卻合併在一起而變成絕對禁止通行的一道關卡了!前此或我們在其他地方所見到的顏色之深淺濃淡的細微差別情形都不見了,白人與印地安人之混血兒,黑白混血兒或者歐洲殖民者與美洲原住民之混血兒都失去其意義了,因爲非純白即黑。

清楚可見的是,我們在此所碰到的,正是與呈現分割狀態相對立的情形。而因爲這裡面對立的情形極具決定性,所以我們可以稱後者是反分割狀態的。而由其他一些例子裡面所引證出來的類似情形,可以顯示出這種形式乃爲近代意識形態所特有的東西。

以等級排列,倒置情形以及呈分割狀態爲依據,我們便可以來洞悉一般性的,非近代的(而我個人亟想稱其爲「正常

的」)價值風貌之展現。價值風貌乃是(觀念和價值)種種展示
出來的情形所形成的系統(這說得更簡單些，即意識形態)之
主體部分。這種風貌的展現情形跟其近代類型之屬非常不一
樣，說得更確切些，即使這種風貌之展現在我們的社會裡邊
並非完全闕如，而是部分或某種程度地殘存於其中的，我們
還是無法否認說，近代意識形態本身是極其不同的一種類
型。誠然，其乃為一種特有而例外的情形的，這波蘭尼已提
到其中的一個層面了。而我們也看到科學在近代意識形態上
面所扮演的主導地位和舉足輕重的角色了。如此一來，則近
代科學(而在相當大的程度上亦見之於哲學上面)的觀念，因
其是跟近代價值系統結合在一起的，所以通常是難以援用在
人類學研究或社會學的比較裡邊的。事實上-，從觀念和價值
結合的情形來看，這就好像我們在「實驗室」裡邊必須保持
「價值中立」一樣。原則上，我們在援用上自己社會的觀念
時要極其小心，特別是將已成積習的根本觀念拿來對所研究
的議題作申論時，更要如此。要做到這點，當然有其困難之
處，而責備求全更是不可能之事，因為我們無法「觀念中
立」地來做研究。在此我們乃陷入了如下的難局：以希臘神
話中的兩水怪來作說明，則一方是錫拉岩礁(Scylla)式的我族
社會中心主義，而另一方則是克里布地斯女妖(Charybids)式
的晦澀不明而無法加以溝通的情形。我們所有的基本思想工
具無法一舉便加以更替或修定之。我們只能一步一步地做，
而這也正是人類學所走過的路，這點我們由人類學的歷史便
可看出。我們在心裡頭不願意讓自己惹上麻煩——因為到頭來

這正是努力的成果所要面對的問題——使得我們有著少做為妙的傾向，然而在求得自我發展而忽略科學社群時，卻又讓人說我們做得太多了。

至於談到我們用某一特定的觀念之事，這我們若對它在近代價值當中所佔的地位有個較清楚的話，可能對整個事情的了解不無幫助的。我在後面會舉例說明之。不過，顯然地，主體跟客體之間的絕對區別對我們而言乃屬根本之事，而我們很容易就將這種區別到處來加以援用（甚至就在不知不覺當中）。這種情形跟上面所提過的某一些觀念之間顯然是有連帶關係的，而其本身相當清楚地是關聯上某種價值所作之強調的[31]。同時，這也關聯上一個我們這個時代的問題。我們亟需一個有關不同交易情形的理論，因為交易情形本身便包含有某些社會的好多特有現象在裡頭。在這方面，美拉尼西亞可為一例。不過，從最近出版的相關著作來看，則我們好像已被定罪一樣，只能將交易情形看成是社會形態學的附屬之事，或者反其道而行。這兩個領域或層面碰撞在一起，而我們卻無法將其統括在某一個架構裡面。在此，我們不正是碰到了一個被絕對主客體的區別性所闖入的例子嗎？在布魯爾提出人與物之間的「參與情形」時，不正是想避開主客之

---

[31] 隨主客區別情形所同時產生之事，尤其可見之於人與自然關係所具有的優先性上面，這種情形對於強調人與人之間關係的系統而言，已屬怪異之事。而價值強調甚至可見之於實證論和唯心論裡邊對於主體與客體所作的相互矛盾之各種評價。雷蒙·廉斯(Raymond Williams)在其著作中(1976：259-60)提醒我們來注意到這上面的情形。

區別嗎？牟斯的《禮物》，現在備受推崇，其內容則爲不斷地在說明兩個事實，第一，交易之事，不能將之切割成經濟、司法、宗教以及其他層面之屬，而是同時具有所有這些層面(這點在此並非是不相干之事，不過現在已相當廣泛地被承認了)的東西；第二，人們在交易東西時，並非如我們所想像的那般單純，而是錯綜複雜地以波動起伏的方式，跟本身具有特殊意義的那些「東西」相攪和在一起的。

　　在此，我並非主張要把主客之間的所有區別一筆勾銷掉，而是認爲我們得把關聯到事情時所作出的價值強調之事給提出來，這樣便得以把主客的**絕對**區別性變成未定案之事，而能視情形讓界域作必要的變動，使得其他的區別情形也能有所作用，以保留住本土性的各種價值[32]。

　　然而，這樣的一種研究方法可行嗎？已經有人試過了。伊特努(André Iteanu)這位年輕的學者，在他拿威廉斯以及史威姆(Schwimmer)的著作重新來對巴布幾內亞的(Orokaiva)社會做分析時，便採取這樣的一種做法。我讀過他的著作(1983)之後的感覺是：他發現到了另外一套整理資料的原則，而其中所認定的前提則又是跟我們既成的觀念相牴觸的。不過這種原則說來應該不會讓人太感到驚訝才對。也就

32　這在德國哲學史上有個前例。謝林在其自然哲學裡面想來超越康德哲學的二元論。他將兩元區別所佔的分量予以降低，使其變成一個類屬裡面的等級之差或彼此互補的情況。我在此所主張的，並非是謝林那種可能是原始而不能發揮作用的變通辦法。對我們而言，每一個特殊的情況都有其關鍵性的。

是：所謂社會在觀念上理應將死去的人也包括在內，跟死去
的人之間的關係亦是社會關係所構成的一部分。這乃提供給
我們一個整體的架構，在這裡面，不單是所有宗教儀式和慶
典的詳細交易情形，就連嚴格意義上所稱的社會組織都可以
加以理解了。

　　就正統的美拉尼西亞的意義而言，歐洛凱瓦（Orokaiva）是
個沒有貨幣的社會。然而，因為美拉尼西亞的貨幣通常跟生
命和祖先有關，而歐洛凱瓦社會對於死去的人又給予至高無
上的地位，這件事便讓我們想到在宗教儀式的交易情形時是
用到制度上的貨幣的一些例子。在此，我想把兩個問題放在
一起談，因為這兩個問題對此時此地我們所作有關於價值之
討論而言，是不能來加以忽略掉的。說來，這些「原始」貨
幣是跟絕對價值有關的。因此，這種情形跟近代在意義上有
其相當限制的貨幣，兩者之間的關係，就好像在我們這個時
代，一般道德或形上意義的價值，跟限定於經濟層面意義上
的價值，兩者之間的關係一樣。而在兩個不同社會的背景上
面，則存在著文化形式的相互對比情形。就一方而言，基本
上乃為整體性的，而在另一方，則整個領域已經四分五裂或
分解成不同的特定區域或平面了。這上面的情形，大致來
講，也就等於非近代與近代形式之對比。

　　可能這裡頭成對比的兩方面特徵具有相當意義。一方
面，在部落社會交易一事繁複而又詳盡的系統當中，使用一
種或數種貨幣，這大半是貝殼之屬的貨幣，來表達並加確認
範圍廣泛的宗教儀式之種種過渡情形和重要的禮儀。而在另

一方面，在這樣的社會裡面卻沒有具永久性，繁複而又詳細的酋長制或領導制。而在後項特徵突出的地方，則前項特徵便闕如了，以上這種事情是不是普遍的事實呢？這方面，美拉尼西亞以及波利尼西亞所呈現出來的對比情形似乎相當清楚可見的。若情形真的是這樣子的話，我們乃可以假定，其中一事可以來取代另外一事，而兩者之間有著某種功能上面的等值意義之存在。而在近代歐洲，經濟展現情形所據有的支配力量乃是其從政治領域解放出來的結果。我們在某個歷史階段裡邊看到，經濟甚至要求對政治所據有的勢力範圍加以縮減（見本書第三章）。儘管彼此在背景上有著相當大的不同，我們是不是可以來說，這裡頭除了是一種偶然的相類似情形之外，還可以當為社會兩種層面之間的一項更為廣泛的關係之指標呢？

　　另一項特徵則引起了波蘭尼的注意。他把在原始或古老社會交易的物品之間固定的「等值」情形，跟在市場經濟裡邊物品價格的波動情形做了對比。主要見之於原始社會的乃是：等值的範圍和可能的交易情形只限於幾類東西，而在市場經濟當中，則貨幣卻有著具普遍意義的等值傾向。但在此我想提出的問題則是有關於交易之固定和波動比值這一回事。波蘭尼（1966）把在非洲達荷美（Dahomey）社會所碰到的固定比值情形歸之於王室的管制。不過這種情形可能是流傳相當廣布的。在索羅門群島，由政治權力機構來做管制是不可能的情況下，島上的貨幣匯兌澳洲幣的比值卻也有好長一段時間都沒變動過，雖說澳幣的貶值招致了一些令人相當不快

的結果來[33]。而在我們所作分析的另一端,拿高度文明、複雜的社會來作例子的話,則拜占庭乃提供了固定比值上面一種令人嘆爲觀止的情形來。黃金貨幣的購買能力,從西元第五到第十一世紀之間可說是情形未變[34]。假如我們想到這個帝國在這段期間滄海桑田式的的演變情形——可說在其間的每一個世紀都經歷同樣具生死存亡考驗的威脅——則此一事實看來實在令人難以置信。我們就其中的各種情況來看,大家所承認的帝國在財政管理上面的出色表現,可能並不足以來解釋此一不尋常的現象。我則另外提出一種假設的情形來,這種情形能否加以證實是另外一回事,因爲我之所以會提出來是有其他理由的。在兌換比值跟社會的基本價值是連在一起時,匯率呈穩定狀態,而只有在基本價值和社會的認同,兩者之間的連繫情形已經破裂或不見,也就是說,貨幣不再是一個「整體的社會事實」,而只變成一項經濟事實,此時此刻,才能容許匯兌出現波動的情形[35]。

33　這是考培德所親口告訴我的(事關索羅門群島上的Malaita島之'Are ,Are的問題)。

34　Ostrogorsky, 1969: 68, 219n., 317, 371。

35　雷德克里夫布朗已經注意固定等值跟供需之行動形成對立之事了(1957：112,114,138)而我們做的假設若拿來跟沙林所作的細緻且具巧思的研究(1972, Ch.6)相比較的話,可能看來有點站不住腳的樣子。然而,在此我所論列出來的東西並沒有直接跟沙林所做的結論相牴觸的。我們可以這麼來講:他認爲只有在跟市場經濟接觸以及/或激烈的經濟變動情況下,長此以往,才會直接或間接地對固定等值情形有所影響。而在我們假設裡邊所加以對比的兩種情況之間是可能存在著一些居間性的過渡階段的。於其中,規範和事實彼此之間有著一種複雜的互動關係。

※　　　※　　　※

　　我們在此還得來重述上面所說的要點，好對近代意識之架構以及人類學之處境作一番回顧與展望。在這上面，我所加以勾繪出來的一番景象，無可避免地，會是不夠完整的而可說是暫時性的東西，而使用的語言也是不夠確切的。其目的是要把散在各處而已被認識到的一些零星特徵給集在一起，好來察覺出（或僅是感知）其間所存在的一些關係。我在別的地方曾經論過，人為一個體之事或可說是首要的近代價值，而與此俱來的，便是對人與物，而非人與人之間關係所作的強調[36]。從價值上面來看，則這兩項特徵有其顯著可見的一些重要伴隨情形。

　　首先是把人當為一個體的觀念。而這個觀念乃蘊含著說，個人在做選擇時是有著相當大的自由的。這裡面的一些價值已不再由社會來作提供。而是個人為了一己之用所決定出來的東西。換言之，個體成了一種（社會）價值之所在，而要求社會將其價值設定的地位部分授權給他。良心之自由即為一標準的例子[37]。說沒有指令才使得我們可能來做出選擇的

36　參閱本書第三章。德國社會學家普蘭格在一本小冊子(Plenge, 1930)裡，以上面所提的兩種關係作為出發點，而對其所應用和組合的情形加以追蹤，乃發展出一套完整的——階層系統式——而無瑕疵可言的關係之分類。

37　個人的能力明顯地是有其限制的。他要不是從實存的價值或現有的觀念來作出選擇的話，就是來選出一種新的觀念－價值（這種情形必然是少之又少的）。

情形，這件事事實上是由一個更高的指令來下達的。附帶一
提的是，認為人不管在什麼社會裡邊都有著差不多同樣範
圍，讓他來作選擇機會，這一件事是毫無根據的。相反的，
而也非常普遍可以見到的，價值是藏之於觀念本身的風貌展
現裡的。就好像我們以左和右來看事情，只要部分與整體是
如實地展現，只要經驗是自然而然地關聯上某個整體的等級
關係的話，這種情況自然成立。而我們在此又碰到兩種彼此
可相互取代的風貌展現情形了。這或者是，價值在關聯到部
分之屬的東西時，**是跟整體連了起來的**[38]；也就是說，價值乃
藏於把整體風貌加以展現出來的那個系統裡面而受其指令
的。或者說：價值是**跟個體連了起來了**。而這種情形我們知
道，乃產生出觀念和價值的分離。兩者之間成正反對照一
事，我們可以從托尼斯對Naturwille和Kürwille的看法來一瞥其
大概。問題的關鍵在於：選擇之自由或者說是Kürwille，是在
一個沒有了整體的世界，或者說其世界裡邊尚可見到的聚
合、組合或經驗整體等已經失去了定位功能或價值功能的情
況下，來發揮其作用的。

　　讓我們轉到近代價值風貌展現和人跟自然的關係，兩者
之間的複雜聯繫情形。這裡面，為了要凸顯出個體自由和
「平等」，則人跟人之間的關係乃淪為附屬地位，而人跟自
然的關係便取得了其優先的地位，然而這種關係自成一格

38　我們可以更為精確地來對寇斯勒的看法作一番闡釋：「整體」大半是
　　次整體或部分整體(holon)，而其本身乃為更上一層次整體之部分。

的，因爲不管獨立的個體作出要求與否，人確實是跟自然分隔開來，而自由的主體乃確定要跟自然對立起來的[39]，主體與客體是要絕對區別的。在此，我們碰到了科學以及其主導整個文化的情形。長話短說，這種二元論在基本上乃是人爲主義之屬的東西：人跟自己身爲其中一部分的自然以及宇宙秩序遠離了開來，而斷言自己有辦法依其意志來改造萬物。對此，我們若再一次地說，Naturwille已被Kürwille取而代之了，乃是十分合於情理的。而Kürwille在此則少再被視爲是專斷式的意志，而多半被看成是超然的、外顯的、獨立的意志。這樣的一種意志和價值之間密切連繫的情形，值得我們來提出下列的問題：這種史無前例的意志類型究竟從何而來？

我個人的推測是，這種情形是被打造在於早期基督教的出世性裡思想邊的，到了最後在出世性思想的演變推進過程當中，乃冒出了卡爾文這個近代人之原型，其鋼鐵般的意志乃源於人之得救與否完全由神預定的信仰當中。在我看來，我們唯有透過其在基督教裡面孕育成形的過程，才有辦法來了解到獨有而奇特的現代人之普羅米修斯式的反抗精神（Prométhéisme）（見本書第一章）。

無論如何，在人的意志變成Kérwille而與自然分開時，便想對自然加以征服。如此一來，我們便要對近代意識形態之**實然**與**應然**二分法深入於生活裡邊的情形加以看重了。

最後，則上面提到的兩個風貌展現乃爲知識與行動之間

---

39 笛卡兒，《思想與空間》（*pensées et étendue*）等。

兩種不同的關係之體現。其中的一種情形為，知識與行動協調一致的情形在社會這個層次上確保住了[40]，觀念跟自然以及世界秩序相從，而主體只能自覺地將自己附著於此一秩序當中。而在另一種情形裡面，則對人而言，是不存著具有重大意義的世界秩序的，個體可自行建立起思想展現情形和行動之間的關係（這點廣而言之，乃是指社會展現情形和一己行動之間的關係）。如此一來，則這個世界乃把價值給空了出來，而其地位則由個人選擇權來加以取代。這可說是一個人間以下的社會，一個事與物的世界。假如我們能做到不對任何屬於價值之事加以評難的話，則已確知其意，並遵照行事了。這是一個沒有了人的世界，是一個人斷然將自己從中移開好來將個人意志給強加上去的一個世界。

只有在把人跟人之間的關係加以貶抑，從而使人與物之間的關係居主導地位時，上面所看到的轉化情形才得以產生出來。人與人之間的關係在這種情形下已經失去其具體的特徵了。除卻道德行動這種殘存的現象之外，人與人之間的關係，乃是從人與物關係上面所特有的觀點來加以看待的（想想帕森斯式的變數）。因而，我們乃見到康德式定然律令的抽象普遍性之事了。

有關於問題的主體部分我們就談這麼多，而儘管把主體與客體做了絕對的區別，我們卻是以一種同源對應關係的方

---

40 這種關係本身是成問題的，如何將其確保住自是宗教之根本和特有之功能。（參閱《從孟德維爾到馬克思》，第214頁之注）。

式來看兩方面的展示情形的。在此，我想對客體這邊來加上幾句話好把整個景象完全給勾繪出來，而讓我們注意到近代知識風貌展現的一些特徵。說，近代知識已被隔成分立而不相屬的各個不同領域而變成一件高度分工合作之事與科學分殊化的情形，自屬老生常談了。我們在前面已經提到傳統模式裡邊的一些主要層面了，現在我想更爲確切地將與傳統模式成對比的近代模式給刻劃出來。

我們可以把近代類型的風貌展現看成是組成因素與整體，兩者之間因爲關係破裂所導出的結果。整體已經變成「一堆東西」了。這就好像裝球的袋子已經化爲烏有，而裡面的球向各個方向滾了出去。說這些也是陳腐之言了。事實上乃是：客觀的世界是藉著通過由各別主體來作寫照的分離實體或本體所來組成的，在個體在經驗上已經確定了的關係被視爲是實體外在的情形[41]。然而，這種寫照卻是相當蹩腳的。首先，這裡頭乃暗示著說：各種因素最後的配置情形純屬巧合之事。如此一來，則一個秩序化了，而彼此之間存在著被動式關係的複雜而多面向的世界，已被(哲學和)科學理性所加以分析解體，而成了內在各種關係及其組合情形都十分奇特的簡單化合物了。比較好一點的寫照是：一個多面的實體爆裂開來，成了一些不相干的筆直平面，而這些平面所能接納的只是切平了的直線式圖形和關係。這樣的平面乃具

41　這點再怎麼講還是其中的主要特色。有關「內在的關係」見Philips，1976，又，參閱本章注23。

有三樣特徵：彼此絕對分離而相互獨立的、彼此之間具有同源對應的關係、而每一個平面其整個延長的過程皆為同質化了的情形之展現。

一般而言，爆裂開來的情形較為人所熟知；從印象派以降的近代畫在這方面提供了一個例子。這也就是說，在此之前，居背景而屬於襯托地位的東西乃獲得了解放，而每一個背景都有可能變成近景。而知識「平面」彼此之間徹底地分離開來的情形也是不容置疑的。大家常可聽到說：請問我們要談的是物理學或化學，心理學或生理學，心理學或社會學？然而，我們是藉著什麼樣的一種標準，來把知識世界各個構成部分作分配以決定出每一門學科的應有領域呢？看來這裡面工具論式的觀點極具決定性[42]。我們已經指出過與此相呼應的，「整體」的觀念在哲學思想裡邊薄弱的令人不免留下深刻印象的情形了。

第二，知識及其進展所集結的「平面」，其整個範圍乃屬同質性延展的情形。在這上面所加考慮的所有現象具有同樣的性質，有著同等的地位以及在根本上的簡單性。伽利略（Galilei）的一直線式之同一運動模式可拿來作範例說明，這是一種單一質點在空間做運動的情形。如此，若在科學的發展

42　雷德克里夫-布朗提到了「自然的系統類屬」之事。而這等於是意味著，學科的分門別類是以自然為基礎的。我們由此可以看出其中跟在科學裡面居主導地位的唯名論之明顯關係。笛卡兒主義者在構思靈魂與肉體的關係時所遭逢的困難處，可能是產生出這種分裂情形的原型。因此，矛盾之處和動不動就將之對立了起來，兩者的蔓延情形乃相當糟糕地被包容於其中。

過程中顯現出一種（工具性上面）的異質情形時，平面就有著分裂開來的傾向。

　　然而，就其都援用著同樣的一種研究方法來探討不同類別的現象而言，則至少在原則上，所有的平面都是同源對應的東西。這裡面只有一種模式，即，自然科學的模式。誠然，隨著時間和經驗的不同，這種模式可能會有所變動，只是這種變動本身便不無困難之處（生物學和心理學可為見證）。這是一種機械論的模式，講求計量而有賴於因果分析（單一作用，單一結果）[43]。基本上，我們要提出來的是，科學的理性是只在這些互有區別的每一個平面上來發生作用的，而其能發揮作用的同時乃假定了整體已經四分五裂了。如此一來，這種理性便不能超出手段與目的之間的關係之外。

　　雖說科學在擔保人主宰整個自然世界之事，到目前為止一直一帆風順，但它卻也產生出其他的結果來，其中就擺在我們眼前的一項，乃是克瑞所稱的「人之謎」。假如人類學是以自己的方式來處理這個「謎」的話，則它既為近代世界所不可或缺的一部分，而又同時又負有超越近代世界的使命。或者說，在一個更為共同之屬的人之世界裡邊，將近代世界給整合進來。我希望我們對價值所作的種種論評裡面，已經代表了我們在朝這個方向上面所作的努力。但我們還是

43　值得一提的是，雷德克里夫—布朗看出了存在於整體論式，或說是系統式的研究法和因果解釋，兩者之間的一種不相容性。他乃從「理論社會科學」的觀點對因果解釋加以駁斥，見(Radcliffe-Brown, 1957: 41)。

得面對面地來處理我們跟價值關係的問題。人類學處在這種
一方面是「價值中立化」的科學之事，而在另一方面是要將
價值恢復其應有的普遍地位的局面當中。對社會科學作哲學
批判的人要求說，社會科學應作價值評論。這他可能認爲我
們在這個問題上面是有能力來超越謹守中立的立場，但同時
又覺得我們無法徹徹底底地擺脫價值中立來作價值論評或規
令之事。

　　這點在實踐上面爲眞，但我以爲在原則上卻不盡然，其
中的論點值得一提。在人類學的觀點裡面，每一個意識形態
在**關係到其他意識形態**時，是被相對化了。然而這卻不是絕
對的相對主義。爲人類學所加認定並（慢慢而苦痛地）被加以
證實的人類之一體性，便對這裡面可能有的變異情形先做了
限制。每一個特有的觀念及價值之風貌展現，是跟其他所有
的風貌展現都被包括在一個具有普遍意義的圖解裡面的。而
每一個風貌展現則等於是這個圖解裡面的一個部分（見上一
章，第一部分）。然而，這樣的一種具普遍意義的圖解卻過於
複雜而無法加以形容之。我們只能就其大概將之想成是一種
所有具體風貌展現情形的整數合。

　　因此，我們無法直接地來掌握到，使得每一個特有價值
系統之所以具有其一致性，其所源出的那個展示出普遍情形
的母體。但我們卻可以另一種方式來作領會：每一個社會或
文化都留有人們置身於其中時，在意識形態上面所刻劃出來
的痕跡。這是一種明暗相反的標記，刻在表層之下的凹紋。
正如同每個行動都有其不可預見的一些後果或「與希望正好

相反的結果」，或者像是在我們社會裡邊所作出的每個決定都浸在一個極為複雜的環境大染缸當中，所以會產生出一些非本意的結果來。因此，每個意識－規範之風貌展現都會跟來一些特有的，雖籠統但卻引人注意的同時可見到的共存之事。這些東西如影隨身般地夾在風貌展現裡邊，而顯示出人的處境跟意識—規範之風貌展現的關係。我在他處（情況跟這裡所談的有點不一樣）稱這些共存情形為「非意識形態之特徵」，我們藉著比較研究可以來發現出。而我視其為人們本身所沒有去察覺出的「非自覺層面」（《階序人》，第118節部分）。

　　所以，在每一個具體的社會裡都留下了這個普世模式的痕跡，而這種情形在開始做比較時，或多或少在程度上是可以感覺出來的。這是一種明暗相反的痕跡，而這乃認證出我們的社會為一人的社會，在比較研究進行時，此一跡痕的確切情形也會越來越明顯可見。誠然，我們不能由跡痕當中來看出具體規定之事，但這代表著具體規定之事的反面或其極限情形。基本上，人類學在有關價值的知識上面是大有斬獲的，而這也包括了事關具體規定本身的知識，由此乃能在最後讓我們來對哲學家所提的問題作一番重整工作。

　　然而，此時此地我們應該怎麼辦呢？因為我們把「具體規定」的意義弄得是愈來愈複雜，以至於我們只能談說這屬於諮商之事而非指令之事了。不過，難道我們沒辦法從在事實上所得到的結論，來提供出一點東西嗎？我們發現，近代的風貌展現情形，不管是如何地與傳統的情形相對立，還是

位於其中的。近代模式是總括性質的模式當中的一種特例性
的變體，而仍然被納入或包攝於總括模式當中。階層系統是
普遍存在的，然而在近代模式的例子裡面卻局部而具體可見
的與之相牴觸著。如此一來，這裡面所需要的是什麼東西
呢？我們在此先給一個總答案：有些事情平等能辦到，有些
事情則平等無能爲力。時下在法國以及其他一些地方所可見
到的輿論之傾向，便提供了我們一個例子。

　　「差異性」這種主題已被各方所加討論了。大家在談
說，要把多少有點「不一樣者」的地位給加以平反，這也就
是對於「他者」的認同問題。這裡面可能指到兩件事。在一
般公民參政權的給予問題上，平等的權利和機會，對於女性
和同性戀者一視同仁，如此等等。就範疇而言，這裡所提出
來的看來都是其所要求的主要東西，而不存在著理論上面的
困難情形。但我們所要指出的一點乃是：在這種唯平等是尚
的待遇裡，不同之處卻沒被注意到，被忽略掉或壓下，而沒
有被確認出來。而就平等很容易就過渡到認同之情形看來，
久而久之，我們便走上把個性給抹殺掉的路子上面去了，使
得原先歸之於相對應的特殊性之情形失去了其具有的意義或
價值了。

　　然而這裡面所要求的可能還不止是上面所提的那些東
西。我們感覺出其他的意義也很微妙的存在其中。這也就是
如何對「他者恰如他者」來加以處置的問題。我認爲認同情
形只能爲階層系統式的東西。這一點伯克在其《法國大革命
之反思》（*Reflections on the Revolution in France*）一書裡邊相當

敏銳地加以察覺出來。在此，認出某種情形就等於是在做評價或加以整合之事（還記得存有的大鏈嗎？）。這種說法是公然地對我們的刻板印象和成見來加挑釁了，因為在一般人的常識當中阿奎那所說的下面用話已經離我們甚遠了。他說「秩序這種事看來主要是由不平等（或不一致：disparitate）所構成的東西（見上面注釋22）。」然而　，只有在把對秩序的概念加以曲解或變成了乏善可陳的東西，則我們才有可能反過來相信，平等本身也可以構成一種秩序。說得更清楚明白的話；則我們可以把「他者」想成是高於或低於自我的東西，同時對裡面的倒置情形加上一番具有重大意義的限定工作（這不見於存在的大鏈本身的情形當中）。這也就是說，假如他者就整體而言是居下位的話，他則變成在次要的考慮層面上具其優越性[44]。

　　我所持的論點是：假如倡導不同論的人同時要求平等和

44　關於這點援用於社會上的情形，可見本書第八章第一部分。假定層次的數目相當多，而倒置的情形擴大開來，則我們便會看到一種呈現出波動狀態的成雙成對式關係。這種情形在統計上會給人一種平等的印象。沙林在一個跟此相當不同的情形裡邊，對於巴布幾內亞富翁（Huon）灣交易關係的分析具有相當豐富的意義（Sahlins 1976：322ff）。其論點簡而言之：在兩個商業合夥人之間，單一的交易情形；在系列上看來是不均衡的，或偏於此，或偏於彼，有所變換。而這在最後，也就是就系列為一整體而言，其所得乃近似於一種平衡。這樣的平等是透過一連串有點不平等的交易情形所獲致的。每一個情形因此是不封閉而一直是開放著的，有求於下個交易的。這裡所強調的，比較是在連續性的關係上，而少在於物品之間即時做成的定值情形上。在此，我們問題的所有層面可拿下面這句話來一言盡之：階層系統和平等的不同之處一點都不是我們習以為常所認定的那種情形。

認同的話，其所要求的乃是一件不可能之事。在此令人想起在美國的一句口號「分離但平等」，這裡頭代表著從奴隸制度過渡到種族主義的情形。

然而，若說得更為確切的話，則以上所談的平等或階層系統是在純粹展現情形的層次上為眞，而留給了我們對其他方面來做不同解釋的餘地。至於談到整合的實踐形式，我們所能想到的，或則是像在一種合夥關係之下，彼此平等而主要是同樣具代理身分之組合情形，或者是來關聯上一個沒有明言出的階層系統式的整體，大家分工合作。葛拉克曼（Max Glackman）已經告訴我們說：只有衝突才夠資格來擔當起整合的工作。如此，大致說來，要達成對他者的認可工作，其途徑有二：階層系統與衝突。說衝突是無可避免而可能也是必要的，是一回事；將衝突定為一種理想或「運作價值」則又是另外一回事[45]，雖說後者乃目前時勢之所趨。韋伯本人不是認為戰爭要比和平來得更為可信嗎？衝突的優點是：簡單、容易，而階層系統卻有著類似於中國人那一套禮節規矩的複雜情形，而這種複雜性在此更是顯得複雜，因為它必須包攝於以個人主義和平等主義為最高價值的情形裡面。然而，我在此公開表明說，我所選擇的是促進和平的後面一種情形。

（1983年附筆）這裡大概需要做個補注。有人可能會認為前面的比較分析所提的，對於近代文化的看法過於狹窄，而

---

45 這點也正是我認為古奇特（Marcel Gauchet）（1980）所以對托克維爾做了一番精闢的分析之所在（特別見其文章第90-116頁）。

其所描繪的東西不夠全面，可能對過去某些時候而言，是這麼一回事沒錯，但卻不再適用於目前的情況了。同時上面所談的或所意指的那一類型的科學在理論上已被取代了。另外，哲學上面的「實然」與「應然」分離的情形在今天絕非是大家所一致承認之事。

　　對於這一類的批判，我們可以來作兩段式的回答。第一，文章的重點，是要把以一般的思想方式，以及分殊化的知識爲基礎的普遍性風貌展現情形給加以強調出來。這裡所說的「一般的思想方式」，不單是就尋常的老百姓而言的，它也是政治制度上面所預設有關於人之概念。或者我們還可以這麼說，這是在社會研究裡邊可以看到的一些主要的論定情形。在這種前提的考慮之下，我們並沒有對所有存在的特徵等同視之。在某一門專業所出現的新論點，並不代表說，我們乃給了它跟其他論點一樣的分量。比方說，相對論雖然已經不算是「新」的一個理論了，但它在一般展示出來可見到的情況裡，還是沒辦法具有跟牛頓物理學同等的位階。

　　第二，這裡面有個「用語」上面的問題，而在其中又可見到一個方法上的問題。整個研究傾全力所加以抽離出來的風貌展現之所以稱之爲近代，乃在於其爲近代社會所特有的徵象，而這跟傳統的情形正好對立了起來的原故。在這裡面，個人主義的情形極具根本性，所以我們就總的來稱其爲一種個人主義式的風貌展現。而在另一方面，單就年代上面的意義來談近代性所具有的特色的話，則我們便可以看到，這裡頭所包括的不單是在社會實踐層面上的東西，甚至也包

括了意識形態層面本身的情形了。如此一來，這便要比在比較上所看到的個人主義式的風貌展現之特有現象要多出好多其他的論點了。(附帶一提的是，這點只有在我們以最新的，真正算得上是「當代」的發展的情形來看時，才不是實在的情形，這裡所談的是要更早一點以前的事。)—以我們所獲致的結論來看，這種情況有其相當的意義，而極有可能得以讓我們提出新的觀點來作分析☆。

☆　見本書引言部分的末段。

詞彙一覽表

　　此一覽表所列出的只是少數一些在這本書出現過的最基本字彙。星字號(☆)意指列在此一覽表裡邊的其他條目，讀者可以參考裡面所提到的章節以求更進一步的了解，在少數特別的情況下，會提請讀者參考其他相關著作裡面更為詳細的解說。

　　1. 階層系統(Hiérarchie, Hierachy)：得跟權力或命令區別開來，是價值上面的考慮所產生出來的秩序。基本的階層系統式的關係(或階層系統式的☆對立情形)存在於一整體(或組合體)跟此一整體(或組合體)裡面的某一因素之間，或者是關聯到整個的兩個部分彼此之間的關係。我們可以將階層系統加以分析成分屬不同層次的兩個對立面：是一種認同情形裡面的「彼此有別」：將相對立之事加以包攝的情形。階層系統因而是兩個面向的，其中大致的情形見《階層人》一書的跋。

　　2. 整體論(Holisme, Holism)：我們稱整體論(或整體論式的)為一種意識形態。它重現社會整體而漠視個人或將個人置

於其下(參見相反詞:☆個人主義)。引伸其義,則某一社會學是以整體社會為其始點,而非從個人給與獨立的地位之處來出發的話,則這種社會學是整體論式的。

3. 意識形態(Idéologie, Ideology):思想展現在社會組合的情形;某個社會裡邊尋常可見的觀念與價值組合體(等於整體意識形態);而經濟意識形態則為整體意識形態的某一分殊化了的部分。(見《從孟德維勒到馬克思》一書)

4. 個體(Individu, Individual):事關個人,我們必須來提如下的兩種彼此有別的情形。

(1)經驗上的主體,為人這一類屬之不可分割開來的樣本,這種情形見之於所有的社會。

(2)獨立自主的道德體,因而在基本上是非社會性的存有實體。這種情形首見於我們近代有關於人與社會的意識形態裡面。如上的區別對社會學而言是不可或缺的。

5. 個人主義(Individualisme, Individualism):

(1)☆「整體論」的相反詞:我們稱個人主義為一重視個體的意識形態(這是有關「個體」意義上面的第二種情形,它把社會整體加以漠視或置於其下)。有關此一對立情形,它跟「入世的個人/出世的個人」之間的關係參閱本書第一章,注23。

(2)既然就此意義個人主義是構成近代意識形態特有風貌的一個主要特徵,我們稱此一風貌本身為個人主義式的,或

☆ 見下頁第9點「關係」(Relations)的說明。

「個人主義式的意識形態」，「個人主義」（見〈導論〉最後一部分）參見「關係」一詞。

6. 入世的個人／出世的個人：若其在原則上，在思想上是「非社會性的」，是屬於「個體」一詞裡面的第二種意義之個體的話，則這是入世的個人，因為在事實上他是介入社會，住在社會，「在這個世界裡面的」。相反的，印度的棄世者離開了嚴格意義上面所稱的社會，而成了一個獨立自主體，他是一位：出世的個人（見《階序人》一書附錄Ｂ）。

7. 現代意識形態（idélogie Moderne, Modern ideology）：現代文明所特有的共同風貌展示組合體（見引言結尾部分，第九章最後一段等處），參見「個人主義」。

8. 對立情形（Opposition）：此一詞彙所指稱的僅是一種屬於思想上面的特有情形，而不是像衝突等屬於事實存在的一種關係。我們把對稱式或彼此地位平等式的對立情形（於其中兩個詞彙具同等地位，就如同在音位學裡面特有的對立情形一樣）和非對稱的階層系統式對立情形作了區別。非對稱的階層系統式對立其倒置情形是有相當意義（見第九章最後）部分論門檻跨進一事）。參見「階層系統」。

9. 關係（Relations）：在個人主義式意識形態風貌裡，人與物（或稱自然，或稱客體）之間的關係獲得重視，而人與人之間的關係則否（見《從孟德維勒到馬克思》一書），反過來的情形則見之於整體論式的意識形態裡邊。

10. 價值（Valeur, Value）：此一詞彙常以複數詞出現。人類學文獻所指的價值多少是我們所稱「階層系統」的東西。

價值在現代、個人主義式的意識形態裡邊是被隔離開來的，相反的，它在整體論的意識形態裡邊則爲整體風貌展現情形所不可或缺的一部分(本書第九章)。

11. **價值觀念或觀念價值**(Idées-valeurs, Value-ideas)：非現代思想形式裡價值與觀念無法分開，我們只好稱其爲「價值—觀念」或「觀念—價值」(見第九章注23之後)。

參考書目

Albert, Ethel M. 1956. "The Classification of Values: A Method and Illustration." *American Anthropologist* 58: 221-48.

Arendt, Hannah. 1958. *The Origins of Totalitarianism*. London.

Augustine, Saint. 1972. *The City of God*. Penguin Books.

Ayçoberry, Pierre. 1982. "Franz Neumann, Behemoth. " *Le Débat* 21 (September): 178-91.

Barker, Ernest. 1934. *See* Gierke 1957.

——. 1947. "Introducion " in Barker, ed., *Social Contract: Essays by Locke, Hume and Rousseau*. The World Classics, 511. London.

Bateson, Gregory. 1972. *Steps to an Ecology of Mind*. Ballantine Books.

Beck, Bredna E. F. 1972. *Peasant Society in Konku: A Study of Right and Left Subcastes in South India*. Vancouver.

——. 1973. "The Right-Left Division of South Indian Society." In Needham 1973: 391-426.

Belaval, Y., and others. 1978. *La révolution kantienne*. Paris.

Berlin, Isaiah. 1976. *Vico and Herder: Two Studies in the History of Ideas*. London.

Bevan, Edwyn. 1927. *Stoïciens et sceptiques*. (Translated from the English.) Paris.

Bidez, J. 1932. "La Cite du monde et la Cite du soleil chez les Stoiciens." *Bulletin de l'Académie Royale de Belgique*, Lettres, série V, vols. 18-19: 244-94.

Bosanquet, Bernard. 1910. *The Philosophical Theories of the State*. 2d ed. London.

Bouglé C., and E. Halévy, eds. 1931. *La doctrine de Saint-Simon, Exposition, Première année*, 1829. Paris.

Bourdieu, Pierre. 1972. *Esquisse d'une théorie de la pratique, précédée de Trois études d'ethnologie Kabyle*. Paris.

Bracher, Karl Dietrich. 1972. *Die deutsche Diktatur*. Cologne.

Brésard. Marcel. 1962. "La 'volonté générale' , selon Simone Weil."*Le Contrat Social* 7, no.6: 358-62.

Brown, Peter. 1971. *La vie de saint Augustin*. Paris.(Translated from *Augustine of Hippo: A Biography*, Berkeley, Calif, 1967.)

Bruford, W. H. 1975. *The German Tradition of Self-Cultivation*. Cambridge.

Buber, Martin. 1938. *Je et Tu*. Paris.

Buchheim, Hans. 1962. *Totalitäre Herrschaft, Wesen und Merkmale*.

Munich.

Bullock, Alan. 1963. *Hitler*. Verviers.(French translation of *Hitler, A Study in Tyranny*, London, 1952.)

Burke, Edmund. 1968. *Reflections on the Revolution in France*. Penguin Books.

Burridge, Kenelm. 1979. *Someone, No One: An Essay on Individuality*. Princeton.

Cahnman, Werner J. 1970. "Toennies und Drukheim: Eine dokumentarische Gegenüberstellung." *Archiv für Rechts-und Sozialphilosophie* 56, no. 2: 189-208.

———. 1973. *Ferdinand Toennies: A New Evaluaton*. Leiden.

Carlyle, A. J. 1903. *The Second Century to the Ninth*. Vol.1 of R. W. and A. J. Carlyle, *A History of Medieval Political Theory in the West*. 2 vols. Edinburgh and London.

Caspary, Gerard E. 1979. *Politics and Exegesis: Origen and the Two Swords*. Berkeley, Calif.

Cassirer, Ernst. 1946. *The Myth of the State*. New Haven.

Chronicles of the Pilgrim Fathers. n.d. New York.

Coleman, D. C., ed. 1969. *Revisions in Mercantilism*. London.

Condorcet, Amtoine de Caritat, Marquis de. 1933. *Esquisse d'un tableau historique des progrès de l'esprit humain*. Paris.(Originally pubilshed 1795.)

Congar, Yves M. J. 1968. *L'Ecolésiologie du haut moyen âge*. Paris.

Conze, Edward. 1967. "Buddhism and Gnosis." In *Le origini dello gnosticismo*. Colloquio di Messina, 13-18 April 1966. Leiden.

Crocker, Christopher. 1977. "Les réflexions du soi." In *L'identité: Séminaire interdisciplinaire dirigé par Claude Lévi-Strauss, 1974-75*, edited by J. M. Benoist, 157-84, Paris.

Daraki, Maria. 1981. "L'émergence du sujet singulier dans les Confessions d'Augustin." *Esprit*, February: 95-115.

Déclaration des droits de l'homme et du citoyen. 1900. Paris.

Derathé, Robert. 1950. *Jean-Jacques Rousseau et la science politique de son temps*. Paris.

Descombes, V incent. 1977. "Pour elle un Français doit mourir." *Critique* 366(November 1977): 998-1027.

Douglas, Mary. 1978. "Judgments on James Frazer" *Daedalus* (Fall):151-64.

Dumont, Louis, 1953a. "The Dravidian Kinship Terminology as an Expression of Marriage." *Man*, no. 54(March). Reprinted in: Dumont 1983a.

——. 1953b. "Dravidian Kinship Terminology." *Man*, no. 224 (September 1953). Reprinted in Dumont 1983a.

——. 1960. "World Renunciation in Indian Religions." (Reprinted in Dumont 1980, App. B.)

——. 1962. "The Conception of Kingship in ancient India." (Reprinted in Dumont 1980, App. C.)

——. 1966. " A Fundamental P roblem i n t he S ociology of C aste."

Contributions to Indian Sociology 9: 17-32.

——. 1970. "A Structural Definition of a Folk Deity." In Dumont, *Religion, Politics and History in India*. Paris and The Hague. (Written in 1953).

——. 1971*a*. "Religion, Politics and Society in the Individualistic Universe." *Proceedings of the Royal Anthropological Institute for 1970*, pp. 33-41.

——. 1971*b*. "On Putative Hierarchy." *Contributions to Indian Sociology*, n.s. 5: 61-81.

——. 1975*a*. *La civilisation indienne et nous*. 2d ed. Collection U Prisme. Paris.

——. 1975*b*. "On the Comparative Understanding of Non-Modern Civilizations." *Daedalus* (Spring).

——. 1977. *From Mandeville to Marx: The Genesis and Triumph of Economic Ideology*. Chicago.

——. 1979. "The Anthropological Community and Ideology." *Social Science Information* 18, no. 6.

——. 1980. *Homo Hierarchicus: The Caste System and Its Implications*. Complete Revised English edition. Chicago.

——. 1982. "Totalité et hiérarchie dans l'esthétique de K. P. Moritz." In *Les Fantaisies du Voyageur,* pp. 64-76. *Revue de Musicologie*, numéro spécial André Schaeffner.

——. 1983*a*. *Affinity as a Value: Marriage Alliance in South India, with Comparative Essays on Australia*. Chicago.

——. 1983*b*. *Essais sur l'individualisme: Une perspective antheropologique sur l'idéologie moderne*. Paris.

——. 1983*c*. Preface to Karl Polanyi, *La Grande Transformation*, French translation, pp. 1-19. Paris.

——. 1985*a*. "Identités collectives et idéologie universaliste; leur interaction de fait." *Critique* 456 (May): 506-18.

——. 1985*b*. "L'idée allemande de liberté selon Ernst Troeltsch." *Le Débat* 35 (May): 40-50.

Durkhein, Emile. 1953. *Montesquieu et Rousseau précurseurs de la sociologie*. Paris.

Dvornik, F. 1966. *Early Christian and Byzantine Political Philosophy: Origins and Background*. 2 vols. Washington, D.C.

Ehrhardt, Arnold A. T. 1959-69. *Politische Metaphysik von Solon bis Augustus*, 3 vols. Tübingen.

Erikson, Erik H. 1964. *Insight and Responsibility*. New York.

Faye, Jean-Pierre. 1972. *Langages totalitaires: Critique de la raison / l'économie narrative*. Paris.

Fichte, J. G. 1845-46. *Sämmtliche Werke*. Edited by J. H. Fichte. 8 vols. Berlin.

Figgis, John Neville. 1914. *The Divine Right of Kings*. 2d ed. Cambridge.

——. 1960. *Political Thought from Gerson to Grotius, 1414-1625*. New York. Harper Torchbooks. (Originally published 1907.)

Friedländer, Saul. 1982. "De l'antisémitisme à l'extermination." *Le Débat* 21(September): 131-50.

Friedrich, C. J., M. Curtis, and B. R. Barber. 1969. *Totalitarianism in Perspective: Three Views*. New York.

Gauchet, Marcel 1980. "Tocqueville, l'Amérique et nous." *Libre* 7: 43-120.

Gierke, Otto. 1900. *Political Theories of the Middle Age*. Translated by F. W. Maitland. Cambridge. (Quotations are from the Beacon paperback edition, 1958.)

——. 1913. *Das deutsche Genossenschaftstrecht*. 4 vols. Berlin.

——. 1957. *Natural Law and the Theory of Society, 1500 to 1800*. Translated by Ernest Barker. Boston. (Originally published in 2 vols., Cambridge, 1934.)

Gilson, Etienne. 1938. *Héloïse et Abélard*. Paris.

——. 1969. *Introduction a l'étude de saint Augustin*. Paris.

Goodenough, E. R. 1940. *An Introduction to Philo Judaeus*. New Haven.

Guéroult, Martial. 1974. *Etudes sur Fichte*. Paris.

Halévy, Elie. 1900-1904. La *formation du radicalisme philosophique*. Paris. 3 vols. (English translation: *The Growth of Philosophic Radicalism*, 1 vol., London, 1928).

Haller, William. 1956. "The Levellers." In Lyman Bryson and others, eds., *Aspects of Human Equality*. New York.

Heckscher, Eli F. 1955. *Mercantilism*. Rev. ed. 2 vols. London.

Hegel, G. W. F. 1907. *Hegels theologische Jugendsschriften.* Edited by H. Nohl. Tübingen.(Translated by T. M. Knox as *Early Theological Writings*, Philadelphia, 1971.)

——. 1942. *Philosophy of Right.* Translated by T. M. Knox. Oxford.

——. 1964. *Political Writings.* Oxford.

——. 1966. *Politische Schriften.* Frankfurt.

Herder. J. G. 1964. *Une autre philosophie de l'histoire.* Translated and with an introduction by Max Rouché. Paris.

——. 1968. *Werke.* Edited by Suphan. 33 vols.

Hertz, Robert. 1960. *Death and the Right Hand.* Translated by R. and C. Needham. London.

HH. See Dumont 1980.

Hill, Christopher. 1961. *The Century of Revolution, 1603-1714.* Edinburgh.

Himmler, Heinrich, 1978. *Discours secrets.* Paris. (French translation of *Geheimreden.*)

Hitler, Adolf. 1933. *Mein Kampf.* Munich. (Translated by Ralph Manheim, Boston, 1971.)

Hobbes, Thomas. 1929. *Leviathan.* Edited by W. G. Pogson Smith. Oxford.

Hsu, Francis L. 1961. "American Core Value and National Character." In Hsu, ed., *Psychological Anthropology*, pp. 209-30. Homewood, Ill.

Iselin, Isaac. 1764. *Über die Geschichte der Menschheit.* (5th ed.,

Basel 1786.）

Iteanu, André. 1983. *La ronde des échanges: De la circulation aux valeurs chez les Orokaiva*. Cambridge and Paris.

Jäckel, Eberhard. 1973. *Hitler idéologue*. Paris. (French translation of *Hitlers Weltanschauung*, 1969.）

Jacob, François. 1970. *La logique du vivant: Une histoire de l'hérédité*. Paris.

Jellinek, Georg. 1902. *La Déclaration des Droits de l'Homme et du Citoyen*. Paris. (Originally published in German, 1895.）

Kaiser, Gerhard. 1973. *Pietismus und Patriotismus im literarischen Deutschland*. Frankfurt. (Originally published 1961.）

Kluckhohn, Clyde. 1952. "Categories of Universal Culture." Draft, Wenner-Gren Symposium, June 1952. Kluckhohn file, Tozzer Library, Harvard University.

———. 1959. "The Scientific Study of Values." Offprint, Kluckhohn file, Tozzer Library, Harvard University.

Kluckhohn, Clyde, and others. 1951. "Values and Value-Orientation in the Theory of Action." In Talcott Parsons and Edward A. Shils, eds., *Toward a General Theory of Action*, pp. 388-433. Cambridge, Mass.

Kluckhohn, Florence. 1961. "Dominant and Variant Value Orientations." In F. Kluckhohn and F. L. Strodtbeck, eds. *Variations in Value Orientations*. Evanston, Ill.

Koestler, Arthur. 1967. *The Ghost in the Machine*. London.

Kolakowski, Leszek. 1977. "The Persistence of the Sein-Sollen Dilemma." *Man and World* 10, no. 2.

Koyré, Alexandre. 1958. *From the Closed World to the Infinite Universe*. Harper Torchbooks.

Lakoff, Sanford A. 1964. *Equality in Political Philosophy*. Harvard.

Lalande, André, 1968. *Vocabulaire technique et critique de la philosophie*. Paris.

Landes, David S. 1969. *Unbound Prometheus*. Cambridge.

Leach, Sir Edmund. 1961. *Rethinking Anthropology*. London.

——. 1973. "Melchisedech and the Emperor: Icons of Subversion and Orthodoxy." *Proceedings of the Royal Anthropological Institute for 1972*, pp. 5-14. London.

——. 1976. *Social Anthropology: A Natural Science of Society?* Radcliffe-Brown Lecture 1976. Offprint from *Proceedings of the British Academy*. vol. 62. Oxford.

Léon, Xavier. 1954-59. *Fichte et son temps*. 2 books in 3 vols. Paris.

Lepley, Ray, ed. 1949. *Value: A Co-operative Inquiry*. New York.

Leroy, Maxime. 1946-62. *Histoire des idées sociales en France*. 3 vols. Paris.

Lévi-Strauss, Claude. 1947. "La sociologie francaise." In G. Gurvitch and W. E. Moore, eds., *La sociologie au XXe siècle*, 2: 513-45. Paris.

Lovejoy, Arthur D. 1941. "The Meaning of Romanticism for the Historian of Ideas." *Journal of the History of Ideas* 2, no. 3 (June): 257-78.

———. 1973. *The great Chain of Being*. Oxford. (Originally published 1933.)

Lukács, Georg. 1955. *Die Zerstörung der Vernunft*. 2 vols. Berlin.

Lukes, Steven. 1973. *Emile Durkheim*. Penguin Books.

Macpherson, C. B. 1962. *The Political Theory of Possessive Individualism: Hobbes to Locke*. Oxford.

Maine, Sir Henry Sumner. 1887. *Ancient Law*. London.

Mann, Thomas. 1922. *Betrachtungen eines Unpolitischen*. Berlin. (Originally published 1918. Translation: *Reflections of a Nonpolitical Man*, New York, 1983.)

Marcaggi, V. 1904. *Les origines de la Déclaration des Droits de l'Homme*. Paris.

Marcuse, Herbert. 1960. *Reason and Revolution*. Boston.

Marx, Karl. 1953. *Grundrisse der Kritik der politischen Oekonomie*. Berlin. (Extracts translated by David McLellan as *Grundrisse*, Harper Torchbooks, New York, 1983.)

Maser, Werner. 1970. *Hitler's Mein Kampf: An Analysis*. London.

Mason, Tim. 1982. "Banalisation du nazisme." *Le Débat* 21 (September): 151-66.

Mauss, Marcel. 1922. Introduction to Robert Hertz, "Le péché et l'expiation." *Revue de l'Histoire des Religions* 86: 1-4, 54-60.

——. 1925. *Essai sur le don: Forme et raison de l'échange dans les sociétés archaïques.* (Reprinted in Mauss 1950. Translated by I. Cunnison as *The Gift*, Aberdeen, 1954.)

——. 1947. *Manuel d'ethnographie.* Edited by Denise Paulme. Paris.

——.1950. *Sociologie et anthropologie.* Introduction by Claude Lévi-Strauss. Paris.

——. 1968-69. *Oeuvres.* Edited by V. Karady. 3 vols. Paris.

Mauss. Marcel, and Henri Hubert. 1899. "Essai sur le sacrifice." *Année Sociologique* 2. (Reprinted in Mauss 1968-69. vol. 2. Translated by W. D. Halls as *Sacrifice, Its Nature and Function.* London, 1954.)

Meinecke. Friedrich. 1915. *Weltbürgertum und Nationalstaat.* 3d ed. Munich.

Michel. Henry. 1895. *L'idée de l'Etat.* Paris.

Mill. James. 1808. *Commerce Defended.* 2d ed. London. (Reprinted New York, 1965.)

Minder, Robert. 1962. *Kultur und Literatur in Deutschland und Frankreich.* Frankfurt-am-Main.

MM. See Dumont 1977.

Mol, Hans. 1976. *Identity and the Sacred: A Sketch for a New Social Scientific Theory of Religion.* Agincourt, Canada.

Morris, Charles. 1956. *Varieties of Human Value.* Chicago.

Morris, Colin. 1972. *The Discovery of the Individual, 1050-1200.*

London.

Morrison, Karl F. 1969. *Tradition and Authority in the Western Church*, 300-1140. Princeton.

Needham, Rodney, ed. 1973. *Right and Left: Essays on Dual Symbolic Classification*. Foreword by E. E. Evans-Pritchard. Chicago.

Nelson, Benjamin. 1973. "Max Weber on Church. Sect and Mysticism." *Sociological Analysis* 34, no. 2.

———. 1975. "Weber, Troeltsch, Jellinek as Comparative Historical Sociologists." *Sociological Analysis* 36, no. 3.

Neumann. Franz. 1942. *Behemoth: The Structure and Practice of National-Socialism*. New York.

Nolte, Ernst. 1965. *Der Faschismus in seiner Epoche: Die Action Française, der Italienische Faschismus, der Nationalsozialismus*. Munich.

Northrop, F. S. C. 1946. *The Meeting of East and West*. New York.

Ostrogorsky, Georges. 1969. *Histoire de l'Etat byzantin*. Paris.

Parsons. Talcott, and Edward A. Shils, eds. 1951. *Toward a General Theory of Action*. Cambridge, Mass. Harper Torchbook, 1962.

Parner, Peter, 1972. *The Lands of St. Peter*. London.

Peterson, Erik. 1951. "Der Monotheismus als politisches Problem." In *Theologische Traktate*, pp. 25-147. Munich.

Phillips, D. C. 1976. *Holistic Thought in Social Sciences*. Stanford.

Philonenko, Alexis. 1968. *Théorie et praxis dans la pensée morale et politique de Kant et de Fichte en 1793*. Paris.

Pinson, Koppels. 1934. *Pietism as a Factor in the Rise of German Nationalism*. Reprinted New York. 1968.

Plass, Ewald. 1969. *What Luther Said or Says*. St. Louis.

Plenge, Johann. 1916. *1789 und* 1914. Berlin.

——. 1930. *Zur Ontologie der Beziehung (Allgemeine Relationstheorie)*. Münster in Westphalen.

Polanyi, Karl. 1957*a*. *The Great Transformation*. Boston (Originally published 1944.)

——. 1957*b*. "The Economy as an Instituted Process." In *Trade and Market in the Early Empires*, edited by Karl Polanyi, Conrad M. Arensberg, and Harry W. Pearson. Glencoe, Ill.

Polanyi, Karl, and Abraham Rotstein. 1966. *Dahomey and the Slave Trade: An Analysis of an Archaic Economy*. Seattle and London.

Polin, Raymond. 1953. *Politique et philosophie chez Thomas Hobbes*. Paris.

Popper, Karl. 1945. *The Open Society and Its Enemies*. London.

Prange, G. W., ed. 1944. *Hitler's Words*. Washington, D. C.

Pribram, Karl. 1912. *Die Entstehung der individualistischen Sozialphilosophie*. Leipzig.

——. 1922. "Deutscher Nationalismus und deutscher Sozialismus." *Archiv für Sozialwissenschaft und Sozialpolitik* 49: 248-376.

Radcliffe-Brown, A. R. 1953. "Dravidian Kinship Terminology."

Man, no. 169(July).

———. 1957. *A Natural Science of Society. Glencoe*, Ill.

———. 1958. *Method in Social Anthropology*. Edited. by M. N. Srinivas. Chicago.

RAIN. 1976. "Schools Anthropology: Exorcising Misconceptions." *Royal Anthropological Institute News* 12, no. 2 (January-February).

Rauschning, Hermann. 1939. *La Révolution du nihilisme*. Paris.(French *translation of Die Revolution der Nihilismus*, Zurich and New York, 1938.)

Ritter, Joachim. 1977. "Hegel und die französische Revolution." In *Metaphysik und Politik*. Frankfurt.(Originally published 1957.)

Rivière, Jean. 1962. *Le problème de l'Eglise et de l'Etat au temps de Philippe le Bel*. Louvain.

Robertson, Roland. 1982. "Response to Louis Dumont." *Religion* 12 : 86-88.

Rousseau, Jean-Jacques. 1856. *Oeuvres complètes*. Paris.

———. 1861. *Oeuvres et correspondance inédites*. Edited by Streckeisen-Moultou. Paris.

———. 1964. *Oeuvres complètes, vol. 3 : Du Contrat Social; Ecrits politiques*. Bibliothèque de la Pléiade. Paris.

Sabine, George H. 1963. *A History of Political Thought*. 3d. ed. London.

Sahlins, Marshall. 1972. *Stone Age Economics*. Chicago.

————. 1977*a*. *Culture and Practical Reason*. Chicago.

————. 1977*b*. *The Use and Abuse of Biology: An Anthropological Critique of Biosociology*. London.

Salomon, Ernst von. 1953. *Le Questionnaire*. Paris.(Translated from *Der Fragebogen*, Hamburg 1951.)

Schiller, Friedrich. 1967. *On the Aesthetic Education of Man*. Translated by E. M. Wilkinson and L. A. Willoughby. Oxford.

Schumpeter, Joseph A. 1954. *History of Economic Analysis*. Oxford. (Reprinted London, 1967.)

Schwartz, E. 1934. "Publizistische Sammlungen." *Abhandlungen der Bayerischen Akademie, Philologische-Historische Abtei-lung,* n.s. 10. Munich.

Serres, Michel. 1968. *Le système de Leibniz et ses modèles mathématiques*. 2 vols. Paris.

Sheldon, Richard C. 1951. "Some Observations on Theory in Social Science." In Talcott Parsons and Edward A Shils, eds. *Toward a General Theory of Action*. Cambridge

Sieburg, Friedrich. 1930. *Dieu est-il français?* Paris.

Smith, Adam. 1904. *An Inquiry into the Nature and Causes of the Wealth of Nations*. Edited by Edwin Cannan. 2 vols. London.

Southern, R. 1970. *Western Society and the Church in the Middle Ages*. Penguin Books.

Spitzer, Leo. 1944. Rejoinder to Lovejoy 1941. *Journal of the*

History of Ideas 5, no. 2: 191-203.

Stern, Fritz. 1965. *The Politics of Cultural Despair: A Study in the Rise of the Germanic Ideology.* Anchor Books (Originally published 1961.)

Strauss, Léo. 1954. *Droit naturel et Histoire.* Paris. Originally published as *Natural Right and History*, Chicago, 1953.

Talmon, J. L. 1952. *The Origins of Totalitarian Democracy.* London. (Reprint: Mercury Books, 1961).

Taminiaux, Jacques. 1967. *La Nostalgie de la Grèce à l'aube de l'idéalisme allemand.* The Hague.

Taylor, Charles. 1975. *Hegel.* Cambridge.

———. Unpubl. "Normative criteria of distributive Justice." 43 pp., mimeo.

Tcherkézoff, Serge. 1983. *Le Roi Nyamwezi, la Droite et la Gauche: Révision comparative des classifications dualistes.* Cambridge.

Theunissen, Michael. 1970. *Hegels Lehre vom absoluten Geist als theologisch-politischer Traktat.* Berlin.

Tocqueville, Alexis de. 1961. *De la démocratie en Amérique.* 2 vols. Paris.

Toennies, Ferdinand. 1971. *Ferdinand Toennies on Sociology: Pure, Applied, and Empirical.* Selected writings, edited and with an Introduction by Werner J. Cahnman and Rudolph Heberle. Chicago.

Trevor-Roper, Hughes, ed. 1973. *Hitler's Table Talk, 1941-1944.* London. (Originally published 1953.)

Troeltsch, Ernst. 1916*a*. "Die deutsche Idee von der Freiheit." *Neue Rundschau* 1916, no. 1: 50-75. (Reprinted in Troeltsch 1925*b*, pp.80-107.)

——. 1916*b*, "Die Ideen von 1914." *Neue Rundschau* 1916, no. 1: 605 ff. (Reprinted in Troeltsch 1925b, pp. 31-58)

——. 1922. *Die Soziallehren der christlichen Kirchen und Gruppen.* Vol. 1 of *Gesammelte Schriften.* Tübingen. (Originally published 1911. Translated by O. Wyon as *The Social Teaching of the Christian Churches and Groups.* 2 vols., New York, 1960.)

——. 1925*a*. "Das stoisch-christliche Naturrecht und das moderne profane Naturrecht." In *Gesammelte Schriften*, vol. 4. Tübingen.

——. 1925*b*. *Deutscher Geist und Westeuropa.* Tübingen. (Reprinted Aalen, 1966.)

——. 1960. *See* Troeltsch 1922.

Turner, Henry A. 1975. *Reappraisals of Fascism.* New York.

Ullmann, Walter. 1955. *The Growth of Papal Government in the Middle Ages.* London.

Vaughan, C. E. 1962. *The Political Writings of Jean-Jacques Rousseau.* 2 vols. Oxford. (1st ed ., Cambridge, 1915).

Vichniac, Isabelle. 1977. "Des millions de fillettes et d'adolescentes sont victimes de mutilations sexuelles." *Le Monde* (28 April).

Villey, Michel. 1963. *La formation de la pensée juridique*

moderne: Le Franciscanisme et le droit. Cours d'Histoire et de la philosophie du Droit. Paris.

Viner, Jaob. 1958. *The Long View and the Short*. Glencoe, Ill.

Weber, Max. 1920. *Die protestantische Ethik und der Geist des Kapitalismus*. Vol. 1 of *Gesammelte Aufsätze zur Religionssoziologie*. Tübingen. (Translated by Talcott Parsons as *The Protestant Ethic and the Spirit of Capitalism*, New York, 1958.)

Weldon, T. D. 1946. *States and Morals*. London.

Williams, Raymond. 1976. *Keywords*. New York.

索引

Albert(艾伯特)377, 379

Althusius(奧修索斯)112

Ambrose(安布羅斯)56

Arendt(阿蘭特)242, 243, 244, 269

Aris(阿里斯)67

Aristotle(亞里斯多德)39,42, 94, 96, 126

Augustine, Saint(聖・奧古斯丁)34, 57-65, 82, 95, 367

Ayçoberry. P.(亞修拜瑞)255

Babeuf(巴包夫)119, 145, 189

Bachelard, G.(貝屈拉德)394

Balaval, Y.(巴拉弗)189

Barber, B. R.(巴伯)229

Barker, E.(巴克)97, 109, 111, 114, 131

Barth, K.(巴瑟)81

Bateson, G.(貝特森)374, 392

Beck, B. E. F.(貝克)354

Beethoven, L. van(貝多芬)215

Beidelman, T. O.(貝德曼)361

Bell, D.(貝爾)342

Bellah, R.(貝拉)34, 399

Bentham, J.(邊沁)111, 139, 141

Benz, R.(辨士)210

Berlin, I.(柏林)179

Bernard, S.(聖伯納)81

Beuchat, H.(包查特)284, 294

Bevan, E.(貝文)41, 50

Bidez, J.(畢德茲)50

Bismarch(俾士麥)223

Blondel, M.(貝朗多)369

Bonald, L. G. A. de(彭德)
146, 153

Boniface XIII(波尼菲斯十三
世)102

Borgeaud(包喬)140

Bosanquet, B.(包森奎特)130,
152

Bouglé, C.(布格列)149

Boulainvilliers, C. de(布蘭韋
勒)274

Bourdieu, P.(布厄迪)357

Bracher, K. D.(布拉雪爾)234

Brésard, M.(布列薩德)34

Brown, P.(布朗)34, 57, 65

Bruford, W. H.(布魯佛)211

Buber, M.(布伯)394

Buchheim, H.(布赫漢)242

Bullock, A.(布拉克)261

Burdach, C.(布勒達克)213

Burke, E.(伯克)114, 188, 418

Burridge, K.(布瑞奇)14

Cadmus(凱德摩斯)111

Cahnman, W. J.(卡門)171, 325

Caland(卡蘭德)283

Calvin, J.(卡爾文)33, 79-89,
120, 411

Cantillon, R.(康提倫)165

Carlyle, A. J.(卡萊爾)55, 59,
61, 69, 71, 221

Caspary, G. E.(卡斯帕利)46,
51, 53, 55, 57, 72, 398

Cassirer, E.(卡西勒)95

Celsus(塞色斯)51

Chamberlain(張伯倫)262

Charlemagne(查理曼)65

Charles II(查理士二世)142

Choisy, E.(喬埃斯)79, 86

Chrysippus(克里斯伯)40

Cicero(西塞羅)58, 62

Clement of Alexandria(亞力
山大的克萊門)51

Colbert, J. B.(康伯特)166

Coleman, D. C.(柯曼)165

Comte, A.(孔德)143, 146, 149,
151-153

Condorcet, A. de C.(康多色)
142, 143-145, 321

Congar, Y. M. J.(康格)71

Constantine(君士坦丁)66

Conze, E.(孔茲)45

Coppet, D. de(考培德)352, 408

Cournot(寇諾特)140

Crocker, C.(克羅克)356

Curtis, M.(克提斯)229

Czarnowski, S.(卡諾斯基)293

Daladier(達蘭迪爾)263

Dante(但丁)105

Daraki, M.(達拉奇)62

Derathé, R.(德拉瑟)131, 132

Descartes, R.(笛卡兒)84, 411

Descombes, V.(德恭貝)24-25

Diderot, D.(狄德羅)131, 315

Diggers(迪格斯)119

Diogenes(迪格奈)40

Dionysius Areopagitus(Pseudo-)
(迪奧尼索斯)400, 401

Diotima(迪歐提瑪)401

Douglas, M.(道格拉斯)

Dubois, P.(杜布瓦)105

Dumont, E.(杜蒙)140, 141

Durkheim, E.(涂爾幹)2, 6, 8,
24, 92, 135-137, 268, 279,
284, 293, 296, 304, 324-
325, 341, 392

Dvornik, F.(迪弗尼克)51, 69, 73

Eckart, D.(艾克卡爾特)246, 257

Ehrhardt, A. A. T.(艾哈特)51

Eisenstadt, S. N.(埃森史塔
德)34, 66

Epictetus(艾畢德屈)41

Erikson, E.(艾利克森)398

Evans-Pritchard, E. E.(伊凡司
普利查)3, 302, 305, 346-349,
354, 365-366, 380

Fauconnet, P.(弗恭奈德)284,
297

Faustum(佛斯頓)62

Faye, J. P.(費耶)242, 244,
250, 251, 252, 259, 267,
268

Fichte, J. G.(費希特)174,
182, 183, 198, 215, 240

Figgis, J. N.(費基斯)94, 99,
100, 101, 102-104, 107-109

Firth, R.(佛斯)365

Foucher(傅荷)283

Fourier, C.(傅立葉)155

Francis of Assisi, Saint(亞西
西的聖方濟)98

Frazer, J.(佛拉哲)293

Friedländer, S.(福利特蘭德)
243

Friedrich, C. J.(福萊德利錫)
229

Galilei(伽利略)414

Gauchet, M.(古奇特)420

Geertz, C.(紀爾茲)341

Gelasius, Pope(教皇格拉秀
斯)68, 69-73, 76, 78, 104,
396

Gerschenkron, A.(葛善克隆)
241

Gierke, O.(季爾科)94, 97,

103-105, 109-112, 116, 126,
134, 138, 389

Gilson, E.(吉爾森)57, 64, 106

Gluckman, M.(葛拉克曼)420

Gobineau, J. A. De(古賓諾)
247

Goering, H.(戈林)241

Goethe, W.(歌德)215, 218, 342

Goodenough, E. R.(古登諾)
42

Granet, M.(格蘭奈特)361

Grasset, B.(葛萊塞特)200

Gregory the Great(格列格里
大帝)59

Gregory VII(格列格里七世)
102

Grotius(格老秀斯)112

Guéroult, M.(加羅特)183

Habermas, J.(哈伯瑪斯)77

Halévy, E.(阿列維)94, 111,
140-142, 149, 169

Haller, W.(哈列)121

Heckscher, E. F.(海克薛爾)

163, 165

Hegel G. W. H.(黑格爾)16, 44, 76, 93, 123, 128, 134, 137, 146, 149-153, 185, 190-193, 197, 206, 215, 218-220, 324, 384, 391

Heine, H.(海涅)173

Henri IV(亨利四世)102

Herder, J. G.(赫德)174, 175, 182, 186, 195, 231, 251, 321-322, 327

Herskovits, M. J.(赫斯科維特) 387

Hertz, R.(葉爾慈)278, 284, 299, 347-348, 353, 388

Hill, C.(希爾)120

Himmler, H.(辛姆勒)243, 258

Hirzel, R.(希勒塞爾)51

Hitler, A.(希特勒)227-231, 240, 242-271

Hobbes, T.(霍布斯)113, 117, 121, 122-129, 131, 134, 152, 154

Hsu, F. L.(許烺光)371

Hubert, H.(修伯特)283-385, 292-294, 297

Hume, D.(休謨)64, 165

Humphreys, S.(漢佛瑞)34

Iambulus(英布勒斯)50

Innocent III(英諾森三世)102

Irenaeus, Saint(聖依倫諾斯). 56

Iselin(伊斯林)175

Iteanu, A.(伊特努)405

Jäckel, E.(傑克勒)242

Jacob, F.(雅克伯)392

Jahn, P.(楊恩)234

Jellinek, G.(耶林)140

John XXII(約翰二十二世) 105

John Chrysostom, Saint(聖約 翰克利索斯頓)56

Justinian(查士丁尼)73

Kaiser, G.(凱瑟)216

Kant, I.(康德)185, 187, 190,

194, 197, 206, 362

Karady(卡蘭迪)277

Kautilya(考提耶)107

Kelsen(凱爾森)237

Kjellen, J. R.(傑林)207, 237

Kluckhohn, C.(克羅孔)374, 375, 376, 378, 381

Kluckhohn, F.(克羅孔)377, 378, 379

Koestler, A.(寇斯勒)391, 410

Kolakowski, L.(寇拉科斯基) 353, 383, 385, 391

Korsch(寇許)237

Koyré, A.(克瑞)45, 369, 415

Kuhn, T.(孔恩)311

Kulmbach(庫恩巴赫)261

Lactantius(拉克坦流士)54, 62

Lakoff, S. A.(拉科夫)115, 118-120

Lalande, A.(拉蘭德)369

Lamennais, F. de(蘭米奈斯) 149

Landes, D. S.(蘭德斯)162

Leach, E.(李屈)8, 48, 68, 366-367

Lensch(藍屈)237

Leibniz, G. W.(萊布尼茲)322

Lenin(列寧)230

Leo III(李奧三世)73

Leo Strauss(里歐史陀)385

Léon(里昂)185, 189

Lepley, R.(萊普利)374, 383

Leroi-Gourhan, A.(萊諾古漢) 284

Leroy, M.(雷奧里)147, 148, 149

Lévi-Strauss, C.(李維史陀) 277, 285, 294, 296, 302, 304, 342, 356, 365

Lévi, S.(李維)283

Lévi-Bruhl, L.(李維布魯爾) 278, 296, 346, 404

Lilburne, J.(里伯納)120

Livy(里維)107

Locke, J.(洛克)16, 61, 93, 111, 113, 117, 121, 138, 142, 152, 166, 170

Louis of Bavaria(巴伐利亞的

路易)105

Lovejoy, A. D.(洛夫喬依)
229, 373

Lueger(路格)245

Lukács, G.(盧卡奇)215, 229,
391

Lukes, S.(路克斯)25, 324

Luther, M.(路德)58, 80-89,
95, 108, 118-120, 209, 212-
217, 219-222, 246

Machiavelli, N.(馬基維利)
107, 108, 125

Macpherson, C. B.(馬克弗森)
121, 122, 124

Maine, H. S.(麥納)225

Maistre, X. de(麥斯特)146

Maitland, F. W.(麥特蘭)103

Malinowski, B.(馬林諾斯基)
291

Malthus, T. R.(馬爾薩斯)147

Malynes, G. de(馬里尼斯)
165

Mandeville, B.(孟德維爾)19,

170

Mann, T.(曼)207, 211, 215,
220, 222, 223, 272

Marcaggi, V.(馬加基)141

Marcuse, H.(馬庫色)146

Marsilius of Padua(帕都的馬
西流)103, 105

Marx, K.(馬克思)150, 146-
147, 150, 152, 161, 207,
215, 229-230, 239, 253-254,
324, 326, 359

Maser, W.(馬瑟)245, 261

Mason, T.(梅森)243

Mauss, M.(牟斯)1-12, 17-24,
277-307, 310, 315, 366, 404

Meillet(梅蘭特)283

Meinecke, F.(梅涅克)183, 207

Melchisedech(麥基喜德)70

Mercier, S.(摩西爾)140

Metzger(麥茲格)237

Michel, H.(米薛)140, 147, 149

Mill, J.(彌爾)168

Minder, R.(米德)208, 210, 215

Mirabean(米拉賓)140

Mol, H.(莫爾)376

Molina, L.(莫里納)112

Momigliano, A.(默米里亞諾)
33

Montaigne, M. E. de(蒙田)165

Montesquieu(孟德斯鳩)90

Morgan, L.(摩根)303

Moritz, K. P.(摩里茲)23. 216

Morris, Charles(莫里斯)372

Morris, Colin(莫里斯)81

Morrison, K. F.(莫里森)69

Moses(摩西)51

Mozart, W. A.(莫札特)215

Müller, A.(穆勒)216, 324

Müntzer, T.(穆撒)119

Myrdal, G.(麥朵)167

Napoleon(拿破崙)184

Needham, R.(尼德漢)347,
348, 354, 358, 360, 361

Nelson, B.(尼爾森)43, 84

Neumann, F.(諾曼)255

Nietzche, F.(尼采)118, 370

Nolte, E.(諾特)229, 242, 243-
247, 253

Northrop, F. S. C.(諾斯洛普)
374

Ockham, William of(奧卡姆的
威廉)82, 94-98, 103 105,
150

Origen(奧利根)46, 51, 53, 55,
62

Ostrogorsky, G.(奧斯托戈斯
基)408

Paine, T.(潘因)142

Parsons, T.(帕森斯)375, 376,
387, 412

Partner, P.(帕特能)75

Pascal, B.(巴斯卡)369

Paul, Saint(聖保羅)56, 257

Peterson, E.(派特生)68

Philip of Spain(西班牙的菲
利浦)108

Phillips, D. C.(菲利普)391, 413

Philo of Alexandria(亞歷山大
的懷羅)42, 51

Philonenko, A.(費羅尼科)190

Pinson, K.(平森)216

Pippin(丕平)73

Plato(柏拉圖)39, 42, 54, 93, 138, 369, 373, 401

Plass, E.(普拉斯)214

Plenge, J.(普蘭格)207, 237, 409

Plotinus(普洛提尼斯)64, 65

Polanyi, K.(博蘭尼)5, 17, 25-26, 159, 255, 386, 403, 407

Polin(波林)123, 126

Popper, K.(波柏)92, 133

Pribram, K.(普林布蘭)187, 235-240, 252, 273, 383, 384

Proudhon, P. J.(普魯東)148, 155

Pufendorf, S.(普芬多夫)113, 133

Quesnay, D.(奎內)169

Radcliffe-Brown, A. R.(雷德克里夫布朗)347, 365-368, 380, 408, 414-415

Rauschning, H.(洛希尼)259, 270

Rehberg(瑞伯格)188

Renan, E.(雷奈)179

Ricardo, D.(李嘉圖)147, 153

Ritter, J.(里特)384

Rivière, J.(赫維艾荷)103, 105

Robertson, R.(羅伯森)19

Roper, T.(洛波)258

Rosenberg(羅森伯格)244

Rouché, M.(魯契)175

Rousseau, J.-J.(盧梭)40, 113, 117, 123, 125, 128-138, 140, 144, 151, 154, 177, 187, 315

Sabine, G. H.(沙班)39, 40, 131

Sahlins, M.(沙林)334, 408, 419

Saint-Simon, C.-H de(聖西門)146-148, 155

Salomon, E. von(薩羅門)263, 273

Saran, A. K.(沙朗)386

Savigny(薩維尼)150

Scheler(薛勒)237

Schelling, F. W. J.(謝林)
186, 405

Schiller, F.(席勒)215, 218, 327

Schlegel, A. W.(史格列)186

Schneckenburger, F.(施奈肯伯格)87

Schönerer(薛諾瑞爾)245

Schumpeter, J. A.(熊彼得)
157, 162-164, 168-170

Schwartz, E.(史華慈)70

Schwimmer(史威姆)405

Scotus, D.(史考特斯)96

Seneca(辛諾卡)40, 50

Serres, M.(塞勒斯)393

Shakespeare, W.(莎士比亞)
399

Sheldon, R. C.(薛爾登)376

Shils, E. A.(席爾斯)375, 376,
377

Sieburg, F.(希伯格)200

Sismondi, S. de(西斯蒙提)147

Smith, A.(史密斯)20, 143,
147, 158, 162, 164, 169, 292

Smith, W. Robertson(史密斯)

192

Socrates(蘇格拉底)42

Southern, R. N.(索爾頓)74

Spann, O.(史旁)238

Spengler(史賓格勒)237

Spitzer, L.(史賓格)229

Starobinski, J.(史塔羅賓斯基)
132

Steinmetz, S. R.(史坦麥特)286

Stephen II, Pope(教皇史提芬
二世)73

Stern, F.(史騰)207, 234

Strauss, L.(史特勞斯)385

Suarez, F.(蘇厄茲)112

Talmon, J. L.(泰蒙)130

Taminiaux, J.(坦米紐克斯)191

Taylor, C.(泰勒)191, 283, 326

Tcherkézoff, S.(柴可諾夫)
360

Theunissen, M.(陶尼森)
44,191-192

Thomas Aquinas, Saint(聖多
瑪斯阿奎那)94-97, 109

389, 419

Tocqueville, A. de(托克維爾)
141, 146, 149-153, 420

Toennies, F.(托尼斯)84, 92,
178, 205, 208, 210, 218,
222, 249, 324, 325, 329,
341, 384, 410

Troeltsch, E.(特勒爾屈)39,
43-49, 50-54, 55-57, 61-63,
80, 82, 87, 173, 203-224

Turner(透納)229

Twain, M.(馬克吐溫)282

Ullmann, W.(烏曼)69

Ulysses(烏里西斯)399

Vaughan, C. E.(弗漢)130

Vichniac(維屈尼雅克)320

Villey, M.(威利)95-99

Viner, J.(威納)163

Voltaire(伏爾泰)177, 393, 394

Weber, M.(韋伯)19, 35, 83-
84, 91, 324, 385, 420

Weil, S.(威爾)134

Weldon, T. D.(韋爾登)92, 133

Wilkinson, E. M.(韋金森)327

Williams, R.(威廉斯)404

Willoughby, L. A.(威洛比)327

Winternitz(溫特尼茲)283

Zénon de Citium(芝諾)40, 50

譯後記
──記緣起

　　1986年秋天，我到哈佛大學神學院就讀，開始了長達十數年學術上面的追求。在這個追求的過程中，路易·杜蒙(Louis Dumont)的著作對我而言有著無比的重要性。

　　到哈佛神學院原是想探討有關基督教文化、神學相關方面的議題。然而在上過考夫曼(Gordon Kaufman)教授有關建構神學(constructive theology)的課後，便發現自己在這方面的興趣頓然意態闌珊起來了。原因無它，我所感到興趣的並不是在思想批判的層次上，而是思想本身的意涵，所以對於思想建構論並不產生共鳴。於是我開始重新思索該如何來走下一步。在這一段尋覓的過程中，杜蒙教授的作品給了我一個決定性的影響，促使我開始學習梵文，並到印度求學，最後獻身於印度學研究的行列之中。

　　我到哈佛的那一年，卻也是史華慈(Benjamin Schwartz)教授在哈佛授課的最後一年。我把握機會跟他上了一年中國思想史的課，獲得相當多的啓發。特別是他那種不肯輕易下斷論，幾近於不可知論的態度，至今還印象深刻。因爲上他的課，又讀了他的大作《古代中國的思想世界》的關係，也連

帶地對他有關雅士伯(Karl Jaspers)論軸心時代(axial age)意義的再闡述產生了興趣。這因而促使我訂購了一冊"*Daedalus*"《論軸心時代的專刊》(1975年春季號)。在讀了這個專刊裡面論世界各大文明的相關議題之後，我發現杜蒙教授於專刊最後所寫的〈論對非近代文明之比較了解〉(On the Comparative Understanding of Non-Modern Civilizations)一文，有如晨鐘暮鼓般地敲醒了我對於西方近代思想一知半解式的看法，更對我提供了一個新的觀點和可能的研究方向。

　　我之所以會對杜蒙的文章產生莫大興趣的原因在於他提出了一個比較研究上面可供借鏡的視野，這，一言以蔽之，即：像印度這麼複雜、獨特而又淵遠流長的傳統，我們能從裡面學到什麼東西呢？杜蒙在文中，將西方近代思想跟非近代文明(特別是印度)對比了起來，而將近代西方思想當成人類社會在思想上面的一次「鉅變」(借用波蘭尼的用辭)。與此鉅變相對應存在的是諸傳統文明，特別是非西方的文明。這裡不免讓人懷疑說如此的二分法是否恰當。不過，在此杜蒙要我們注意的是：我們是不是可能從近代社會之構成真正地來理解傳統社會(特別是種姓社會)的內在意義呢？近代個人主義的崛起，其在思想上面的意涵極為深遠；然而近代個人主義思想上面的各種預設諸如自由與平等的觀念，卻是了解像印度社會裡面的階序思想的一大障礙(杜蒙在《階序人》(*Homo Hierarchicus*)一書裡面對此有著相當透徹的分析與檢討)。杜蒙對於近代西方社會在價值觀念上面(即他所稱的意識形態)所展現出來的侷限性之反思，其源頭來自於他對印度

宗教與社會的研究成果。不過,他並非是對近代個人主義懷
有偏見(可參閱他的《德國人之意識形態》一書第一章)。他
只是不認為我們可以西方近代社會的思考模式來取代其他社
會本身的思想範疇。更何況說,我們其實可以透過根本上面
的比較來彰顯出傳統思想的不可化約性。杜蒙在文章接近尾
聲時論道:

> 把近代文明其本身跟傳統諸文明在關係上面所處的特
> 殊情況來加以考量的話,則主要的比較工作是要藉著
> 傳統的語彙來解釋或表現近代之情況,換言之,比較
> 工作者,這我相信在基本上也就是指社會學家總會一
> 腳落於此,另一腳落於彼。如此,我們乃來設想出雙
> 向道式的策略,一方面藉著對傳統的種種發現來進攻
> 近代意識形態,期能以比較的語言來表現出近代的變
> 革。而在另一方面,我們要努力來讓對於傳統社會所
> 作的敘述和分析(在比較上面),能免於沒有經過分析
> 之各類近代觀念所加之於其上的種種糾葛與曖昧不明
> 之處。

　　杜蒙在此所表現的企圖可說是既反對時尚又吃力不討好
的工作。要以現代西方的種種思潮來批判傳統社會,不難辦
到。然而,肯下一番紮實功夫來了解一個非自己所屬的思想
傳統,並且從中看出傳承所蘊含的普遍意義,這不但需要敏
銳的觀察力與深刻的洞察力,更需要知識上面獨立思考的素

養。杜蒙教授在這篇文章所想追求的願景，深深地打動了我的心，讓我覺得這樣的一種探索眞的是把學術當成志業的極致表現。

杜蒙教授在這篇文章所提到的一些有關印度宗教與社會的看法，也令我耳目一新，比方說，婆羅門思想與沙門思想在早期印度宗教史上的互動情形爲何？又這種互動跟種姓制度在發展上的關係又如何來看待呢？總之，杜蒙教授在這篇文章上所作的種種比較反思，對於那時尚在尋找出路的我，提供了一個可能的進路。我接著讀了他的《階序人》一書。之後，乃開始學習梵文，更在葉阿月老師的幫忙下於1991年到印度進修。也就是在印度的二年間，我完成了《個人主義論集》的譯事。如今得以出版，答應杜蒙先生的事終告完成，這特別要感謝林載爵兄的鼎力相助；唯一的憾事是杜蒙先生在仙逝之前未能看到中文譯本的問世，杜蒙先生已於1998年11月辭世。

黃柏棋

於政大

現代名著譯叢
個人主義論集

2003年8月初版　　　　　　　　　　　　　　定價：新臺幣480元
有著作權・翻印必究
Printed in Taiwan.

著　　者	Louis Dumont	
譯　　者	黃　柏　棋	
發 行 人	劉　國　瑞	

出 版 者	聯 經 出 版 事 業 股 份 有 限 公 司	責任編輯　邱　靖　絨
台 北 市 忠 孝 東 路 四 段 5 5 5 號		校　　對　張　世　強
台 北 發 行 所 地 址：台北縣汐止市大同路一段367號		封面設計　在 地 研 究
電話：（0 2）2 6 4 1 8 6 6 1		
台北忠孝門市地址：台北市忠孝東路四段561號1-2樓		
電話：（0 2）2 7 6 8 3 7 0 8		
台北新生門市地址：台北市新生南路三段94號		
電話：（0 2）2 3 6 2 0 3 0 8		
台 中 門 市 地 址：台 中 市 健 行 路 3 2 1 號		
台 中 分 公 司 電 話：（0 4）2 2 3 1 2 0 2 3		
高 雄 辦 事 處 地 址：高 雄 市 成 功 一 路 363 號 B 1		
電話：（0 7）2 4 1 2 8 0 2		
郵 政 劃 撥 帳 戶 第 0 1 0 0 5 5 9 - 3 號		
郵　撥　電　話：2 6 4 1 8 6 6 2		
印 刷 者　雷 射 彩 色 印 刷 公 司		

行政院新聞局出版事業登記證局版臺業字第0130號

本書如有缺頁，破損，倒裝請寄回發行所更換。　ISBN　957-08-2618-5（平裝）
聯經網址 http://www.udngroup.com.tw/linkingp
　信箱 e-mail:linkingp@ms9.hinet.net

國家圖書館出版品預行編目資料

個人主義論集 / Louis Dumont 著．黃柏棋譯．
--初版．--臺北市：聯經，2003 年（民 92）
472 面；14.8×21 公分．（現代名著譯叢）
參考書目：19 面；索引：11 面
譯自：Essais sur l'individualisme：Une perspective
　　　anthropologique sur l'idéologie moderne
ISBN　957-08-2618-5(平裝)
1.自由主義　2.人類學

143.61　　　　　　　　　　　　　　　　92013322

現代名著譯叢

●本書目定價若有調整，以再版新書版權頁上之定價爲準●

極權主義	蔡英文譯	250
法律的理念	張茂柏譯	250
自然法——法律哲學導論	李日章譯	150
人文科學的邏輯	關子尹譯	180
論康德與黑格爾	關子尹譯	180
六大觀念：真、善、美、自由、平等、正義	蔡坤鴻譯	250
康德〔純粹理性批判〕導讀	李明輝譯	180
黑格爾與現代社會	徐文瑞譯	250
論小說與小說家	瞿世鏡譯	200
倫理學原理	蔡坤鴻譯	250
托馬斯・摩爾	梁懷德譯	280
制憲風雲——美國立憲奇蹟	孫北堂譯	300
法國1968：終結的開始	趙剛譯註	200
西方政治傳統：近代自由主義之發展	李豐斌譯	250
論民主	李柏光、林猛譯	280
後現代性的起源	王晶譯	200
共同體的基礎理論	于嘉雲譯	180
倫理與經濟	劉楚俊譯	180
宇宙與歷史	楊儒賓譯	200
超越左派右派：激進政治的未來	李惠斌、楊雪冬譯	300
星空中的普魯斯特	廖月娟譯	280
馬丹・蓋赫返鄉記	江政寬譯	200
重返政治	孫善豪譯	350
國族主義	李金梅譯	180
金錢・性別・現代生活風格	顧仁明譯	280
自由主義之後	彭淮棟譯	280
陌生的多樣性：歧異時代的憲政主義	詹姆斯・杜利著	350
國族與國族主義	艾尼斯特・葛爾納著	250
公共領域的結構轉型	哈伯瑪斯著	450
後民族格局：哈伯瑪斯政治論文集	哈伯瑪斯	280
現代性：紀登斯訪談錄	安東尼・紀登斯著	280
自由的界限：無政府與利維坦之間	詹姆斯・布坎南著	280
個人主義論集	路易・杜蒙著	480

聯經出版公司信用卡訂購單

信用卡別：　　　　□VISA CARD　□MASTER CARD　□聯合信用卡

訂購人姓名：　　_____

訂購日期：　　_____年_____月_____日

信用卡號：　　_____ _____ _____ _____

信用卡簽名：　　_____(與信用卡上簽名同)

信用卡有效期限：　　_____年_____月止

聯絡電話：　　日(O)_____　夜(H)_____

聯絡地址：　　□□□_____

訂購金額：　　新台幣_____元整
　　　　　　　（訂購金額 500 元以下，請加付掛號郵資 50 元）

發票：　　　　□二聯式　　　　□三聯式

發票抬頭：　　_____

統一編號：　　_____

發票地址：　　_____

　　　　　　　如收件人或收件地址不同時，請填：

收件人姓名：　　　　　　　　　　　　　　　　□先生
_____　□小姐

聯絡電話：　　日(O)_____　夜(H)_____

收貨地址：　　_____

・ 茲訂購下列書種・帳款由本人信用卡帳戶支付・

書名	數量	單價	合計
		總計	

訂購辦法填妥後
直接傳真 FAX：(02)8692-1268 或(02)2648-7859
洽詢專線：(02)26418662 或(02)26422629 轉 241